"十三五"国家重点出版物出版规划项目

高速铁路线路工程关键技术丛书

客货共线无砟轨道动态性能演变机理研究

任娟娟　杨荣山　赵坪锐　刘学毅　著

西南交通大学出版社
·成都·

图书在版编目（CIP）数据

客货共线无砟轨道动态性能演变机理研究 / 任娟娟等著. —成都：西南交通大学出版社，2020.1
（高速铁路线路工程关键技术丛书）
"十三五"国家重点出版物出版规划项目
ISBN 978-7-5643-7248-4

Ⅰ. ①客… Ⅱ. ①任… Ⅲ. ①高速铁路 – 无砟轨道 – 损伤（力学）– 研究 Ⅳ. ①U238②U213.2

中国版本图书馆 CIP 数据核字（2019）第 272249 号

"十三五"国家重点出版物出版规划项目
高速铁路线路工程关键技术丛书

Kehuo Gongxian Wuzha Guidao Dongtai Xingneng Yanbian Jili Yanjiu
客货共线无砟轨道动态性能演变机理研究

任娟娟　杨荣山　赵坪锐　刘学毅　著

*

出 版 人　王建琼
责任编辑　刘　昕
封面设计　原谋书装

西南交通大学出版社出版发行

四川省成都市二环路北一段 111 号西南交通大学创新大厦 21 楼
邮政编码：610031　发行部电话：028-87600564
http://www.xnjdcbs.com
四川煤田地质制图印刷厂印刷

*

成品尺寸：185 mm × 240 mm　　印张：21.25
字数：450 千
2020 年 1 月第 1 版　　2020 年 1 月第 1 次印刷
ISBN 978-7-5643-7248-4
定价：88.00 元

图书如有印装质量问题　本社负责退换
版权所有　盗版必究　举报电话：028-87600562

前　言

　　无砟轨道具有高平顺性、高稳定性、良好的耐久性及少维修的特点，在国内外高速铁路建设中得到了广泛的应用，其中客货共线无砟轨道能够最大限度地节约建设成本、充分提高线路的利用效率。然而，由于国内外还没有大规模铺设客货共线无砟轨道的实践经验，致使客货共线无砟轨道领域技术不完善。在实际运营中，客货共线铁路线路由于客货车的交替作用，导致轨道结构受力较为复杂，其中货车轴重较大，作用于轨道结构的荷载明显大于客车，因此，轨道结构损伤相较于客运专线无砟轨道更为严重。通过对我国客货共线铁路线路遂渝线、渝怀线及赣龙线的现场跟踪调研发现，客货车荷载作用下砂浆碎裂掉块、层间离缝、板下脱空、轨道板裂纹、基础沉降等现象较为常见，可能影响轨道结构的安全性和耐久性，严重时危及行车安全。尽管我国是目前在建和投入运营高速铁路线路最多的国家，但在客货共线无砟轨道领域，技术积累较为不足，尤其是对客货共线板式无砟轨道损伤及其动态性能演变机理的研究仍处于起步阶段，因此有必要针对现有客货共线无砟轨道结构服役状态进行深入研究，分析无砟轨道结构在客货共线条件下其各部件服役状态演变规律及失效机理，以指导现场客货共线无砟轨道的养护维修和正常运营。

　　本书在充分搜集、整理和吸收国内外客货共线铁路线路相关研究及应用经验的基础上，以我国客货共线 CRTS I 型板式无砟轨道系统为背景，通过现场调研、室内外试验及理论研究等方法，针对客货共线板式无砟轨道应用过程中出现的典型损伤及其演化机理进行深入研究，具有重要的科研价值和现实意义。

　　本书共分为 7 章：第 1 章综述了客货共线无砟轨道国内外的应用及研究现状，对客货共线无砟轨道典型损伤进行了总结；第 2 章研究了现场实测轮轨力和钢轨支点压力的统计特征，并分析了钢轨支点压力的时程作用特性；第 3 章计算出不同车速和不同轨道不平顺激励下客、货车轮轨力，结合实测数据，分析了客货共线无砟轨道轮轨力的统计特征；第 4 章研究了客、货车荷载运行速度和列车轴重对客货共线运营条件下无砟轨道混凝土性能劣化的影响规律；第 5 章对板式无砟轨道 CA 砂浆的黏弹性变形规律进行了研究，分析了包括黏弹性变形在内的砂浆垂向变形对轨道结构的力学特性以及砂浆疲劳损伤的影响规律；第 6 章研究了 CA 砂浆离缝高度、底座板脱空、轨道板脱空对轨道结构动力响应的影响，同时根据动力分析结果，对轨道板的疲劳寿命进行了分析；第 7 章研究了轨道板在预制生产过程中锚穴周边混凝土的损伤状况，并分析了轨道板在客货共线运营条件下，列车荷载及砂浆离缝形态对轨道板锚穴部位损伤分布的影响。

  本书由西南交通大学任娟娟、杨荣山、赵坪锐、刘学毅共同完成，编写分工如下：任娟娟执笔第 2~7 章；杨荣山执笔第 1 章；赵坪锐、刘学毅执笔绪论。

  本书在编写过程中，参考和应用了西南交通大学高速铁路线路工程教育部重点实验室多年的研究成果，也参考了国内外其他研究者的研究成果，作者都尽可能地在书后的参考文献中列出。除此之外，作者要感谢中国铁路总公司科技研究开发计划重点项目"遂渝线无砟轨道结构动态性能演变机理研究"（2015G001-F）和国家自然科学基金面上项目"高速行车激励与环境侵蚀耦合致无砟轨道长期服役性能衰变机制及失效准则"（51578472）对本书研究的大力支持，还要感谢各铁路局为现场调研提供的便利条件，以及教研室的教师同仁及研究生为本书提供的宝贵意见和帮助。

  由于作者水平有限，书中难免有疏漏之处，恳请广大读者批评指正，作者将十分感谢并将在今后的研究工作中不断改进和完善。

作 者

2019 年 4 月于成都

目 录

1 客货共线无砟轨道综述 ··· 1
  1.1 研究背景及意义 ··· 1
  1.2 客货共线无砟轨道国内外应用现状 ··· 2
  1.3 客货共线无砟轨道研究现状 ·· 5
  1.4 客货共线无砟轨道典型损伤调研 ··· 7
  1.5 研究思路及技术路线 ·· 45

2 客货共线无砟轨道现场动力测试及结果分析 ·· 47
  2.1 研究现状 ·· 47
  2.2 主要研究内容及技术路线 ·· 51
  2.3 客货共线无砟轨道现场测试方案 ··· 52
  2.4 轮轨力及钢轨支点压力分布特征 ··· 66
  2.5 钢轨支点压力时程特性分析及应用 ·· 77
  2.6 垂向加速度、位移分布特征 ·· 98
  2.7 本章小结 ·· 104

3 客货共线无砟轨道轮轨力荷载统计特征研究 ·· 105
  3.1 研究现状 ·· 105
  3.2 主要研究内容与技术路线 ·· 106
  3.3 轮轨力统计特征分析计算方法 ·· 107
  3.4 轮轨力荷载统计特征研究 ·· 110
  3.5 现场实测轮轨力统计特征分析 ·· 139
  3.6 本章小结 ·· 145

4 客货共线无砟轨道水泥基材料性能演变试验研究 ··································· 147
  4.1 研究现状 ·· 147
  4.2 主要内容及技术路线 ·· 150
  4.3 混凝土疲劳试验荷载设计 ·· 152
  4.4 混凝土试件疲劳性能试验研究 ·· 153

  4.5 混凝土试件力学性能衰变规律试验研究 ·· 158
  4.6 混凝土试件氯离子扩散性能试验研究 ·· 164
  4.7 混凝土-CA 砂浆组合构件力学性能衰变规律试验研究 ················· 168
  4.8 本章小结 ·· 175

5 CA砂浆黏弹性特征及其对疲劳损伤的影响分析 ·· 177
  5.1 研究现状 ·· 178
  5.2 主要研究内容及技术路线 ·· 180
  5.3 CA 砂浆黏弹性特征 ··· 181
  5.4 CA 砂浆黏弹性变形对轨道结构力学性能的影响 ··························· 199
  5.5 CA 砂浆黏弹性变形对其疲劳损伤特性的影响 ······························ 215
  5.6 本章小结 ·· 225

6 板式无砟轨道结构损伤对其动力特性的影响分析 ······································ 228
  6.1 研究现状 ·· 228
  6.2 主要研究内容及技术路线 ·· 232
  6.3 车辆-轨道垂向耦合振动模型 ·· 233
  6.4 砂浆离缝高度对路基上板式无砟轨道动力特性影响分析 ··········· 235
  6.5 底座板脱空长度对路基上板式无砟轨道动力特性影响分析 ······ 248
  6.6 轨道板脱空服役状态下客货共线无砟轨道的动力特性 ··············· 267
  6.7 客货共线含损伤板式无砟结构疲劳寿命预测 ······························· 280
  6.8 本章小结 ·· 285

7 板式无砟轨道锚穴部位损伤分布研究 ·· 287
  7.1 研究现状 ·· 288
  7.2 主要研究内容及技术路线 ·· 290
  7.3 CRTS I 型板式无砟轨道锚穴部位损伤分布模型 ···························· 292
  7.4 预应力作用下锚穴周边混凝土损伤分布研究 ······························· 301
  7.5 砂浆离缝状态下轨道板锚穴周边混凝土损伤机理研究 ··············· 312
  7.6 CRTS I 型板式无砟轨道锚穴周边混凝土裂纹扩展分析 ················· 318
  7.7 本章小结 ·· 325

参考文献 ·· 327

1 客货共线无砟轨道综述

1.1 研究背景及意义

我国现有客货共线铁路大多采用有砟轨道结构。在实际应用过程中，一方面，道床残余变形随着有砟轨道运量的增加而增大，道床粉化板结，轨道刚度不断增大，加剧了列车对轨下基础的破坏及线路几何状态的恶化；另一方面，随着行车密度和载重的提高，轨道的维修工作更趋频繁，但繁忙的干线铁路，天窗兑现率越来越低，可用于线路养护维修的时间较短，难以对线路病害进行及时维修。由于无砟轨道具有高平顺性、高稳定性、良好的耐久性和少维修等优点，已在国内外高速铁路上得到了广泛的应用。然而，由于国内外还没有大规模铺设客货共线无砟轨道的实践经验，致使客货共线无砟轨道领域技术不完善。客货共线铁路线路有别于客运专线，其将负责承担客运和货运的双重运输任务，而无砟轨道结构的受力和变形也不同于客运专线无砟轨道，同样有别于普通散体材料的有砟轨道。因此，客货共线无砟轨道为满足客车和货车的安全运行，必须同时考虑无砟轨道结构在动荷载作用下的承载能力和耐久性。如何科学维护客货共线运营，使其长期保持安全、稳定、可靠的运营品质，是现阶段面临的重大课题。

遂渝线曾存在客货共线运营的现象，且车流密度相当大，遂渝线所处的地理位置降水量丰富，由于自然环境的污染，重庆地区存在较严重的酸雨现象。酸雨对构筑无砟轨道结构的混凝土、水泥沥青砂浆（简称 CA 砂浆）等碱性水泥基材料具有较强的腐蚀性，其长期作用将加速轨道结构的破坏。无砟轨道结构在服役过程中长期承受重复列车荷载和多重环境侵蚀的作用，并且在组成无砟轨道的众多零部件中，任何一个零部件的性能、强度和结构的改变均会影响其他零部件的工作条件，从而对列车运行质量产生直接影响，甚至危及行车安全。因此有必要针对现有客货共线无砟轨道结构服役状态进行深入研究，分析无砟轨道结构在客货共线服役条件下其各部件服役状态演变规律及失效机理，以指导现场客货共线无砟轨道的养护维修和正常运营。

本书在充分搜集、整理和吸收国内外客货共线无砟轨道服役状态的基础上，以遂渝线 CRTS I 型板式无砟轨道为例，结合我国客货共线无砟轨道实际使用现状，开展客货共线无砟轨道动态性能演变机理研究，具有重要的科研价值和现实意义。

1.2 客货共线无砟轨道国内外应用现状

1.2.1 国内应用现状

我国无砟轨道线路铺设前期多采用客货共线模式，具有良好的基础及相关技术研究经验。目前，客货共线铁路铺设的无砟轨道类型主要有整体直接式、弹性支承块式、长枕埋入式、双块式、单元板式等。

1. 整体直接式无砟轨道

我国整体直接式无砟轨道的研发工作始于 20 世纪 50 年代，初期曾试铺过支承块式、短木枕式、整体灌筑式等整体道床以及框架式沥青道床等多种形式。20 世纪 80 年代曾试铺过由沥青混凝土铺装层与宽枕组成的沥青混凝土整体道床，主要在车站内到发线上铺设。正线上采用最多的形式为支承块式整体道床，1965—1984 年间整体道床铺设总长度达到 300 km。

2. 弹性支承块式无砟轨道

弹性支承块式无砟轨道作为减振型轨道，首先在陇海线白清隧道和安康线大瓢沟隧道铺设了试验段并取得了成功，其成果在西康线秦岭隧道、兰新线乌鞘岭隧道、黔桂线定水坝和银洞坡隧道等长大隧道中推广使用。

3. 长枕埋入式无砟轨道

目前，长枕埋入式无砟轨道一般用于道岔区，在秦沈线沙河特大桥、渝怀线鱼嘴二号隧道及圆梁山隧道也分别进行了试铺。

4. 双块式无砟轨道

客货共线双块式无砟轨道主要铺设在遂渝线无砟轨道试验段，如图 1-1 所示。遂渝线无砟轨道综合试验段全长 13.157 km，于 2007 年 1 月开通运营，试验段开通运营初期仅通行客车，2010 年开行货车，而后于 2014 年年末停运货车，设计客车速度为 200 km/h，货车速度为 120 km/h。客货共线期间，实际客车运营速度为 160 km/h，货车速度为 70 km/h。

图 1-1　遂渝线无砟轨道试验段双块式无砟轨道

5. 板式无砟轨道

板式轨道在我国开始研究的时间很早，早在 20 世纪 70 年代就开始研究 CA 砂浆技术。1981 年，皖赣线溶口隧道铺设了板式轨道，由于缺乏足够的经验，该试验段在后期病害较多，现已拆除。1999 年，秦沈客运专线选定了狗河特大桥和双何曲线特大桥作为板式无砟轨道的试铺地段，研究了适应于寒冷地区使用的 CA 砂浆。2003 年，赣龙线枫树排隧道内铺设了板式轨道，如图 1-2 所示。2007 年开通的遂渝线无砟轨道试验段分别在路基、桥梁和隧道内铺设了板式轨道，如图 1-3 所示。

图 1-2　赣龙线枫树排隧道内　　　　图 1-3　遂渝线无砟轨道试验段
　　　CRTS I 型板式无砟轨道　　　　　　　CRTS I 型板式无砟轨道

1.2.2　国外应用现状

国外客货共线无砟轨道技术所涉及的国家主要有德国、美国、加拿大以及南非。

1. 德　国

德国早期的高速铁路主要采用客货共线的运营模式，如汉诺威—维尔兹堡、曼海姆—斯图加特、汉诺威—柏林等铁路都是客货共线线路,这些线路上铺设有 Rheda、ZUblin、BTD（直接支承在混凝土道床板上的无砟轨道）、ATD（沥青支承轨排结构）等不同的无砟轨道结构。其中,汉诺威—柏林 53% 的线路采用了无砟轨道。

2. 美国

2000 年,美国波特兰水泥协会（PCA）开展了一项"货运与高速客运线路用无砟轨道研究与试验"的合作开发项目,目标是开发先进的无砟轨道技术。经研究筛选,确定对直接式无砟轨道（DFST）和弹性支承块式无砟轨道（IDBF）两种结构形式进行试验研究,如图 1-4 和图 1-5 所示。

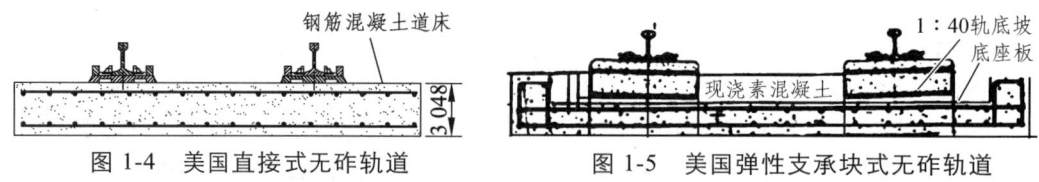

图 1-4　美国直接式无砟轨道　　　　图 1-5　美国弹性支承块式无砟轨道

2003 年 7 月—2006 年 7 月由美国铁路协会（AAR）下属的美国国家运输技术中心（TTCI）在 FAST 重载线路上完成了无砟轨道现场试验及验证工作。重载列车包括 3、4 个机车以及 60~80 辆货车,牵引质量为 8 000~10 000 t,货车轴重为 354 kN；机车轴重为 290 kN,列车一般运行速度为 64 km/h。现场试验表明这两种轨道结构整体状态良好,能够保证重载列车运营的安全性,同时可以实现轨道结构的少维修。

3. 加拿大

加拿大 CP 公司重载线路于 1988 年在 Macdonald 隧道（见图 1-6）及 Shaughnessy 隧道内分别铺设了 15.1 km 和 1.6 km 的直接式无砟轨道结构（PACT）,主要考虑减少养护维修工作量。

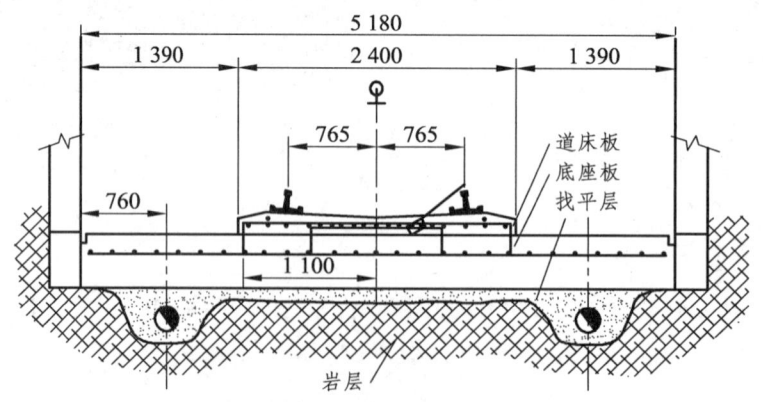

图 1-6　加拿大隧道内无砟轨道

4. 南 非

南非目前有两条典型的重载铁路，里查兹湾（Richards Bay）运煤专线和斯申—撒尔丹哈（Sishen-Saldanha）铁矿石专运线。

里查兹湾运煤专线全长 588 km，线路的设计运量为 1 750 万吨/年，扩能改造后为 4 200 万吨/年。运营列车的机车轴重为 280 kN，车辆轴重为 260 kN。全线共有隧道 37 座（共计 44 km），其中最长隧道为 3.9 km，隧道内全部为直接式无砟轨道结构。

斯申—撒尔丹哈铁矿石专运线全长 861 km，线路设计运量 2 100 万吨/年，完成既有线扩能改造后，目前实际运量达到 6 300 万吨/年。运营列车的机车轴重 280 kN，车辆轴重 300 kN。该线只有一座隧道，长 787 m，隧道内也是采用直接式无砟轨道，如图 1-7 所示。

图 1-7 南非隧道内无砟轨道

1.3 客货共线无砟轨道研究现状

目前，许多国内外学者在客货共线无砟轨道领域做了大量的实践：

（1）在客货共线无砟轨道动力特性研究方面，Steenbergen、De Jong 等通过分析轨道几何不平顺的发展与轮轨动作用力的关系，结合实测数据，得出货车低频动荷载是导致轨道结构退化的主要原因。

朱玉明通过布置有砟与无砟轨道过渡段测试点进行现场测试，分析了隧道内 CRTS Ⅰ 型双块式无砟轨道于客车最高速度 160 km/h 和货车轴重 250 kN、最高速度 100 km/h 运营条件下的动力响应。

Sharp Calum，Woodcock、James 等描述了一种监测轨道结构各部件振动响应的方法，并用此方法监测客、货车引起的轨道结构振动，得出货车对轨道结构的振动响应远大于客车的结论。

Lei X、Rose J G 等通过建立三层叠合梁模型，并利用傅里叶变换，分析了轨道不平顺影响下不同车速客车和货车对轨道结构动力学响应的影响，并且指出随着轨道不平顺状态的劣化，货车对轨道的影响大于客车。

张驰易建立了重载铁路隧道内双块式以及弹性支承块式无砟轨道实体单元模型，分析了钢轨类型、扣件刚度、扣件间距及道床板尺寸等对轨道部件受力的影响规律。

（2）在客货共线无砟轨道损伤服役状态下动力响应研究方面，曾晓辉通过板式无砟轨道的1∶5比例模型，设计了离缝长度为10 cm的工况并进行了试验分析，得出离缝会造成轨道振动加速度幅值增加的结论。

杨荣山针对客货共线环境下的遂渝线的框架型板式轨道砂浆层伤损以及对修复前后的轨道板和钢轨做了动力测试试验，评估了CA砂浆伤损以及现场CA砂浆碎裂等病害的现有修复技术对轨道结构受力和行车安全的影响。

Zhu Shengyang基于CA砂浆随机损伤理论分析了CA砂浆在初始损伤下列车通过时损伤的发展状况以及列车的动力响应。表明在CA砂浆有初始损伤的情况下，列车通过时动力响应有较为明显的变化，且CA砂浆的损伤将继续发展。

石现峰假设基础不均匀沉降曲线为余弦曲线，利用ABAQUS有限元软件研究了相同波长、不同波幅各种工况下轨道板和底座板的附加弯矩，证明了轨道板和底座板的附加弯矩随着波幅的增加基本上都呈线性增加趋势，且混凝土底座所承受的附加弯矩比轨道板大很多。

徐庆元、李斌基于列车-轨道耦合动力学理论，建立列车-板式无砟轨道-路基三维非线性有限元耦合动力学模型，考虑自重荷载、轨道中长波随机不平顺、轨道短波随机不平顺、路基不均匀沉降荷载及无砟轨道板温度梯度荷载的共同作用，对CRTSⅠ型板式无砟轨道路基不均匀沉降限值进行研究。

易佳俊通过对客货共线双块式无砟轨道道床出现的病害进行研究分析，提出了相应的整治措施，并对轨道及隧道的设计、施工提出了建议。

谢旭通过现场对客货共线线路定水坝隧道内病害情况展开系统调查，分析了该隧道内支承块和整体道床病害的成因、过程和危害，并基于国内外无砟轨道病害的整治维修方法，提出了解决病害的合理整治方案。

（3）在客货共线无砟轨道材料性能研究方面，Baoshan Huang 等通过试验研究，分析了客货共线线路新型乳化沥青混合材料的材料性能，并与混凝土以及沥青进行了对比，结果表明该乳化沥青混合材料适用于高速铁路无砟轨道以及其他路面施工。

Xi、Mitsuru S、Xiang 等进行了混凝土轴心抗压疲劳与氯离子扩散交互作用下氯离子在混凝土中的传输性和渗透性的研究。

Kuhl、Postolopoulos 研究了累积侵蚀对钢筋混凝土的低周疲劳性能，认为侵蚀会导致疲劳过程中钢筋延性较大程度降低。

Fagerlund 对混凝土在冻融循环与单轴荷载作用下的疲劳效应进行研究，并建立了冻融的疲劳损伤方程。

徐浩通过室内实验室的 CA 砂浆浸水试验以及干湿循环试验，认为浸水时间、酸液浸泡时间以及干湿循环次数均对 CA 砂浆的力学性能有显著的影响。

刘哲通过模拟酸雨浸泡下 CA 砂浆力学性能，认为酸雨破坏了 CA 砂浆的强碱性环境，导致青苔的大量生长、结晶物生长，造成 CA 砂浆内部的结构破坏、损伤以及强度的显著降低。

向俊研究了水泥沥青砂浆劣化对 CRTS I 型板式轨道动力学性能的影响。通过高速列车-板式轨道系统空间振动分析理论，重点研究了板式轨道 CA 砂浆充填层的劣化（如脱层、开裂、脆化与碎裂等）引起的轨道板悬空现象对板式轨道振动响应的影响。

（4）在客货共线线路荷载特征研究方面，梁晨、蒋金洲、徐玉波依托大秦重载铁路轨道动力学荷载长期监测数据，统计了 250 kN 轴重的 C80 重车通过半径为 500 m 曲线、半径为 800 m 曲线和直线段 3 个特征工点时列车轮轨荷载分布，并绘制了不同线路特征条件下的轨道荷载谱。

盖晓野通过建立车辆-轨道垂向耦合振动模型，分析了 CRTS I 型板式轨道的轮轨力响应，并对轮轨力进行统计分析，同时分析了轨道各结构层的动力响应，并计算了轨道各结构层的动力系数。

胡所亭、牛斌、柯在田等深入研究了客货共线铁路列车的荷载图式，并提出将荷载图式中特种集中力从 250 kN 提高到 280 kN 的建议。

1.4 客货共线无砟轨道典型损伤调研

客货共线的养护维修技术主要针对有砟轨道，而无砟轨道的养护维修技术的适用条件也仅是针对高速铁路。调研组在充分搜集、整理和吸收国内外客货共线无砟轨道系统病害研究的基础上，通过采用资料收集与现场调查等方法，针对客货共线无砟轨道病害类型及现场维修方法进行系统总结，为明确和研究客货共线无砟轨道病害类型、成因提供基础。本节着重针对遂渝线客货共线无砟轨道病害进行跟踪调查，将无砟轨道系统病害按照不同地点归类，总结客货共线无砟轨道不同地段（CRTS I 型板式、双块式、长枕埋入式）轨道系统的主要病害类型。

调研组于 2011 年 8 月对我国已经正式开通运营的客货共线无砟轨道线路遂渝线进行了首次调研，并于 2014 年 10 月对遂渝线线路进行了二次回访调研，同时考察了黄井线无砟轨道病害；2015年10月第三次调研遂渝线，同时调研了渝怀线以及赣龙铁路线路客货共线无砟轨道病害情况；2016年6月在遂渝线以及渝怀线针对客货共线无砟轨道动力特性进行了现场试验。调研中所考察的轨道形式包含CRTSⅠ型板式、双块式、长枕埋入式三类主型无砟轨道结构形式，对所涉及的无砟轨道病害形式做了初步统计。现场调研的基本情况如表1-1所示。

表1-1 无砟轨道现场调研基本概况一览表

时 间	路局/线路名称	主要内容
2011年8月	遂渝线	无砟轨道状态调查、交流学习
2014年10月8日—12日	遂渝线/黄井联络线	无砟轨道状态调查、交流学习
2015年10月11日—15日	遂渝线/渝怀线	无砟轨道状态调查、交流学习
2015年10月29日—30日	赣龙铁路	无砟轨道状态调查、交流学习
2016年6月14日—29日	渝怀线/遂渝线	无砟轨道动力特性试验

遂渝线、黄井线无砟轨道线路为全国首条无砟轨道综合试验段，试验段全长18.49 km（遂渝线13.137 km，黄井线5.353 km）。遂渝线2007年1月开始运营，开通运营初期仅通行客车，于2010年开始同时通行货车；黄井线无砟轨道段2009年7月开通运营，自开通日起就一直处于客货共线运营模式。由于遂渝线无砟轨道伤损加剧，于2014年年末遂渝线停止运行货车。遂渝线机车车辆：主要机车车型为韶山3、韶山7、和谐D3，车辆类型为C70、C80等。遂渝线列车对数情况：客车44列（普客12列、动车32列），货车2列。黄井线列车对数情况：客车44列（普客12列、动车32列），货车2列。本次围绕遂渝线调研的主要区段分别是黄井联络线、蔡家车站、木鱼山隧道口以及张家院子桥。其中，黄井联络线涉及的轨道类型为双块式无砟轨道，蔡家车站为CRTSⅠ型与双块式无砟轨道，木鱼山隧道口处为双块式与长枕埋入式无砟轨道，张家院子桥处为CRTSⅠ型框架式无砟轨道。

渝怀线2000年12月动工，2005年竣工，2006年年初开行了货车，2007年4月18日客运全线通车。渝怀线鱼嘴二号隧道无砟轨道类型为长枕埋入式。

赣龙铁路为国家一级单线铁路，自江西省赣州至福建省龙岩市，贯穿赣南、闽西，经新罗、上杭、连城、长汀、瑞金、会昌、于都，与赣州东站京九线连接，全长290.1 km。赣龙线2001年12月8日开工，2004年12月30日全线铺通，2005年4月1日通车，2005年10月1日开通旅客列车。其中，枫树排隧道处无砟轨道类型为CRTSⅠ型板式轨道。

1.4.1 遂渝线蔡家车站CRTSⅠ型板式轨道典型损伤调研

遂渝线自2010年开通货车，因轨道服役性能劣化日渐严重，于2014年年末停止运行货车，针对蔡家车站CRTSⅠ型板式轨道现场调研的结果如图1-8所示。

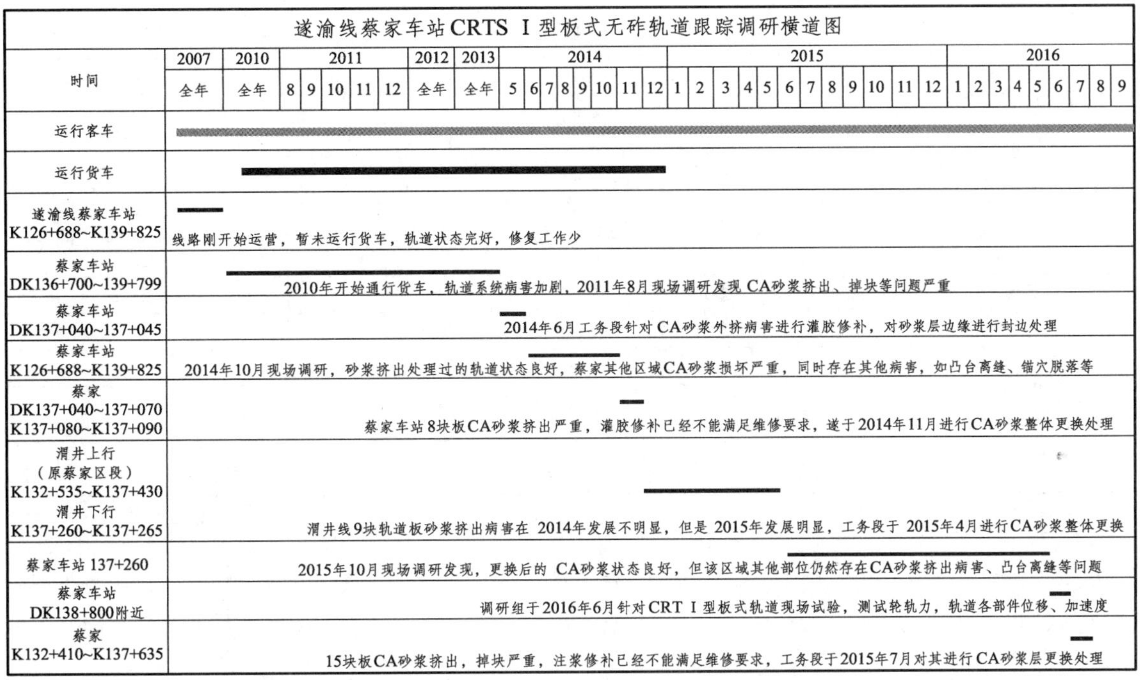

图 1-8 遂渝线蔡家车站 CRTS I 型板式轨道跟踪调研横道图

1. 2011 年 CRTS I 型板式无砟轨道典型损伤调研

2011 年 8 月项目组对遂渝线无砟轨道试验段进行了现场考察，并对一些区段的破坏进行访查、收集与统计，如表 1-2 所示。

表 1-2 遂渝线蔡家段无砟轨道病害调查表

里程	挤浆破坏长度/m	里程	挤浆破坏长度/m
136.700 左	15	138+020 左	3
724 左	10	100 左	5
798 左	10	120 左	1
895 左	5	200 左	5
900 左	5	139+580 左	1
975 左	5	609 左	1
995 左	10	230 左	10
137.092 左	20	240 左	15
100 左	15	290 左	10
120 左	15	390 左	25
130 左	5	410 左	20

续表

里程	挤浆破坏长度/m	里程	挤浆破坏长度/m
210 左	10	490 左	6
390 左	3	500 左	8
400 左	15	520 左	10
420 左	15	590 左	15
600 左	5	615 右	15
700 左	10	650 左	20
800 左	15	700 左	10
880 左	10	770 左	1
970 左	10	790 左	3
		799 左	8
合计：402			

现场考察结果表明遂渝线无砟轨道试验段砂浆存在不同程度的破坏，其中所调查的蔡家段破坏长度约占破坏总长的 13%。遂渝试验段的 CA 砂浆采用灌注袋施工，因此不存在 CA 砂浆与轨道板的脱黏问题，但现场调查表明，遂渝线 CRTS I 型板式无砟轨道的局部也出现了较为严重的破坏（见图 1-9），具体表现在：

（a）砂浆层积水

（b）砂浆挤出

（c）砂浆层掉块

（d）砂浆碎化

图 1-9 遂渝线 CRTS I 型板式无砟轨道 CA 砂浆破坏

(1) 砂浆脆化严重，现场通过手捏发现砂浆已无沥青材料的柔韧性。

(2) 和 2009 年相比，CA 砂浆已经出现大面积、大规模破坏，部分充填层已到了必须更换的地步，其余的估计剩余使用寿命已不到两年。

(3) 边角处砂浆竖向开裂，并呈弧状露出轨道板，显示轨道板对充填层有较强的挤出作用（类似板压圆饼），而导致砂浆破坏。

(4) 部分 CA 砂浆已严重粉化，在现场轨道板下方的黑稀泥状物质中可看到大量砂粒，砂浆已粉化至砂粒级水平，沥青与砂及水泥已全部剥离。

(5) 现场积水相当严重，由于遂渝线地处重庆地区，降雨量较为丰富，导致充填层大面积积水。

(6) 灌注袋上长满青苔和各种植物，生长茂盛，灌注袋出现大面积剥开。

(7) 灌浆修补后的充填层仍然出现了较强的挤出破坏，这表明一般的修补可能并不能完全解决问题。

(8) 灌注袋毁损严重，在现场已经看不到完整的灌注袋样，CA 砂浆直接暴露在空气中。

2. 遂渝线蔡家车站 CA 砂浆挤出病害修补

随着蔡家车站砂浆层破损越发严重，2014 年 5 月，铁科院与工务段也采取了相应的修补措施，对砂浆层挤出严重的地方，采用灌胶方式进行修补，并对砂浆层边缘进行封边处理。

(1) 修复位置。

遂渝线 K137+040～K137+045，无砟轨道 CA 砂浆外挤病害处。

(2) 修复方法。

对病害处进行封闭，同时留出 SKD801 灌缝胶的灌缝口，待 SKD803 修补胶达到设计强度后，将 SKD801 灌缝胶灌入病害处。

(3) 具体修复流程。

进行 SKD803 修复胶修复时，应保证轨道整体稳定性，其整修方案如下：

① 敲掉松动的 CA 砂浆块，预埋注胶管，如图 1-10 所示。

② 然后用 SKD803 修补胶封闭 CA 砂浆层。

③ 待 SKD803 胶固化后用加压灌注配制好的 SKD801 灌缝胶Ⅱ型，注入到饱满为止。

④ 待灌缝胶Ⅱ型固化后（固化时间为 50 min 左右）除掉注胶管。

⑤ 最后涂刷 XYPEX（赛柏斯）浓缩剂。

⑥ 施工流程：

第一阶段：每 6 人 3 m 预埋注胶管，封闭裂缝，用时 60 min。

第二阶段：注入 SKD801 灌缝胶Ⅱ型，用时 60 min。

⑦ 施工材料用量：

每 3 m 预备双组分聚硫密封膏 20 kg；

每 3 m 预备 SKD801 灌缝胶 II 型 40 kg。

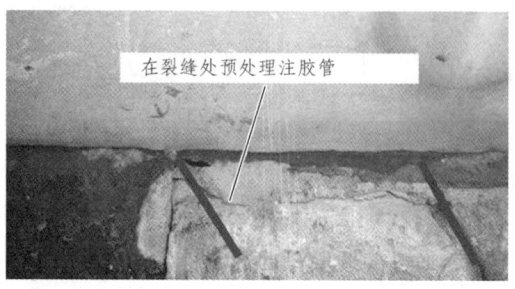

图 1-10　注胶管埋设

3. 2014 年 CRTS I 型板式无砟轨道典型损伤调研

2014 年 10 月调研组对蔡家车站区段的 CRTS I 型板式无砟轨道病害调研，针对 2014 年 5 月 CA 砂浆外挤修复的 CRTS I 型板进行观察，其修复前后效果如图 1-11 所示。

（a）修复前 CA 砂浆挤出　　　　　（b）2014 年进行封边处理后

图 1-11　CRTS I 型板式轨道 CA 砂浆修补前后

除修复位置处 CA 砂浆外，调研组发现该区段 CRTS I 型板式无砟轨道病害仍然存在，如 CA 砂浆层失效、凸台树脂离缝等。

（1）CA 砂浆层失效，如图 1-12 所示。

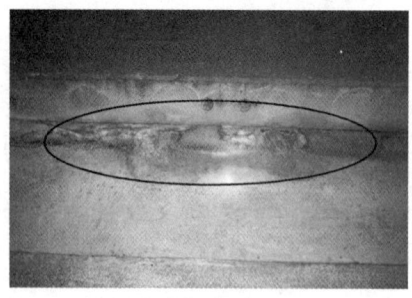 

（a）砂浆层掉块　　　　　　　　（b）砂浆层白浆渗出

图 1-12　CA 砂浆层 I 级伤损

从图 1-12 中可以看出，CA 砂浆层 I 级伤损具体表现为 CA 砂浆层与轨道板和混凝土底座板之间出现离缝，且有白浆渗出的痕迹，CA 砂浆层同时出现细微裂纹。根据现场观察，CA 砂浆层 I 级伤损沿轨道纵向均有不同程度的分布。

从图 1-13 中可以看出，CA 砂浆层 II 级伤损较 CA 砂浆层 I 级伤损严重，具体表现为 CA 砂浆层挤出量较大（小于 50 mm），且 CA 砂浆层本身粉化、掉块较严重。根据现场观察，CA 砂浆层 II 级伤损主要分布在轨道板板端处。

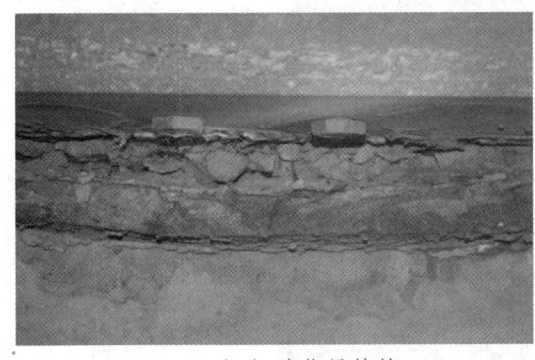 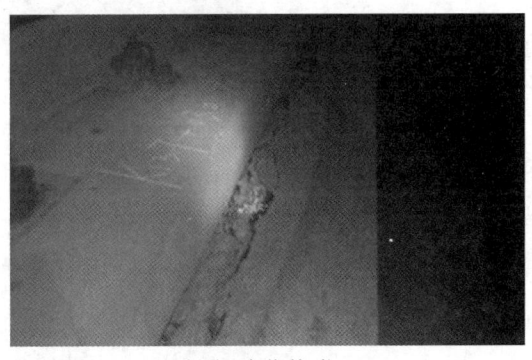

（a）砂浆层掉块　　　　　　　　　（b）砂浆挤出

图 1-13　CA 砂浆层 II 级伤损

从图 1-14 可以看出，CA 砂浆层 III 级伤损最严重。根据现场观察，可以发现 CA 砂浆层 III 级伤损主要分布在轨道板板端处。

（a）砂浆层粉化　　　　　　　　　（b）砂浆层悬空

图 1-14　CA 砂浆层 III 级伤损

CA 砂浆还存在较多的轨道板下 CA 砂浆整体压出病害，病害如图 1-15 所示，压出的 CA 砂浆层基本上没有粉化、掉块。

图 1-15　CA 砂浆层整体压出

（2）凸台树脂离缝。

此次调研发现 CRTS Ⅰ 型板式无砟轨道还存在凸台周围环形树脂离缝的现象，如图 1-16 所示。

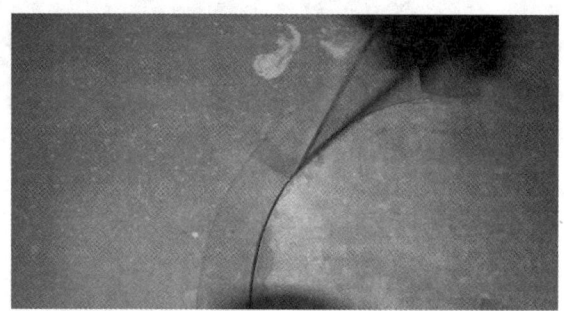

图 1-16　凸台环形树脂离缝

根据现场情况的发现，离缝出现在环形树脂和凸型挡台之间，宽度一般为 2~3 mm。且由于施工工艺的原因，凸型挡台有高出或低于轨道板的情况。

（3）其他病害。

如图 1-17 所示，底座板破损主要表现为底座板与底座板连接处混凝土掉块，导致底座板缺角，内部钢筋裸露在空气中。

图 1-17　底座板破损

每个CA砂浆灌浆孔喷浆方向一致，均顺着列车行驶方向呈放射状分布，如图1-18所示。

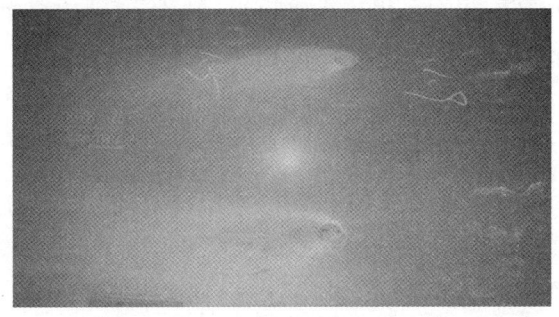

图1-18　CA砂浆灌浆孔喷浆

如图1-19所示，轨道板横向预应力钢筋封锚处混凝土有不同程度的脱落，但横向预应力钢筋锚固螺栓并未露出。

图1-19　轨道板横向预应力钢筋封锚混凝土脱落

部分地段，路基出现渗浆现象（见图1-20），主要表现：路基和底座板之间出现裂缝，缝隙处有白浆冒出的痕迹，底座板周边路基上有白浆冒出后流过的痕迹。

图1-20　路基渗浆

由于蔡家车站处 CA 砂浆层被严重挤出，成都铁路局涪陵工务段进行了 CRTS Ⅰ 型板式轨道 CA 砂浆层更换。修复方法为采用抬高轨道板后凿除失效的充填层砂浆，现场搅拌灌注快速固化的聚合物水泥砂浆，以实现充填层的快速修复。

4. 遂渝线蔡家车站 CRTS Ⅰ 型板式轨道 CA 砂浆层更换

由于蔡家车站处 CA 砂浆层被严重挤出，最宽处达 18 cm，如图 1-15 所示，路外侧的病害普遍比内侧严重。沿轨道板边缘切除外挤的砂浆层后发现，某些轨道板下的砂浆层基本全部被挤碎，病害异常严重。成都铁路局涪陵工务段于 2014 年 11 月在蔡家至 141 线路所间（遂渝线 K137+040～K137+070、K137+080～K137+090 段）进行单元板 CA 砂浆层更换，轨道类型为单元板式轨道板，累计 8 块轨道板，长 40 m。2014 年，在渭井上行线 K132+535-K137+430 共计 9 块，渭井下行线 K137+260～K137+265 计 1 块的位置上并未发现 CA 砂浆严重外挤现象，但是后来该区段 CA 砂浆外挤病害突出，所以于 2015 年 5 月对其进行单元板 CA 砂浆层更换。

（1）修复位置。

第一次修复位置：成都铁路局涪陵工务段在蔡家至 141 线路所间（遂渝线 K137+040～K137+070、K137+080～K137+090 段）。

第二次修复位置：渭井上行线 K132+535-K137+430 共计 9 块，渭井下行线 K137+260～K137+265 计 1 块。

（2）修复方法。

抬高轨道板后凿除失效的充填层砂浆，现场搅拌灌注快速固化的聚合物水泥砂浆，以实现充填层的快速修复。

（3）具体修复流程。

整治具体施工工艺流程如图 1-21 所示。

① 轨道板测量、预埋连接杆。

a. 采用 20 mm 的钻头，在底座板上钻设 4 个预埋眼，位置在起吊套管处，钻眼深度 18 cm，采用 16 mm 的全丝螺杆预埋植筋作为连接杆。钻好眼后用毛刷和气筒清理孔内灰尘，干净后将植筋胶灌至孔深的 1/2 处，然后向孔内插入连接杆，连接杆顶高出轨道板顶面 10 cm，且至少低于轨顶 5 cm（如连接杆高度影响列车运行，预埋使连接杆高度和轨道板顶持平，后续灌板时采用焊接连接）。

b. 如凸台上有原先的 GRP（轨道基准点）标钉，直接采用；如没有，打孔注胶预埋。测量组采用 TRIMBLEs8 全站仪对轨道板的数据进行测设，并对数据进行平差整理，为后续精调轨道板做好准备。

② 安装精调爪。

测量现场温度，当温度与锁定扣件温度基本一致时，可进行以下工作：松开目标轨道板两侧轨道板上的扣件；安装精调爪。

③ 抬高轨道板。

a. 凿除凸台树脂，目的是方便之后抬升轨道板。

b. 放入千斤顶，四角匀速抬升轨道板，便于伤损充填层砂浆的凿除。

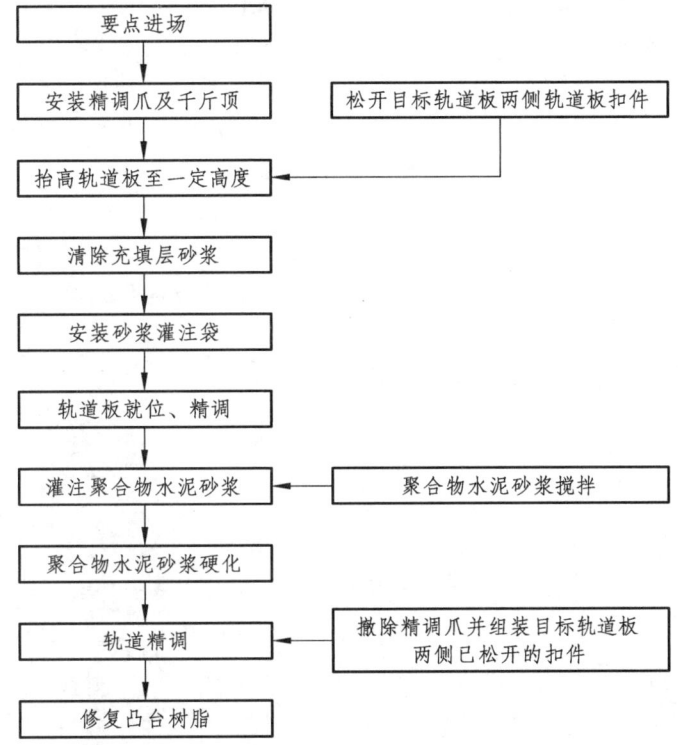

图 1-21　施工流程图

安装精调爪、千斤顶，抬高轨道板示意图如图 1-22 和图 1-23 所示。

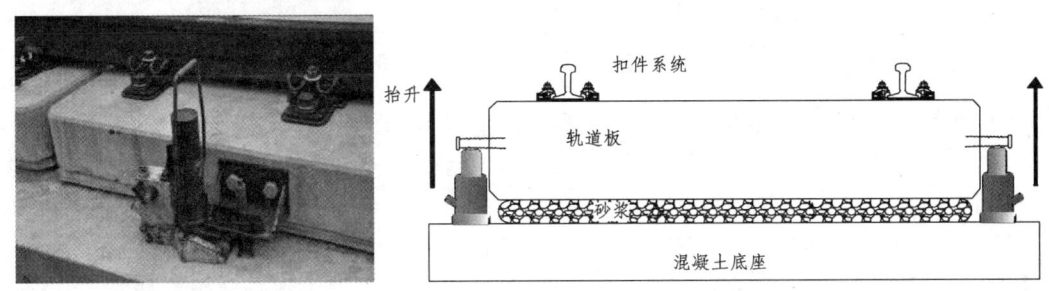

图 1-22　安装精调爪和千斤顶　　　　图 1-23　抬高轨道板示意图

④ 清除伤损充填层砂浆。

采用电镐、风镐等工具，从侧面迅速凿除伤损砂浆层。采用高压风、扫把等将混凝土底座清扫干净。

⑤ 安装砂浆灌注袋。

按照相关标准要求，铺设好新的砂浆灌注袋。铺设灌注袋时，在混凝土底座四周位置上轻刷粘结胶，将灌注袋粘在混凝土上，防止灌注袋不平整造成灌注不饱满。

⑥ 轨道板就位、精调。

a. 通过调节精调爪，将轨道板置于目标高度位置，安装全站仪，安装精调三角架，对轨道板进行精调。通过拧动精调爪的纵向、横向螺杆，对轨道板进行纵向、横向调整。

b. 精调合格后，安装压紧装置，做好砂浆灌注准备工作。

⑦ 快硬聚合物水泥砂浆拌合。

计算并称量灌注所需的快硬聚合物水泥砂浆用量，采用专用的聚合物水泥砂浆搅拌机对砂浆进行搅拌，搅拌完成后迅速进行工作性能检测，检测合格后即可开展砂浆灌注工作。采用的聚合物水泥砂浆搅拌机如图1-24所示。

图1-24 快硬聚合物水泥砂浆搅拌机

⑧ 快硬聚合物水泥砂浆灌注。

快硬聚合物水泥砂浆拌制完成并检测合格后，即可开始灌注工艺，灌注工艺如图1-25所示。

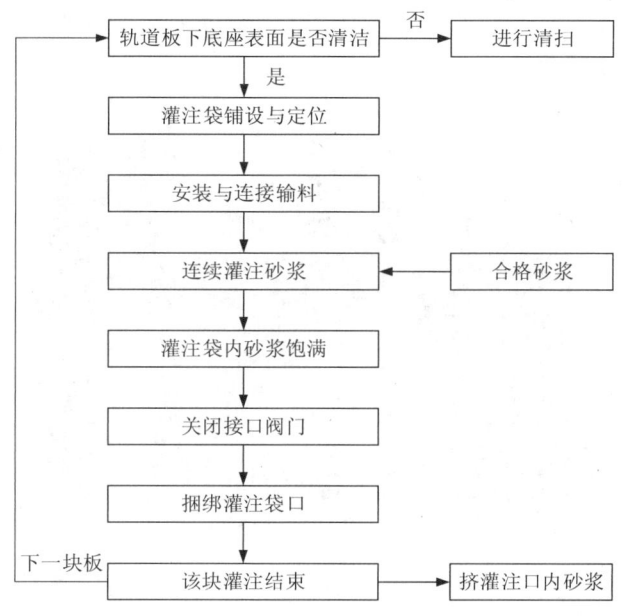

图 1-25 快硬聚合物水泥砂浆灌注流程

⑨ 灌注凸台树脂。

a. 快硬聚合物水泥砂浆灌注完成后，清扫凸形挡台的灌注部位，保证灌注部位的干燥，并测量凸形挡台与轨道板之间的间隔缝，均不小于 30 mm，方可进行灌注。

b. 在凸形挡台周围检查并安放树脂灌注袋（见图 1-26），使灌注袋平整粘结在轨道板和凸台上，安装泡沫侧挡和防护垫。

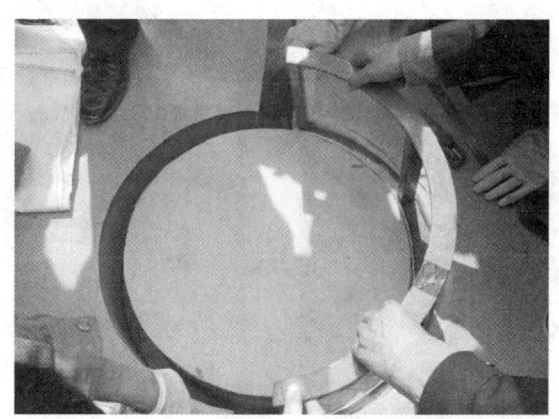

图 1-26 灌注袋安装

c. 将 A、B 组分各自搅拌 3 min，防止材料内部分层，A、B 组分按规定比例称量后，充分搅拌 5 min 混合均匀后，立即倒入灌注袋。树脂搅拌如图 1-27 所示。一个凸形挡台周围填充树脂必须一次性灌注完成。

图 1-27　树脂搅拌

d. 灌注时要缓慢、连续注入（见图 1-28），灌注高度应与轨道板平齐，灌注过程中，使用木棒等工具深入树脂内部，贴近轨道板或凸形挡台侧面摩擦几下，防止灌注袋产生褶皱扭曲及空气滞留，并用刀片轻轻刮破表面气泡，如图 1-29 所示。灌注完毕，立即擦除灌注时溢出、泄漏的树脂，检查灌注液面高度和表观质量，并灌注检测试样。

e. 灌注一天后，检查灌注质量。外观：检查填充树脂的外观，无气泡、气孔、褶皱、裂痕等。灌注厚度：用卡尺测量并记录凸形挡台和轨道板之间树脂灌注厚度最薄的地方与最厚的地方。各部位间隙：用塞尺测量。

图 1-28　树脂灌注　　　　　　　图 1-29　刮贴灌注袋

f. 轨道超高时，树脂不能一次灌注到位，需要进行二次灌注，超高斜度较大时随时检查液面高度，可能多次灌注，二次灌注应在一次灌注结束后，树脂没有凝固前施工。特殊情况下，必须在树脂硬化后进行二次灌注时，可以在灌注前采用插入螺钉（长度 40 mm）的方法增加连接强度,宜 10 cm 间隔均匀布置螺钉,螺钉插入深度控制在 25 mm 以上,或者采用将树脂表面打毛的手段增加黏合力。

g. 最后拆除防护和割除多余灌注袋余边(见图 1-30),检查验收。

图 1-30　修剪多余袋体/拆除防护

快速固化凸台树脂施工工艺流程图,如图 1-31 所示。

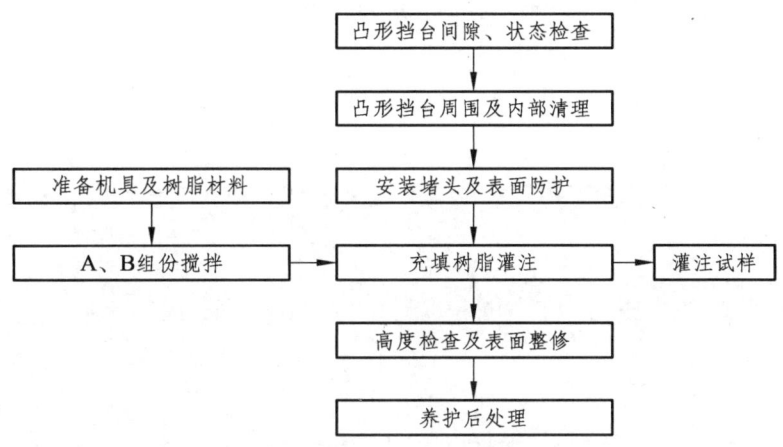

图 1-31　快速固化凸台树脂灌注流程

⑩ 拆除精调爪及压紧装置。

注浆完成 1 h 后,检查聚合物水泥砂浆固化情况,如果已经固化,拆除目标轨道板精调爪及压紧装置。

⑪ 恢复轨道结构并精调。

拆除精调爪后,由工务段对轨道结构进行复测,并精调轨道至满足要求。

5. 2015年CRTS I 型板式轨道典型损伤调研

经过一年观察期，调研组于 2015 年 10 月再次回访调研蔡家车站处 CRTS I 型板式无砟轨道病害，如图 1-32 所示。对砂浆层更换前后进行对比。更换后砂浆服役状态良好。

（a）2014年调研砂浆层破坏情况（更换前）　　　（b）2015年调研砂浆层（更换后）

图 1-32　砂浆层更换

本次调研发现，该区域除了重新更换过 CA 砂浆层的轨道板外，还发现以下几类主要病害：

（1）CA 砂浆层碎化、掉块。

部分砂浆层碎化、掉块的情况严重，大面积砂浆层都存在砂浆袋破损，出现开裂和掉块，如图 1-33 所示。

（a）砂浆掉块　　　　　　　　　　　（b）砂浆碎化

图 1-33　CA 砂浆层碎化、掉块

（2）CA 砂浆层挤出。

CRTS I 型板式无砟轨道仍然普遍存在砂浆层挤出的现象。压出的砂浆也存在碎化、掉块的现象，如图 1-34 所示。

（a）砂浆大范围挤出　　　　　（b）砂浆挤出局部图

图 1-34　砂浆层大范围挤出

（3）砂浆层与轨道板层间离缝。

袋装法灌注的砂浆在板端处普遍存在离缝现象，如图 1-35 所示。

图 1-35　层间离缝

（4）底座板与级配碎石层间离缝冒浆。

从现场调研情况看，路基和底座之间出现裂缝，缝隙处有白浆冒出的痕迹，底座板周边路基上有白浆冒出后流过的痕迹，如图 1-36 所示。这种病害会破坏级配碎石层，影响轨道结构的整体稳定性。

（a）路基与底座板离缝　　　　　（b）路基冒浆

图 1-36　底座板与级配碎石层间离缝冒浆

（5）其他病害。

除了上述表现较为严重的病害外，在调研区域内，还有横向锚固混凝土脱落、纵向锚固混凝土脱落、凸台掉块、底座裂缝等病害，如图1-37所示。

（a）横向锚固混凝土脱落　　　　　　（b）纵向锚固混凝土脱落

（c）凸台掉块　　　　　　（d）底座裂缝

图1-37　其他病害

1.4.2　遂渝线张家院子桥处 CRTS I 型框架式无砟轨道典型损伤调研

张家院子桥路段框架式板式无砟轨道结构处的病害问题较为严重。针对该区域的框架式板式无砟轨道板现场调研历程如图1-38所示。

时间	2007 全年	2010 全年	2011 全年	2012 全年	2013 全年	2014 全年	2015												
							1	2	3	4	5	6	7	8	9	10	11	12
运行客车																		
运行货车																		
遂渝线张家院子桥 DK123+218~DK133+043	遂渝线刚开通客车，轨道整体完好，病害较少，也不严重，但随着列车的运行以及环境侵蚀，轨道板状态开始劣化																	
遂渝线张家院子桥 DK131+485~DK131+625	自2010年开始开通货车，砂浆层破坏加剧，挤出现象明显，工务段于2011年采用SKD803修补胶与SKD801灌缝胶两种材料进行修复																	
遂渝线张家院子桥 DK131+485~DK131+625	项目组于2011年在CA砂浆修补处进行轨道动态性能现场测试，用以评价修复效果																	
遂渝线张家院子桥 DK131+485~DK131+625	经过2年多的时间，CA砂浆修补后的轨道板外挤病害重新出现并且难以用修补方法整治，遂工务段于2014年进行CA砂浆整体更换处理																	
遂渝线张家院子桥 DK123+218~DK133+043	2015年10月现场调研，修复后的轨道板状态良好，但其他部分地段仍然有CA砂浆挤出以及其他病害																	

图1-38　遂渝线蔡家车站 CRTS I 型板式轨道跟踪调研横道图

1. 张家院子桥处 CRTS I 型框架式无砟轨道 CA 砂浆修补

在雨水的作用下,砂浆内沥青流出,失去塑性,在列车荷载的作用下发生脆性断裂。由于砂浆内部形成通裂,轨道板的开裂和砂浆层的破损在列车荷载的作用下加剧,严重影响行车的安全性,因此需要及时对破损的砂浆层进行重新灌注,如图 1-39 所示。

图 1-39 砂浆层挤出掉块

工务段于 2011 年针对该区域的轨道板进行了 CA 砂浆的修补工作。

(1) 修复位置。

遂渝线张家院子桥 DK131+485 ~ DK131+625。

(2) 修复方法。

遂渝线张家院子桥处框架式板式无砟轨道低弹模水泥乳化沥青砂浆破损采用 SKD803 修补胶与 SKD801 灌缝胶两种材料进行修复。

(3) 具体修复流程。

① 修凿破损砂浆,如图 1-40 和图 1-41 所示。

图 1-40 修凿破损砂浆

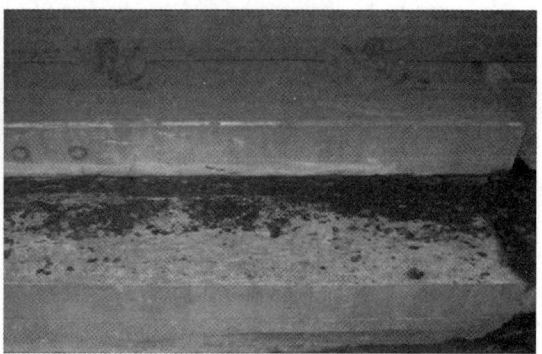

图 1-41 修凿破损砂浆后

② 用刷子在修凿位置涂刷酒精，然后用喷灯将修凿位置烘干，如图 1-42 所示。

③ 用 SKD803 修补胶预埋灌浆管，再用修补胶封闭并抹平，然后撒上晾干的石英砂，如图 1-43 所示。

④ 待修补胶固化后，加压灌注调制好的 SKD801 灌缝胶；灌缝胶固化后除掉外露的注胶管，并涂刷 XYPEX（赛柏斯）浓缩剂。

图 1-42　燃烧酒精烘干

图 1-43　压抹 SKD803 修补胶

⑤ 清理施工现场。

其修补后的效果如图 1-44 所示。

图 1-44　砂浆层破坏的修补效果

2. 张家院子桥处 CRTS Ⅰ 型框架式无砟轨道 CA 砂浆整体更换

在 2011 年修复过的位置处，2014 年 CA 砂浆层再一次严重破坏，如图 1-45 所示。

针对此次病害，涪陵工务段采取了整体更换 CA 砂浆层的方法。更换后的效果如图 1-46 所示。

图 1-45　CA 砂浆修补位置处再次挤出　　图 1-46　CA 砂浆整体更换后的效果图

3. 2015 年遂渝线张家院子桥 CRTS Ⅰ型框架式轨道典型损伤调研

2015 年调研组对张家院子桥处 CRTS Ⅰ型框架式无砟轨道进行了现场调研，在 2014 年 CA 砂浆更换后的轨道板整体状态良好。但是其他区域仍然发生病害，具体病害如下：

（1）轨道板开裂。

框架板式轨道上轨道板出现了较多的裂纹，如图 1-47 所示。此外，在轨道板锚穴附近裂纹分布比较密集，如图 1-48 所示。

图 1-47　框架板裂纹宽度　　图 1-48　轨道板裂纹分布

（2）封锚混凝土掉块。

在部分框架板板端，轨道板的封锚口由于封锚砂浆的脱落导致预应力锚头外露。轨道板板角在轨道板端部出现裂纹的情况下，在列车荷载反复作用下还出现了掉块，如图 1-49 所示。

图 1-49　封锚脱落

（3）基础沉降和底座板开裂。

基础沉降的问题比较严重，如图 1-50 所示。底座板出现裂纹，部分位置甚至出现了通裂，如图 1-51 所示。

图 1-50　底座板脱空图　　　　图 1-51　底座板开裂

（4）轨道板下减振胶垫窜出。

在一些减振轨道结构轨道板下，胶垫与轨道板分离窜出，如图 1-52 所示。

图 1-52　轨道板下减振胶垫窜出

（5）凸台树脂离缝。

在轨道板温度的作用下，树脂层和凸台间产生离缝，如图 1-53 所示。

（6）铁垫板下橡胶垫板上翘。

铁垫板下橡胶垫板翘起，如图 1-54 所示。

图 1-53　凸台树脂离缝　　　　图 1-54　橡胶垫板翘起

1.4.3 遂渝线木鱼山隧道口双块式轨道典型损伤调研

木鱼山隧道口位于遂渝线 DK135+400 附近，该线路主要为 CRTS I 双块式无砟轨道，在客货共线的线路上，双块式无砟轨道的伤损也表现得尤为突出，针对该区域的双块式无砟轨道现场调研历程如图 1-55 所示。

遂渝线木鱼山隧道附近双块式无砟轨道跟踪调研横道图							
时间	2007 全年	2010 全年	2011 全年	2012 全年	2013 全年	2014 5 6 7 8 9 10 11 12	2015 1 2 3 4 5 6 7 8 9 10 11 12	2016 1 2 3 4 5 6 7 8 9
通行客车	━━━						
通行货车		━━━					
木鱼山隧道口 DK135+300~DK137+800	线路刚开始运行，暂未运行货车，轨道状态良好，修复工作少，自货车行驶后，双块式无砟轨道服役负担加大，轨枕松动、道床板裂纹等病害突出						
木鱼山隧道口处 DK135+360附近	工务段于2011年针对双块式无砟轨道的轨枕松动采用SKD803修补胶与SKD801灌缝胶，道床板与轨枕块连接处裂缝采用两液混合硬化胶（AB胶）修补进行修补						
木鱼山隧道口 DK135+300~DK137+800	2014年10月现场调研发现，已经处理过的轨道系统并不理想，部分修补过的轨道块存在渗浆、破损等；该区域还存在其他病害，如基础沉降等						
木鱼山隧道口 DK135+360附近	针对已整治过的轨枕块处又出现渗浆现象，工务段于2014年11月针对轨道板轨枕块第二次病害发展进行修补						
木鱼山隧道口 DK135+360	工务段于2015年对轨道板裂纹进行修补处理，对基础沉降病害进行注浆整治						
木鱼山隧道口 DK135+360附近	2015年10月现场调研，整治过后的基础没有翻浆病害，但整治后的轨枕松动问题依然存在，未进行修复的部分道床板表面存在裂纹以及轨枕松动现象						

图 1-55　遂渝线木鱼山隧道附近双块式无砟轨道跟踪调研横道图

1. 遂渝线木鱼山隧道口处双块式无砟轨道轨枕松动整治

2007 年遂渝线开通，此时的双块式轨道整体状态稳定，很少出现明显病害。随着线路的运营，双块式无砟轨道病害逐渐开始发展，2010 年开始运行货车，使轨道系统的负担加大，病害加速发展。双块式枕块松动是双块式无砟轨道典型病害之一，枕块松动一般由于枕块与道床板新老混凝土薄弱面病害导致，如图 1-56 所示。工务段于 2011 年针对该病害进行了修补整治。

图 1-56　轨枕松动

（1）修复位置。

遂渝线木鱼山隧道口 DK135+360 附近。

（2）修复方法。

轨枕松动的修补主要采用 SKD803 修补胶与 SKD801 灌缝胶两种材料。SKD803 修补胶用于修补轨枕周围剥离掉块与封堵作用，SKD801 灌缝胶用于填堵轨枕周围及轨枕底部的缝隙。

（3）具体修复流程。

① 清除轨枕周边松动的混凝土块，用切割机在轨枕四周切除 2 cm 宽、4 cm 深的槽，然后把灰尘清除干净，如图 1-57 和图 1-58 所示。

图 1-57　切割和开凿

图 1-58　清刷界面

② 用刷子在轨枕四周切好的槽内涂刷酒精，然后点燃酒精，将轨枕四周及缝隙烘干，如图 1-59 所示。

③ 在轨枕的四周用电锤钻 6 个注胶孔，清除灰尘，用支撑垫块把轨枕两边的钢轨垫起，垫高尺寸与原轨道的高度一致，然后用 SKD803 修补胶预埋灌浆管，再用修补胶封闭轨枕周围的缝隙并抹平，然后撒上晾干的石英砂，如图 1-60 和图 1-61 所示。

图 1-59　燃烧酒精烘干

图 1-60　压抹 SKD803 修补胶

④ 待修补胶固化后，加压灌注调制好的 SKD801 灌缝胶；灌缝胶固化后除掉外露的注胶管，并涂刷 XYPEX（赛柏斯）浓缩剂，如图 1-62 所示。

图 1-61　抹平　　　　　　　　图 1-62　灌注 SKD801 灌缝胶

⑤ 清理施工现场。

2. 遂渝线木鱼山隧道口处双块式轨枕与整体道床之间的裂缝修补

工务段于 2011 年在出现双块式轨枕与整体道床之间的裂缝位置处使用两液混合硬化胶（AB 胶）修补，如图 1-63 所示。

图 1-63　双块式轨枕与整体道床之间的裂缝修补

2014 年 10 月，调研组对木鱼山隧道处的轨道病害展开调查。道床板裂缝修补后，一定程度上阻止了病害的发展或者消除了病害，但部分修补处又出现了新病害，如图 1-64 所示。

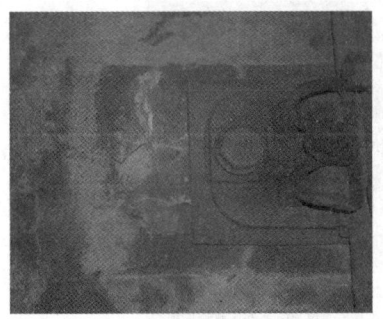 

（a）轨枕破损　　　　　　　　（b）轨枕渗浆

图 1-64　双块式无砟轨道轨枕块破损

3. 2014 年木鱼山隧道口处双块式无砟轨道典型损伤调研

2011 年修补过的部分轨枕块又开始渗出白浆,如图 1-65 所示。

图 1-65　连续多个修补后轨枕块渗浆

2014 年 11 月对其再次进行修补。在 2015 年现场调研时对其进行了回访调查,发现部分修补后的双块式轨枕块与道床板混凝土间出现裂缝,如图 1-66 所示。

图 1-66　第二次修补后的双块式轨枕块

此外,基础翻浆冒泥病害严重,当裂缝发生后,从混凝土支承层和路基间的缝隙中渗出白浆(见图 1-67),或者发生泥浆冒出,道床板也可能下沉。

图 1-67　双块式无砟轨道混凝土支承层与路基间渗出白浆

如图 1-68 所示为混凝土支承层和路基间的泥浆冒出的照片，其中图 1-68（a）既有白浆的渗出又有冒泥的现象。从图 1-68（b）中可以看出，此处存在唧泥现象，唧出的泥浆溅到支承层的上方，顺着路肩流到两侧排水沟中。

（a）既有白浆的渗出又有冒泥的现象　　　　（b）唧泥现象

图 1-68　双块式无砟轨道混凝土支承层与路基间冒泥

4. 遂渝线木鱼山隧道口处基础翻浆冒泥整治

翻浆冒泥现象一直以来都是双块式无砟轨道的严重病害，如图 1-69 所示。2015 年 2 月，工务段对该区段进行翻浆冒泥治理。

（1）修复位置。

木鱼山 DK135+360 处。

（2）修复方法。

第一阶段：注浆填充阶段。采用注浆的方式对 K135+360 区段承重层和碎石碾压层间的空洞进行填充，此阶段基本不扰动既有轨面高程。

第二阶段：注浆抬升阶段。依据涪陵工务段确定的抬升区段及抬升量，采用注浆的方式对抬升区段内轨道结构进行注浆抬升，每次注浆抬升量不大于 10 mm。

图 1-69　基础翻浆冒泥

(3)修复具体流程。

注浆施工流程如图 1-70 所示。

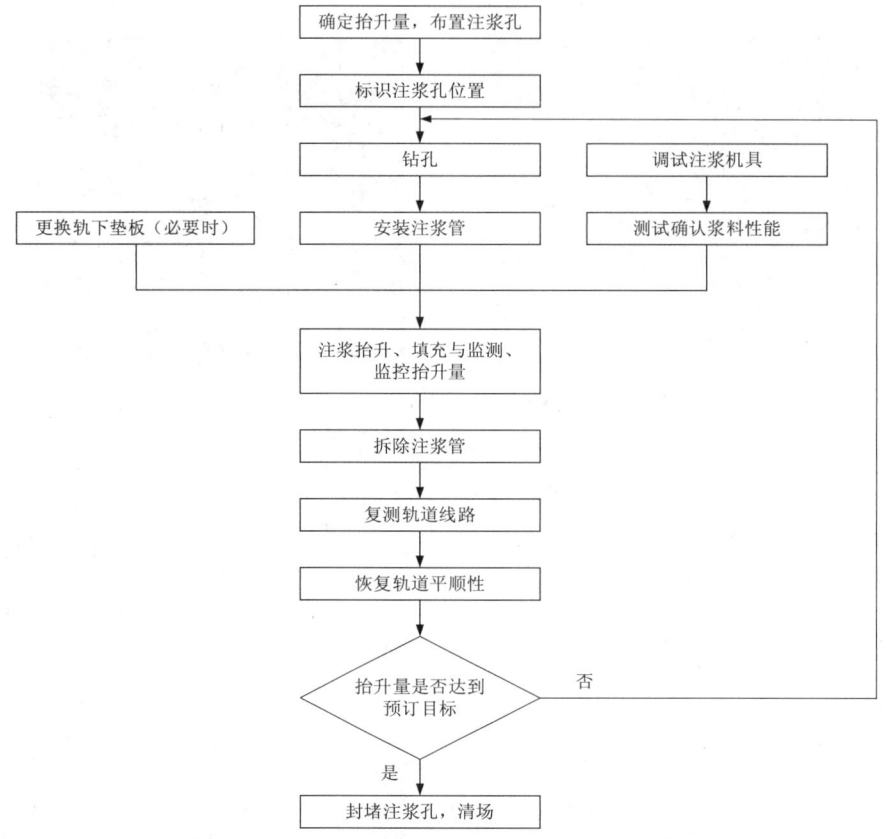

图 1-70　无砟轨道注浆施工工艺流程

① 注浆孔布置及抬升量确定。

施工前，涪陵工务段线路科配合铁科院测量人员确定填充、抬升施工区段的相关技术数据。在此基础上，进行注浆孔布置设计。注浆孔布置示意图如图 1-71 所示。

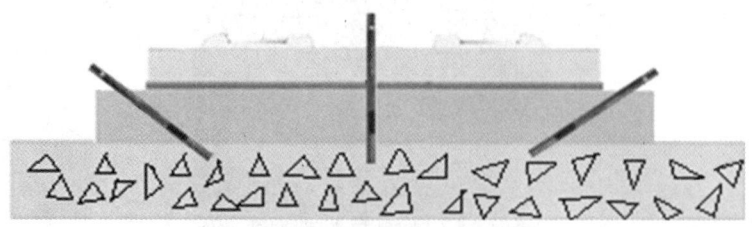

图 1-71　注浆布孔示意图

注浆孔布置设计时应遵循以下基本要求：

a. 进行注浆孔布置设计时，应充分考虑道床板、底座板等轨道结构的钢筋位置，以免钻孔时损伤钢筋；钻孔位置应避开轨道、扣件、承轨台、应答器、轨道电路、转辙机等设施。

b. 注浆孔呈梅花形布置。

② 钻孔及封孔。

孔位标记好以后，采用锤钻进行钻孔。注浆孔分中间孔和侧孔，中间孔从道床板面垂直钻入，侧孔从支承层斜向钻入。钻孔完成后，应及时清理、收集钻出的粉尘，防止污染现场环境，并应采用玻璃胶或木塞对注浆孔进行临时封闭，防止雨水及杂质进入。

③ 安装注浆管。

先将封闭注浆孔的玻璃胶清理干净，将注浆管插入注浆孔中，用大力钳夹住注浆管的外管，然后用扳手拧紧注浆管上部的螺母。

④ 注浆作业。

注浆作业前，应提前对注浆设备进行调试，使设备工作正常，并对注浆材料的起发、表干时间进行测试，确认其满足要求；同时，现场复核各点的注浆抬升量。

注浆作业时，按预定注浆单元、注浆顺序进行注浆操作，在注浆的过程中，采用2台精密电子水准仪对道床板左右两侧高程进行监测。填充施工时，按"一动即停"进行控制；抬升施工时，单次最大抬升量不超过10 mm。

⑤ 注浆管的拆除。

在注浆点注浆完成后，对注浆管及时进行拆除。

⑥ 注浆孔的封堵。

抬升区段线路经复测满足要求后，应采用强度等级不低于C30的速凝型微膨胀砂浆对注浆孔进行封堵。

5. 遂渝线木鱼山隧道口双块式无砟轨道道床板横向裂纹修补

在路基沉降地段，道床板混凝土出现了横向裂纹和呈45°横向发展的裂纹，主要存在于两股轨枕间并贯通两侧轨枕，严重地段甚至出现连续几块轨枕的道床板横向裂纹。遂渝线工务段在2011年和2015年对裂纹进行了补修作业。

（1）修复位置。

两次均位于木鱼山隧道口DK135+360附近。

（2）修复方法。

对该部分轨枕和道床板裂纹采用开槽、钻孔，进行压力灌浆的方式修复，灌注材料为SKD803修补胶和SKD801灌缝胶。

（3）具体修复流程：

① 用钢丝刷将裂缝及周边杂物、浮尘等清除干净。

② 用凿子或电钻在裂缝处凿出间距为 100 mm 直径为 3 mm 的圆孔灌胶嘴，钻孔深度宜为轨枕底 40 mm。

③ 预埋灌胶嘴和排气嘴；每间距 200 ~ 300 mm 预埋注浆嘴一个（在裂缝交叉处，增放一个）。

④ 用 SKD803 修补胶封闭裂缝。

⑤ 注射机将 SKD801 灌缝胶注入道床混凝土中，从距离通气孔最远的灌浆管开始灌注砂浆，距离最近的灌浆孔砂浆溢出后，封闭第一个灌浆管，继续从下一个灌浆管开始灌注，直到通气孔溢出砂浆，封闭通气孔继续灌浆，当压力达到 2 MPa 时保持注浆压力 1 ~ 3 min，结束灌浆。注意灌浆压力不能超过 3 MPa，避免过大的压力撕裂裂缝，破坏裂缝封闭材料。

⑥ 压浆时间（2 kg 量）为 5 ~ 20 min。

⑦ 固化后敲掉灌胶嘴。

⑧ 修复封边胶不平整处，使用打磨机等小型工具，沿裂缝依次仔细打磨，达到裂缝表面平整。

⑨ 用 SKD801 灌缝胶和其他材料（水泥、滑石粉、石英砂等）调成腻子状，对裂缝进行外观处理，保持和原混凝土的颜色一致。

6. 2015 年木鱼山隧道口处双块式无砟轨道状态

经过 2015 年 10 月现场对双块式无砟轨道的调研，部分病害得到了有效修复治理，但还有部分仍然存在问题，整治的项目主要有以下几个方面。

（1）涪陵工务段于 2015 年 2 月对基础沉降进行了注浆治理，现在路基状态良好，如图 1-72 所示。

图 1-72 注浆处理后双块式基础状态

从现场调研看出，在路基沉降地段，道床板混凝土出现横向裂纹和呈 45°横向发展的裂纹，以及严重地段出现连续几块轨枕的道床板横向裂纹，在 2011 年和 2015 年对裂纹进行了补修作业，如图 1-73 所示。修复后裂纹的发展得以控制。

（a）道床板横向裂纹（修复后）　　　　（b）45°横向发展裂纹（修复后）

图 1-73　双块式枕块四周道床开裂修复后

（2）通过现场调研观测，涪陵工务段曾于 2011 年和 2014 年对此类病害进行了修补，但轨枕松动依然存在并继续发展，如图 1-74 所示。

图 1-74　修补后枕块松动

（3）除了整治后的地段，本次调研还发现未进行修复的部分道床板表面存在裂纹（见图 1-75）及轨枕松动（见图 1-76）。

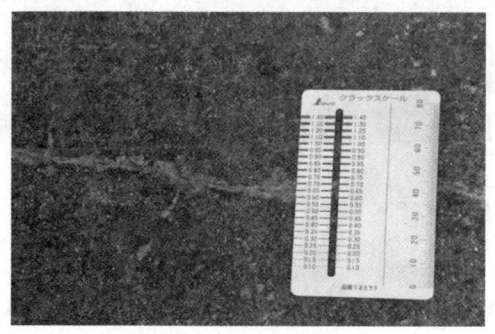

图 1-75　道床板裂纹　　　　　　　　图 1-76　枕块松动

（4）在道岔区，还有钢轨波磨和钢轨接头磨耗，如图1-77所示，该地段主要为长枕埋入式，轨道结构状态较为良好，但在出道岔部位的双块式无砟轨道出现了较多的枕块松动。初步认为道岔区的接头磨耗和钢轨波磨增大了轮轨接触的动力响应，导致了枕块松动。

（a）钢轨接头磨耗　　　　　　　　（b）钢轨波形磨耗

图1-77　钢轨波磨和钢轨接头磨耗

1.4.4　赣龙铁路CRTS I 型板式无砟轨道典型损伤调研

1. 轨道板板角开裂

现场发现有较多的轨道板板角出现裂缝，裂缝贯穿纵、横向第一个锚穴，在部分开裂处板角下出现脱空现象，如图1-78所示。初步认为是板角制造时的初始缺陷在运输、安装以及运营中继续发展产生的开裂。

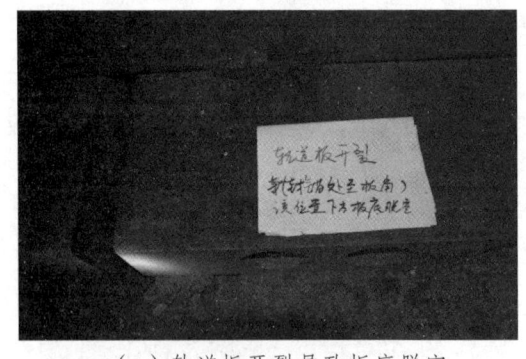

（a）轨道板开裂导致板底脱空　　　　　　　（b）板角开裂

图1-78　轨道板板角开裂

2. 轨道板板角破损掉块

在部分轨道板出现了板角破损掉块的现象（见图1-79）。在一个区域连续观察轨道板有5块出现了该病害，但并未发现破损板角下出现脱空现象。初步分析认为，依然是板角制造时的初始缺陷在运输、安装以及运营中继续发展产生的破损掉块。

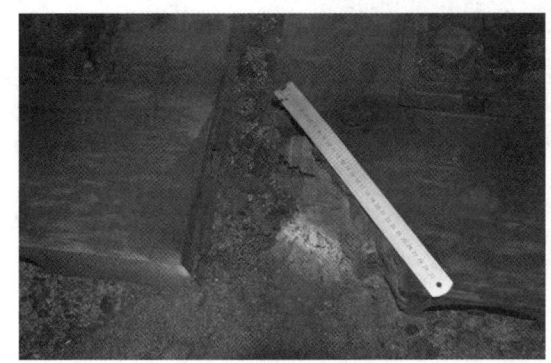

(a) 板角破损俯视图　　　　　　　　　(b) 板角破损侧视图

图 1-79　轨道板板角破损掉块

3. 轨道板板中开裂

在现场发现有一块轨道板在第四跨扣件处出现横向裂纹，通过观察发现，该轨道板下出现了两个区域的板下离缝（见图 1-80）。

(a) 离缝区Ⅰ　　　　　　　　　　　　(b) 离缝区Ⅱ

图 1-80　开裂轨道板板下离缝

4. 锚穴脱落

在现场发现锚穴脱落非常严重（见图 1-81），可能是由于封锚工艺不过关，或锚穴为光面，周边未印花导致的。

图 1-81 锚穴脱落

5. 砂浆层与轨道板间离缝

现场轨道板出现了较多的砂浆层与轨道板间离缝（见图 1-82），在板端和板边缘最为明显。因为 CA 砂浆作为调平和高程误差补偿层，所以预制轨道板与 CA 砂浆界面的存在将不可避免。施工不当、材料收缩与泌水以及灌注工艺不合格使砂浆产生初始离缝，并在列车的高频、高强度荷载以及温度梯度引起的翘曲作用下，致使轨道板与砂浆离缝进一步加大。

图 1-82 砂浆层与轨道板间离缝

6. 砂浆层缺损及掉块

在现场出现了较多的砂浆破损掉块。破损掉块均出现在板角位置，呈三角形。列车通过板端位置时，处于双自由面的板角砂浆容易受压向自由面挤出破损，如图 1-83 所示。CA 砂浆灌注薄弱区如图 1-84 所示。

（a）砂浆掉块　　　　　　　　　　　（b）砂浆缺损

图 1-83　砂浆层缺损及掉块

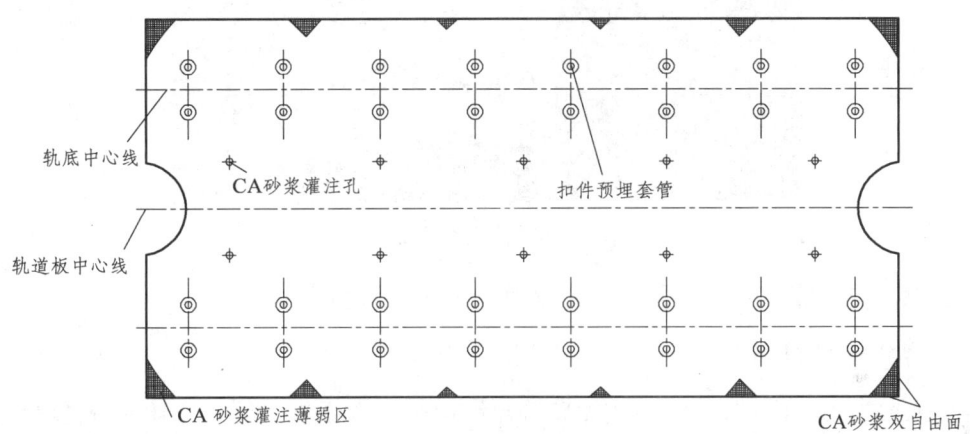

图 1-84　CA 砂浆灌注薄弱区

7. 钢轨空吊

在空吊区附近有更换的折断弹条，可能是由于焊缝磨耗以及钢轨空吊加大了钢轨的振动响应，使得扣件上拔力超过了弹条的扣压力，如图 1-85 所示。

（a）钢轨空吊　　　　　　　　　　　（b）弹条折断

图 1-85　钢轨空吊及弹条折断

8. 凸台树脂离缝

隧道入口的第一块轨道板出现了明显的凸台树脂离缝（见图 1-86），可能是隧道入口温度变化较大，扣件带动轨道板产生纵向位移或者灌注工艺不合格产生的。

图 1-86 凸台树脂离缝

1.4.5 遂渝线与渝怀线长枕埋入式无砟轨道典型损伤调研

1. 遂渝线长枕埋入式无砟轨道典型损伤调研

调研中遇到的道岔区长枕埋入式无砟轨道结构病害主要包括新旧混凝土面出现裂缝和混凝土破损、轨枕和道床的裂纹、混凝土底座与路基间产生缝隙等。

道岔区长枕埋入式无砟轨道混凝土的薄弱面病害也是道岔区长枕埋入式无砟轨道的主要病害，如图 1-87 所示。同时有些病害处也存在从新旧混凝土间的缝隙中渗出白浆的现象。

图 1-87 道岔区长枕埋入式无砟轨道新旧混凝土薄弱面病害

从图 1-88 中可见道岔区长枕埋入式无砟轨道的道床板上的裂纹，道床板混凝土的破损均是从与轨枕接触的薄弱面开始的，发生在道床板的边角处。

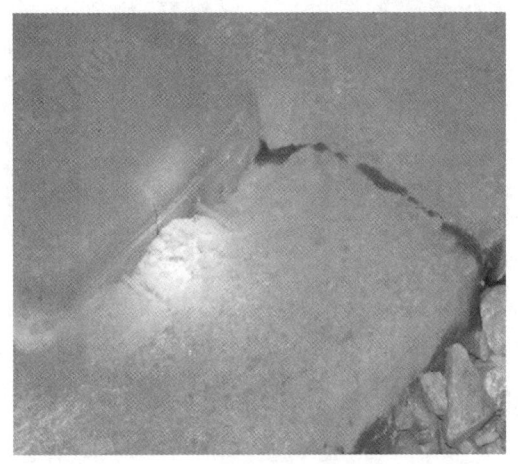

（a）道床板上裂纹　　　　　　　　　　（b）道床板边角破损

图 1-88　道岔区长枕埋入式无砟轨道道床板上混凝土伤损

从图 1-89 中可见在铁垫板下使用了调高垫板。当道岔区的路基下沉之后，混凝土底座和道床板会随着下沉，从而使用调高垫板满足轨道几何形位的要求。

从图 1-90 中可见长轨枕上的裂纹，裂纹的方向垂直于轨枕的长度方向。

 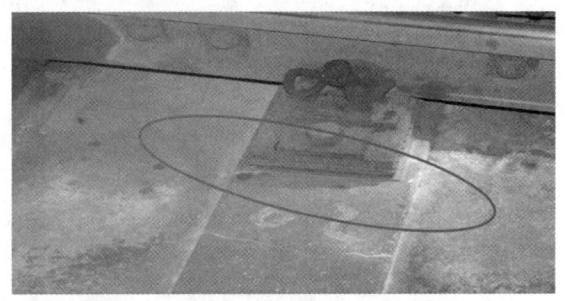

图 1-89　道岔区长枕埋入式无砟轨道混凝土　　　图 1-90　道岔区长枕埋入式无砟轨道
　　　道床板下沉后使用多层调高垫板　　　　　　　　　　混凝土轨枕上的裂纹

2. 渝怀线鱼嘴二号隧道长枕埋入式无砟轨道典型损伤调研

渝怀线鱼嘴二号隧道处的长枕埋入式无砟轨道主要病害为扣件弹条折断以及隧道口有砟轨道和无砟轨道过渡段处埋入式长枕出现松动。

通过现场调研发现，该区段扣件出现了较多的弹条扣件折断和钢轨剥落掉块，如图 1-91 所示。有砟轨道钢轨剥离掉块现象较轻，相邻隧道内无砟轨道钢轨剥离掉块较为严重。

（a）弹条折断　　　　　　　　　　　（b）钢轨剥落掉块

图 1-91　扣件弹条折断和钢轨剥落掉块

隧道内长枕埋入式无砟轨道整体状态良好，仅在隧道洞口有砟轨道和长枕埋入式无砟轨道过渡段的两块长枕出现了松动（见图 1-92），并伴有白浆冒出。

图 1-92　长枕松动

项目组于 2016 年 6 月对鱼嘴二号隧道的长枕埋入式无砟轨道展开实测试验，主要针对钢轨轮轨力、钢轨支点压力、轨道结构加速度以及轨道结构位移进行测试，如图 1-93 所示。

图 1-93　针对长枕埋入式无砟轨道动态力学特性试验

1.5 研究思路及技术路线

1.5.1 主要内容

本书主要内容如下：

（1）收集整理国内外有关客货共线无砟轨道使用情况，收集客货共线铁路各类无砟轨道病害类型、特征、实测数据和照片等资料，采用现场调查的方式对国内无砟轨道应用及病害情况进行调研，对产生的病害进行分析、归类。

（2）详细介绍了客货共线无砟轨道现场测试方案，并且在渝怀线和遂渝线进行了现场动力测试，获取了客货共线无砟轨道轮轨作用力、钢轨支点压力以及轨道结构垂向加速度、位移的数据；应用统计学方法，对现场实测轮轨力和钢轨支点压力的统计特征进行了分析；同时结合现场实测钢轨支点压力数据和数值模拟结果，对时序式加载方法和钢轨支点压力的时程作用特性进行了研究。

（3）首先应用统计学原理对轮轨力的分布特征进行假设检验，然后通过建立的车辆-轨道垂向耦合动力学模型，针对列车车速、轨道不平顺、基础刚度和CA砂浆损伤程度对轮轨力统计特征的影响进行分析；对渝怀线实测轮轨力的分布特征进行假设检验，然后对不同车速情况下客货车轮轨力统计特征进行了验证，并通过仿真模拟的方法分析了现场没有测到的轮轨力数据。

（4）利用应力等效原理和有限元方法，将无砟轨道中客车荷载和货车荷载转化为混凝土梁抗弯疲劳试验的实际加载值；以动弹性模量为损伤变量，推导出混凝土内部损伤随疲劳荷载加载次数的演化规律；通过钻芯取样和分层切片，对混凝土试件各层自由氯离子浓度进行滴定测试，得到不同疲劳加载工况下氯离子在混凝土中的扩散规律；分析了混凝土和CA砂浆层粘结情况下双层组合试件在疲劳荷载作用下CA砂浆层的损伤发展规律。

（5）详细介绍了Burgers模型和四单元五参数模型模拟CA砂浆的黏弹性行为的理论原理，并在此基础上得到基于时间硬化率的砂浆模型特征参数，验证了该参数的合理性，利用有限元软件ABAQUS建立含砂浆时间硬化率行为特征的CRTS I型板式无砟轨道结构模型，对砂浆黏弹性特征进行了研究分析；将砂浆黏弹性分析结果中变形较大区域考虑为变形敏感区域，仅考虑遂渝线无砟轨道现场实测所得真实轮轨垂向力为作用荷载，研究了包括黏弹性变形在内的砂浆垂向变形对板式无砟轨道结构力学性能的影响规律；基于疲劳损伤理论以及砂浆应力分析结果，采用S-N曲线分析方法，分析了包括砂浆黏弹性变形在内的垂向变形对疲劳损伤特征的影响规律。

（6）利用模态叠加法，采用SIMPACK、ANSYS/LSDYNA建立的列车-路基上CRTS I型板式无砟轨道垂向耦合动力学模型，分析客货车作用下，不同不平顺激励下砂浆离缝、轨道板脱空、底座板脱空对列车以及轨道结构的动态响应影响规律，并结合无砟轨道现场动力测试试验，通过对比客货共线荷载作用特性理论结果与测试结果，验证理论计算模型的准确性；根据动力分析结果，对轨道板的疲劳寿命进行研究。

（7）从损伤力学的角度出发，应用混凝土塑性损伤模型研究了轨道板在生产和预制过程中预应力施加时导致的轨道板锚穴周边混凝土的初始损伤，并进一步研究了轨道板在长期服役过程中，砂浆离缝状态下轨道板锚穴周边混凝土的损伤分布状况。

1.5.2 主要技术路线

采用的技术路线如图 1-94 所示。

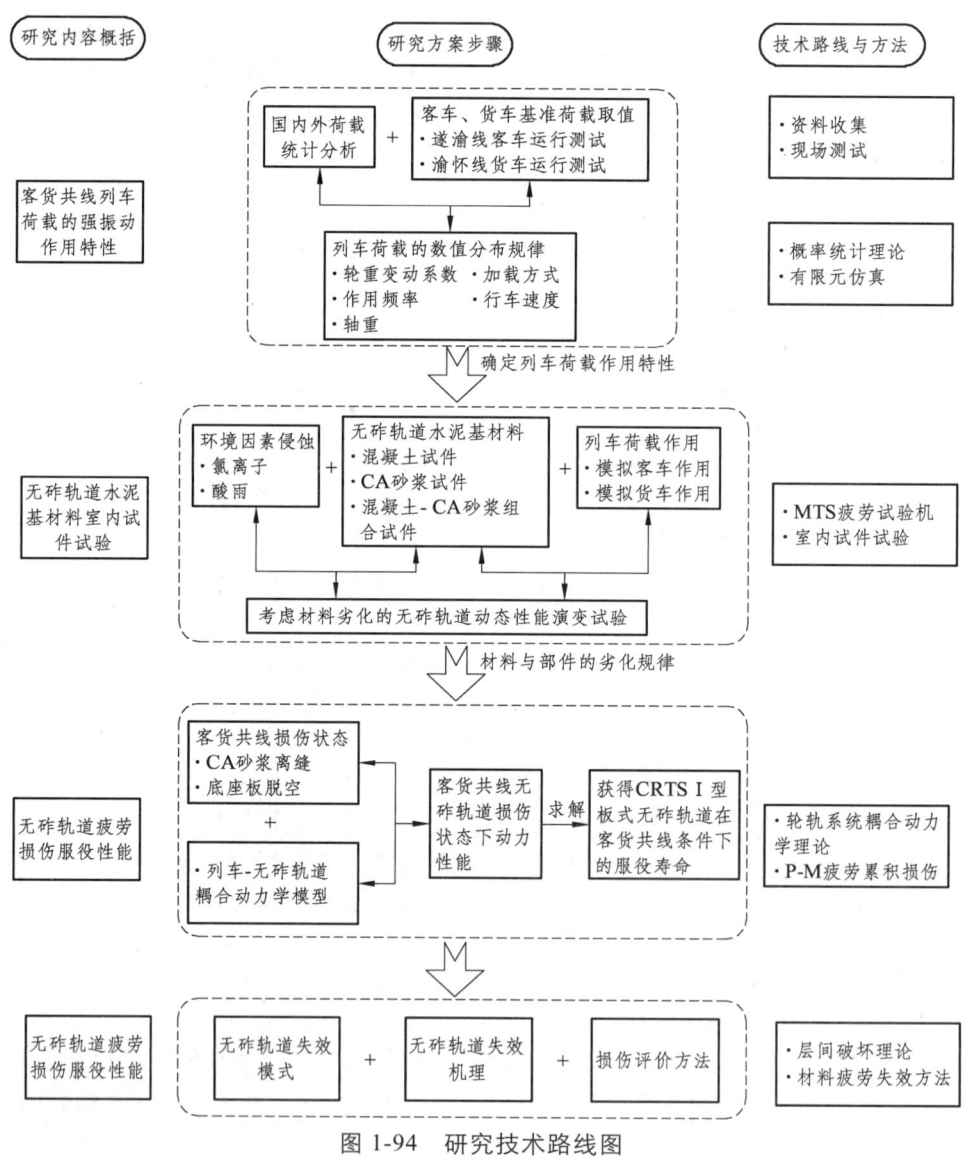

图 1-94 研究技术路线图

2 客货共线无砟轨道现场动力测试及结果分析

轨道结构不同于桥梁和路基等结构，其直接承受列车动荷载的作用，因此，轨道结构病害的出现与客货共线无砟轨道列车荷载的作用特征有直接关系。研究客货共线运营条件下列车作用时无砟轨道结构的受力特点，对于分析无砟轨道结构在动荷载作用下的承载能力和耐久性具有重要意义。获取无砟轨道结构受力最直接和最准确的方式是进行现场动力测试，通过测试货车和客车经过时车辆和轨道相互作用引起的轮轨力、列车荷载经扣件传递到轨道结构的钢轨支点压力值以及轨道结构垂向加速度、位移等结构响应，应用统计学原理分析客货共线条件下轮轨力和钢轨支点压力的分布特征和变化规律，可为客货共线无砟轨道结构设计及承载能力分析中列车荷载的取值提供参考。

同时，在现场实测钢轨支点压力时程曲线的基础上，基于函数拟合得到钢轨支点压力的作用曲线，构造出作用于轨道结构，适用于动力效应计算的列车荷载函数，改变少许参数即可模拟不同速度、不同轴重的列车作用荷载，使用此种荷载函数进行时序加载，可大大简化应用有限元方法对无砟轨道结构动力特性的计算，并且在无砟轨道结构的模型试验中，施加该荷载函数代替正余弦函数进行时序加载，可模拟更加真实的列车作用，得到更加精确的结果。

2.1 研究现状

如何量化列车荷载以及找出其分布和传递规律是研究无砟轨道结构首要解决的问题。列车动荷载的正确施加决定了数值模拟或模型试验的合理性，施加正确的列车荷载既能保证结果的准确性，同时又可以节省数值计算或模型试验的成本。目前，获取列车荷载常用的方法有现场实测方法和借助轮轨耦合的理论分析方法。

在列车荷载现场实测方面，Masafumi Katou 等利用应变片实测了新干线列车的车轮力，并利用 Krylov 的理论给出单个车轮作用下动态车轮力的分布函数，据此求出路基各点所受激励的时程曲线，最后叠加列车所有车轮产生的作用力得到最终激励。

Palo Mikael 等选择轮轨力作为车轮健康状态监测的参数之一，并在瑞典北部的铁矿石运输线曲线段进行了轮轨动态作用力测量，以查看车辆通过曲线时的状态。

Askarinejad H 等首次使用基于应变计的轮载检测器测量了重载铁路线路中钢轨绝缘接头处的轮轨接触冲击力，取得了良好的效果。

Steenbergen 等通过分析轨道几何不平顺的发展与轮轨动作用力的关系，结合实测数据，得出货车低频动荷载是导致轨道结构退化的主要原因。

Meymand S Z 设计和开发了一种名为"Dynamometer"的力测量系统，经过现场测试，验证了该力测量系统能够准确可靠地测量轮轨接触面处的接触力。

Akira Matsumoto 等介绍了一种测试轮轨力的新方法，该方法直接用几个非接触式间隙传感器测出车轮的变形量就可得出横向轮轨力，法向轮轨力和纵向轮轨力则直接由转向架的弹簧变形量和转向架的应变量得出。

练松良等介绍了山海关至绥中试验段中两条缓和曲线的轮轨作用力以及列车通过时的车体加速度和平稳性的测试过程，根据测试数据得出测试点缓和曲线参数设置是合理的。

田德柱等构建了一种重载铁路轮轨力测试及传输系统，并在大秦线下行茶坞工务段K325+200 处进行了样机试验，试验结果表明，提出的重载铁路轮轨力测试及传输系统的构建方案是切实可行的。

罗晶等选取嘉镜铁路小半径曲线段进行了轮轨动态力测试，并利用车辆运行安全性评价指标对该曲线地段的日常养护维修提出了合理建议。

谭佳丰利用既有货车 TPDS 系统的高平顺平台，对青藏线部分客车轮轨力进行了测试分析，推算出青藏线客车的脱轨系数及分类特征点，对青藏线客车运行状态进行了初步评判。

在列车荷载理论研究方面，C J C Jones 等在研究重载货车引起的地面振动时利用车辆动力学程序 VAMPIRE 计算了列车荷载，该激励模型同时考虑了准静态轴荷载和轨道不平顺引起的动荷载。

Nordstrom 等用一个 20 自由度的二维车辆线性有限元模型对三种较为常用的时域荷载识别方法进行了比较，为荷载识别方法在轨道-车辆上的运用提供了一种选择途径。

Hakan Lan 等将拉格朗日刚体系统与有限元系统相结合，建立了车辆-轨道-地基整体分析模型，计算结果表明：采用多体系统模型模拟激励荷载与采用一系列移动点荷载计算的结果差别很大。

Xia 等提出了一种基于测量车体加速度的铁路货车反演模型，对一定速度下的轮轨力进行识别，并利用实验室试验和 VIRMPER 动力学软件相结合的方法对反演数学模型进行了验证。

Ward 等提出了一种基于 Kalman-Brucy 滤波法的车辆线性数学模型和非线性轮轨力接触模型，用于对车辆轮轨接触力的预测。

Wei Lai 推导了铁路车辆轮对轮缘脱轨的判断依据，研究了轮轨接触参数的影响，并提出了一种基于这些脱轨评估准则间接测量轮轨力的方法。

Montenegro P A 等提出了一种新的轮轨接触公式来分析考虑车轮和钢轨几何形状的非线性车轮-轨道接触问题，该公式基于赫兹理论和卡尔克定律，使用有限元来模拟接触界面中的行为，其计算结果通过现场测试数据得到了验证。

Askarinejad H 建立了包含详细的货车、轮轨子系统和轨道接头的显式多自由度模型，并在现场测试了钢轨接头处轮轨作用力及轨道响应，验证了建立的多自由度模型能准确地确定车轮冲击力和轨道动态响应。

Javad 等为了研究在轨道不平顺对轮轨动态作用力的影响方面轨道建模技术的适用性和有效性，分别建立了二维和三维轮轨作用模型计算轮轨作用力，通过将数值计算结果与现场测试结果对比，表明三维模型能更好地预测轨道不平顺对轮轨动态作用力的影响。

翟婉明对各种轮轨动力分析模型作了综合分析和比较，为铁路轮轨系统中各有关具体问题的建模与分析提供指引和必要参考。

侯卫星论述了高速测力轮对的基本原理以及设计方法、制造工艺、动静态标定等关键技术，通过高速测力轮对在 0 号高速综合检测列车上的应用情况，表明运用该技术的高速测力轮对可在复杂运用条件下连续得到包括垂向力、横向力在内的完整轮轨作用力学参数。

宋颖、杜彦良等提出了基于压电传感技术的轮轨力实时监测方法，并通过有限元方法验证了轮轨力实时监测原理的正确性和可行性。

李奕璠等将灰色系统、遗传算法与神经网络三种模型进行了组合，提出一种轮轨力连续测试方法，经过现场测试证明了该测试方法具有较高的精度。

任愈等建立了测力轮对检测系统关于时间的离散递推模型，提出了测力轮对状态空间估计计算方法，通过有限元仿真计算和线路实测试验对其进行了验证。

朱涛等提出了一种轮轨接触力时域识别方法，该方法通过建立 10 自由度车辆垂向振动模型，利用车辆系统的加速度响应和位移响应实现了对车辆垂向轮轨接触力的识别。

黄辉等建立了钢轨的有限元模型，通过在钢轨顶面施加移动荷载，了解轨腰中和轴 YZ 方向应变的变化规律，从而找出适合粘贴应变片的位置，确定了轮轨垂向力连续测量的方案。

杨静静等在 Hertz 非线性接触模型的基础上，提出了割线线性近似模型和切线线性近似模型，并推导出相应的轮轨竖向接触刚度及其引起的车轨系统附加刚度矩阵和附加轮轨力的表达式，进一步简化了竖向轮轨力的计算。

孙善超等基于虚拟样机技术建立高速检测车的动力学仿真模型，计算得到了轮轨垂向力及轴箱垂向加速度，并利用试验数据对其进行了验证。

列车在无砟轨道上运行时，作用在轨道结构上的荷载是由轮轨间的相互作用力经扣件传递至轨道板上。换言之，实际情况中，轨道结构直接承受的作用力并非列车荷载，而是轨下扣件的压力，即钢轨支点压力，故有必要得到钢轨支点压力时程曲线，以了解轨道结构的受力特点。目前，对于钢轨支点压力时程曲线的研究仅停留在数值模拟中，现场实测资料非常少。

周小壮借助有限元软件，定性地分析了列车速度、轴重对钢轨支点压力时程曲线的影响，得出列车速度主要影响钢轨支点压力时间历程、钢轨支点压力随列车轴重增加近似线性增大的结论。

邵鸣和利用列车-轨道垂向耦合模型获取了列车速度 350 km/h 条件下的钢轨支点压力时程曲线，作为激励将其输入到三维有限元模型中，对高速铁路引起的地面振动规律进行了研究。

王暄等通过建立轨道-路基三维有限元模型，根据列车荷载分布特点及其激励输入特性，采用 2 车辆 8 轮对车辆离散模型，通过傅里叶变换获得了相邻车辆两个转向架通过轨道时钢轨支点压力时程曲线，并利用实测数据对有限元模型的合理性和适用性进行了验证。

朱胜阳等通过车辆-双块式轨道耦合动力分析得到钢轨支点压力时程曲线，将其作为外部激励施加在 ABAQUS/Standard 中进行轨道-路基结构非线性动力响应分析，对变温和列车动荷载共同作用下道床板损伤的演变规律及道床板损伤对结构受力影响进行了研究。

韩海燕讨论了在有限元模型中模拟高速列车荷载时，采用轮轨荷载输入和扣件荷载输入的优劣性，并通过将列车-轨道垂向耦合模型中获取的钢轨支点压力时程曲线施加到无砟轨道-土体模型中，对软土路基上高速列车引起的地面振动进行了研究。

徐进以 CRTS II 型板式无砟轨道为例，通过有限元模型计算得到单个扣件的钢轨支点压力时程曲线，并利用 MATLAB 软件对有限元计算求得的离散数据进行拟合，得到适用于 MTS 伺服加载试验机作动器的加载时程曲线。

王启云等采用数值模拟得到相邻车辆相邻转向架不同轮对经过轨道时钢轨支点压力时程曲线，结合 MTS 加载装置对输入时程曲线的要求，通过对钢轨支点压力时程曲线进行傅里叶变换和叠加，得到模型试验中作动器连接两对扣件点时的加载输入时程曲线。

虽然上述文献在轮轨力的现场测试及理论研究等方面进行了一定的论述，但对于客货共线铁路轮轨力的研究主要集中在有砟轨道领域，鲜有针对客货共线无砟轨道轮轨力的测试及分析，对客货共线无砟轨道的指导意义有限。而目前对于钢轨支点压力现场实测资料较少，对其时程曲线的研究更是仅停留在数值模拟上。为进一步研究客货共线无砟轨道列车荷载的作用特征，本章在客货共线无砟轨道现场动力测试的基础上，研究实测轮轨力和钢轨支点压力的分布特征，并根据现场实测得到的钢轨支点压力时程曲线，对钢轨支点压力的时程作用特性进行分析。

2.2 主要研究内容及技术路线

通过在渝怀线和遂渝线进行现场动力测试，获取了客货共线无砟轨道轮轨间相互作用力、经扣件传递给轨道结构的钢轨支点压力以及轨道结构垂向加速度、位移；应用统计学方法，研究了不同速度客车和货车运行时，现场实测轮轨力和钢轨支点压力的统计特征；同时结合现场实测钢轨支点压力数据和数值模拟结果，分析了钢轨支点压力的时程作用特性。本章的主要内容如下：

（1）针对现场实测轮轨力和钢轨支点压力数据，应用统计学原理，研究了客货共线条件下无砟轨道轮轨力和钢轨支点压力统计特征，分析了不同货车、客车车速对轮轨力和钢轨支点压力统计参数的影响，得到客车和货车荷载作用下列车荷载分配系数。

（2）利用有限元方法，通过施加移动荷载模拟列车运行得到钢轨支点压力时程曲线，分别与测力垫板和 Tekscan 压力测量系统现场实测的钢轨支点压力时程曲线进行验证，并基于函数拟合，提出了考虑列车速度、轴重时单个轮轴荷载、单个转向架荷载和整车荷载作用下的钢轨支点压力时程表达式。

（3）根据所提出的钢轨支点压力时程表达式，在 ANSYS 瞬态动力学分析中，将列车移动荷载转化为扣件位置处的竖向定点激励，按照一定的时间间隔先后施加到轨道结构上，通过与车辆-轨道-路基垂向耦合振动模型的计算结果对比，验证了此种时序式加载方法以及钢轨支点压力时程表达式的可靠性。

（4）对客、货车作用下轨道结构垂向加速度、位移进行了现场测试，并对其分布规律进行了分析。

主要技术路线如图 2-1 所示。

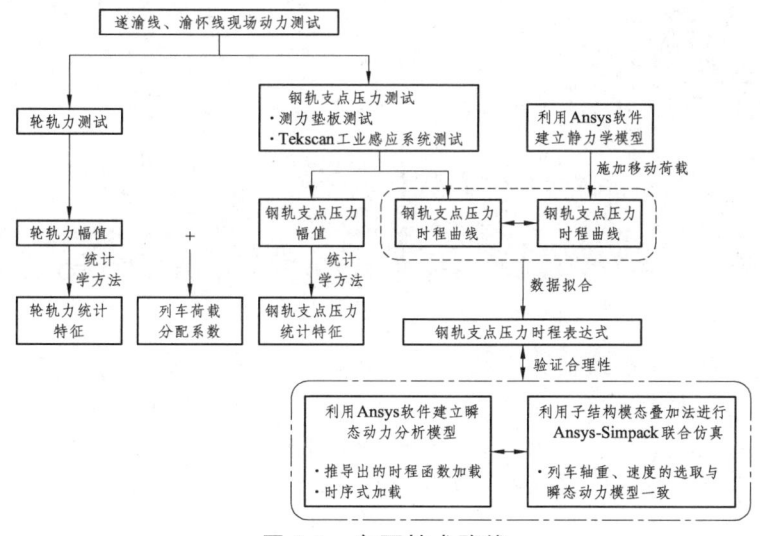

图 2-1 主要技术路线

2.3 客货共线无砟轨道现场测试方案

对于客货共线的线路，掌握货车荷载和客车荷载的统计特征，是研究客货共线无砟轨道承载能力和耐久性的关键。现场动力测试是获取货车、客车荷载特征最直接有效的方法。通过现场试验获取客货共线无砟轨道的具体荷载形式以及真实状态下作用于无砟轨道上的动荷载，可为数值模拟及模型试验中的加载方式和基准荷载取值提供参考，增加数值计算及模型试验的准确性。

2.3.1 测试工点与测试内容

1. 测试工点

渝怀线于2000年12月动工，2005年竣工，2006年初开行了货车，2007年4月18日客运全线通车。为了同时获取客车和货车作用下无砟轨道的荷载作用特性，选取渝怀线鱼嘴二号隧道内长枕埋入式无砟轨道作为测试点之一，于2016年6月15日至6月20日间进行了现场测试，测试点里程为DK42+800，测试环境如图2-2所示。

图 2-2 渝怀线测试点环境

遂渝线为全国首条无砟轨道综合试验段，试验段全长13.157 km，于2007年1月开始运营，运营初期仅通行客车，2010年开始同时通行货车，而后于2014年年末停运货车。由于渝怀线客车运行对数相对较少，另选取遂渝线蔡家工区 CRTS I 型板式无砟轨道段进行现场动力测试，以获取客车运行下无砟轨道的荷载作用特性，该线路测试时间为2016年6月27日至7月2日，测试点里程为DK138+020，测试环境如图2-3所示。

图 2-3 遂渝线测试点环境

2. 测试内容

本次现场测试内容主要分为三个方面，即无砟轨道结构部件受力测试、无砟轨道结构部件与基础振动加速度测试和无砟轨道结构部件位移测试，现场测试具体内容如图 2-4 所示。

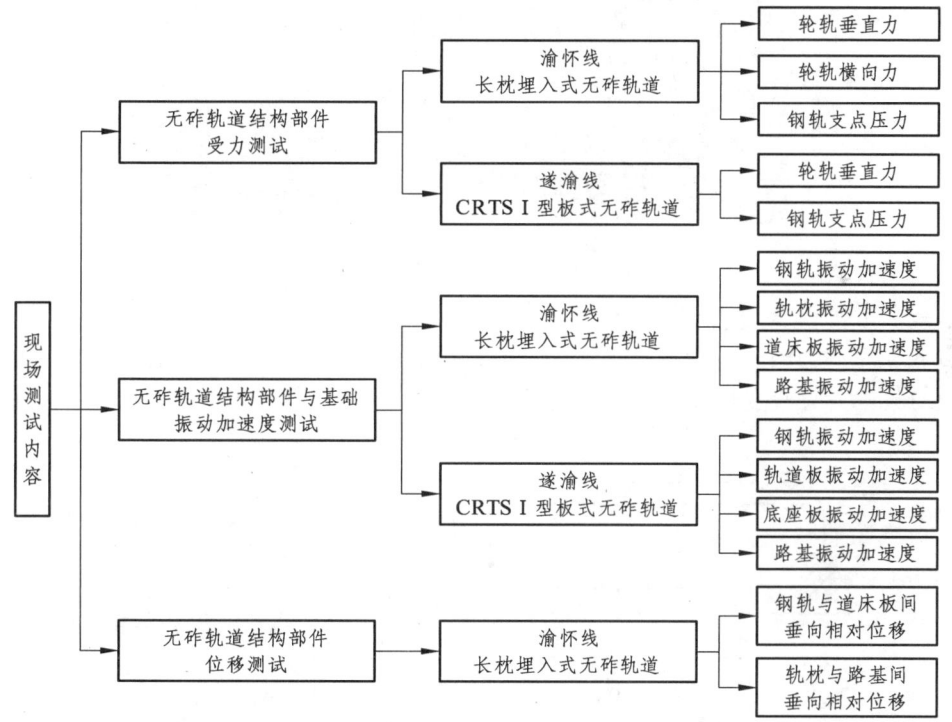

图 2-4 现场测试内容

2.3.2 轮轨作用力测试方案

轮轨动态作用力是衡量机车车辆对轨道动态作用的最重要指标。根据剪力法原理，采用在钢轨的适当位置布置成 90°正交的应变花方法进行测试。

1. 测试仪器

轮轨动态力测量选用的应变花由两个成 90°正交的应变片组成，如图 2-5 所示。应变片是由敏感栅等构成用于测量应变的元件，其工作原理为导体或半导体材料在外界力的作用下产生机械变形时，其电阻值会相应地发生变化。

测试时将应变片牢固地粘贴在钢轨测点上，钢轨受力后由于测点产生应变，敏感栅也随之变形而使其电阻发生变化，再由 imc 数据采集设备测得其电阻变化大小，并转换为测点的应变值。

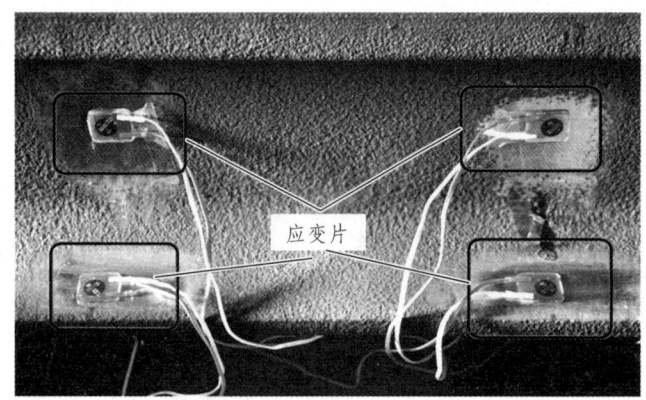

图 2-5　应变片示意图

2. 应变片贴片及桥路连接

测量轮轨垂向力时，应变花贴于轨腰两侧的中和轴上，在离两个轨枕跨中各 110 mm 的两个断面上分别贴片，应变片的方向与钢轨纵向成 45°，具体贴片位置及组桥方法如图 2-6 所示。

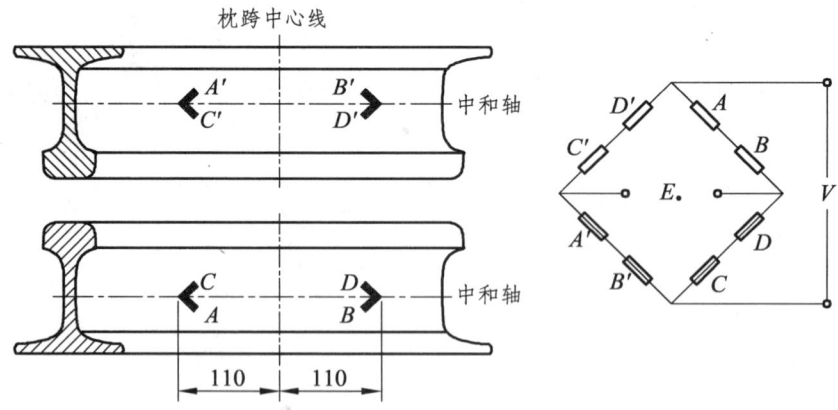

图 2-6　轮轨垂向力贴片位置及组桥方法

3. 测点选取及测试流程

（1）测点选取。

为了保证测试结果的准确性，渝怀线和遂渝线轮轨作用力测试各选取四个测点，左右股钢轨各选择两个断面，具体布置方式如图 2-7 和图 2-8 所示，A、B 断面分别位于轨道板中部和轨道板板端。

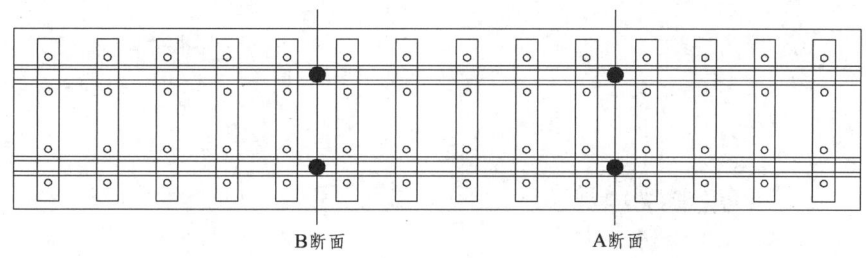

图 2-7　渝怀线轮轨作用力测点布置

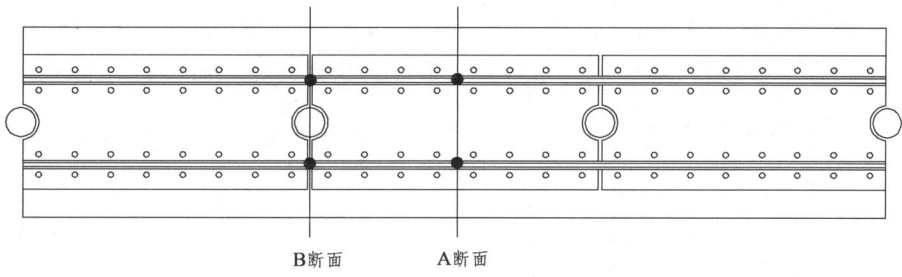

图 2-8　遂渝线轮轨作用力测点布置

（2）测试流程。

渝怀线与遂渝线轮轨作用力测试流程类似，本节以渝怀线测试为例。使用应变花时应保证测量面的平整与光洁，因此测试现场应变花贴片前，需先打磨钢轨，使得测量面平整，如图 2-9 所示。

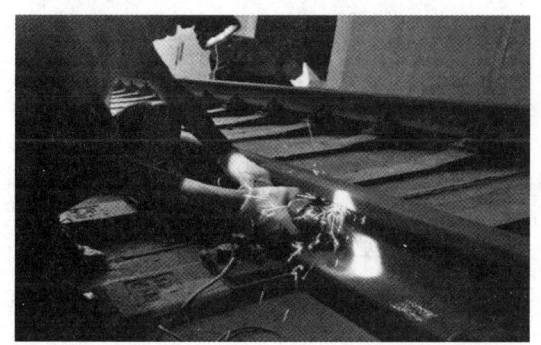 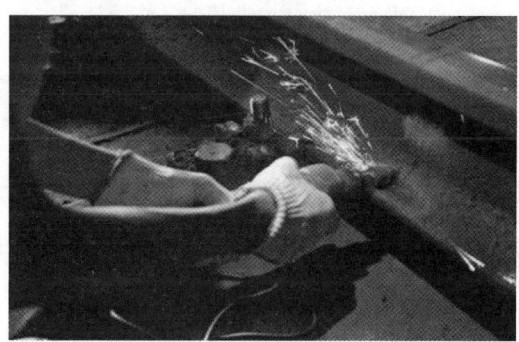

图 2-9　现场钢轨打磨

钢轨打磨完成后，用丙酮将打磨面擦拭干净，然后按图 2-6 所述位置贴片和组接桥路（见图 2-10）；最后将应变片表面涂满硅胶（见图 2-11），以防露水等影响电路。

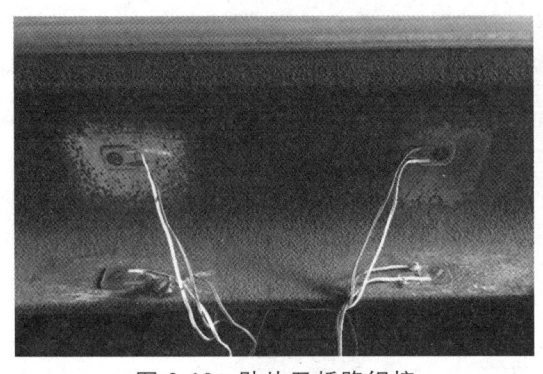
图 2-10　贴片及桥路组接

图 2-11　应变片上涂抹硅胶防水

由于应变花输出结果为应变片的应变量，为了建立测量荷载的大小和应变片应变量的对应关系，正式测试之前需要先对轮轨力测量系统进行标定。以渝怀线左股钢轨 A 断面为例，其他断面标定类似，测试标定信号如图 2-12 所示。

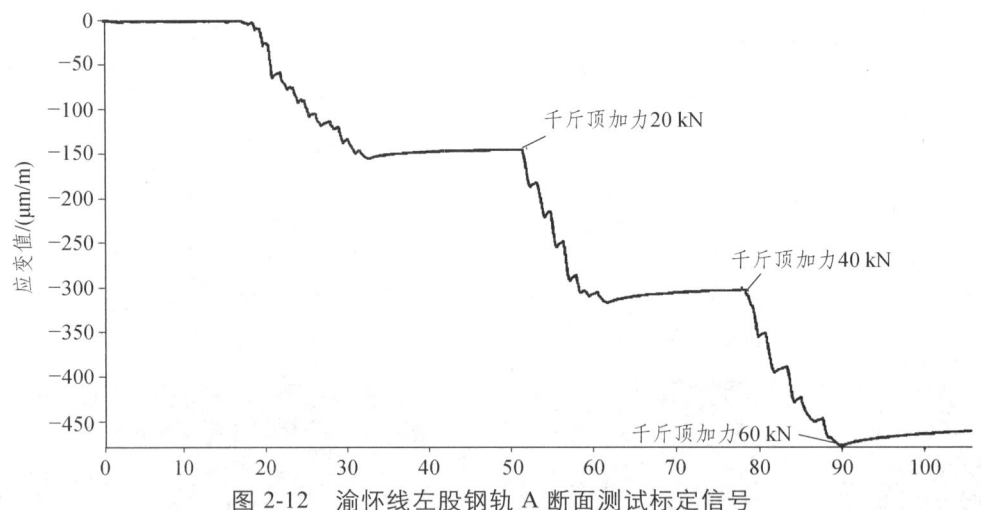
图 2-12　渝怀线左股钢轨 A 断面测试标定信号

将该测试信号所得数据点进行数据拟合，如图 2-13 所示。图中拟合线的斜率即为左股钢轨 A 断面垂向力测试标定系数。为了标定结果的准确性，各测试点标定均进行三次，标定系数最终取三次标定平均值。

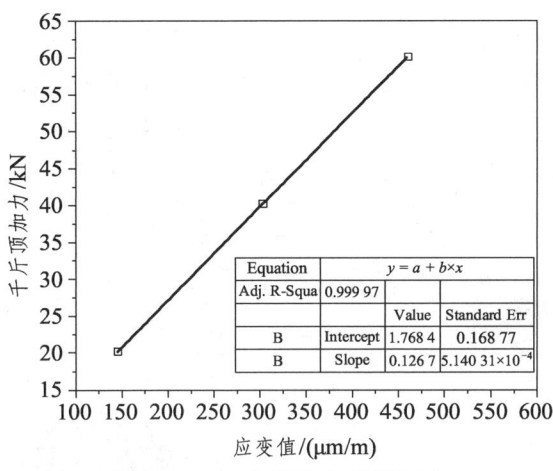

图 2-13 标定数据点线性拟合

2.3.3 钢轨支点压力测试方案

轮轨动态作用力通过扣件传递到轨道结构上,使得钢轨与扣件之间产生压力,即钢轨支点压力,钢轨支点压力的大小即为列车荷载作用在轨道结构上的值。

1. 测试仪器

根据我国铁道行业标准 TB/T 2490.1—1994《扣件荷载参数测试方法》,钢轨支点压力可通过橡胶垫板式测力垫板现场测得,具体方法是通过测定特制的测试元件工作状态下的应变,根据标定即可得出扣件承受的垂向力,即钢轨支点压力。另外本章还使用了引进美国 Tekscan 公司开发研制的 Tekscan 压力测量系统对钢轨支点压力进行测试。

现场测试时,橡胶垫板式测力垫板与 Tekscan 压力传感器布置在同一断面,橡胶垫板式测力垫板代替原有的橡胶垫板布置在钢轨下,Tekscan 压力传感器布置在铁垫板与绝缘缓冲垫板之间,具体布置情况如图 2-14 所示。

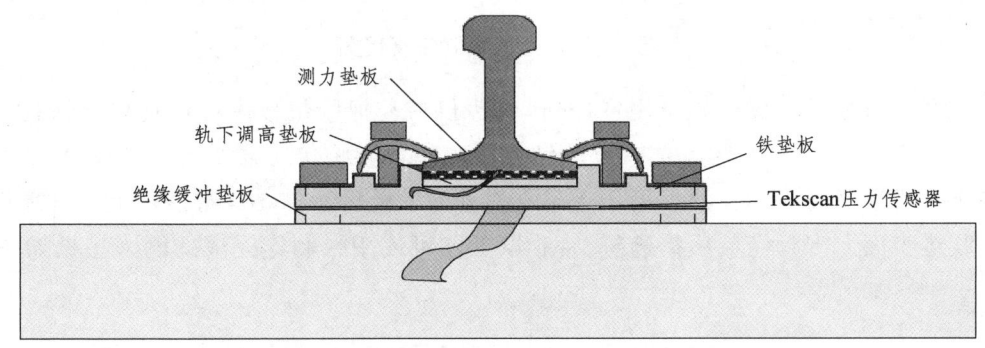

图 2-14 测力垫板与 Tekscan 压力传感器布置位置示意

（1）橡胶垫板式测力垫板。

我国铁道行业标准 TB/T 2490—1994 规定，橡胶垫板式测力垫板应利用与测试轨道同号的橡胶垫板，在其中安设膜片式压力传感器。为了测量结果更精确，这里选用精度更高的 5113 型压电式压力传感器代替膜片式压力传感器嵌入橡胶垫板中，膜片式压力传感器和 5113 型力传感器分别如图 2-15 和图 2-16 所示。

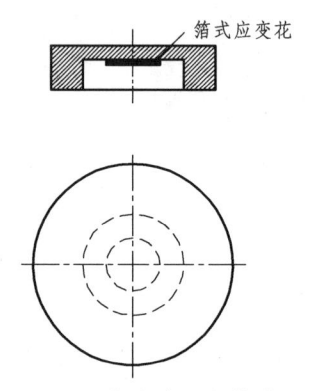 

图 2-15　膜片式压力传感器　　　图 2-16　5113 型压电式压力传感器

渝怀线长枕埋入式无砟轨道扣件类型为弹条Ⅱ型分开式扣件，其中橡胶垫板型号为 60-10-17 型。遂渝线 CRTS Ⅰ型板式无砟轨道扣件类型为 WJ-7 型扣件，橡胶垫板型号为 WJ-7B 型。因此这里分别制作了 60-10-17 型和 WJ-7B 型两种类型的橡胶垫板式测力垫板，每种类型分别制作两个。以 WJ-7B 型测力垫板为例，其制作流程如图 2-17 所示：

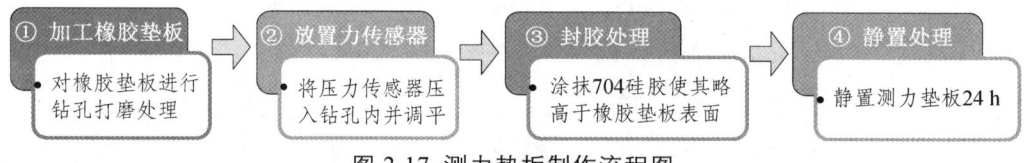

图 2-17　测力垫板制作流程图

制作测力垫板时，应首先采用 14 mm 钻头机械在橡胶垫板中心位置附近钻孔，并在钻孔底部预留 2～3 mm 的橡胶垫，以免钻穿橡胶垫板影响传感器受力，如图 2-18 所示；然后将压电式动态压力传感器平稳压入钻孔并调平；最后涂抹 704 硅胶密封，使密封高度略高于胶垫表面，密封完成后需静置 24 h 以上才可使用，制作完成的测力垫板如图 2-19 所示。

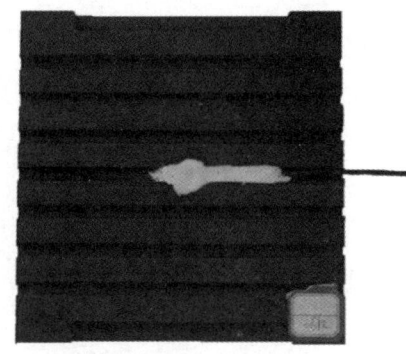

图 2-18　WJ-7B 橡胶垫板钻孔　　　　图 2-19　测力垫板完成品

（2）Tekscan 压力测量系统。

Tekscan 压力测量系统将个人计算机转变为先进的压力分布测量设备。在实时情况下，这个系统能抽取压力数据样本，将信息作为一种颜色编码的实时显示呈现出来，如图 2-20 所示，并且记录较新观察与分析到的信息。

此系统可对任何接触面的压力分布进行静态和动态测量，以直观、形象的二维、三维彩色图像实时显示压力分布的轮廓和各种数据，并对整个测量过程进行录像、存储，用户可随时对测量记录进行查看、分析。

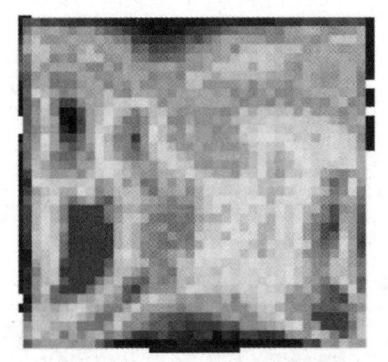
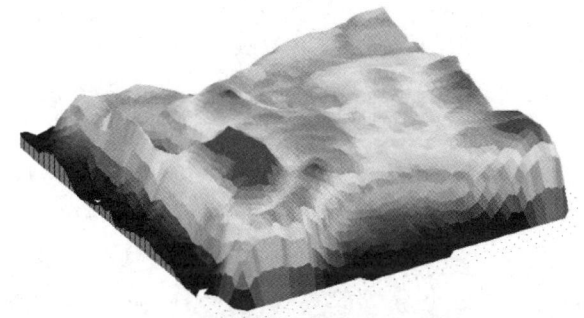

（a）动态压力二维平面图　　　　　　（b）动态压力三维轮廓图

图 2-20　压力测量系统显示图形

该测量系统配置 Tekscan 专属压力传感器。Tekscan 压力传感器使用一种压阻传感技术，施加压力到活动的传感器，导致感觉元素阻力的变化与作用的压力成反比。本章选用的是 5040 N 型 Tekscan 压力传感器，如图 2-21 所示。它由两片内表面分别铺设若干行以及若干列带状导体的聚酯薄膜组成，当两片薄膜接触时，横向和纵向导体的交叉点形成网格状压力传感点阵列。传感点受力时,半导体阻值随外力成比例变化,以此换算得到所受荷载大小。

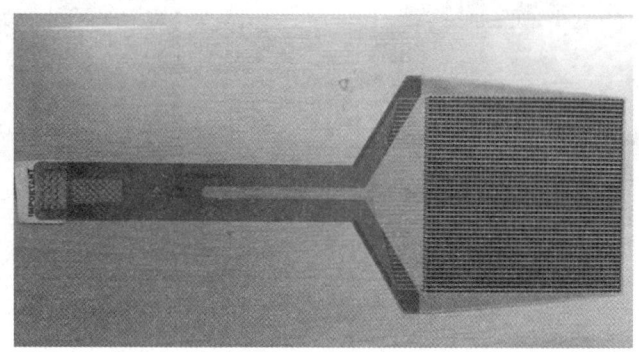

图 2-21　5040 N 型号 Tekscan 压力传感器

现场测量时,为了保护 Tekscan 压力传感器不受损坏,在其上下两侧各放置 1 mm 厚的橡胶垫。同时,橡胶垫的存在使得 Tekscan 压力传感器高于绝缘缓冲垫板平面,这样列车荷载通过扣件传递到轨道结构的力几乎全部施加在 Tekscan 压力传感器上,使得钢轨支点压力的测量结果更加准确。

2. 测试仪器标定

为建立测力垫板、Tekscan 压力传感器的测量结果与施加荷载值的对应关系,进行现场测试前,橡胶垫板式测力垫板及 Tekscan 压力传感器需在实验室内进行标定。

(1) 橡胶垫板式测力垫板标定。

由于 5113 型压电式压力传感器只能测量动态作用力,因此标定时应用大型 MTS 疲劳试验机进行加载,数据采集使用东华动态信号采集系统,主要标定过程如下:

① 选取厚度约为 2 cm 的钢板两块,并将钢板与测力垫板、试验机加载头如图 2-22 所示布置,使加载头压紧垫板,做好标定准备。

图 2-22　试验加载布置

② 如图 2-23 所示连接测力垫板与东华动态信号采集系统，根据说明书配置测试工程文件，调试仪器，使运行正常。

③ 配置 MTS 疲劳试验机，施加如图 2-24 所示的荷载，保持频率 10 Hz 不变，使加载幅值从 10 kN 逐级增大到 100 kN，步长 10 kN，每一工况待加载稳定后持续加载 100 次左右，并记录测力垫板上压力传感器荷载的大小。

④ 对标定完成的测力垫板进行编号，并更换测力垫板，重新连接设备，配置传感器参数，继续标定，步骤同②和③。

图 2-23　测试设备连接

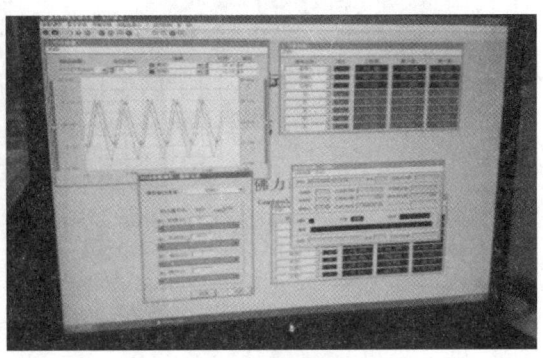
图 2-24　正弦荷载施加

（2）Tekscan 压力传感器标定。

Tekscan 压力传感器标定时使用万能试验机进行加载，为了模拟现场测试条件，标定时在万能试验机加载头和 Tekscan 压力传感器之间放置钢轨和 WJ-7 型扣件系统作为传力装置。Tekscan 压力传感器的主要标定过程如下：

① 将钢轨、WJ-7 型扣件系统、Tekscan 薄膜传感器连同上下橡胶垫、钢板如图 2-25 所示放置在万能试验机加载头下。

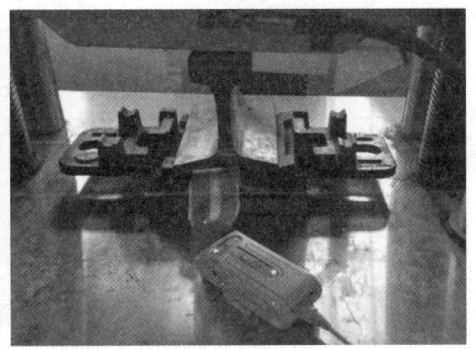
图 2-25　Tekscan 压力传感器标定加载装置

② 将 Tekscan 压力测量系统调整为标定状态，如图 2-26 所示。

③ 通过万能试验机分级施加 10～100 kN 的静态力，按 10 kN 为间隔逐级递增，每级保持 60 s，生成并保存标定文件，最终生成的标定曲线如图 2-27 所示。

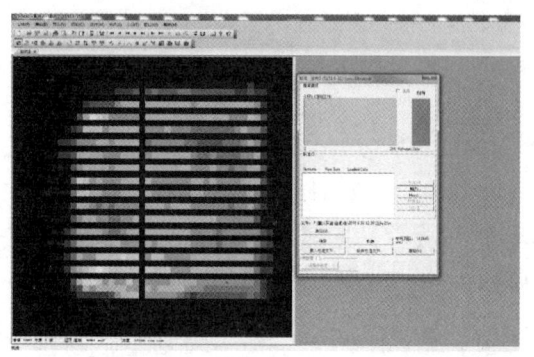
图 2-26　Tekscan 压力传感器标定程序

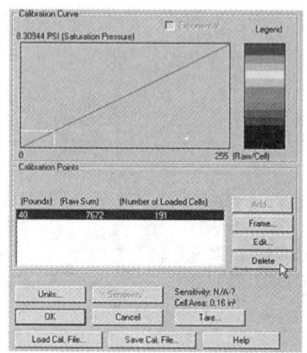
图 2-27　标定曲线

④ 调整 Tekscan 压力测量系统为测试状态，导入标定文件，施加任意大小的力，验证标定结果。

3. 测点选取及测试流程

（1）测点选取。

钢轨支点压力测试中，渝怀线和遂渝线各选取两个测点，左右股钢轨各选择一个断面，具体测点位置如图 2-28 和图 2-29 所示。

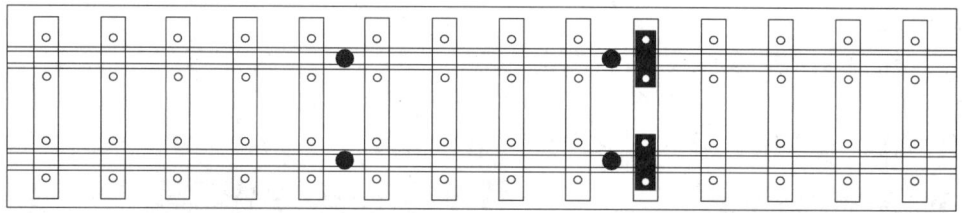

■ 测力垫板、Tekscan 传感器布置位置　　● 钢轨垂向力测试点

图 2-28　渝怀线长枕埋入式无砟轨道测力垫板、Tekscan 传感器测点选取

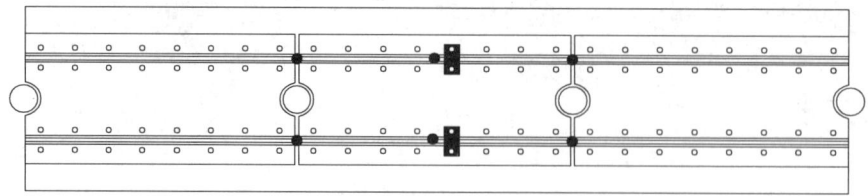

■ 测力垫板、Tekscan 传感器布置位置　　● 钢轨垂向力测试点

图 2-29　遂渝线 CRTS I 型板式无砟轨道测力垫板、Tekscan 传感器测点选取

（2）测力垫板、Tekscan 压力传感器现场布置。

现场安装测力垫板及 Tekscan 压力传感器时，首先需要松开扣件螺栓，在枕盒区域用千斤顶将钢轨抬起，取出扣件中橡胶垫板，并用砂纸打磨铁垫板与绝缘缓冲垫板上下表面。然后将 Tekscan 压力传感器连同标定时用的上下橡胶垫一起放入扣件铁垫板与绝缘缓冲垫板之间，并将橡胶垫板式测力垫板代替原有的橡胶垫板放入扣件中。最后拧紧扣件螺栓，布置完成。图 2-30 为渝怀线测力垫板与 Tekscan 压力传感器的安装过程，遂渝线与渝怀线安装过程相似。

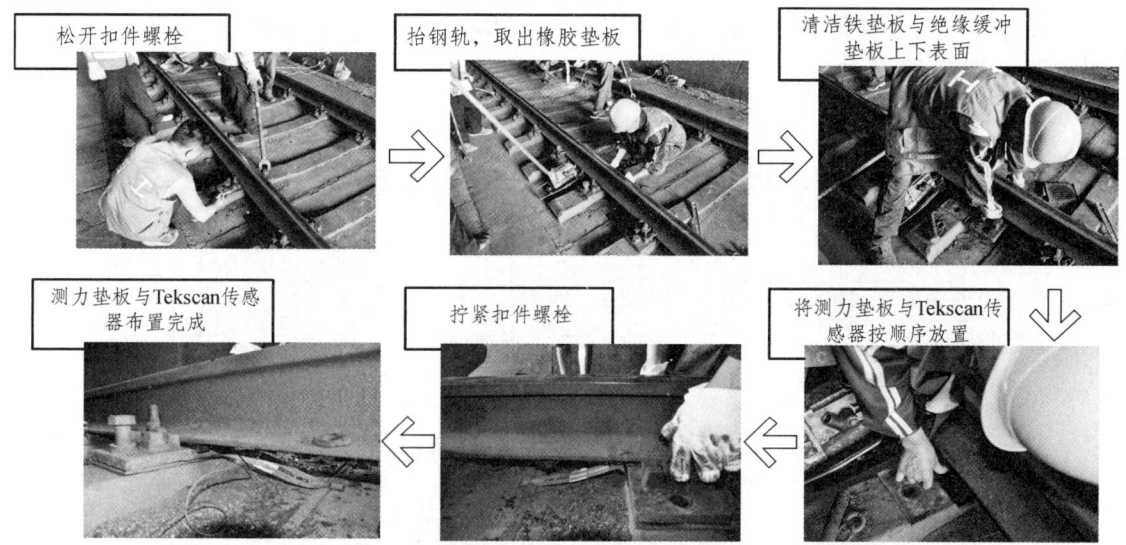

图 2-30　渝怀线测力垫板及 Tekscan 压力传感器布置流程

2.3.4　垂向加速度、位移现场测试方案

列车运行会对轨道和基础产生冲击，引起列车、轨道和地基的振动，本节主要对列车运行过程中各轨道结构的垂向加速度、位移进行测试。

1. 测试仪器

振动加速度测试仪器为振动加速度传感器，如图 2-31 所示。

图 2-31　振动加速度传感器

位移测试使用仪器为激光位移传感器，如图 2-32 所示。

图 2-32　激光位移计

2. 测点选取及测试流程

在渝怀线和遂渝线测试中，各结构均选取两个断面进行测量，加速度传感器的放置位置如图 2-33 和图 2-34 所示。

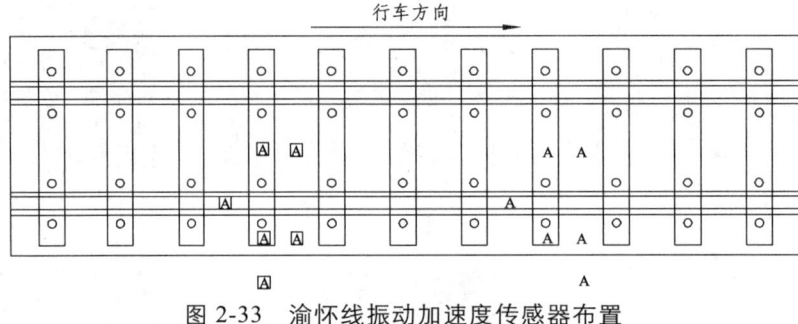

图 2-33　渝怀线振动加速度传感器布置

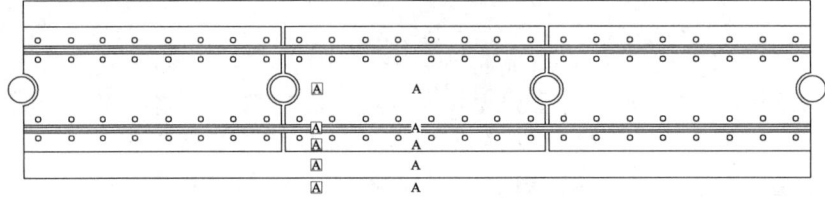

图 2-34　遂渝线振动加速度传感器布置

振动加速度传感器现场安装过程中，需先将底座固定在测点上，然后将加速度传感器通过扳手固定到底座上，如图 2-35 和图 2-36 所示。

（a）固定加速度传感器底座

（b）固定加速度传感器

图 2-35　加速度传感器安装过程

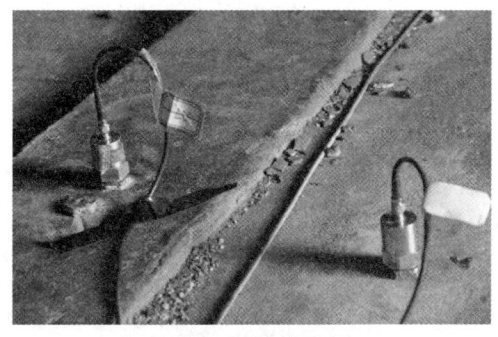 

（a）渝怀线测试现场　　　　　　（b）遂渝线测试现场

图 2-36　加速度传感器现场布置图

钢轨位移测试过程中选取两个断面，轨枕测试过程中选取一个断面，激光位移传感器具体的布置位置如图 2-37 所示。图中沿行车方向靠前的断面为 A 断面，即图中右边两个 S 红色标记断面（虚框），靠后的断面为 B 断面，对应图中左边 S 标记。

图 2-37　激光位移传感器布置位置

激光位移传感器现场安装如图 2-38 所示。安装完成后需保证激光位移计发射的光束与照射面垂直。

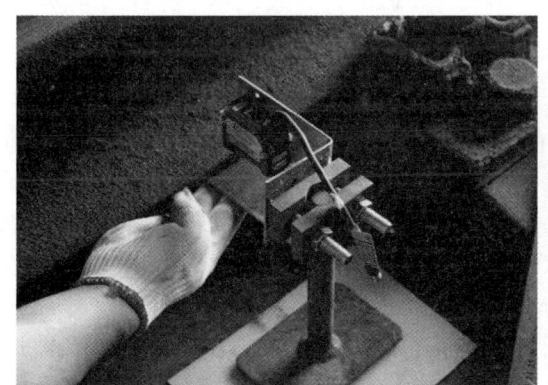 

图 2-38　激光位移计安装

由于遂渝线测试过程中,连续降雨的影响对测试仪器产生了较大的干扰,使得测试结果误差较大,位移测试仅列举渝怀线轨道结构的结果。

2.4 轮轨力及钢轨支点压力分布特征

本节在渝怀线和遂渝线客货共线无砟轨道现场实测轮轨作用力和钢轨支点压力的基础上,运用统计学原理对轮轨力和钢轨支点压力实测数据进行分析,研究货车、客车作用下,客货共线无砟轨道中轮轨力和钢轨支点压力的主要分布特点,同时分析列车车速对于轮轨力和钢轨支点压力分布特征的影响。

2.4.1 轮轨动态作用力分布特征

铁科院通过对大秦重载铁路列车轮轨力现场实测数据进行统计分析,验证了现场实测轮轨垂向力满足正态分布。轮轨力可看作由于轮轨间相互作用而产生的随机变量,随时间的变化而变化,通过连续变量来描述较为困难,而应用统计学相关理论,描述其概率或概率密度则比较容易。对于现场测试所得轮轨力数据,可将其看作随机序列 $\{X_n, n=1,2,3\cdots\}$。

样本均值可表示为

$$\mu_x = \frac{1}{n}\sum_{i=0}^{n} X_i \tag{2-1}$$

样本标准差表示为

$$\sigma = \sqrt{\frac{1}{n-1}\sum_{i=0}^{n}(\mu_x - x_i)^2} \tag{2-2}$$

正态分布概率密度为

$$f(x) = \frac{1}{\sqrt{2\pi}\sigma} e^{\frac{(x-\mu)^2}{2\sigma^2}} \tag{2-3}$$

$$F(x) = \int_{-\infty}^{x} \frac{1}{\sqrt{2\pi}} e^{-\frac{t^2}{2}} dt = P(X \leqslant x) \tag{2-4}$$

另一种描述数据分布的常用方法是绘制箱线图。箱线图是利用数据中的 5 个统计量:最小值、下四分位数、中位数、上四分位数与最大值来描述数据的一种方法。箱线图可以相对直观地看出数据分布特点,尤其是多组数据平均水平和变异程度的直观分析比较。箱线图中每组数据均可呈现其最小值、最大值、平均水平,最小值、最大值形成间距都可以反映数据的变异程度。

箱线图可以识别数据异常值，也称离群值，指偏离上下四分位数 1.5 倍四分距的数值。箱线图中上下边缘指去除偏离较大的异常值之外的最大值和最小值。另外，将箱线图中样本数据由小到大排序，处于中间的为中位数，处于 25%位置的即为上四分位数，处于 75%位置的即为下四分位数。

轮轨力统计样本来自渝怀线和遂渝线的现场测试数据。其中，渝怀线长枕埋入式无砟轨道测试和遂渝线 CRTS I 型板式无砟轨道测试各进行了 5 天，渝怀线和遂渝线测试中单日的列车通行情况如表 2-1 和表 2-2 所示。

表 2-1 渝怀线长枕埋入式无砟轨道测试中单日列车通行情况

测试时间	列车类型（机车+车辆）	速度/(km/h)	轮轨力个数	测试时间	列车类型（机车+车辆）	速度/(km/h)	轮轨力个数
7:55	SS7+25G	100	280	12:56	SS3+25G+C64+P80	65	168
8:39	HXD1+C70+C64	75	904	14:01	HXD1+C70+C64	70	880
9:16	HXD1+C70+C64	70	768	14:12	SS3+25G	70	280
9:39	HXD1+C62+C64+NX 平车	75	628	14:21	SS3+P64+P70+C64+C70	65	600
9:58	HXD1+NX+C62+P62+G 车	75	800	14:29	SS7+25G	70	312
11:09	HXD1+C64+C70+P70	68	852	15:02	SS3+C64	80	832
11:52	HXD1+C62+C70+P62	100	336	15:08	HXD1+C70+C64+P62+NX	30	800
12:11	SS7+25G	115	280	15:24	SS7+25G	120	296
12:43	SS7+25G	115	280	16:17	SS7+25G	120	264

表 2-2 遂渝线 CRTS I 型板式无砟轨道测试中单日列车通行情况

测试时间	列车类型（机车+车辆）	速度/(km/h)	轮轨力个数	测试时间	列车类型（机车+车辆）	速度/(km/h)	轮轨力个数
0:12	SS7+25G	105	280	12:45	SS7C+25G	65	312
0:43	SS7C+25G	110	248	13:06	HXD3+25G-T	110	248
1:24	SS7+25G	55	184	14:13	DF7C+25G	105	312
10:51	DF7C+25G	105	312	14:45	SS7+25G	55	296
10:58	SS7+25G	110	264	14:50	HXD3+25G	70	312

续表

测试时间	列车类型（机车+车辆）	速度/(km/h)	轮轨力个数	测试时间	列车类型（机车+车辆）	速度/(km/h)	轮轨力个数
11:08	HXD3+25G	105	296	15:11	SS7+25G	110	296
11:18	SS7+25G	120	232	15:23	SS7+25G	50	248
12:06	SS7+25G	100	312	15:30	SS7+25G	80	184
12:17	HXD3+25G	110	320	16:08	SS7+25G	110	312
12:32	SS7C+25G	105	296	18:20	HXD3+25G	110	312

1. 货车作用下轮轨作用力分布特征

本节通过绘制 P-P 图的方法，对货车作用时轮轨力的分布状态进行检验，如图 2-39 所示。P-P 图是根据变量的累积比例与指定分布的累积比例之间的关系而绘制的图形。当数据符合指定分布时，P-P 图中各点将近似呈一条直线，若 P-P 图中各点分布较为分散，则假设检验不成立，数据不符合指定分布。

从 P-P 图中可以看出，货车作用下轮轨力各数据点近似呈一条直线，因此，客货共线无砟轨道中货车轮轨力分布可近似看作为正态分布，通过绘制其正态分布概率密度曲线可对其分布特征进行更直观地描述。

当货车经过时，各个车轮作用到钢轨测试断面上的轮轨力是不同的。以横坐标表示轮轨力的大小，以纵坐标表示每种轮轨力出现的频率，就可以绘制出列车作用于该计算断面上的轮轨力的分布情况，即货车轮轨力频率分布直方图，如图 2-40 所示，图中曲线为货车轮轨力的概率密度曲线。

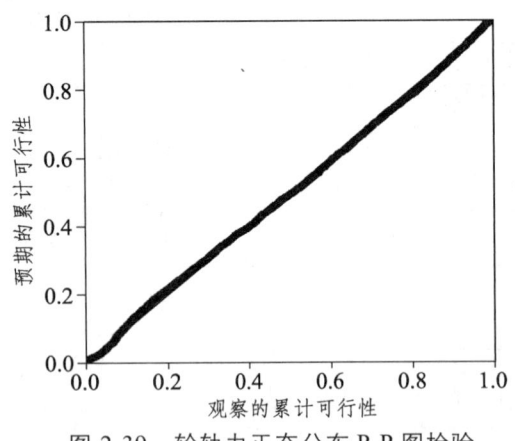

图 2-39 轮轨力正态分布 P-P 图检验

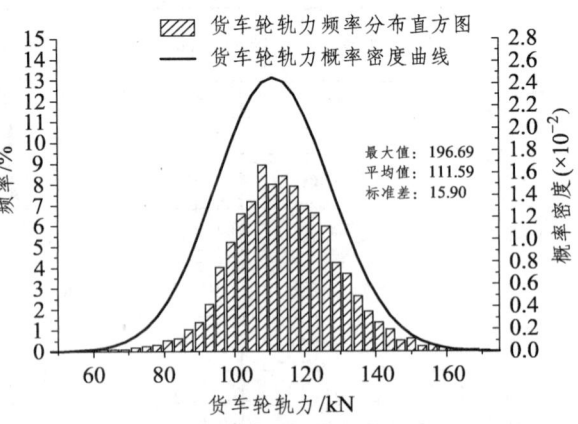

图 2-40 轮轨力频率分布直方图及概率密度曲线

从图 2-40 中可以列出货车作用时轮轨力的相关统计参数，其中，峰度是描述轮轨力分布形态陡缓程度的统计量，它是和标准正态分布相比较的，反映分布曲线的"高矮胖瘦"。峰度为正数，代表轮轨力概率密度曲线比标准正态分布更加"高、瘦"。偏度是描述轮轨力分布对称性的统计量，反映分布曲线的正负偏态。偏度为正数，表示轮轨力概率密度曲线为正偏或右偏。另外，从图 2-40 中还可知，货车作用下轮轨力平均值为 111.59 kN，标准差为 15.90 kN。由于实测列车可能存在车轮缺陷等问题，导致实测轮轨力最大值可达到 196.69 kN，而根据轮轨力概率密度曲线可知，95%以上的轮轨力分布于 81.22～142.42 kN，即按 95%置信概率，货车作用下轮轨垂向力最大可能值为 142.42 kN。

货车作用下轮轨力箱线图如图 2-41 所示，可知除去离群值后，货车轮轨力最大值为 148.94 kN，与按 95%置信概率算得的最大轮轨力较为接近。处于中位数位置的轮轨力为 110.32 kN，处于上、下四分位数位置的轮轨力分别为 120.29 kN 和 100.17 kN，四分位间距为 20.12 kN。

不同速度的货车作用下轮轨力的分布情况如图 2-42 所示。由图可知，列车速度变化对于货车作用力的影响不大，但当列车速度高于 70 km/h 后，货车作用下轮轨力有降低的趋势，分析该现象的原因，主要与货车的满载程度有关。

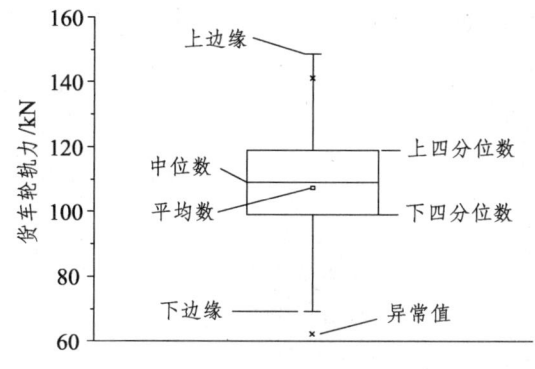

图 2-41　整体轮轨力数据箱线图　　图 2-42　不同速度货车作用时轮轨力箱线图

2. 客车作用下轮轨作用力分布特征

为了验证客货共线无砟轨道中客车作用下轮轨力分布是否也可近似看作正态分布，对渝怀线和遂渝线客车作用下轮轨力进行正态分布 P-P 检验，其结果如图 2-43 所示。可见，客车作用下轮轨力各数据点近似呈一条直线，因此，客货共线无砟轨道中客车作用下轮轨力分布也可近似看作正态分布。

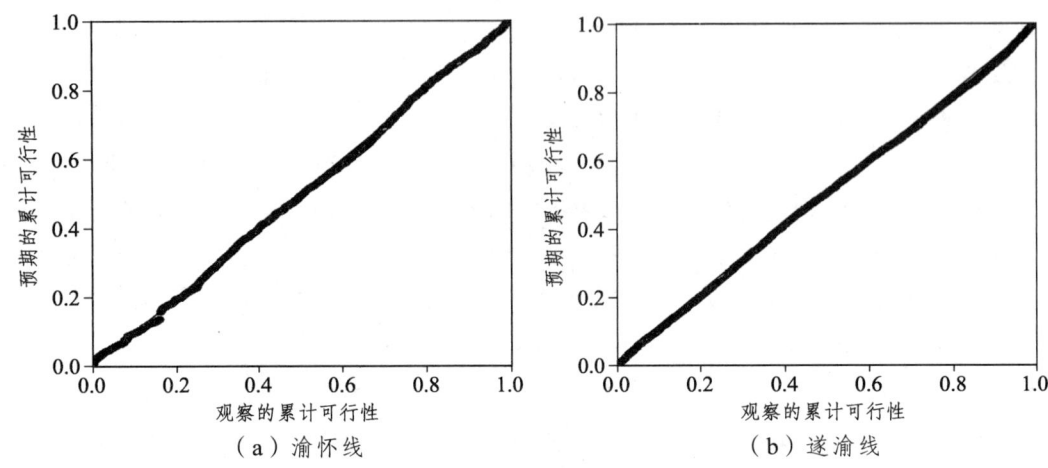

图 2-43 客车作用下轮轨力正态分布 P-P 图检验

如图 2-44 所示为客车作用下轮轨力频率分布直方图和轮轨力概率密度曲线。由图可知,渝怀线客车作用下轮轨力平均值为 74.28 kN,标准差为 19.15 kN;遂渝线轮轨力平均值为 67.17 kN,标准差为 11.59 kN。因此,遂渝线客车作用下轮轨力整体小于渝怀线,且遂渝线轮轨力数据分布更加集中。与渝怀线相比,遂渝线轮轨力概率密度曲线更加"高、瘦",且遂渝线概率密度曲线峰度为 3.892,远大于渝怀线,说明遂渝线轮轨力在平均值左右数据集中度更高。

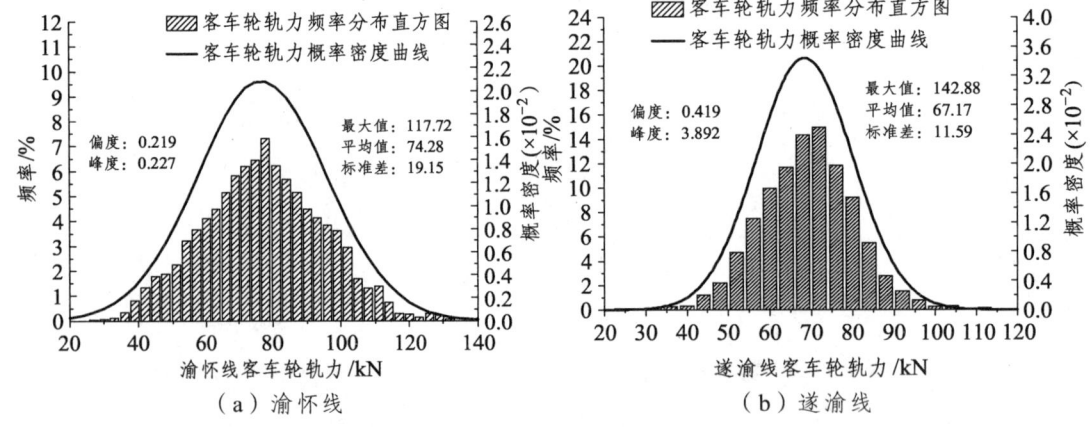

图 2-44 客车作用下轮轨力频率分布直方图及概率密度曲线

同时,根据轮轨力概率密度曲线可知,渝怀线 95%以上的轮轨力分布于 36.75 ~ 111.82 kN,即按 95%置信概率,客车作用下轮轨垂向力最大可能值为 111.82 kN。遂渝线 95%以上的轮轨力分布于 44.46 ~ 89.88 kN,即按 95%置信概率,客车作用下轮轨垂向力最大可能值为 89.88 kN。

渝怀线以及遂渝线客车作用下轮轨力箱线图如图 2-45 所示。其中，渝怀线轮轨力最大值为 126.12 kN，处于中位数位置的轮轨力为 74.17 kN，处于上、下四分位数位置的轮轨力分别为 87.36 kN 和 61.04 kN，四分位间距为 26.32 kN。遂渝线轮轨力最大值为 96.56 kN，处于中位数位置的轮轨力为 67.32 kN，处于上、下四分位数位置的轮轨力分别为 74.43 kN 和 59.38 kN，四分位间距为 15.05 kN。可见，根据轮轨力箱线图可更加直观地看出遂渝线轮轨力整体小于渝怀线轮轨力，且遂渝线轮轨力分布更加集中。

图 2-46 为渝怀线和遂渝线不同速度列车作用下轮轨力箱线图。可见，遂渝线测试中，客车速度变化对于轮轨作用力的影响不大，而渝怀线测试结果显示，随着客车速度增大，轮轨力数据分布更加分散。

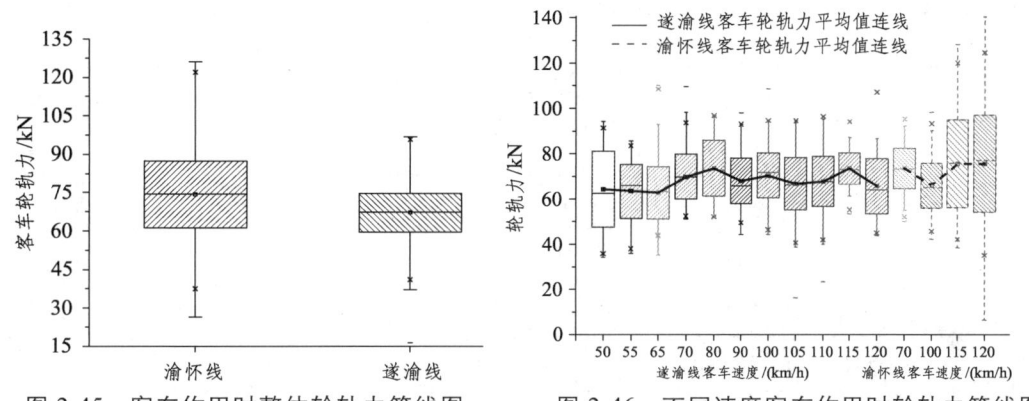

图 2-45　客车作用时整体轮轨力箱线图　　图 2-46　不同速度客车作用时轮轨力箱线图

2.4.2　钢轨支点压力分布特征

钢轨支点压力作为直接作用到轨道结构上的荷载，目前对其研究较多停留在理论方面，现场实测资料较少。铁科院曾于 2007 年在遂渝线无砟轨道综合试验段对钢轨支点压力进行了测试，统计了列车运行时钢轨支点压力的最大值和平均值。为了研究客货共线无砟轨道中列车荷载经扣件传递到轨道结构上的荷载值，并与铁科院钢轨支点压力实测值进行对比，本节将对渝怀线和遂渝线不同速度客车、货车运行下的钢轨支点压力进行汇总，为数值模拟及模型试验中钢轨支点压力的取值提供参考。

由 2.4.1 节的分析可知，在数理统计中，箱线图能够依靠实际数据，真实直观地表现数据形状的本来面貌，而不需要事先假定数据服从特定的分布形式，没有对数据做任何限制性要求。另外，箱线图判断异常值的标准以四分位数和四分位距为基础，四分位数具有一定的耐抗性，使得箱线图识别异常值的结果比较客观。因此本节使用箱线图对钢轨支点压力分布特性进行分析。

1. 货车作用下钢轨支点压力分布特征

针对 Tekscan 压力测量系统和测力垫板的测试结果，渝怀线不同速度货车通过时钢轨支点压力的最大值与平均值的统计结果如表 2-3 所示。

表 2-3 货车作用下钢轨支点压力最大值和平均值

	速度/（km/h）	最大值/kN		平均值/kN	
		Tekscan 测试	测力垫板测试	Tekscan 测试	测力垫板测试
机车	60	78.29	68.55	56.95	56.51
	65	81.54	71.47	54.23	56.32
	70	69.76	65.52	53.67	57.25
	75	76.81	69.23	55.32	58.09
	80	82.49	70.96	55.85	61.06
	100	100.83	83.70	60.27	63.81
车辆	60	38.62	34.27	30.69	30.77
	65	76.93	67.76	39.42	39.72
	70	74.51	67.38	55.04	55.05
	75	79.10	70.38	57.95	57.93
	80	81.63	70.25	35.68	51.24
	100	66.13	53.95	34.96	34.92

在货车机车作用下，钢轨支点压力最大值的范围为 65.52～100.83 kN，平均值的范围为 53.67～63.81 kN；货车车辆经过时，钢轨支点压力最大值的范围为 34.27～81.63 kN，平均值的范围为 30.69～57.95 kN。测试结果略大于铁科院测试的钢轨支点压力，原因为本章测试区段存在长期的客货共线情况，导致线路平顺性更差。

如图 2-47 所示为不同速度货物列车的机车和车辆经过时，钢轨支点压力的最大值和平均值的分布情况。钢轨支点压力的最大值和平均值随速度的增大无明显的变化趋势，主要与货物列车的载重和车轮状态有关。而且测试数据离散性较大，说明钢轨支点压力可能存在支承不均匀现象。

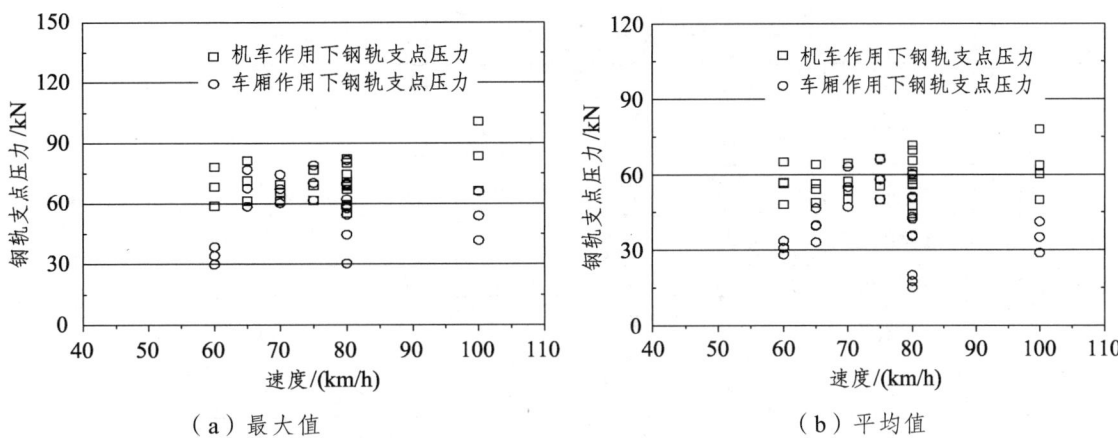

(a)最大值 (b)平均值

图 2-47 不同速度货车作用下钢轨支点压力最值及均值分布

如图 2-48 所示为货车作用下钢轨支点压力箱线图。其中,箱线图上边缘对应的钢轨支点压力最大值为 100.89 kN,是在货车机车经过时测试所得。处于中位数位置的钢轨支点压力为 43.24 kN,处于上、下四分位数位置的钢轨支点压力分别为 58.19 kN 和 21.16 kN,四分位间距为 37.03 kN。

不同速度的货车作用时钢轨支点压力箱线图如图 2-49 所示。可见,钢轨支点压力与轮轨垂向力随速度的变化一致,列车速度变化对于货车作用下钢轨支点压力的影响不大,但当列车速度高于 75 km/h 后,钢轨支点压力有降低的趋势。

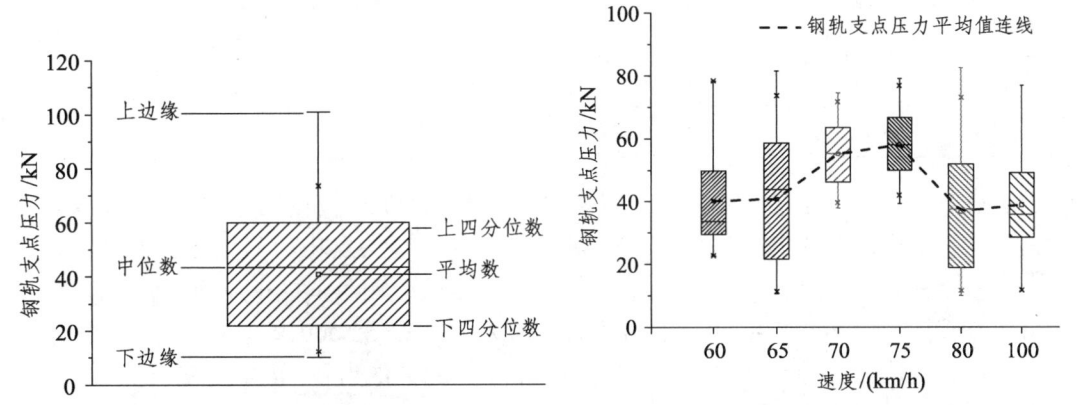

图 2-48 货车作用时钢轨支点压力箱线图　　图 2-49 不同速度货车作用时钢轨支点压力箱线图

2. 客车作用下钢轨支点压力分布特征

遂渝线与渝怀线不同速度客车通过时钢轨支点压力的最大值与平均值的统计值如表 2-4 所示。

表 2-4　客车作用下钢轨支点压力最大值和平均值

		速度/（km/h）	最大值/（kN）		平均值/（kN）	
			Tekscan 测试	测力垫板测试	Tekscan 测试	测力垫板测试
遂渝线	机车	55	22.56	19.87	20.64	16.89
		80	20.54	17.35	13.84	16.07
		100	23.72	20.62	20.77	18.21
		110	22.99	19.88	18.78	17.55
		120	26.61	22.77	20.19	18.42
渝怀线		70	66.85	61.45	52.06	51.57
		115	71.71	59.68	42.19	43.57
		120	67.59	59.50	44.78	45.29
遂渝线	车辆	55	12.74	10.35	8.49	6.97
		80	15.11	9.74	12.11	8.39
		100	15.29	17.89	10.79	9.40
		110	14.29	12.58	10.88	9.28
		120	20.19	16.51	10.97	10.45
渝怀线		70	49.46	43.50	34.75	34.87
		115	60.86	53.87	32.87	33.54
		120	60.28	69.03	31.96	33.78

遂渝线测试中在客车机车作用下，钢轨支点压力最大值的范围为 17.35～26.61 kN，平均值的范围为 13.84～20.77 kN；在客车车辆作用下，钢轨支点压力最大值的范围为 9.74～20.19 kN，平均值的范围为 6.97～10.97 kN。渝怀线测试中在客车机车作用下，钢轨支点压力最大值的范围为 59.50～71.71 kN，平均值的范围为 42.19～52.06 kN；在客车车辆作用下，钢轨支点压力最大值的范围为 43.50～69.03 kN，平均值的范围为 31.96～34.87 kN。可见，遂渝线的测试结果明显小于渝怀线。

如图 2-50 所示为不同速度客车的机车和车辆经过时，钢轨支点压力的最大值和平均值的分布情况。由图可知，遂渝线客车车辆作用的钢轨支点压力测试结果明显小于机车作用，而且遂渝线钢轨支点压力整体小于渝怀线。与货车作用时结果相似，客车作用的钢轨支点压力的最大值和平均值随速度的增大无明显的变化趋势，各点测试数据离散性较大，这也说明钢轨支点压力可能存在支承不均匀现象。

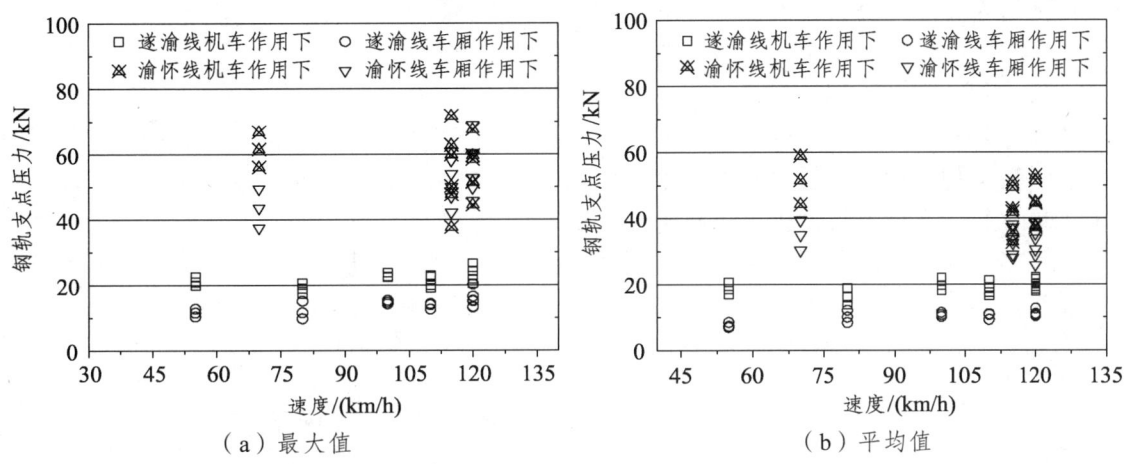

(a) 最大值　　　　　　　　　　(b) 平均值

图 2-50　不同速度客车作用下钢轨支点压力最值及均值分布

在客车作用下钢轨支点压力整体数据箱线图以及不同速度客车作用时钢轨支点压力箱线图分别如图 2-51 和图 2-52 所示。

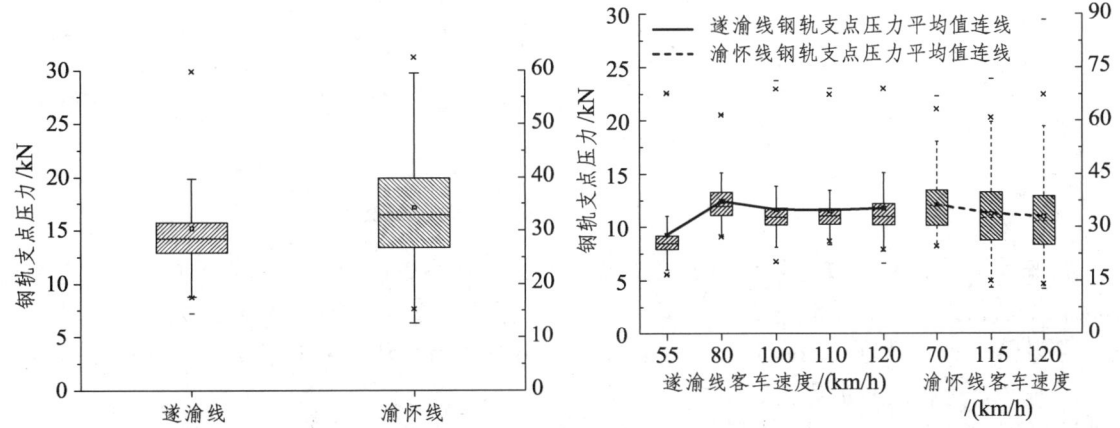

图 2-51　客车作用时钢轨支点压力箱线图　　图 2-52　不同速度客车作用时钢轨支点压力箱线图

遂渝线测试中，除去箱线图识别的离群值后，钢轨支点压力最大值为 19.83 kN，处于中位数位置的钢轨支点压力为 14.18 kN，处于上、下四分位数位置的钢轨支点压力分别为 15.72 kN 和 12.88 kN，四分位间距为 2.84 kN。渝怀线测试中，钢轨支点压力最大值为 59.33 kN，处于中位数位置的钢轨支点压力为 32.86 kN，处于上、下四分位数位置的钢轨支点压力分别为 39.81 kN 和 26.61 kN，四分位间距为 13.20 kN。可见，遂渝线测试结果整体偏小，但数据分布更加集中。

从图 2-52 中可以看出，列车速度变化对于客车作用的钢轨支点压力的影响不大，但渝怀线中随着客车速度的增大，钢轨支点压力有降低的趋势。

2.4.3 列车动荷载分配系数

由于钢轨的连续性，列车荷载会由其和一定范围内的扣件系统共同承担，轮载作用断面上的扣件所承担的列车荷载的比例即为列车动荷载分配系数，对应于现场测试中，表现为同一断面的钢轨支点压力与轮轨垂向力在同一时刻的比值。

如图 2-53 所示为渝怀线和遂渝线测试中，不同速度列车作用时动荷载分配系数最大值的分布情况。其中，图 2-53（a）为渝怀线测试结果；图 2-53（b）为遂渝线测试结果。

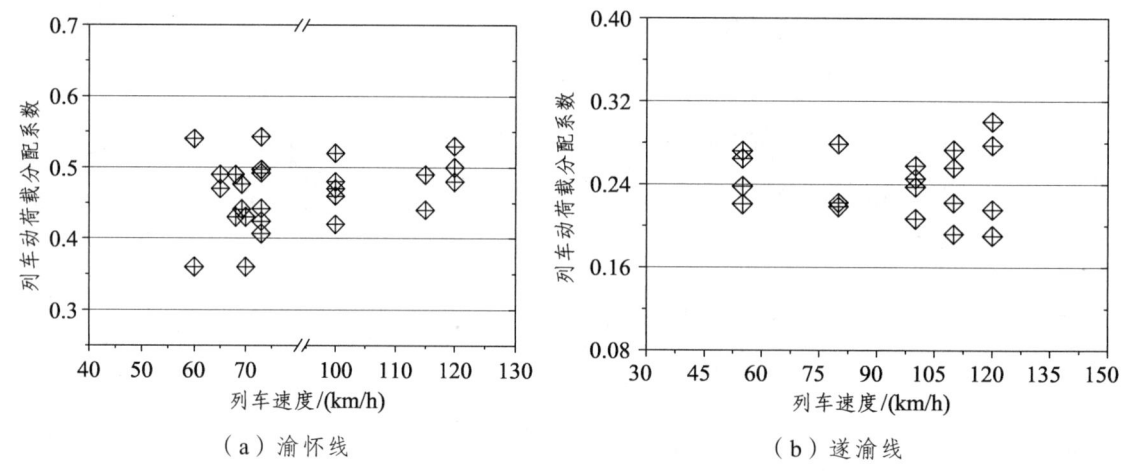

（a）渝怀线　　　　　　　　　　　（b）遂渝线

图 2-53　不同速度列车作用下动荷载分配系数

列车动荷载分配系数随列车速度的提高并未见明显的变化趋势，同时，由于钢轨存在支承状态不均匀的情况，导致分配系数具有一定的离散性。渝怀线各组列车的数据中，动荷载分配系数最大值分布在 0.36~0.54；遂渝线不同列车的动荷载分配系数最大值分布在 0.19~0.31。列车动荷载传递示意图如图 2-54 所示。

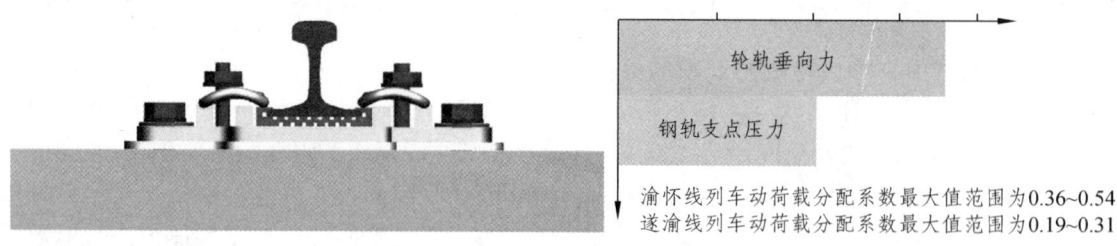

图 2-54　列车动荷载传递示意图

2.5 钢轨支点压力时程特性分析及应用

本节对时序式加载方法进行介绍,通过施加移动荷载的方法获得单个轮轴荷载作用下的钢轨支点压力和扣件荷载分担比曲线,利用现场实测数据对理论模型的可靠性进行验证,从而确定列车荷载作用下无砟轨道中钢轨支点压力的荷载形式。将列车移动荷载转化为扣件位置处的竖向定点激励,以时序式加载法来模拟列车运行对轨道结构的冲击作用,同时建立车辆-轨道-路基垂向耦合振动模型,将计算结果与时序式加载法计算结果进行对比分析。

2.5.1 时序式加载方法介绍

列车在连续的钢轨上运行,列车车轮与轨面相互作用产生的列车激励荷载经离散分布的扣件系统传递至轨道结构及下部路基。在这个荷载传递过程中,轨道结构上按照一定间距分布的扣件系统不单单是将钢轨固定在轨道结构上,更主要是将列车移动荷载转化成一个个作用在轨道结构扣件位置处的竖向激励,如图 2-55 所示。

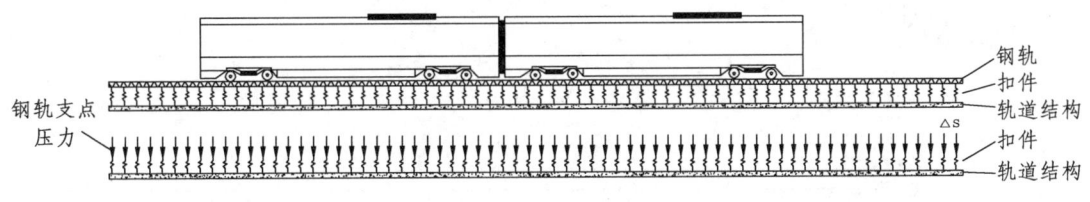

图 2-55 时序式加载原理示意图

在对无砟轨道结构及下部基础进行分析时,列车移动荷载的准确模拟是至关重要的。如果将扣件系统的荷载时程施加到扣件位置处而非施加到连续钢轨上,并且相邻扣件的施加荷载按一定时间间隔依次施加,这样,列车移动荷载将可以由固定位置处的竖向加载来实现。这种将荷载按照一定的时间间隔(Δt)先后施加到离散的扣件系统上的加载方法称之为时序式加载方法。

若要实现在固定位置处按时序式方法加载以模拟列车移动荷载的作用,就必须获得列车荷载作用下钢轨支点压力的时程曲线。

2.5.2 钢轨支点压力荷载形式分析

为了获取钢轨支点压力荷载的作用形式,这里需对列车移动荷载作用下的钢轨支点压力进行计算,然后将数值模拟的结果与现场实测数据对比,可对数值模拟方法和计算模型的可靠性进行检验。

1. 钢轨支点压力有限元计算

为获取钢轨支点压力荷载作用曲线,本节分别建立了长枕埋入式无砟轨道和 CRTS Ⅰ 型板式无砟轨道有限元模型,如图 2-56 和图 2-57 所示。其中,在长枕埋入式无砟轨道模型中,轨枕、道床板及底座均采用实体单元模拟,路基的支撑作用通过在底座板底面生成表面效应单元模拟;在 CRTS Ⅰ 型板式无砟轨道模型中,轨道板、CA 砂浆及底座板也均采用实体单元模拟,同样以生成表面效应单元的方式来模拟路基的支撑作用。具体的轨道结构主要参数如表 2-5 和 2-6 所示。

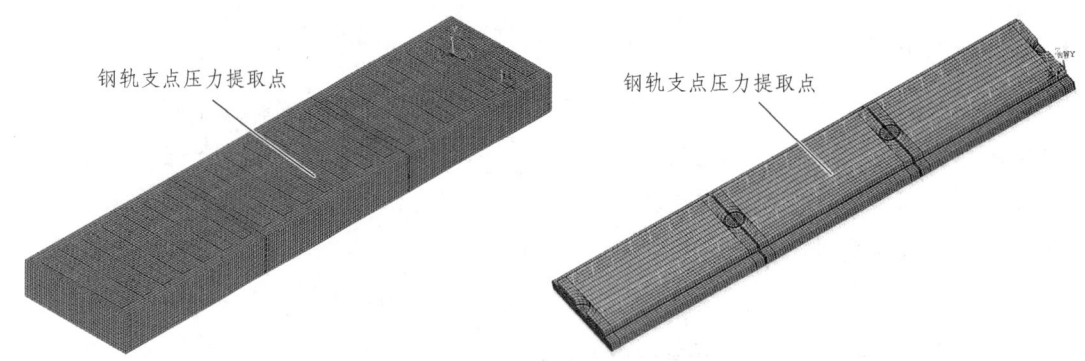

图 2-56　长枕埋入式无砟轨道有限元模型　　图 2-57　CRTS Ⅰ 型板式无砟轨道有限元模型

表 2-5　长枕埋入式无砟轨道主要结构参数

部件	项目	单位	量值
钢轨	弹性模量	N/m^2	2.06×10^{11}
扣件	刚度	N/m	5.0×10^7
轨枕	弹性模量	N/m^2	3.55×10^{10}
道床板	弹性模量	N/m^2	3.25×10^{10}
支撑层	弹性模量	N/m^2	3.25×10^{10}

表 2-6　路基上 CRTS Ⅰ 型板式无砟轨道动力学参数

部件	项目	单位	量值
钢轨	弹性模量	N/m^2	2.059×10^{11}
	截面惯量	m^4	3.217×10^{-5}
	单位长度质量	kg/m	60.64
	泊松比	—	0.3

续表

部件	项目	单位	量值
扣件	垂向刚度	N/m	6.0×10^7
	垂向阻尼	N·s/m	3.625×10^5
	间距	m	0.625
轨道板	弹性模量	N/m²	3.65×10^{10}
	长度	m	4.96
	宽度	m	2.4
	厚度	m	0.19
	泊松比	—	0.2
	线膨胀系数	1/°C	10^{-5}
	密度	kg/m³	2 500
CA砂浆	弹性模量	N/m²	3.0×10^8
	阻尼	N·s/m	34.58
	线膨胀系数	1/°C	10^{-5}
	密度	kg/m³	2 500
	厚度	m	0.05
底座板	弹性模量	N/m²	3.25×10^{10}
	宽度	m	3.2
	厚度	m	0.3
	泊松比	—	0.2
	线膨胀系数	1/°C	10^{-5}
	密度	kg/m³	2 500
路基	面刚度	MPa/m	75
	垂向阻尼	N·s/m	1.0×10^5

在有限元模型中钢轨采用梁单元和节点组成，施加移动荷载时，每个钢轨节点可看作为一个荷载加载点，本节模型中的相邻钢轨节点间距都为150 mm，长枕埋入式无砟轨道和CRTS I型板式无砟轨道荷载加载点数量分别为885和877。通过依次对各加载点施加100 kN荷载模拟列车的运行，在准静态状态下对模型中间位置扣件处（钢轨支点压力提取点）的钢轨支点压力进行提取。

通过施加移动的列车轮轴荷载，计算出单个车轮作用在钢轨不同位置时，中间扣件处的钢轨支点压力曲线，同时，根据钢轨支点压力和列车荷载值，按公式（2-5）还可计算出列车车轮沿轨道作用时，中间位置扣件承受的荷载分担比。

$$\psi = \frac{F_i}{Q} \quad (2-5)$$

其中，ψ 为中间位置扣件承受的荷载分担比；F_i 为列车荷载作用在离板端距离为 i 时，中间扣件处的钢轨支点压力值；Q 为施加的列车荷载值。

如图 2-58 所示为两种轨道结构中在单个列车轮轴移动作用下，钢轨支点压力和扣件荷载分担比沿轨道的分布曲线。在单个列车轮轴作用下，钢轨支点压力及扣件的荷载分担比沿钢轨支点压力提取点（中间扣件位置）对称分布，作用在钢轨支点压力提取点位置处最大，然后沿着两侧依次递减，并且当列车荷载作用在距钢轨支点压力提取点 4 组扣件间距时，中间扣件承担微小的拉力。同时还可看出，长枕埋入式无砟轨道中荷载分担比最大为 0.46，而 CRTS Ⅰ 型板式无砟轨道最大为 0.41，与本章 2.4.3 节列车动荷载分配系数测试结果相似。

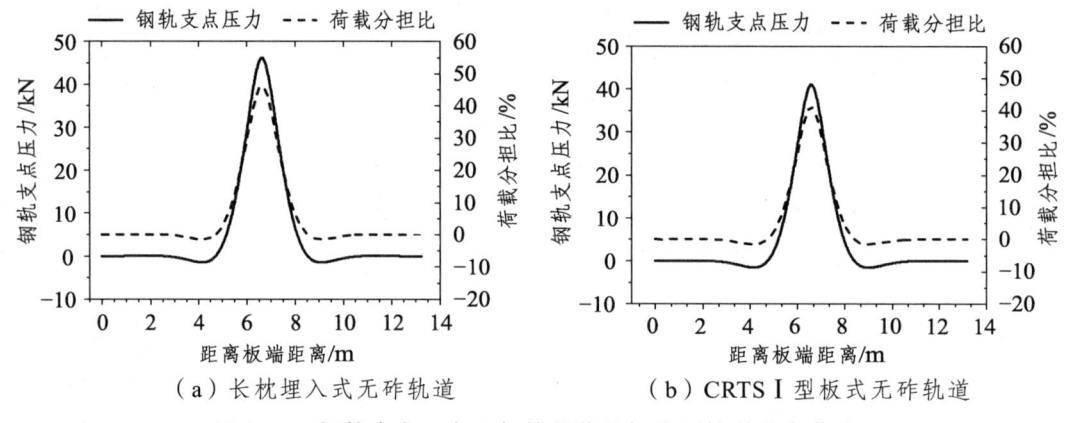

（a）长枕埋入式无砟轨道　　（b）CRTS Ⅰ 型板式无砟轨道

图 2-58　钢轨支点压力和扣件荷载分担比沿轨道分布曲线

在多个轮载作用下，某扣件位置处钢轨支点压力和扣件荷载分担比可通过将各轮载作用按时序叠加获得，如图 2-59 所示。

2. 数值模拟可靠性验证

为了验证数值模拟方法和计算模型的可靠性，根据现场测试列车的运行情况，这里各选择一列货车及客车，根据列车各车轮作用在测试点时测得的轮轨作用力以及数值模拟得到的扣件荷载分担比曲线，经计算得到各车轮经过时测试点处钢轨支点压力沿轨道分布的曲线图，通过叠加可得到整列车经过时钢轨支点压力沿轨道的分布情况，再对比现场测试的钢轨支点压力曲线，即可验证数值模拟的扣件荷载分担比曲线的正确性。

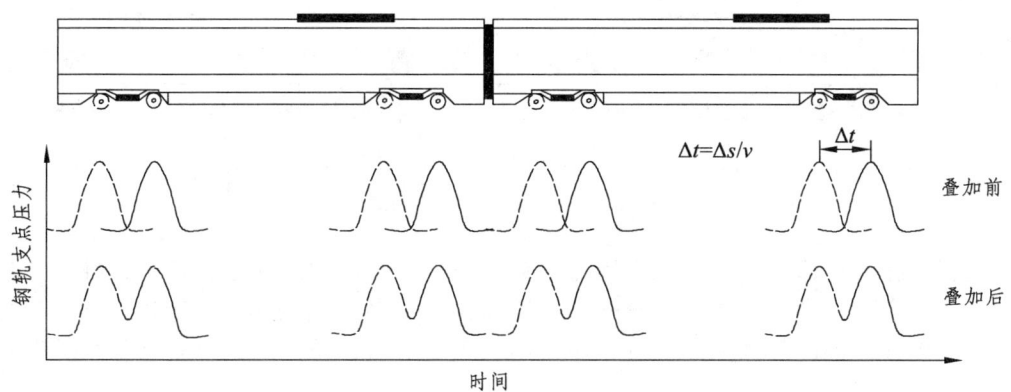

图 2-59 轮群作用下钢轨支点压力叠加示意图

其中,选取的货物列车测试时间为 2016 年 6 月 18 日 09:58,该列车采用双机车牵引,机车类型为 HXD1 型,车辆类型为 NX、C62、P62 和 G 车,车速为 75 km/h;选取的客运列车测试时间为 6 月 18 日 16:17,牵引机车类型为韶山 7 型,车辆类型为 25G,车速为 120 km/h。

为了简化计算,取货车双牵引机车作用下的钢轨支点压力曲线进行对比。在 HXD1 型机车作用下,左、右股钢轨测试得到的轮轨作用力如图 2-60 所示。左股钢轨测得的轮轨作用力范围为 140.92~183.69 kN,右股钢轨轮轨作用力范围为 100.20~128.88 kN,左股钢轨测得的轮轨作用力整体较右股钢轨大。

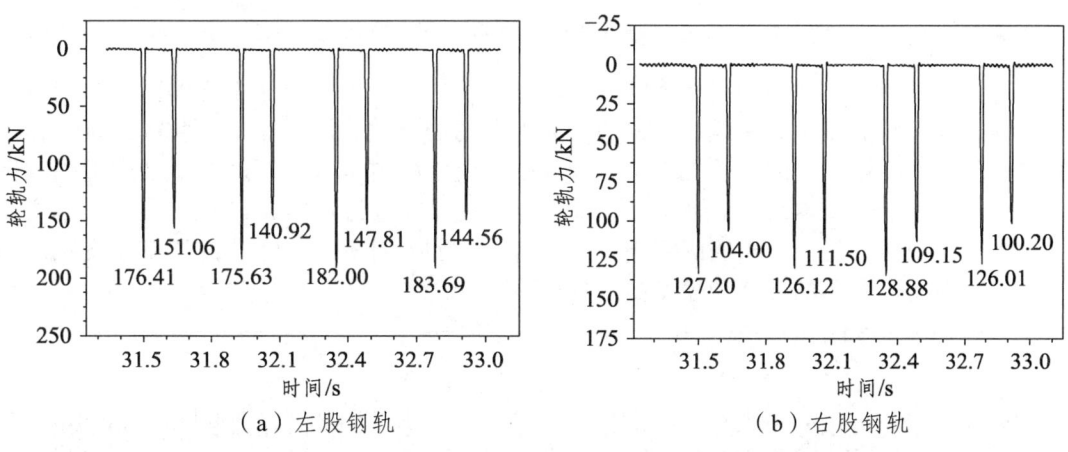

(a)左股钢轨　　　　　　　　(b)右股钢轨

图 2-60 现场实测货车机车作用下轮轨作用力

为得到 HXD1 型机车各车轮作用下钢轨支点压力的叠加曲线,这里需对各车轮的相对位置进行分析,如图 2-61 所示为机车结构的尺寸图。机车转向架轴距为 2.8 m,同一机车相邻转向架的前后轮轴间距为 6.2 m,两机车相邻转向架的前后轮轴间距为 5.85 m。

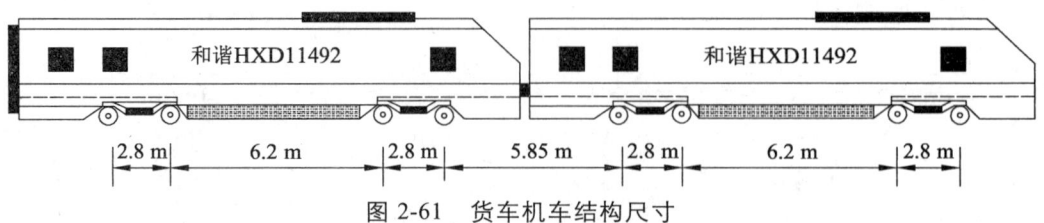

图 2-61　货车机车结构尺寸

根据机车各车轮作用时的轮轨作用力与数值模拟得到的扣件荷载分担比，可得到各车轮作用时钢轨支点压力的分布情况；同时，根据图 2-61 中各车轮的相对位置以及列车车速，可计算出各车轮作用的时间间隔，对各车轮作用进行叠加后，得到的钢轨支点压力时程曲线如图 2-62 所示。

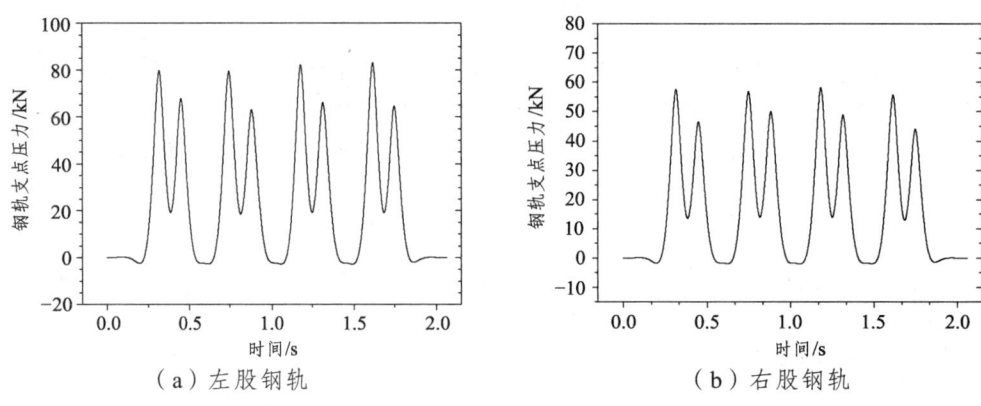

（a）左股钢轨　　　　　　　　　　（b）右股钢轨

图 2-62　数值模拟货车机车作用下钢轨支点压力曲线

如图 2-63 所示为货车作用下钢轨支点压力时程曲线，其中，位于上方的图为整列货车经过时现场实测钢轨支点压力曲线，下方的图为上图的局部放大图，即在 HXD1 型机车作用下现场实测与数值模拟得到的钢轨支点压力曲线。从图 2-63 中可知，现场测试及数值模拟得到的钢轨支点压力曲线基本重合，钢轨支点压力峰值最大偏差为 6.14 kN，仅出现在机车右侧最后一个车轮作用时；其余各峰值偏差均小于 1 kN。可见，计算在货车作用下钢轨支点压力及扣件荷载分担比时应用的方法和模型是正确的。

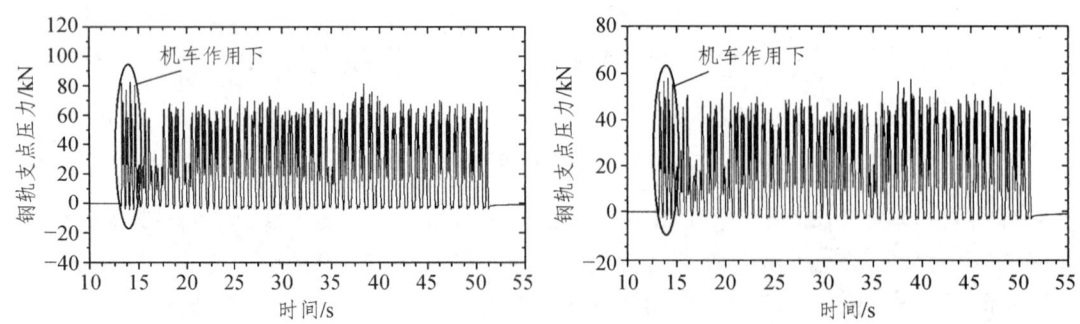

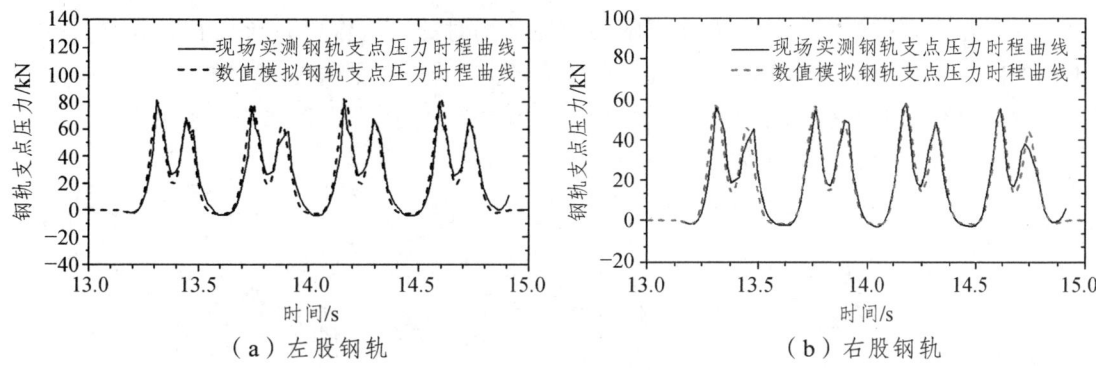

图 2-63 货车机车作用下钢轨支点压力曲线

对于客运列车,取三节车辆作用下钢轨支点压力曲线进行对比。在 25G 客车作用下,左、右股钢轨测试得到的轮轨作用力如图 2-64 所示。左股钢轨测得的轮轨间作用力范围为 89.38 ~ 110.06 kN,右股钢轨轮轨作用力范围为 74.07 ~ 87.48 kN。与货车测试结果类似,左股钢轨测得的轮轨作用力整体较右股钢轨大,说明左股钢轨的线路状态比右股钢轨差。

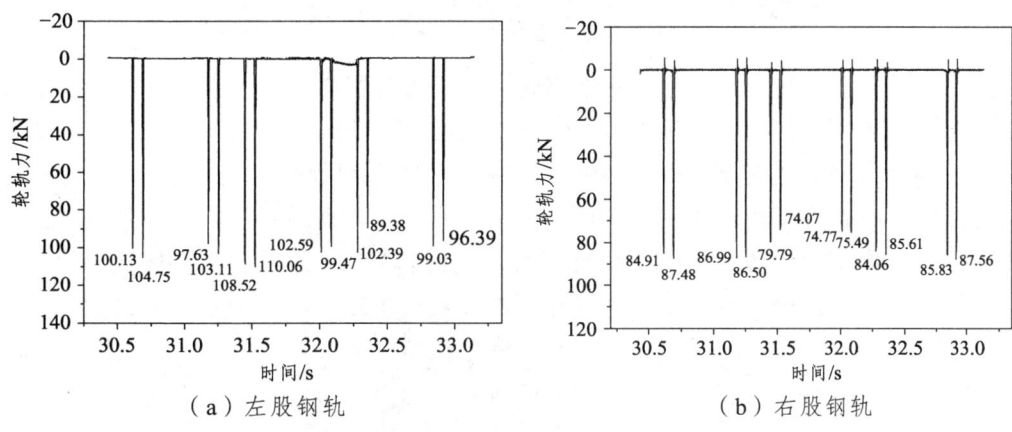

图 2-64 现场实测客车车辆作用下轮轨作用力

25G 型客车转向架类型为 209 型转向架,轴距为 2.4 m,车辆具体结构尺寸如图 2-65 所示。由图可知,同一车辆相邻转向架的前后轮轴间距为 15.6 m,两车辆相邻转向架的前后轮轴间距为 6.2 m。

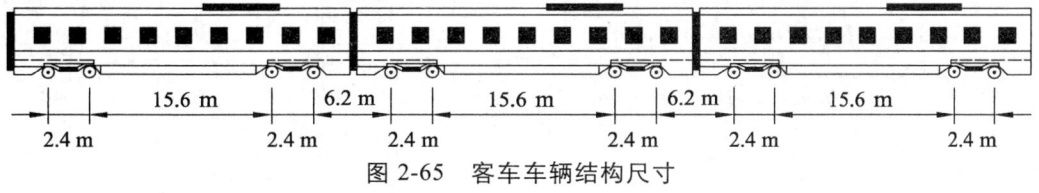

图 2-65 客车车辆结构尺寸

与货车计算方式相同，根据客车车辆各车轮作用时的轮轨作用力与数值模拟得到的扣件荷载分担比，可得到各车轮作用时钢轨支点压力的分布情况；同时，根据图 2-65 中各车轮的相对位置以及客车的运行速度，可计算出各车轮作用的时间间隔，对各车轮作用进行叠加后，得到的钢轨支点压力时程曲线如图 2-66 所示。

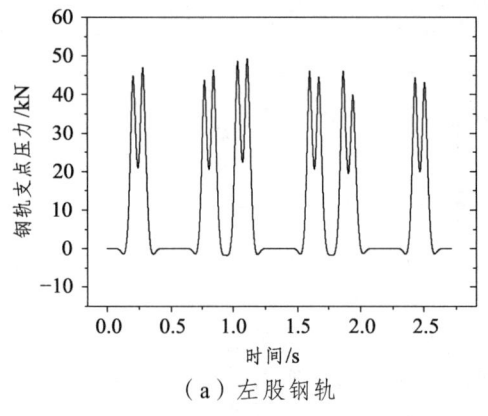
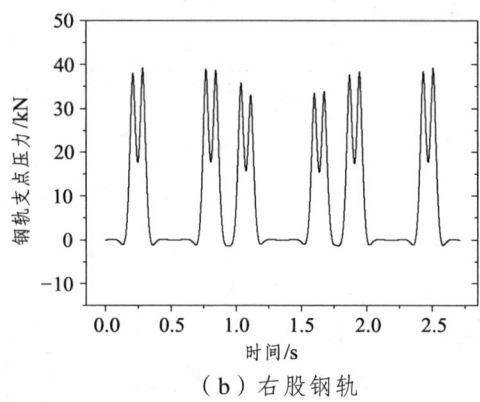

（a）左股钢轨　　　　　　　　　　　　（b）右股钢轨

图 2-66　数值模拟客车车辆作用下钢轨支点压力曲线

如图 2-67 所示为 25G 型客车作用下钢轨支点压力时程曲线，其中，位于上方的图为整列客车经过时现场实测钢轨支点压力曲线，下方的图为上图的局部放大图，即在客车后三节车辆作用下现场实测与数值模拟得到的钢轨支点压力曲线。从图 2-67 中可知，与货车机车作用时的结果相似，在客车车辆作用下现场测试及数值模拟得到的钢轨支点压力曲线也基本重合。其中，左股钢轨中钢轨支点压力峰值的偏差相对较大，各峰值偏差依次为 1.09 kN、0.37 kN、1.88 kN、1.61 kN、1.59 kN、2.97 kN、0.91 kN、0.56 kN、0.48 kN、8.28 kN、2.24 kN、3.45 kN，最大偏差为 8.28 kN，出现在末节车辆左侧第二个车轮作用时；右股钢轨中各峰值偏差均小于 1 kN。可见，计算在客车作用下钢轨支点压力及扣件荷载分担比时应用的方法和模型也是正确的。

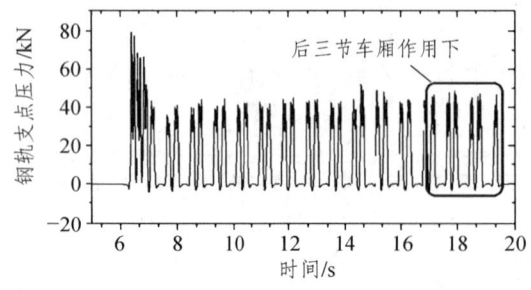
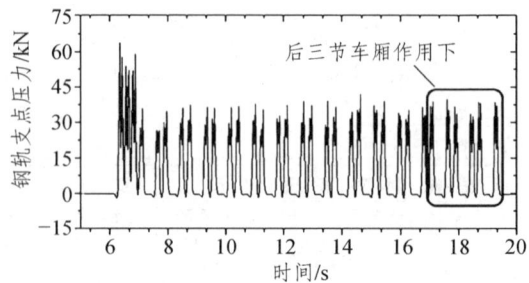

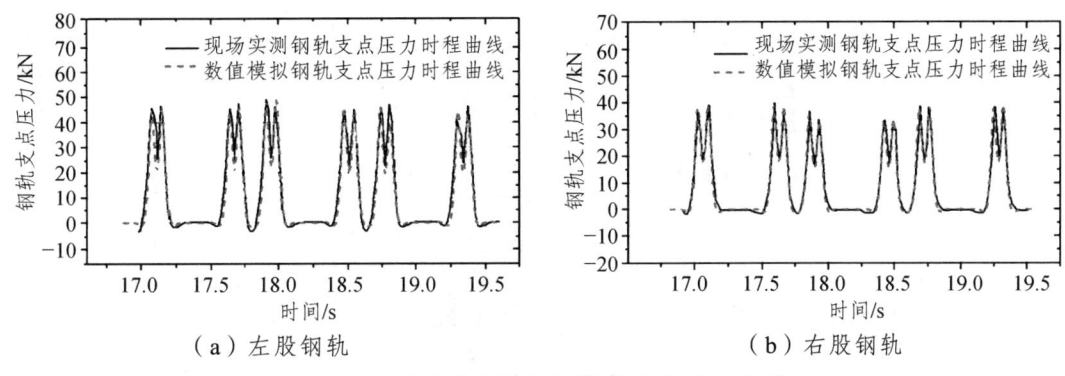

图 2-67 客车车辆作用下钢轨支点压力曲线

综上所述，本章在钢轨支点压力及扣件荷载分担比计算时采用的方法和模型是正确的。

2.5.3 钢轨支点压力时程表达式

根据 2.5.2 节分析可知，移动荷载法对钢轨支点压力进行数值模拟，得到的结果是准确的，因此，可对有限元计算结果进行数值拟合以确定钢轨支点压力的荷载形式。并且由公式（2-6）可知，钢轨支点压力与扣件荷载分担比仅存在常数倍的关系，两者的时程表达式具有相同的基本函数类型，因此，只要确定扣件荷载分担比的表达式，便可通过公式（2-6）确定钢轨支点压力的时程表达式。

$$F_i = Q\psi_i \tag{2-6}$$

其中，F_i 为第 i 组扣件处的钢轨支点压力值；ψ_i 为列车运行时第 i 组扣件承受的荷载分担比；Q 为列车荷载值。

为确定扣件荷载分担比时程表达式，首先应确定其函数类型，然后根据扣件荷载分担比的数值拟合结果，以及现场测试数据的校核结果，最终确定列车荷载作用下无砟轨道中钢轨支点压力的荷载形式。

1. 扣件荷载分担比函数拟合

Zimmermann H 将无缝线路轨道中钢轨假定为一个抗弯刚度为 EI 的无限长的梁，并假设钢轨由一个弹性系数为 k 的连续弹性地基支撑，在坐标为 x 的钢轨上施加一个轮重 Q，如图 2-68 所示，则在 x_0 位置由轮重作用产生的挠度计算公式为

$$\omega(x) = \frac{Q}{2kL}\eta(x) \tag{2-7}$$

$$\eta(x) = e^{-\frac{x-x_0}{L}}\left[\cos\frac{x-x_0}{L} + \sin\frac{x-x_0}{L}\right] \quad (x \geqslant x_0) \tag{2-8}$$

式中，$\omega(x)$ 为 x_0 位置处钢轨的挠度；x 为车轮作用位置；L 为特征长度，由公式（2-9）确定。

$$L = \sqrt[4]{\frac{4EI}{k}} \tag{2-9}$$

式中，k 为连续弹性地基的弹性系数。

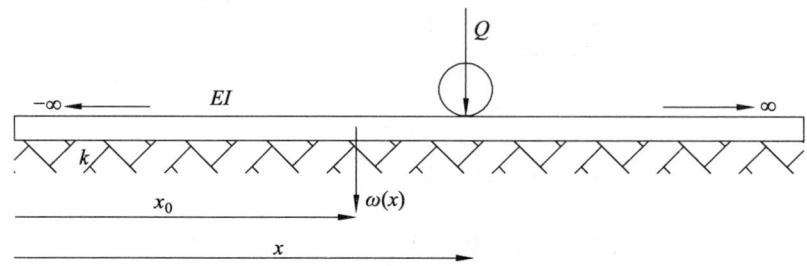

图 2-68　弹性地基上的无限长梁模型

根据 Winkler 假设，可以得出基础反力分布为

$$p(x) = k\omega(x) = \frac{Q}{2L}\eta(x) \tag{2-10}$$

通过对扣件间距内的基础反力进行积分，可近似求得弹性点支承模型中位于 x_0 处扣件的钢轨支点压力，如公式（2-11）所示。

$$F(x) = \int_{x-x_0-\frac{b}{2}}^{x-x_0+\frac{b}{2}} p(x)\mathrm{d}x \tag{2-11}$$

其中，b 为扣件间距离。

根据公式（2-11）的积分结果，并结合车轮作用在 x_0 两侧时钢轨支点压力的对称性，钢轨支点压力函数表达式可近似表示为

$$F = y_0 + a\left[-\mathrm{e}^{-\frac{|x-x_0|+0.5b}{L}}\cos\left(\frac{|x-x_0|+0.5b}{L}\right) + \mathrm{e}^{\frac{-|x-x_0|+0.5b}{L}}\cos\left(\frac{|x-x_0|-0.5b}{L}\right)\right] \tag{2-12}$$

由于扣件荷载分担比与钢轨支点压力函数类型相同，故扣件荷载分担比函数表达式也可近似表示为

$$\psi = y_0 + a\left[-\mathrm{e}^{-\frac{|x-x_0|+0.5b}{L}}\cos\left(\frac{|x-x_0|+0.5b}{L}\right) + \mathrm{e}^{\frac{-|x-x_0|+0.5b}{L}}\cos\left(\frac{|x-x_0|-0.5b}{L}\right)\right] \tag{2-13}$$

因此可按公式（2-13）对扣件荷载分担比进行函数拟合，另外，根据 2.5.2 节中有限元计算结果，扣件荷载分担比分布曲线类似于高斯曲线，故这里同时按高斯函数对扣件荷载分担

比进行拟合,高斯函数表达式如公式(2-14)所示。

$$\psi = y_0 + A e^{-\frac{(x-x_0)^2}{2\omega^2}} \tag{2-14}$$

如图 2-69 所示为长枕埋入式无砟轨道中扣件荷载分担比的拟合曲线,图中反映拟合结果好坏的参数为校正相关系数的平方,又称校正决定系数,其值越接近 1,说明拟合结果越好。理论计算得出的扣件荷载分担比曲线与按公式(2-13)和公式(2-14)两种函数类型拟合的曲线校正决定系数分别为 0.999 7 和 0.997 8,均大于 0.99,说明两种方式拟合的结果都较为精确。由局部放大图可知,两种函数类型的拟合结果主要差别出现在扣件承担微小拉力时。相比之下,公式(2-13)的函数形式更加符合钢轨支点压力的分布情况。

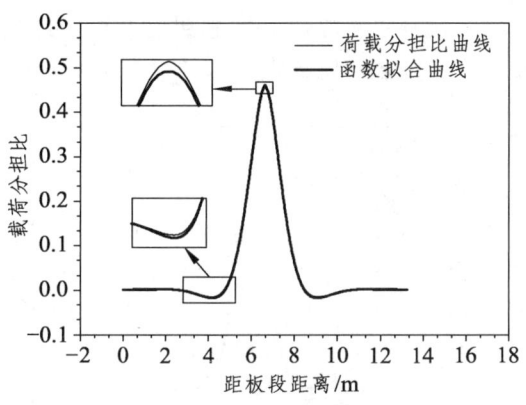
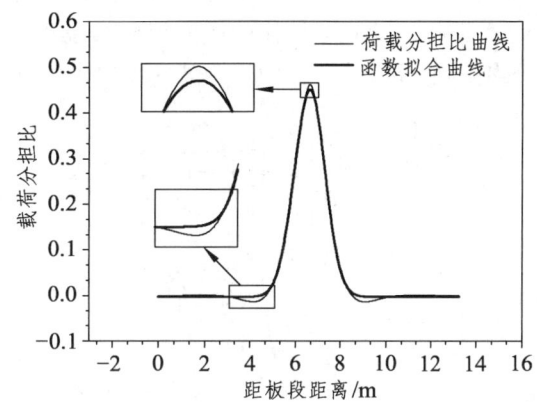

(a)按公式(2-13)拟合　　　　　　　　　(b)按公式(2-14)拟合

图 2-69　长枕埋入式无砟轨道中扣件荷载分担比拟合曲线

长枕埋入式无砟轨道中分别按公式（2-13）和公式（2-14）拟合的扣件荷载分担比经验公式，其相关计算参数如表 2-7 所示。

表 2-7　扣件荷载分担比拟合经验公式计算参数

	y_0	x_0	ω	A	a	b	L
按公式（2-13）拟合	0.001 9	6.63	—	—	1.19	0.63	0.77
按公式（2-14）拟合	−0.003 5	6.63	0.68	0.45	—	—	—

如图 2-70 所示为 CRTS Ⅰ 型板式无砟轨道中扣件荷载分担比的拟合曲线，理论计算得出的钢轨支点压力曲线与按公式（2-13）和公式（2-14）两种函数类型拟合的曲线校正决定系数分别为 0.999 8 和 0.997 3，均大于 0.99，说明两种方式拟合的结果都较为精确。与长枕埋入式无砟轨道中扣件荷载分担比曲线的拟合结果类似，两种函数类型的拟合结果主要差别也出现在扣件承担微小拉力时，其中，公式（2-13）的函数形式更加符合钢轨支点压力的分布情况。

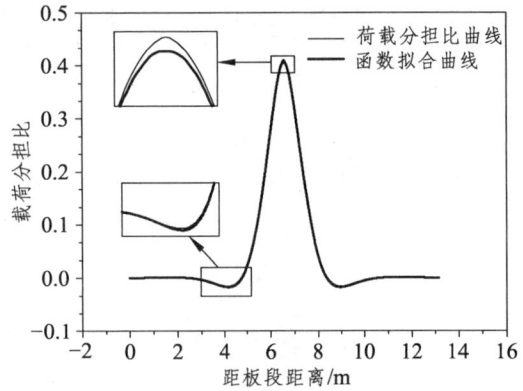

函数类型	公式（2-13）	
函数表达式	$y_0+a\times(\exp((0.5\times b-abs(x-x_0))/L)\times\cos((abs(x-x_0)-0.5\times b)/L)-\exp((-0.5\times b-abs(x-x_0))/L)\times\cos((abs(x-x_0)+0.5\times b)/L))$	
Reduced Chi-Sqr	$1.880\ 49\times10^{-6}$	
校正的相关系数平方	0.999 85	
相关参数	值	标准误差
L	0.758 4	$4.052\ 34\times10^{-4}$
y_0	5.997 79×10^{-4}	$5.244\ 29\times10^{-5}$
a	1.038 75	$5.413\ 3\times10^{-4}$
x_0	6.569 96	$3.608\ 23\times10^{-4}$
b	0.63	0

（a）按公式（2-13）拟合

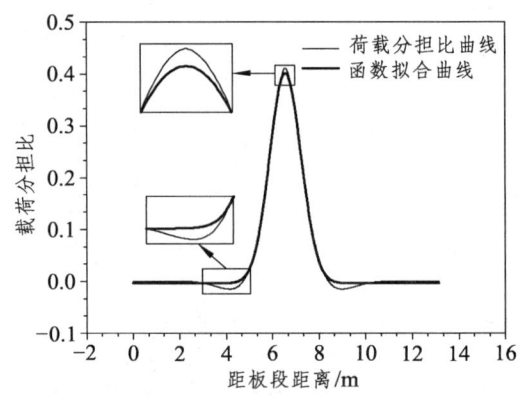

函数类型	公式（2-14）	
函数表达式	$y=y_0+A\times\exp(-0.5\times((x-x_0)/\omega)^2)$	
Reduced Chi-Sqr	$3.282\ 62\times10^{-5}$	
校正的相关系数平方	0.997 32	
相关参数	值	标准误差
y_0	−0.04 07	$2.266\ 76\times10^{-4}$
x_0	6.570 01	0.001 51
ω	0.674 58	0.001 6
A	0.404 97	$8.021\ 32\times10^{-4}$

（b）按公式（2-14）拟合

图 2-70　CRTS Ⅰ 型板式无砟轨道中扣件荷载分担比拟合曲线

CRTS I 型板式无砟轨道中分别按公式（2-13）和公式（2-14）拟合的扣件荷载分担比经验公式，其相关计算参数如表 2-8 所示。

表 2-8　扣件荷载分担比拟合经验公式计算参数

	y_0	x_0	ω	A	a	b	L
按公式（2-13）拟合	5.99×10^{-4}	6.57	—	—	1.04	0.63	0.76
按公式（2-14）拟合	-0.0041	6.57	0.67	0.41	—	—	—

2. 钢轨支点压力时程表达式验证

对于多个轮载作用，各轮载产生的钢轨支点压力可通过叠加的方法得到，如对于二轴转向架，在 x_0 位置处的钢轨支点压力函数公式可表达为

$$F = \sum_{i=1}^{2} Q_i \psi_i = Q_1 \psi_1 + Q_2 \psi_2 \tag{2-15}$$

对于公式（2-13）所示的函数经验公式，ψ_1 和 ψ_2 可表示为

$$\psi_1 = y_0 + a\left[-e^{-\frac{\left|x-\frac{j}{2}-x_0\right|+0.5b}{L}}\cos\left(\frac{\left|x-\frac{j}{2}-x_0\right|+0.5b}{L}\right) + e^{-\frac{\left|x-\frac{j}{2}-x_0\right|-0.5b}{L}}\cos\left(\frac{\left|x-\frac{j}{2}-x_0\right|-0.5b}{L}\right)\right] \tag{2-16}$$

$$\psi_2 = y_0 + a\left[-e^{-\frac{\left|x+\frac{j}{2}-x_0\right|+0.5b}{L}}\cos\left(\frac{\left|x+\frac{j}{2}-x_0\right|+0.5b}{L}\right) + e^{-\frac{\left|x+\frac{j}{2}-x_0\right|-0.5b}{L}}\cos\left(\frac{\left|x+\frac{j}{2}-x_0\right|-0.5b}{L}\right)\right] \tag{2-17}$$

对于公式（2-14）所示的函数经验公式，ψ_1 和 ψ_2 可表示为

$$\psi_1 = y_0 + Ae^{-\frac{\left(x-\frac{j}{2}-x_0\right)^2}{2\omega^2}} \tag{2-18}$$

$$\psi_2 = y_0 + Ae^{-\frac{\left(x+\frac{j}{2}-x_0\right)^2}{2\omega^2}} \tag{2-19}$$

上述公式中，x 为转向架中心所在的位置；j 为转向架两轮轴间的距离；其他参数与公式（2-13）和（2-14）中意义相同。

为了验证公式（2-13）和公式（2-14）两种函数经验公式的正确性，这里选取现场测试的某列客车，结合本节的经验公式拟合结果以及现场测得的轮轨作用力，经计算可得到各车轮经过时测试点处钢轨支点压力沿轨道的分布曲线，通过叠加可得到整列车经过时测试点位

置钢轨支点压力的时程分布曲线,再对比现场测试的钢轨支点压力曲线,即可验证公式(2-13)和公式(2-14)两种函数经验公式是否正确。

选取的客运列车测试时间为 2016 年 6 月 20 日 14:12。该列车为单机牵引,牵引机车类型为韶山 3 型,车辆类型为 25G,共计 4 节车辆,列车运行速度为 75 km/h。列车运行时,现场实测的轮轨作用力如图 2-71 所示,左股钢轨轮轨作用力测试结果整体较右股钢轨大。

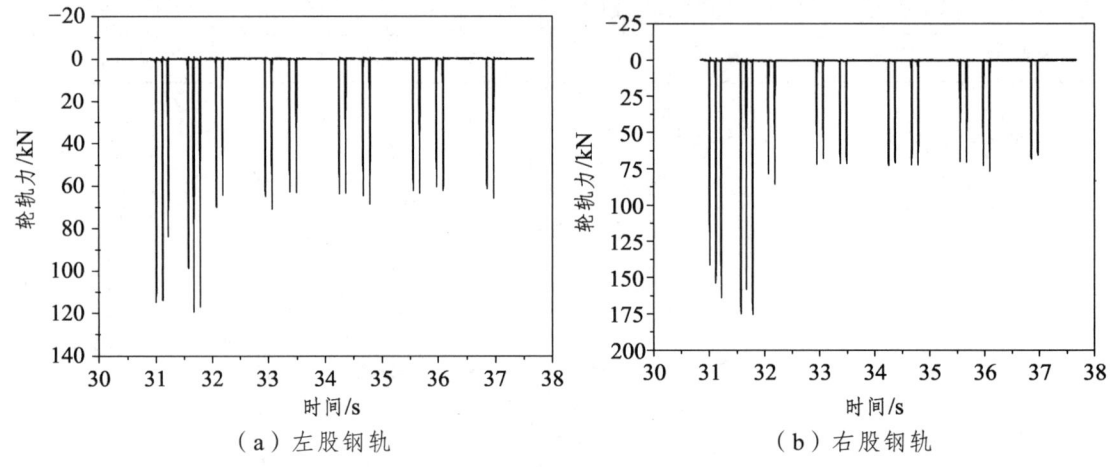

图 2-71 现场实测客车作用下轮轨作用力

根据列车各车轮作用时的轮轨作用力以及两种扣件荷载分担比函数公式,可得到各车轮作用时钢轨支点压力的分布情况;同时,根据列车中各车轮的相对位置以及列车车速,可计算出各车轮作用的时间间隔,对各车轮作用进行叠加后,得到的钢轨支点压力时程曲线如图 2-72 所示。

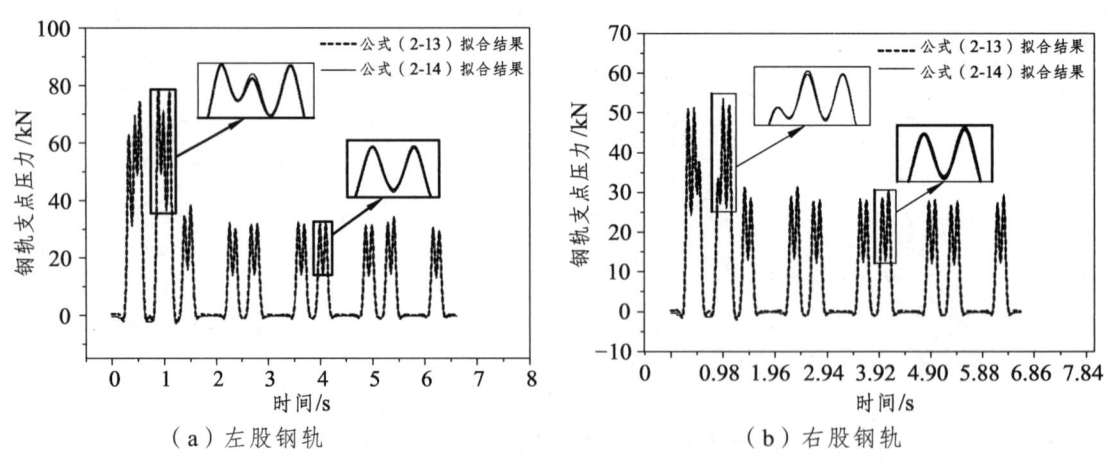

图 2-72 两种函数类型下扣件荷载分担比拟合结果

从图 2-72 中可知，两种函数形式拟合的曲线基本重合。在各个峰值点位置，按公式（2-14）即高斯函数，拟合得出的钢轨支点压力略大，其中对于左股钢轨，两种函数经验公式得出的钢轨支点压力值最大偏差为 5.14 kN，对于右股钢轨，最大偏差为 3.01 kN。在两车轮叠加作用形成的"M"形作用曲线的波谷位置，按公式（2-13）拟合得到的钢轨支点压力较大，其中对于左股钢轨，两种函数经验公式得出的钢轨支点压力值最大偏差为 2.63 kN，对于右股钢轨，最大偏差为 1.68 kN。

如图 2-73 所示为两种函数形式拟合得到的钢轨支点压力曲线与现场实测钢轨支点压力曲线的对比情况。根据函数经验公式计算得到的钢轨支点压力曲线与现场实测钢轨支点压力曲线基本重合。从图 2-73（a）中可知，对于左股钢轨，按公式（2-13）所示的函数经验公式计算得到的钢轨支点压力与实测的钢轨支点压力在峰值位置最大偏差为 4.31 kN，出现在列车机车第一个车轮作用时；其他各峰值处钢轨支点压力偏差均小于 2 kN。在两车轮叠加作用形成的"M"形作用曲线的波谷位置，钢轨支点压力的最大偏差为 3.68 kN。按公式（2-14）所示的函数经验公式计算得到的钢轨支点压力与实测的钢轨支点压力在峰值位置最大偏差为 3.63 kN，也同样出现在列车机车第一个车轮作用下；其他各车轮作用时，钢轨支点压力偏差均小于 2 kN。在"M"形作用曲线的波谷位置，钢轨支点压力的最大偏差为 4.71 kN。

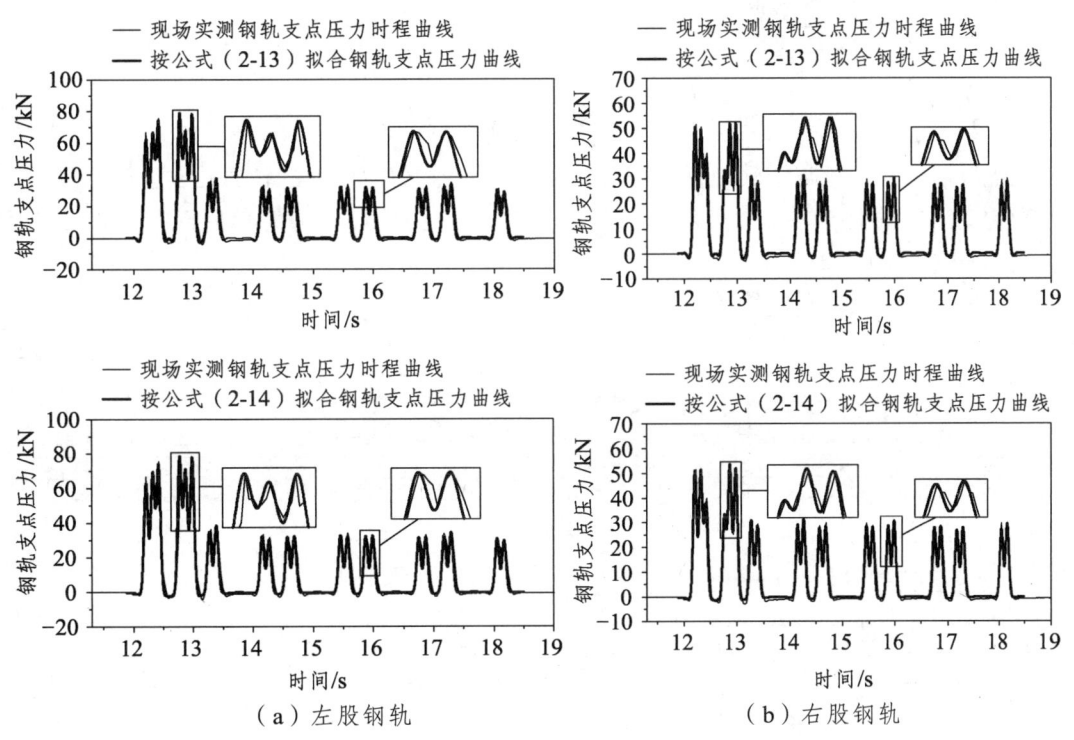

（a）左股钢轨　　　　　　　　（b）右股钢轨

图 2-73　函数拟合与现场实测钢轨支点压力曲线对比

从图 2-73（b）中可知，对于右股钢轨，按公式（2-13）所示的函数经验公式计算得到的钢轨支点压力与实测的钢轨支点压力在峰值位置最大偏差为 2.71 kN，出现在列车机车第三个车轮作用时；其他各峰值处钢轨支点压力偏差均小于 2 kN。在两车轮叠加作用形成的"M"形作用曲线的波谷位置，钢轨支点压力的最大偏差为 2.77 kN。按公式（2-14）所示的函数经验公式计算得到的钢轨支点压力与实测的钢轨支点压力在峰值位置最大偏差为 2.38 kN，也出现在列车机车第三个车轮作用时；其他各车轮作用时，钢轨支点压力偏差均小于 2 kN。在"M"形作用曲线的波谷位置，钢轨支点压力的最大偏差为 5.89 kN。

综上所述，公式（2-13）和公式（2-14）所示的函数经验公式都能较好地模拟钢轨支点压力的时程分布情况。相比之下，公式（2-14）即高斯函数，能更好地模拟车轮作用时峰值点处的钢轨支点压力，而且高斯函数较公式（2-13）所示的函数更加简洁，便于在有限元计算和实验室内模型试验中作为外部激励的施加。因此，可按照高斯函数的形式确定钢轨支点压力的时程表达式。

列车经过时，某扣件位置处的钢轨支点压力时程表达式如公式（2-20）和公式（2-21）所示，其中各具体参数值如表 2-7 和表 2-8 所示。

$$F = \sum_{i=1}^{n} Q_i \psi_i \tag{2-20}$$

$$\psi_i = y_0 + A e^{-\frac{(x - \Delta l_i - x_0)^2}{2\omega^2}} = y_0 + A e^{-\frac{(vt - v\Delta t_i - x_0)^2}{2\omega^2}} \tag{2-21}$$

其中，Q_i 为第 i 个车轮与钢轨之间相互作用力；x_0 为该扣件所在的位置；x 为列车第一个车轮所在位置；Δl_i 为列车第 i 个车轮与列车第一个车轮间距离；v 为列车运行速度；Δt_i 为列车运行 Δl_i 所用的时间。

列车中各车轮的相对位置关系如图 2-74 所示。

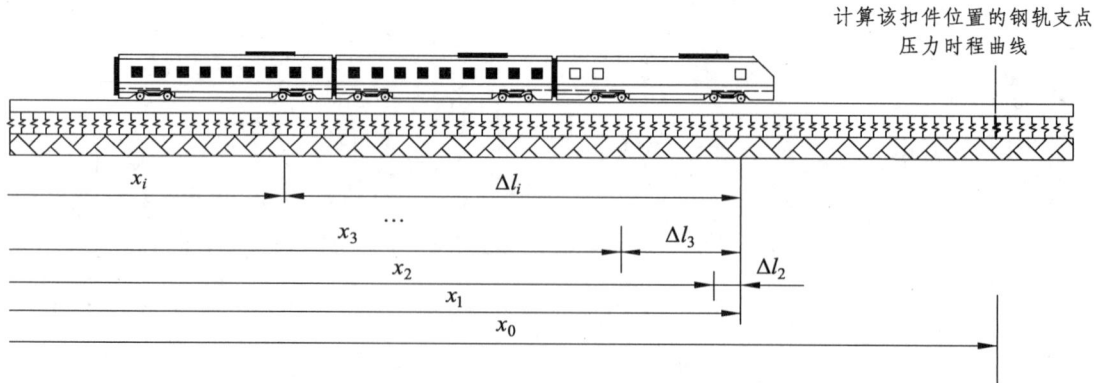

图 2-74 列车中各车轮的相对位置关系

2.5.4 钢轨支点压力时程特性应用

为了证明将钢轨支点压力时程曲线在扣件位置处进行时序式加载能精确模拟列车运行对轨道结构的冲击作用，这里共建立两种有限元模型，即基于 ANSYS/SIMPACK 联合仿真建立的车辆-轨道耦合动力学模型以及基于 ANSYS 瞬态动力学建立的轨道结构-路基模型。其中，前者包含了列车模型与轨道模型，列车与轨道间的相互作用可直接在模型中体现；后者仅包含轨道结构模型，通过在扣件位置对钢轨支点压力进行时序式加载来模拟列车与轨道间的作用。

1. 车辆-轨道垂向耦合振动模型

利用 SIMPACK 进行车辆-轨道动力学研究，可以快速地建立系统动力学模型，包含关节、约束、各种外力和相互作用力，并自动形成其动力学方程，然后利用各种求解方式，如时域积分得到系统的动态特性，或频域积分得到系统的固有模态及频率。其轮轨模块提供了精细的轮轨蠕滑接触、多点接触关系，以及弹性基础轨道模块等，能够快速方便地建立车辆-轨道系统仿真模型。

在 SIMPACK 中建立柔性体模型，首先需要建立准确的多刚体模型，然后用柔性体取代考虑成刚性体的结构元件。FEMBS 是 SIMPACK 和 ANSYS 等有限元分析代码之间的接口程序，允许将有限元分析的物理模型数据转化为标准代码，形成柔性体数据的标准输入数据文件，即 SID 文件。SID 文件可以通过接口程序 FEMBS 的 FEM 模块写入，同时将柔性数据整理成 SIMPACK 可读格式。

基于车辆-轨道耦合动力学理论，充分考虑高速车辆和无砟轨道两个子系统的振动特性和相互作用，通过轮轨接触关系将两个子系统耦合为一个整体系统，建立了高速车辆-无砟轨道动力相互作用分析模型，如图 2-75 所示。模型总长度为 75 m，为了减少模型计算量，取中间三块轨道板作为研究对象，前后区域各长 30 m 的轨道采用等效轨道模型。

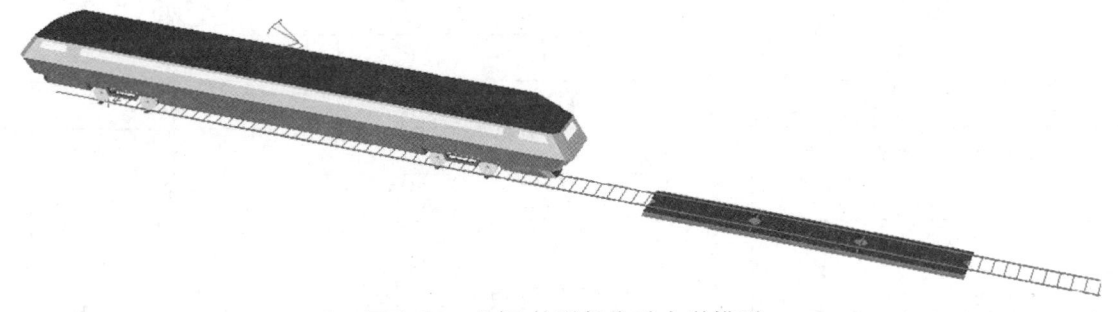

图 2-75 车辆-轨道耦合动力学模型

为简化模型及计算，对车辆进行模拟时通常将车辆的各部件作为刚体来处理，各部件之间通过弹性或刚性约束互相联系，具体如下：

（1）车体、转向架及轮对简化为刚体，各部件沿线路纵向做匀速运动。

（2）一系、二系悬挂简化为弹簧-阻尼系统，其中弹簧考虑为线性弹簧，阻尼考虑为黏性阻尼。

（3）车辆由车体、转向架、构架以及轮对等刚体组成，各刚体在空间具有伸缩、横摆、浮沉、点头、摇头、侧滚6个自由度。

轨道形式采用路基上 CRTS Ⅰ型板式无砟轨道，其力学模型详细描述如下：

（1）钢轨视为弹性 Euler 梁。在有限元模型中每跨扣件划分17个单元，选取扣件连接点，共120个节点作为子结构的主节点，子结构分析后选取前190阶模态中的垂向振动模态。

（2）扣件采用弹簧阻尼单元模拟（在 SIMPACK 连接钢轨以及轨道板部件的柔性体）。

（3）轨道板、混凝土底座均视为弹性薄板，在有限元模型中采用 SHELL163 单元模拟，其中轨道板子结构中选取了80个节点作为主节点，子结构分析后选取前20阶模态中垂向振动模态，底座板选取了290个节点作为主节点，子结构分析后选取前30阶模态中的垂向振动模态。

（4）CA 砂浆是轨道板与底座板之间的连接部件，其主要作用均为支承及减振，该模型认为 CA 砂浆只能承受压应力，采用非线性弹簧-阻尼单元模拟。

在模型中,车辆选用我国 CRH2 型动车组,其参数如表2-9所示。轨道结构为路基上 CRTS Ⅰ型板式无砟轨道,其主要的动力学参数如表2-6所示。

表2-9 CRH2动车组基本结构参数

名称	单位	量值
车体质量	kg	39 600
构架质量	kg	3 500
轮对质量	kg	2 000
轮对数量	对	4
轴重	kN	140
运行速度	km/h	200
固定轴距	m	2.5
转向架中心距	m	17.5
车体点头转动惯量	kg·m^2	1.654×10^6
车体侧滚转动惯量	kg·m^2	1.283×10^5
构架点头转动惯量	kg·m^2	1.314×10^3

续表

名称	单位	量值
构架侧滚转动惯量	kg·m²	1.752×10^3
轮对侧滚转动惯量	kg·m²	0.980×10^3
一系悬挂竖向刚度	N/m	1.100×10^6
二系悬挂竖向刚度	N/m	1.890×10^6
一系悬挂竖向阻尼	N·s/m	1.960×10^4
二系悬挂竖向阻尼	N·s/m	4.000×10^4

在列车-轨道垂向耦合动力学模型中采用中国高速铁路无砟轨道高低不平顺谱模拟现场的线路状况，利用自编程序模拟产生的高低不平顺谱，如图2-76所示。

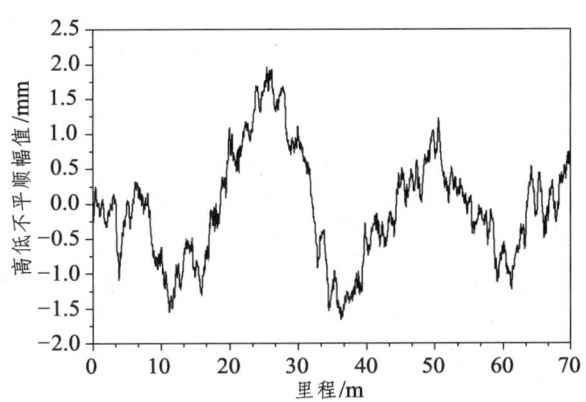

图2-76 中国高速铁路无砟轨道高低不平顺谱

2. 轨道结构瞬态动力学分析模型

在基于ANSYS瞬态动力学建立的轨道结构-路基模型中，轨道板、砂浆和底座板均采用实体单元模拟，通过在底座板底面生成表面效应单元模拟路基的支撑作用。模型未建立钢轨，荷载施加方式是将列车荷载转化为扣件位置处的竖向定点激励，按照一定的时间间隔先后施加到相应扣件位置的轨道板上，各扣件位置施加的钢轨支点压力都为与时间相关的函数，具体表达式如公式（2-20）所示，模型如图2-77所示。

在轨道结构瞬态动力分析模型中，为了考虑轨道不平顺的影响，利用列车-轨道垂向耦合动力学模

图2-77 轨道结构模型图

型计算得出的轮轨力，如图 2-78 所示。将其代入公式（2-20）中，即可得出考虑轨道不平顺情况下，各车轮作用时钢轨支点压力的时程函数，通过将列车四个车轮的作用效应叠加，即可得到各扣件位置钢轨支点压力的输入函数，如图 2-79 所示。

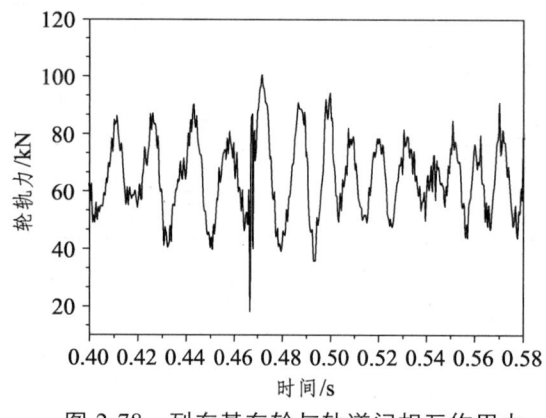

图 2-78　列车某车轮与轨道间相互作用力　　　　图 2-79　某扣件位置钢轨支点压力

根据车辆-轨道耦合动力学模型以及基于时序式加载的轨道结构瞬态动力分析模型计算得到的轨道板位移如图 2-80 所示。两种方法计算得到的轨道板位移变化趋势相似，其中，基于车辆-轨道耦合动力学模型计算得到的轨道板最大位移为 0.35 mm，在轨道结构瞬态动力分析模型中按时序式加载计算得到的轨道板最大位移为 0.37 mm。另外，由于在轨道结构瞬态动力分析模型中，列车荷载被转化为扣件位置处的竖向定点激励，使得各加载点位置轨道板的位移有较小的突变。

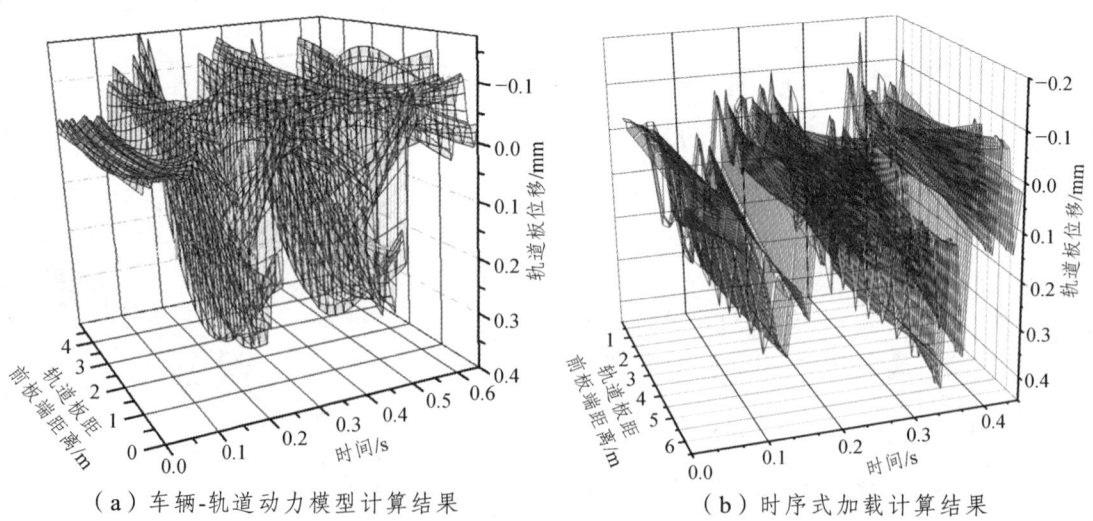

（a）车辆-轨道动力模型计算结果　　　　（b）时序式加载计算结果

图 2-80　轨道板位移

如图 2-81 所示为根据车辆-轨道耦合动力学模型以及基于时序式加载的轨道结构瞬态动力分析模型计算得到的底座板位移。可见，两种方法计算得到的底座板位移变化趋势也相似，其中，基于车辆-轨道耦合动力学模型计算得到的底座板最大位移为 0.34 mm，在轨道结构瞬态动力分析模型中按时序式加载计算得到的底座板最大位移为 0.35 mm。另外，与轨道板位移相似，各加载点位置底座板的位移也存在较小的突变。

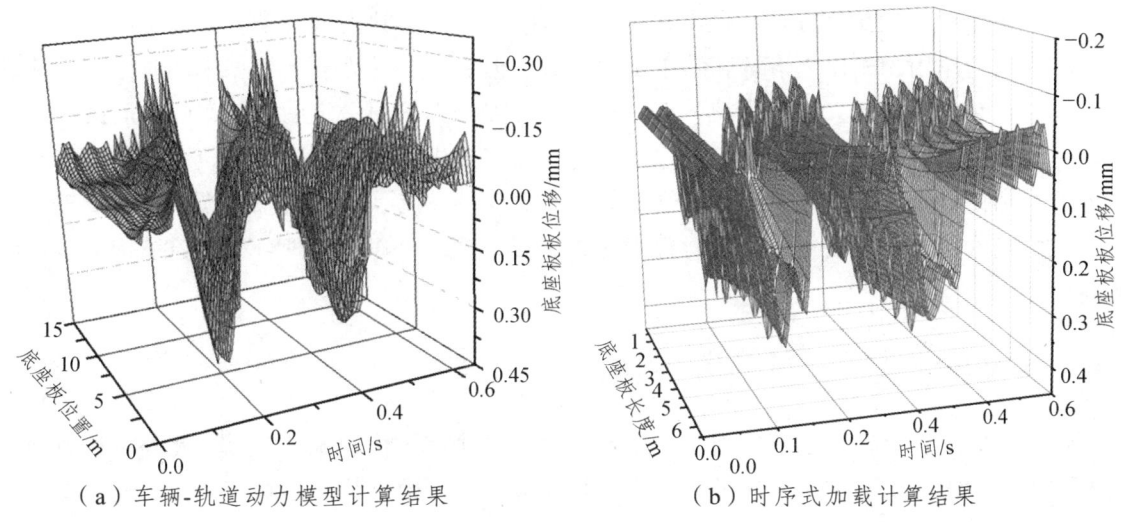

（a）车辆-轨道动力模型计算结果　　　　（b）时序式加载计算结果

图 2-81　底座板位移

根据车辆-轨道耦合动力学模型以及基于时序式加载的轨道结构瞬态动力分析模型计算得到的轨道板加速度和底座板加速度分别如图 2-82 和图 2-83 所示。

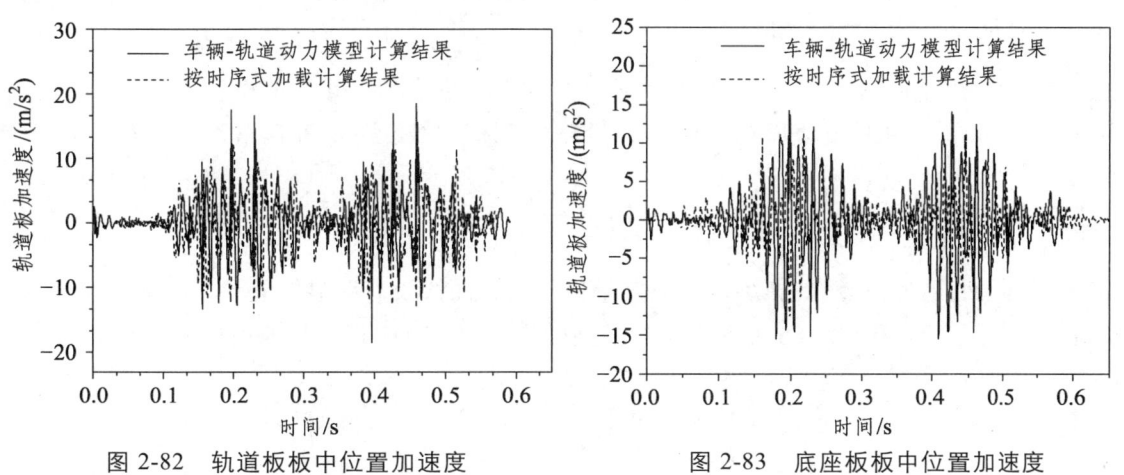

图 2-82　轨道板板中位置加速度　　　　图 2-83　底座板板中位置加速度

两种计算方法计算得到的轨道板和底座板加速度变化趋势基本一致。基于车辆-轨道耦合动力学模型计算得到的轨道板和底座板加速度略大，其中最大加速度分别为 17.59 m/s^2 和 14.19 m/s^2；在轨道结构瞬态动力分析模型中按时序式加载计算得到的轨道板和底座板最大加速度为 15.43 m/s^2 和 12.49 m/s^2。

综上所述，根据车辆-轨道耦合动力学模型以及基于时序式加载的轨道结构瞬态动力分析模型，计算得到的轨道结构动力响应基本一致。其中，车辆-轨道耦合动力学模型能直接反映轨道不平顺的作用，相比之下计算结果更加精确。但在瞬态动力分析模型中按时序式加载进行求解时，并不需要建立车辆模型，而是将钢轨支点压力按照一定的时间间隔先后施加到各扣件位置来模拟列车与轨道间的相互作用，这样在保证计算效率的同时，轨道模型可以建立得更加精细化，对于分析复杂的轨道结构能具有更高的精度。所以有限元模型按本章提出的时序式加载方法和钢轨支点压力的时程表达式进行加载，可作为一种分析轨道结构动力响应的新方法。

2.6 垂向加速度、位移分布特征

振动加速度在一定程度上反映了列车运行过程中轨道结构的振动情况，此外，轨道结构动态变形量是表征机车车辆对轨道动态作用强弱的重要参数，为满足列车保持高速、安全和平稳运行，必须严格控制轨道结构的变形。因此，这里在渝怀线和遂渝线测得的垂向加速度以及渝怀线测得的轨道结构位移的基础上，研究分析了振动加速度与列车运行速度的关系以及位移与列车轴重、速度的关系。

2.6.1 垂向加速度分布特征

渝怀线测试成功采集到 29 组振动加速度数据，包括 11 组客车作用下振动加速度数据，18 组货车作用下振动加速度数据；遂渝线测试采集到 26 组客车作用下振动加速度数据。

1. 振动加速度测试典型波形

不同断面振动加速度的典型波形只是幅值不同，曲线没有明显的差异，振动加速度测试典型波形如图 2-84 和图 2-85 所示，图中横坐标为时间，纵坐标为加速度幅值。

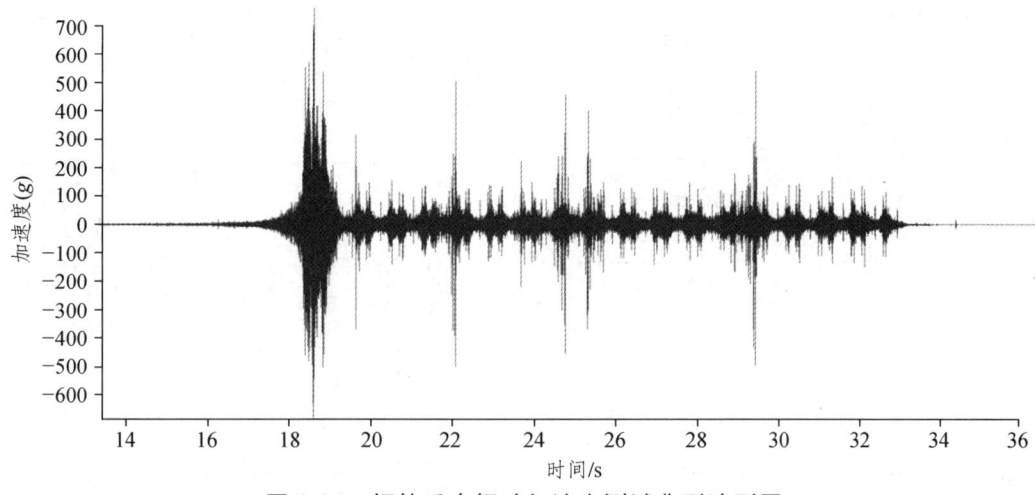

图 2-84 钢轨垂向振动加速度测试典型波形图

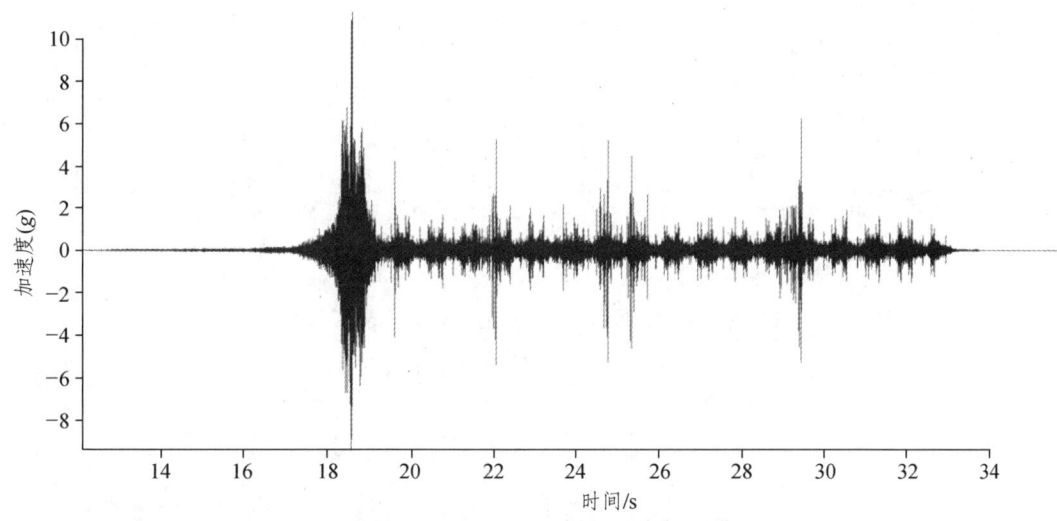

图 2-85 轨道板加速度测试典型波形图

2. 振动加速度最值及均值统计

根据现场测试数据,渝怀线长枕埋入式无砟轨道钢轨和道床板振动加速度与列车运行速度的关系如图 2-86 和图 2-87 所示。遂渝线 CRTS Ⅰ 型板式无砟轨道钢轨和轨道板振动加速度与列车运行速度的关系如图 2-88 所示。

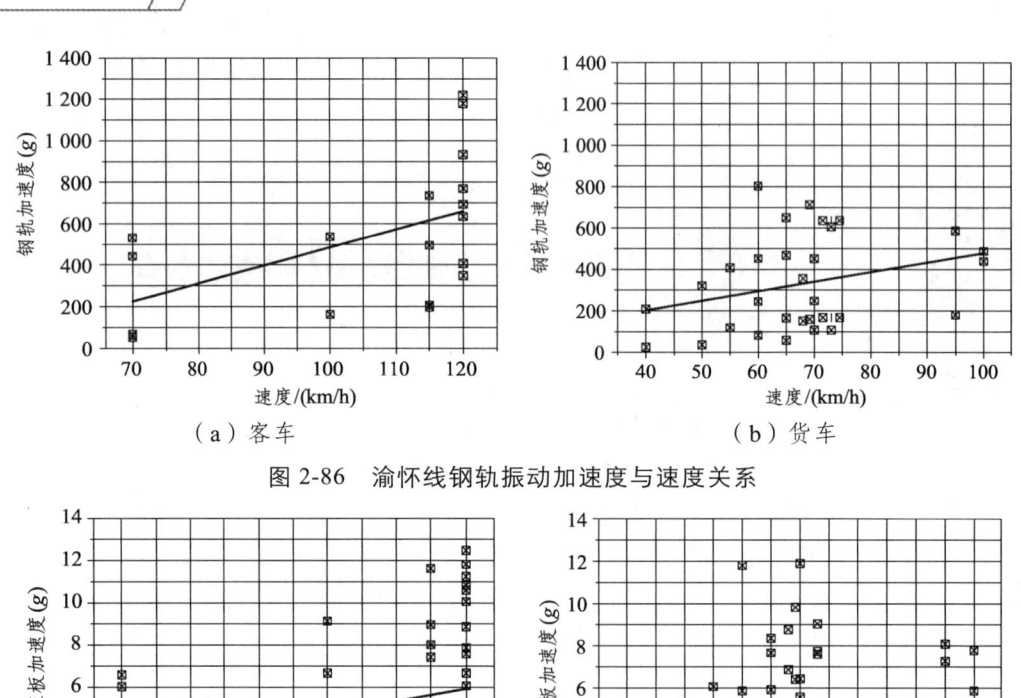

（a）客车　　　　　　　　　　　　　（b）货车

图 2-86　渝怀线钢轨振动加速度与速度关系

（a）客车　　　　　　　　　　　　　（b）货车

图 2-87　渝怀线道床板振动加速度与速度关系

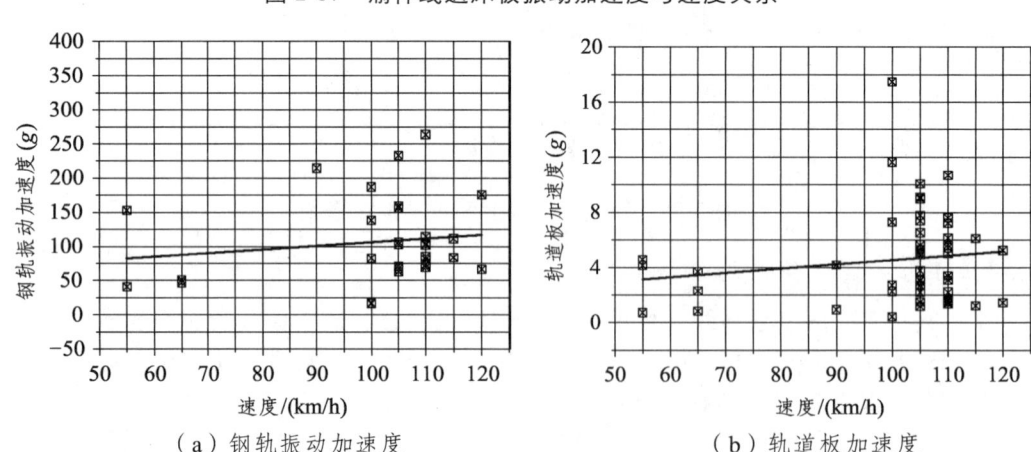

（a）钢轨振动加速度　　　　　　　　（b）轨道板加速度

图 2-88　遂渝线振动加速度与速度关系

从以上图中可知，虽然列车的振动冲击具有一定的随机性，测试数据有一定的离散性，但总的来看，在客车和货车作用下，轨道整体的振动加速度随着速度的提高呈增加的趋势。由振动幅值可以看出，经钢轨、道床板、路基，由上到下振动依次减弱，客车通过时振动加速度幅值普遍比货车要大。

货车产生的钢轨振动加速度与速度高的客车相比明显要小，说明车况差异不大的情况下，速度比轴重对钢轨的加速度影响要大，从图中可以明显看出客车作用下钢轨加速度更加离散，幅值更大。

选取遂渝线某组速度为 120 km/h 客车运行时各部件振动加速度测试数据，进行频谱分析，钢轨、轨道板、底座板、路基的加速度时程曲线与振级谱曲线如图 2-89～2-92 所示。

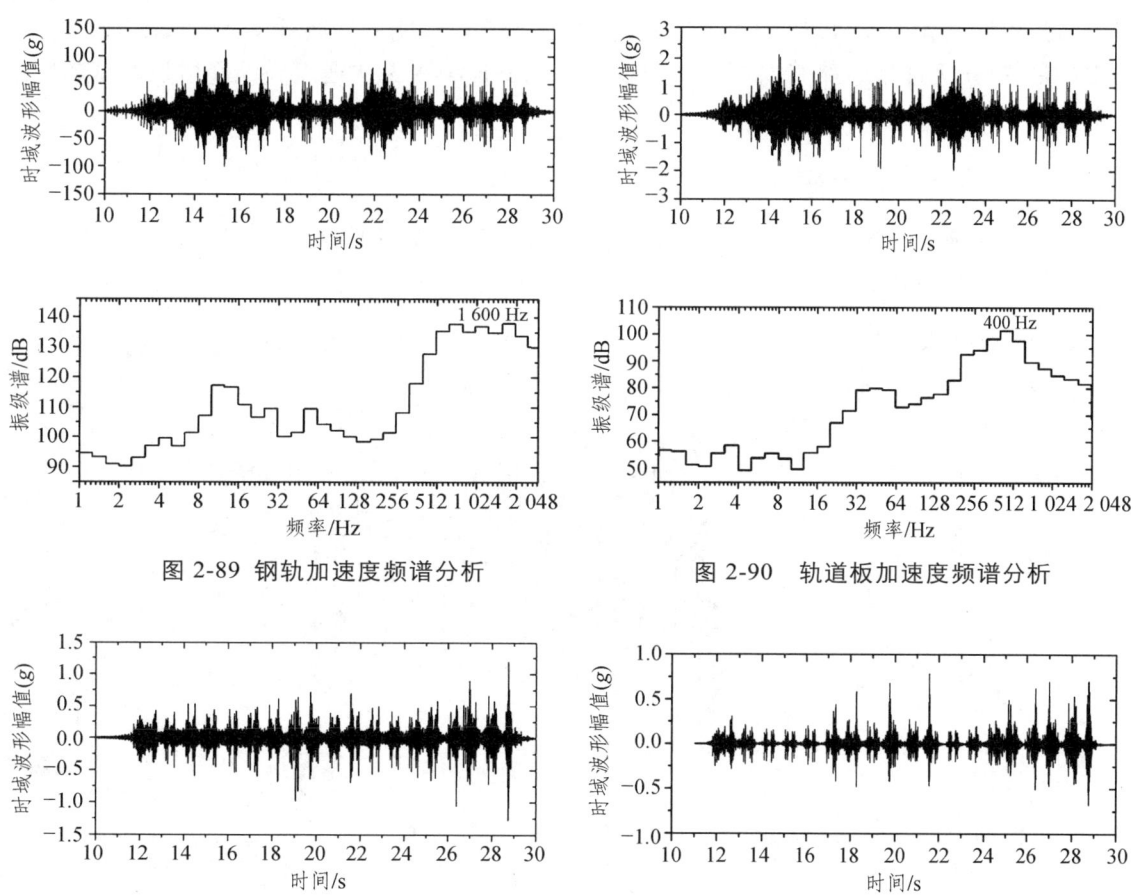

图 2-89 钢轨加速度频谱分析　　　　图 2-90 轨道板加速度频谱分析

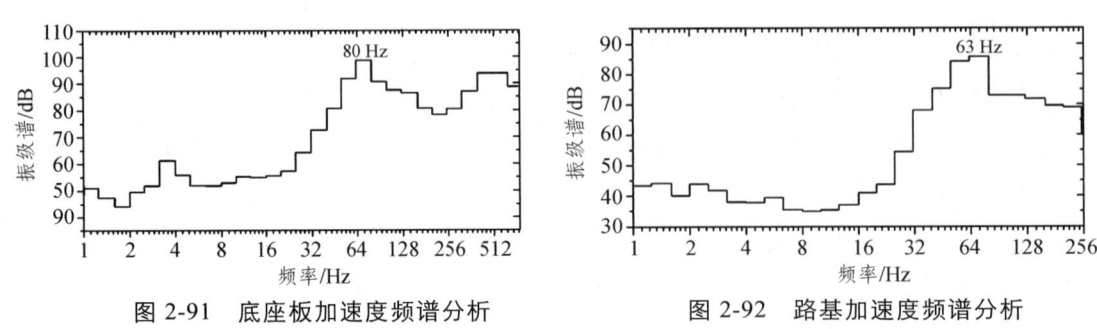

图 2-91　底座板加速度频谱分析　　　　图 2-92　路基加速度频谱分析

从振动的上下传递看,由钢轨到路基,主频依次降低,说明由上到下,高频振动被阻隔,低频振动得以传递,也说明高频振动对钢轨加速度的影响较大,低频振动对下部基础的影响大一些。

与长枕埋入式无砟轨道相比,CRTS Ⅰ 型板式无砟轨道能更好地阻隔高频振动向下传递,CRTS Ⅰ 型板式无砟轨道路基的振动加速度频率范围远小于长枕埋入式无砟轨道路基的频率范围。

2.6.2　垂向位移分布特征

本次测试成功采集到 29 组位移数据,包括 11 组客车作用下钢轨及轨枕的位移、18 组货车作用下钢轨及轨枕的位移。

1. 位移测试典型波形

长枕埋入式无砟轨道位移测试典型波形如图 2-93 所示。

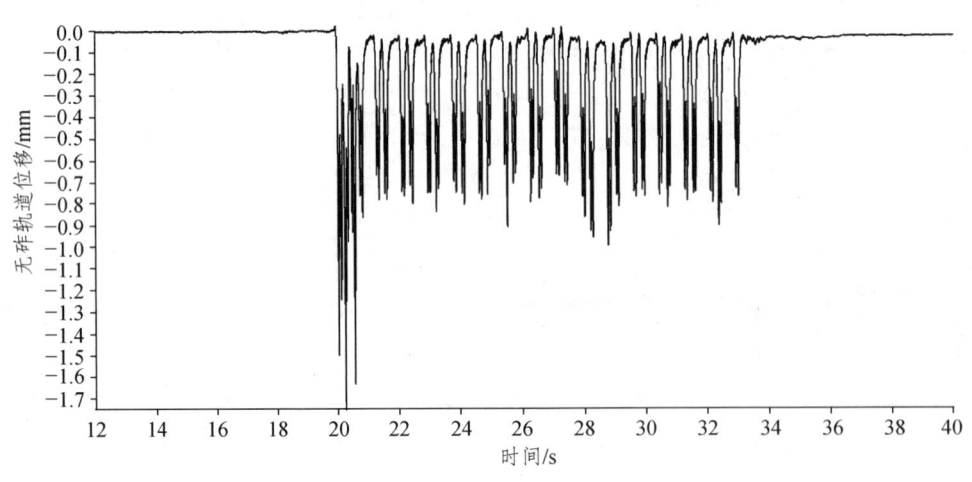

图 2-93　位移测试典型曲线

2. 位移测试最值及均值统计

如图 2-94～2-96 所示为在客、货车作用下，钢轨相对于道床板位移、轨枕相对于路基位移的最大值与平均值随速度的分布。

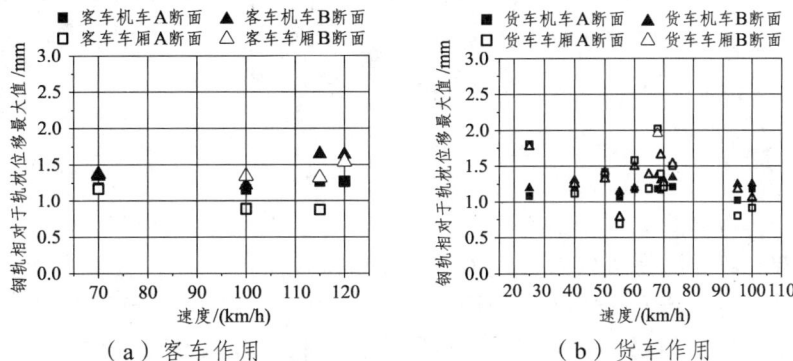

图 2-94 客车、货车作用下钢轨相对于道床板位移最大值与速度关系

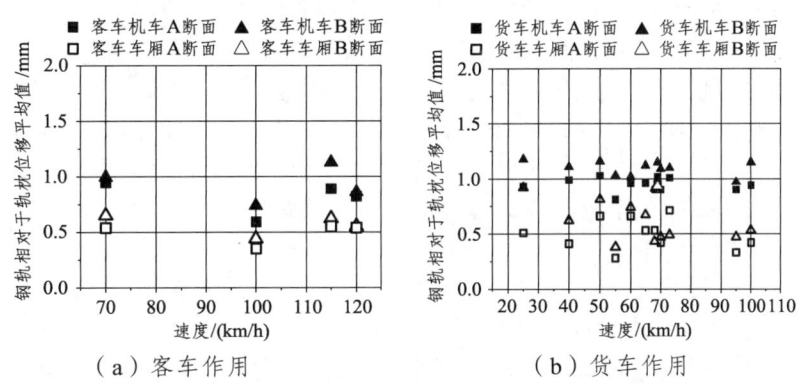

图 2-95 客车、货车作用下钢轨相对于道床板位移平均值与速度关系

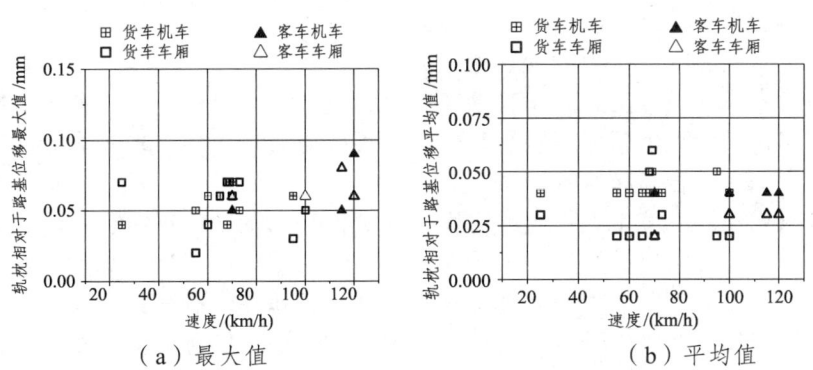

图 2-96 客车、货车作用下轨枕相对于路基位移最大值和平均值与速度关系

由于钢轨支撑条件、轨下垫板的刚度、扣件紧固状态等因素的影响，A、B 断面钢轨位移测试结果有一定的差异。客车经过时钢轨位移分布在 0.88~1.65 mm，平均为 1.28 mm，轨枕位移分布在 0.05~0.09 mm，平均为 0.064 mm；在货车作用下，各钢轨位移最大值分布在 0.69~2.02 mm，平均为 1.29 mm，轨枕位移最大值分布在 0.02~0.07 mm，平均为 0.055 mm。位移受轴重的影响显著，但对于速度的变化不敏感，随速度的增加并未有明显的增大或减小的趋势。

2.7 本章小结

本章介绍了客货共线无砟轨道现场测试方案，并且在渝怀线和遂渝线进行了现场动力测试，获取了客货共线无砟轨道轮轨作用力、钢轨支点压力以及轨道结构垂向加速度、位移；应用统计学方法，对现场实测轮轨力和钢轨支点压力的统计特征进行了分析；同时结合现场实测钢轨支点压力数据和数值模拟结果，对时序式加载方法和钢轨支点压力的时程作用特性进行了研究。主要结论如下：

（1）轮轨作用力可根据剪力法原理，采用在钢轨的适当位置布置成 90°正交的应变花的方法进行测试；钢轨支点压力可通过橡胶垫板式测力垫板和 Tekscan 压力测量系统进行测试，其中，Tekscan 压力测量系统使用方便，测试精度高，可作为一种测量钢轨支点压力的新方法。

（2）现场实测轮轨作用力分布可近似看作为正态分布，货车作用下轮轨作用力普遍大于客车，并且渝怀线客车作用下轮轨力整体大于遂渝线测试结果。钢轨支点压力的幅值变化规律与轮轨作用力相同，货车作用时，钢轨支点压力最大值可达 100.89 kN，客车作用下，钢轨支点压力最大值为 71.71 kN。

（3）渝怀线长枕埋入式无砟轨道测试中，各列车动荷载分配系数最大值分布在 0.36~0.54；遂渝线 CRTS I 型板式无砟轨道各列车的动荷载分配系数最大值分布在 0.19~0.31。由于钢轨存在支承状态不均匀的情况，使得列车动荷载分配系数具有一定的离散性。

（4）经过现场实测数据验证，有限元模型中施加移动荷载的方法，可获得较为精确的钢轨支点压力分布曲线。通过按两种函数经验公式分别对钢轨支点压力时程曲线进行拟合，高斯函数最终确定为钢轨支点压力时程表达式的函数形式。

（5）利用时序式加载方法，列车移动荷载可转化成一个个作用在轨道结构扣件位置处的竖向激励。各竖向激励可由整列车每个车轮的作用效应叠加得到，单个车轮作用时，钢轨支点压力的时程表达式符合高斯函数形式。

（6）在有限元模型中按本章提出的时序式加载方法和钢轨支点压力的时程表达式进行加载计算，可作为一种分析轨道结构动力响应的新方法。该方法将列车移动荷载以钢轨支点压力的形式，按照一定的时间间隔先后施加到轨道结构各扣件位置来模拟列车与轨道间的相互作用，模型中不用建立车辆模型，从而可将轨道模型更加精细化，这样对于分析复杂的轨道结构模型，在保证计算效率的同时能具有更高的精度。

3 客货共线无砟轨道轮轨力荷载统计特征研究

对于客货共线无砟轨道,客车轮轨力作用频率高、轴重轻,货车轮轨力作用频率低、轴重大,轨道结构直接承受列车车轮动荷载,轨道结构损伤与列车车轮动荷载有必然关系,因而研究客货共线无砟轨道轮轨力的统计特征和变化规律非常有必要,将轨道随机不平顺作为激励输入到车辆-轨道耦合系统中,便可以利用统计学相关理论对客货共线无砟轨道轮轨力荷载统计特征进行研究。为满足客货共线无砟轨道铁路线路的安全性、耐久性和长期服役性能,必须对客货共线无砟轨道轮轨力动力系数和疲劳检算轮重进行研究,并为进一步开展客货共线无砟轨道长期服役性能研究提供基础。

3.1 研究现状

近十几年来,国内外学者在客货共线研究方面积累了不少经验,也做了相关的现场测试,但关于轮轨力荷载统计特征的研究目前较少。

DINH-Van Nguyen 等提出了近似 Hertz 接触的线性模型,将轮轨竖向接触刚度与轮轨接触点处法向弹性压缩量的乘积定义竖向轮轨力,并给出了车轨系统中考虑轨道不平顺时以及不考虑轨道不平顺两种情况下竖向轮轨力的表达式。

G Kourouss 利用"翟模型"在轨道-车辆子系统中获取了轮轨表面动态作用力,将其输入土体有限元模型中作为地面振动激励。

Chen Chao 等通过 SIMPACK 软件建立了 C70 H 型货运敞车模型,并应用功率谱分析和峰值对比分析两种方法来确定轮轨力合理的采样频率,得出采样频率为 100 Hz 时既可以保证结果精度又不影响计算效率。

翟婉明借助轮轨相互作用仿真软件 VICT 分析系统,研究得出钢轨焊接接头、波浪形磨耗钢轨、偏心车轮等激扰因素引起的轮轨冲击振动随车速的变化规律。

梁晨等依托大秦重载铁路轨道动力学荷载长期监测数据,统计了 250 kN 轴重的 C80 重车通过半径为 500 m 曲线、800 m 曲线和直线段 3 个特征工点时列车轮轨荷载分布,并绘制了不同线路特征条件下的轨道荷载谱。

文中章通过建立 C70 货车多刚体非线性动力学模型,研究了 C70 货车关键零部件载荷数据的谱参数统计特征,并提出正态分布的良好假设。

虽然上述文献对客货共线铁路及轮轨力荷载的统计特征进行了相关的研究，但研究内容主要针对有砟轨道领域，鲜有针对客货共线无砟轨道轮轨力的统计分析，不能对客货共线无砟轨道的设计进行有效指导。因此有必要分析不同车速和不同轨道不平顺激励下的轮轨力，对其分布范围和统计特征进行研究。

3.2 主要研究内容与技术路线

本章以客货共线 CRTS I 型板式无砟轨道为研究对象，选取遂渝线蔡家车站和渝怀线鱼嘴二号隧道两个测点，应用 IMC 动态数据采集系统测取过往客、货车垂向轮轨力。运用轮轨系统耦合动力学理论建立车辆-轨道垂向耦合动力学模型，计算不同车速和不同轨道不平顺激励下客、货车轮轨力，结合实测数据，分析客货共线无砟轨道轮轨力的统计特征，主要内容如下：

（1）介绍了本章所应用的轮轨力统计特征参数和根据有限元方法和轮轨系统耦合动力学理论建立的车辆-轨道垂向耦合动力学模型，并结合轮轨力现场实测数据对模型可靠性进行了验证。

（2）利用车辆-轨道垂向耦合动力学模型，分别研究列车车速、轨道不平顺激励、基础刚度和 CA 砂浆损伤程度对客货共线无砟轨道轮轨力统计特征的影响，并根据统计学分析计算方法，进一步分析客货共线无砟轨道轮轨力的统计特征。

（3）结合渝怀线鱼嘴二号隧道的轮轨力现场测试数据，对上述仿真计算结果进行验证，并对客货共线无砟轨道轮轨力分布特征做进一步研究，为更好地分析客货共线无砟轨道的耐久性问题提供荷载基础。

主要技术路线如图 3-1 所示。

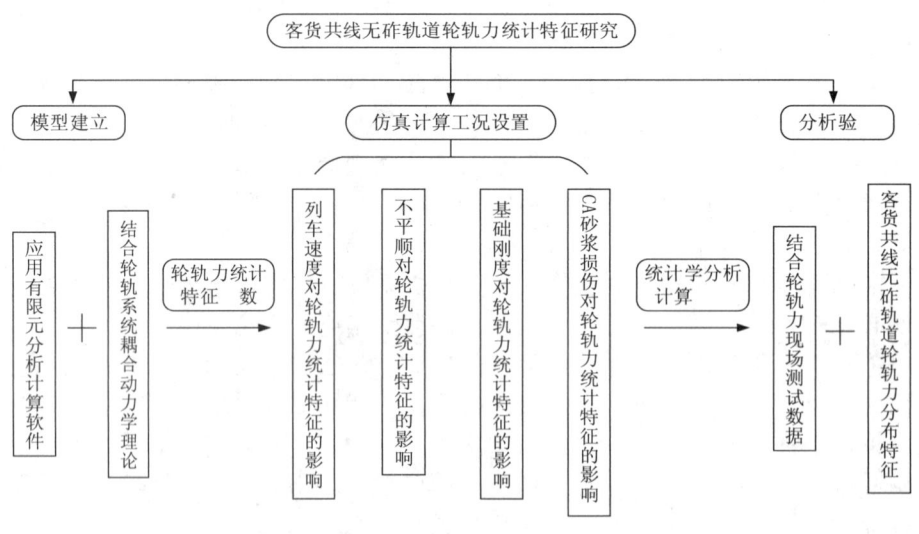

图 3-1 主要技术路线

3.3 轮轨力统计特征分析计算方法

轮轨力是轮轨相互作用的重要反映之一，是研究轮轨耦合系统的基础之一，客货共线无砟轨道由于存在客车和货车的共同作用，因此，有必要对其轮轨力作用的统计特征进行研究。这里讨论的轮轨力是通过仿真计算软件和现场实测得到的不同时刻的轮轨力，并将其看作随机序列 $\{X_n, n=1,2,3\cdots\}$，其中样本均值、样本标准差和正态分布概率密度的计算参照本书的 2.4.1 节。

我国《高速铁路设计规范》（TB 10621—2014）中规定无砟轨道疲劳检算轮重，是在考虑列车走行中轮重变动系数后，由下式计算：

$$P_\mathrm{f} = \frac{P_0}{2}(1+\alpha) \tag{3-1}$$

式中，P_f 为疲劳检算轮重；α 为轮重变动系数；P_0 为静轴重。

关于轮轨力动力系数和疲劳检算轮重，蔡成标、徐鹏运用轮轨动力学理论对高速铁路中的无砟轨道关键参数进行分析，得出设计轮重可取为静轮重的 3 倍，疲劳检算轮重系数取 1.5。

我国于 2009 年初在武广客运专线武汉综合试验段开展了最高试验速度为 351.1 km/h 的综合试验，测试结果显示桥上 CRTS Ⅰ 型双块式无砟轨道地段，轮载变动系数最大值为 0.33，路基地段最大值为 0.43；直线桥上 CRTS Ⅰ 型板式无砟轨道地段轮载变动系数最大值为 0.48，曲线路基地段最大值为 0.59。

刘学毅、赵坪锐、杨荣山对客运专线无砟轨道设计理论和方法进行了全面的研究和讨论，并结合我国无砟轨道建设和养护的情况，建议疲劳检算轮重取 1.5 倍静轮载。

关于客货共线无砟轨道货车疲劳检算轮重的选取，在德国高干扰谱作用下，货车轮轨力 3 倍均方值动力系数最大值为 1.28，保证率为 99.8%。由于货车车轮状态较差，实测货车轮轨力动力系数会更大，因此，本章建议客货共线无砟轨道疲劳检算轮重取为货车静轮重的 1.4 倍，约为 175 kN。

为研究客货共线无砟轨道轮轨力统计特征，本章基于有限元方法和轮轨系统耦合动力学理论，利用 ANSYS/LSDYNA 建立了车辆-轨道垂向耦合动力学模型。为了得到轮轨力统计所需的大量数据，即获得足够数量的采样点数，轨道结构模型的长度设为 1 km。车辆-轨道垂向耦合动力学模型如图 3-2 所示，利用 ANSYS/LSDYNA 建立的有限元模型如图 3-3 所示。

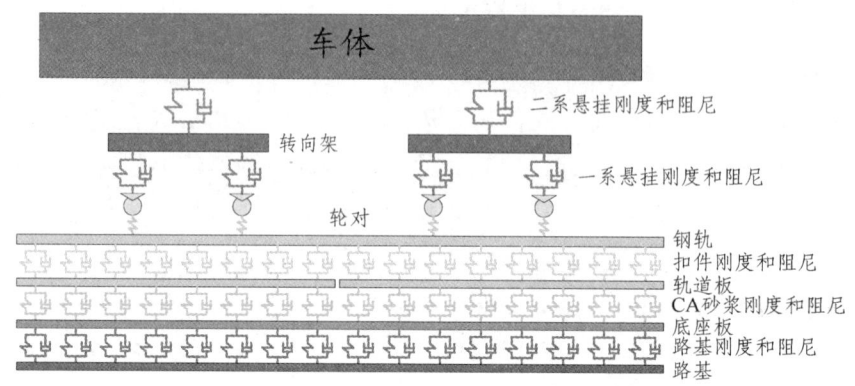

图 3-2　ANSYS/LSDYNA 建立的列车-轨道耦合动力学模型

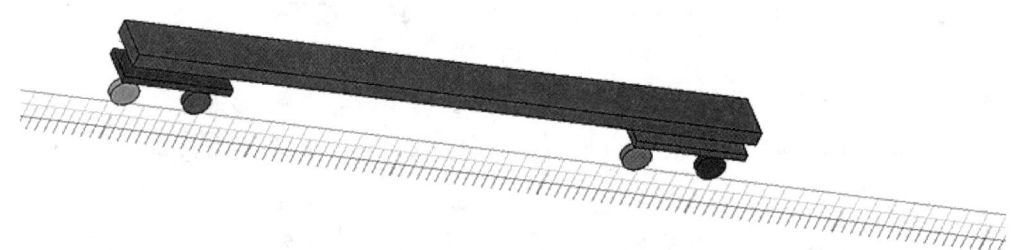

图 3-3　ANSYS/LSDYNA 建立车辆-轨道耦合动力学模型（轨道为叠合梁模型）

轨道结构采用 CRTS I 型板式无砟轨道，其动力学参数见本书表 2-6，结构模型详细描述如下：

（1）钢轨采用离散弹性点支承基础 Euler 梁模拟，支承点间隔为扣件间距。

（2）轨道板、底座均采用 Euler 梁模拟，并忽略凸形挡台及砂浆对轨道板提供的横向弹性约束。

（3）扣件、砂浆层和路基支承均考虑为弹簧阻尼单元，采用 Beam 161 垂向离散梁单元进行模拟，并赋予相应的线性刚度和黏性阻尼。

（4）轨道模型忽略轨道结构横向振动，只考虑轨道结构垂向振动。

CRH2 动车组被选取作为高速列车的代表，C80（配套转 K6 型转向架）作为重载货运列车的代表。其中，CRH2 动车组的基本结构参数见本书表 2-9，C80 货车的车体结构参数如表 3-1 所示。

表 3-1　C80 型货车基本计算参数

名称	单位	量值
车体质量	kg	91 400
侧架质量	kg	497
摇枕质量	kg	745
轮对质量	kg	1 257
轮对数量	个	4
轴重	kN	250
运行速度	km/h	120
固定轴距	m	1.83
转向架中心距	m	8.2
车体点头转动惯量	kg·m^2	0.92×10^5
车体侧滚转动惯量	kg·m^2	1.33×10^6
侧架点头转动惯量	kg·m^2	176
侧架侧滚转动惯量	kg·m^2	190
轮对侧滚转动惯量	kg·m^2	740
一系悬挂竖向刚度	N/m	1.60×10^8
二系悬挂竖向刚度	N/m	4.89×10^6
一系悬挂竖向阻尼	N·s/m	3.00×10^3
二系悬挂竖向阻尼	N·s/m	4.00×10^4

为验证模型的可靠性，本章将 200 km/h 客车和 120 km/h 货车轮轨力仿真计算值与客货共线条件下现场动力测试中轮轨力数据（见"2　客货共线无砟轨道现场动力测试及结果分析"章节）进行对比，如图 3-4 和图 3-5 所示。从图 3-4 中可见，客车轮轨力实测平均值主要集中在 65～75 kN，基本均匀分布于仿真计算平均值 68.67 kN 两侧，拟合情况较好，而实测客车轮轨力最大值分布范围较广，主要集中在 90～110 kN，比仿真模拟最大值 93.32 kN 偏大，这主要是由于实测轮轨力最大值容易受到车轮扁疤等随机因素的影响。

从图 3-5 中可见，货车轮轨力实测平均值主要集中在 105～115 kN，比仿真计算平均值 113.9 kN 略小，主要是由于实测货车有空车现象，会导致轮轨力平均值偏小，而实测轮轨力最大值主要集中在 140～160 kN，基本均匀分布于仿真模拟值 148.8 kN 两侧，拟合状况较好。综上所述，本章所建车辆-轨道垂向耦合计算模型具有较好的可靠性。

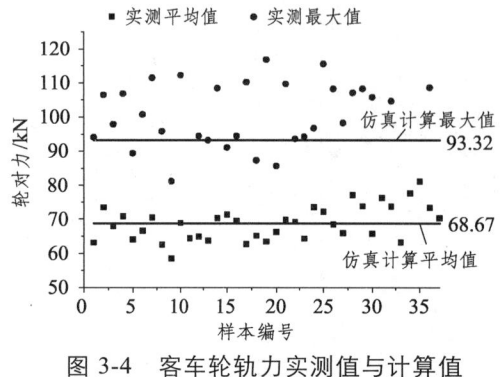
图 3-4 客车轮轨力实测值与计算值

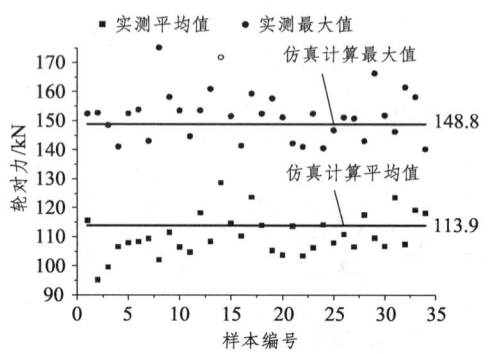
图 3-5 货车轮轨力实测值与计算值

3.4 轮轨力荷载统计特征研究

轮轨力是轮轨相互作用的重要反映之一,由于客货共线铁路线路存在客车和货车交替作用,所以有必要分析两种轴重下轮轨力的变化规律。这里基于车辆-轨道垂向耦合动力学模型,通过控制变量法计算不同车速、不同轨道不平顺激励、不同基础刚度和不同CA砂浆损伤程度下的轮轨力,并应用统计学方法对其分布特征进行研究,从而得出客货共线无砟轨道轮轨力分布范围和不同工况条件下轮轨力分布特征,为进一步研究客货共线无砟轨道耐久性提供荷载基础。

3.4.1 轮轨力分布特征假设检验

应用车辆-轨道垂向耦合动力学模型,如图 3-6 所示分别为 200 km/h 客车轮轨力和 120 km/h 货车轮轨力频数分布直方图。通过观察直方图可见,轮轨力频数分布近似于正态分布。为对其分布特征进行验证,通过绘制 P-P 图的方法,对客货共线无砟轨道轮轨力进行 P-P 图正态分布检验,检验结果如图 3-7 所示。

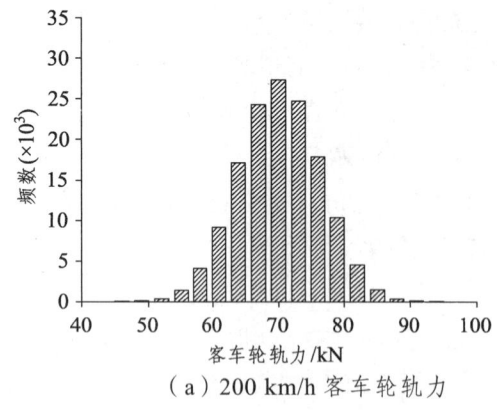
(a) 200 km/h 客车轮轨力

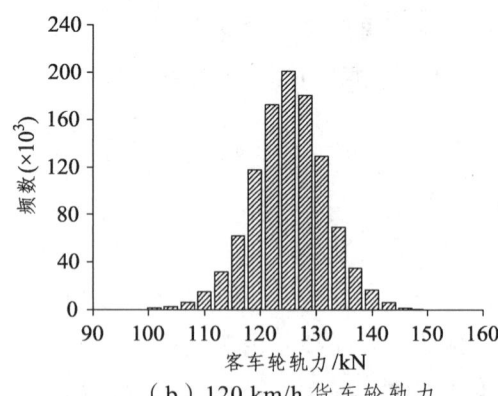
(b) 120 km/h 货车轮轨力

图 3-6 不同工况下轮轨力频数分布直方图

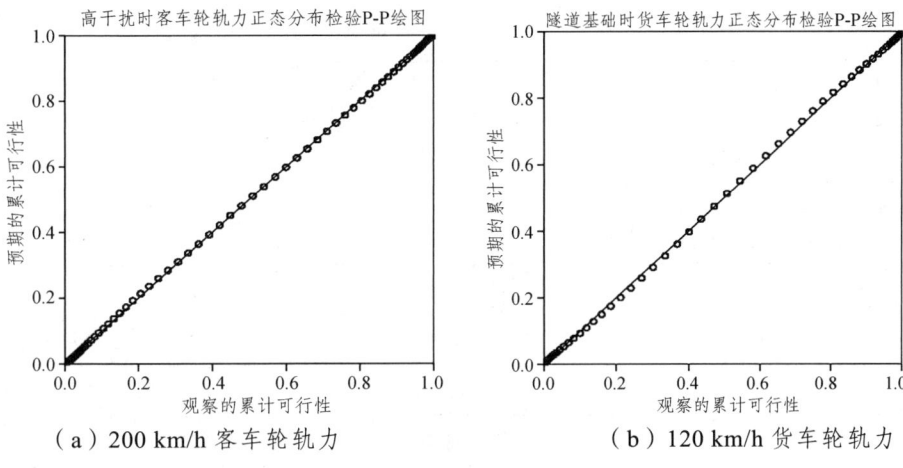

(a) 200 km/h 客车轮轨力　　　　　(b) 120 km/h 货车轮轨力

图 3-7　不同工况下轮轨力 P-P 图检验

应用统计学分析，对上述工况中轮轨力进行 P-P 图正态分布检验，从图 3-7 中可以看出，客货车的 P-P 图中各轮轨力数据点均近似呈一条直线，所以客货共线无砟轨道轮轨力分布可认为是近似正态分布。

3.4.2　轨力统计特征的影响

车辆-轨道垂向耦合有限元模型中客车采用 CRH2 型动车组，货车采用 C80 型货车，以中国高速铁路无砟轨道谱作为轨道不平顺激励，计算得到客车轮轨力数据 71 270 个，货车轮轨力数据 120 035 个。如表 3-2～3-4 所示分别为 160 km/h、180 km/h 和 200 km/h 客车轮轨力频数分布表；如表 3-5～3-7 所示分别为 80 km/h、100 km/h 和 120 km/h 货车轮轨力频数分布表。

表 3-2　速度 160 km/h 客车轮轨力频数分布表

编号	区间	频数	累计频数	概率	累计概率
1	(45, 50]	1	1	0.000 014	0.000 014
2	(50, 55]	113	114	0.001 586	0.001 600
3	(55, 60]	2 043	2 157	0.028 666	0.030 265
4	(60, 65]	13 321	15 478	0.186 909	0.217 174
5	(65, 70]	28 457	43 935	0.399 284	0.616 459
6	(70, 75]	20 935	64 870	0.293 742	0.910 201
7	(75, 80]	5 846	70 716	0.082 026	0.992 227
8	(80, 85]	554	71 270	0.007 773	1.0
9	(85, 90]	0	71 270	0.0	1.0
10	(90, 95]	0	71 270	0.0	1.0

表 3-3 速度 180 km/h 客车轮轨力频数分布表

组号	区间	频数	累计频数	概率	累计概率
1	[40, 45]	0	0	0.0	0.0
2	[45, 50]	19	19	0.000 267	0.000 267
3	[50, 55]	270	289	0.003 788	0.004 055
4	[55, 60]	3 268	3 557	0.045 854	0.049 909
5	[60, 65]	14 349	17 906	0.201 333	0.251 242
6	[65, 70]	24 904	42 810	0.349 432	0.600 673
7	[70, 75]	19 893	62 703	0.279 122	0.879 795
8	[75, 80]	7 223	69 926	0.101 347	0.981 142
9	[80, 85]	1 305	71 231	0.018 311	0.999 453
10	[85, 90]	39	71 270	0.000 547	1.0
11	[90, 95]	0	71 270	0.0	1.0

表 3-4 速度 200 km/h 客车轮轨力频数分布表

组号	区间	频数	累计频数	概率	累计概率
1	(40, 45]	24	24	0.000 168	0.000 168
2	(45, 50]	194	218	0.001 354	0.001 522
3	(50, 55]	1 638	1 856	0.011 435	0.012 957
4	(55, 60]	9 374	11 230	0.065 439	0.078 396
5	(60, 65]	28 465	39 695	0.198 713	0.277 109
6	(65, 70]	44 134	83 829	0.308 097	0.585 206
7	(70, 75]	37 654	121 483	0.262 861	0.848 067
8	(75, 80]	17 276	138 759	0.120 603	0.968 670
9	(80, 85]	4 005	142 764	0.027 959	0.996 628
10	(85, 90]	449	143 213	0.003 134	0.999 763
11	(90, 95]	34	143 247	0.000 237	1.0

表 3-5 80 km/h 货车作用下的轮轨力分布

编号	分组区间	频数	累计频数	概率	累计概率
1	(101, 104]	33	33	0.000 273	0.000 273
2	(104, 107]	135	168	0.001 117	0.001 390
3	(107, 110]	222	390	0.001 837	0.003 228
4	(110, 113]	1 245	1 635	0.010 304	0.013 531
5	(113, 116]	2 866	4 501	0.023 719	0.037 250
6	(116, 119]	9 647	14 148	0.079 839	0.117 089
7	(119, 122]	25 565	39 713	0.211 576	0.328 666
8	(122, 125]	37 304	77 017	0.308 729	0.637 394
9	(125, 128]	29 073	106 090	0.240 609	0.878 003
10	(128, 131]	10 150	116 240	0.084 002	0.962 005
11	(131, 134]	2 944	119 184	0.024 365	0.986 369
12	(134, 137]	1 169	120 353	0.009 675	0.996 044
13	(137, 140]	300	120 653	0.002 483	0.998 527
14	(140, 143]	129	120 782	0.001 068	0.999 594
15	(143, 146]	49	120 831	0.000 406	1.0

表 3-6 100 km/h 货车作用下的轮轨力分布

编号	分组区间	频数	累计频数	概率	累计概率
1	(94, 98]	7	7	0.000 058	0.000 058
2	(98, 101]	109	116	0.000 908	0.000 966
3	(101, 104]	293	409	0.002 441	0.003 407
4	(104, 107]	314	723	0.002 616	0.006 023
5	(107, 110]	585	1 308	0.004 873	0.010 896
6	(110, 113]	1 305	2 613	0.010 871	0.021 766
7	(113, 116]	3 001	5 614	0.024 998	0.046 764
8	(116, 119]	9 715	15 329	0.080 925	0.127 690
9	(119, 122]	23 521	38 850	0.195 928	0.323 618

续表

编号	分组区间	频数	累计频数	概率	累计概率
10	(122, 125]	36 377	75 227	0.303 018	0.626 636
11	(125, 128]	27 843	103 070	0.231 930	0.858 566
12	(128, 131]	11 172	114 242	0.093 062	0.951 628
13	(131, 134]	3 405	117 647	0.028 363	0.979 992
14	(134, 137]	1 374	119 021	0.011 445	0.991 437
15	(137, 140]	548	119 569	0.004 565	0.996 002
15	(140, 143]	273	119 842	0.002 274	0.998 400
16	(143, 146]	173	120 015	0.001 441	0.999 842
17	(146, 148]	19	120 034	0.000 158	1.0

表 3-7 120 km/h 货车作用下的轮轨力分布

编号	分组区间	频数	累计频数	概率	累计概率
1	(94, 98]	14	14	0.000 117	0.000 117
2	(98, 101]	136	150	0.001 133	0.001 250
3	(101, 104]	233	383	0.001 941	0.003 191
4	(104, 107]	309	692	0.002 574	0.005 765
5	(107, 110]	679	1 371	0.005 657	0.011 422
6	(110, 113]	1 541	2 912	0.012 838	0.024 260
7	(113, 116]	4 394	7 306	0.036 606	0.060 866
8	(116, 119]	11 542	18 848	0.096 155	0.157 021
9	(119, 122]	22 988	41 836	0.191 511	0.348 532
10	(122, 125]	31 952	73 788	0.266 189	0.614 721
11	(125, 128]	24 980	98 768	0.208 106	0.822 827
12	(128, 131]	13 253	112 021	0.110 409	0.933 236
13	(131, 134]	4 867	116 888	0.040 547	0.973 783
14	(134, 137]	1 965	118 853	0.016 370	0.990 153
15	(137, 140]	668	119 521	0.005 565	0.995 718
15	(140, 143]	300	119 821	0.002 499	0.998 217
16	(143, 146]	188	120 009	0.001 566	0.999 783
17	(146, 148]	26	120 035	0.000 217	1.0

1. 不同车速时轮轨力频数分布直方图和概率密度曲线

不同车速条件下的客、货车轮轨力频数分布直方图（左轴）和概率密度曲线图（右轴）如图 3-8 所示。客、货车轮轨力均值随车速变化不大，客车轮轨力标准差随车速增大而增大约 28%；货车轮轨力标准差随车速增大而增大约 23%，说明轮轨力分布随车速增大而越分散，轮轨力最大值随之增大。从峰度值和偏度值来看，客车轮轨力概率密度曲线峰度值随车速增大从 −0.058 减小到 −0.118，货车轮轨力概率密度曲线峰度值从 2.884 减小到 1.255，说明概率密度曲线随车速增大逐渐变得"矮胖"。

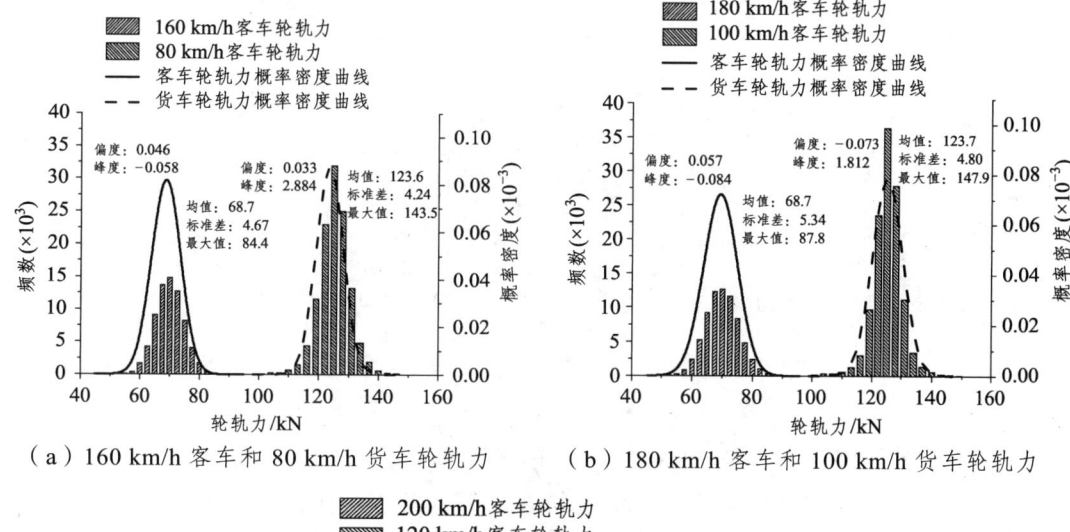

（a）160 km/h 客车和 80 km/h 货车轮轨力　　（b）180 km/h 客车和 100 km/h 货车轮轨力

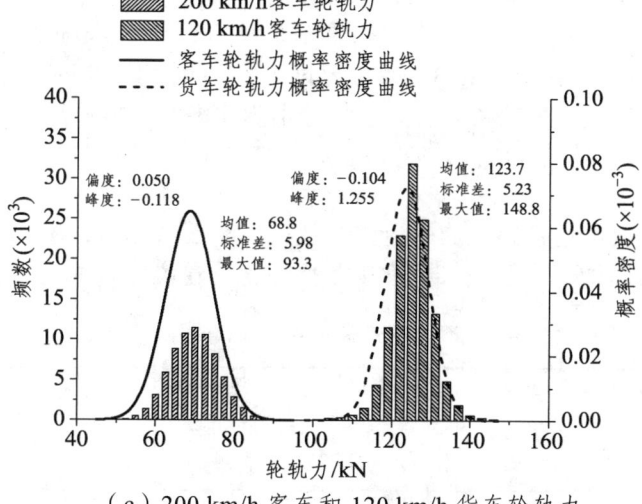

（c）200 km/h 客车和 120 km/h 货车轮轨力

图 3-8　不同车速条件下轮轨力分布

为更加准确地分析车速对轮轨力分布范围的影响，将图 3-8 中的概率密度曲线单独绘制出来，如图 3-9 所示。当客车车速分别为 160 km/h、180 km/h 和 200 km/h 时，95%以上的轮轨力分布于 59.5～78.5 kN、58.5～79.5 kN 和 56.5～81.0 kN，分布范围增大约 30%；当货车车速分别为 80 km/h、100 km/h 和 120 km/h 时，95%以上的轮轨力分布于 113.5～133.5 kN、112.5～135 kN 和 111.5～136.0 kN，分布范围增大约 22%。轮轨力最大值均未超过疲劳检算轮重建议值。

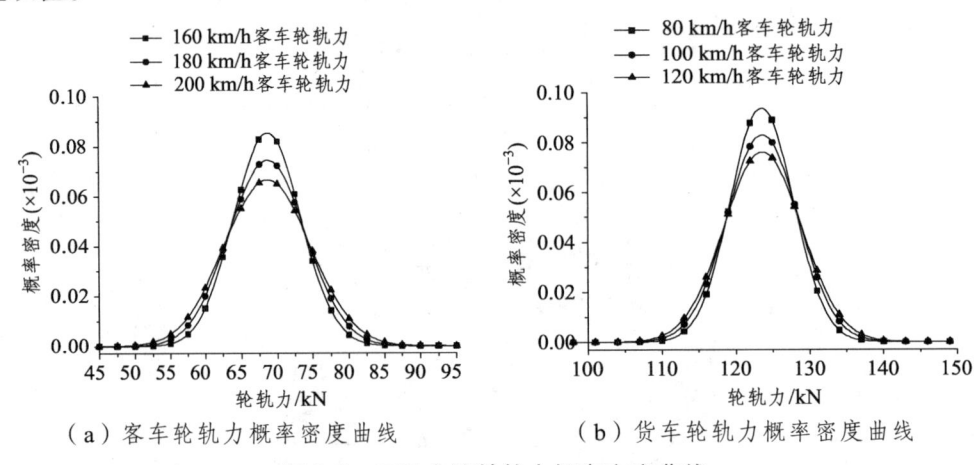

（a）客车轮轨力概率密度曲线　　　（b）货车轮轨力概率密度曲线

图 3-9　不同车速轮轨力概率密度曲线

2. 不同车速时轮轨力动力系数和疲劳检算轮重

不同车速客、货车轮轨力动力系数汇总如表 3-8 和表 3-9 所示，可以看见客、货车轮轨力动力系数均随车速的增加而逐渐增大。当客车车速达到 200 km/h 时，其轮轨力最大值为 93.3 kN，最大轮轨力动力系数为 1.33，并未超过 1.5 倍静轮重。当货车车速分别为 80 km/h、100 km/h、120 km/h 时，货车轮轨力动力系数分别为 1.09、1.10、1.11，平均增幅为 1%；当货车车速达到 120 km/h 时，其轮轨力最大值为 148.8 kN，最大轮轨力动力系数为 1.19，并未超过 1.4 倍静轮重。

综上所述，以中国高速铁路无砟轨道谱为轨道不平顺激励时，不同车速状况下，轮轨力动力系数随车速增大而增大，但均未超过疲劳检算轮重建议值。

表 3-8　不同车速客车作用下轮轨力统计值

车速 /（km/h）	轮轨力 最大值 /kN	轮轨力 最小值 /kN	轮轨力 均值 μ /kN	轮轨力 标准差 σ	$\mu+\sigma$			$\mu+3\sigma$		
					轮轨力 /kN	动力 系数	概率 /%	轮轨力 /kN	动力 系数	概率 /%
160	84.4	50.0	68.7	4.67	73.3	1.07	81.2	82.7	1.20	99.6
180	87.7	48.2	68.7	5.34	74.0	1.08	82.5	84.7	1.23	99.8
200	93.3	45.1	68.8	5.98	74.7	1.09	83.5	86.6	1.26	99.8

表 3-9 不同车速货车作用下的轮轨力统计值

车速/(km/h)	轮轨力最大值/kN	轮轨力最小值/kN	轮轨力均值 μ/kN	轮轨力标准差 σ	$\mu+\sigma$			$\mu+3\sigma$		
					轮轨力/kN	动力系数	概率/%	轮轨力/kN	动力系数	概率/%
80	143.5	103.7	123.6	4.24	127.8	1.02	86.4	136.3	1.09	99.4
100	147.9	97.2	123.7	4.80	128.5	1.03	87.3	138.1	1.10	99.3
120	148.8	95.6	123.7	5.23	128.9	1.03	85.6	139.4	1.11	99.5

不同车速客、货车轮重变动系数和疲劳检算轮重汇总如表 3-10 和表 3-11 所示，可以看见，无论客车还是货车，其疲劳检算轮重均随车速的增大而增大。以 3 倍均方值考虑，当客车车速分别为 160 km/h、180 km/h 和 200 km/h 时，客车轮轨力疲劳检算轮重分别为 84.0 kN、86.1 kN 和 88.2 kN，轮重变动系数分别为 0.20、0.23 和 0.26，远小于 105 kN（1.5 倍静轮重）。

当货车车速分别为 80 km/h、100 km/h、120 km/h 时，货车轮轨力疲劳检算轮重分别为 136.25 kN、137.50 kN 和 138.75 kN，轮重变动系数分别为 0.09、0.10 和 0.11，同样远小于 175 kN（1.4 倍静轮重）。

综上所述，以中国高速铁路无砟轨道谱为轨道不平顺激励时，不同车速情况下，轮轨力疲劳检算轮重随车速的增加而逐渐增大，但均未超过疲劳检算轮重建议值。

表 3-10 不同车速的客车作用下疲劳检算轮重

客车车速/(km/h)	静轴重/2 /kN	$\mu+\sigma$		$\mu+3\sigma$	
		轮重变动系数	疲劳检算轮重/kN	轮重变动系数	疲劳检算轮重/kN
160	70	0.07	74.9	0.20	84.0
180	70	0.08	75.6	0.23	86.1
200	70	0.09	76.3	0.26	88.2

表 3-11 不同车速货车作用下的疲劳检算轮重

货车车速/(km/h)	静轴重/2 /kN	$\mu+\sigma$		$\mu+3\sigma$	
		轮重变动系数	疲劳检算轮重/kN	轮重变动系数	疲劳检算轮重/kN
80	125	0.023	127.875	0.09	136.25
100	125	0.028	128.500	0.10	137.50
120	125	0.031	128.875	0.11	138.75

3.4.3 轨道不平顺激励对轮轨力统计特征的影响

轨道不平顺是轮轨系统动力学分析中主要的激振源，为对比研究不同轨道不平顺对轮轨力统计特征的影响，这里分别采用德国高干扰谱、低干扰谱和中国高速铁路无砟轨道谱（简称中国无砟谱），以模拟不同的线路状况，中国无砟谱模拟的线路状况最好，德国低干扰谱模拟的线路状况次之，德国高干扰谱模拟线路状况较差，分析不同线路状况下客车和货车轮轨力的统计特征。德国轨道谱粗糙度系数及截断频率如表3-12所示。

这里采用的德国谱是根据其功率谱密度表达式，分别求出其频谱对应的幅值和随机相位，然后再通过傅里叶逆变换，从而得到轨道不平顺的时域模拟样本，其时域随机不平顺样本如图3-10（a）和图3-10（b）所示。其高低不平顺功率谱密度表达式为

$$S_v(\Omega) = \frac{A_v \Omega_c^2}{(\Omega^2 + \Omega_r^2)(\Omega^2 + \Omega_c^2)} \tag{3-2}$$

式中，高低不平顺功率谱密度$S_v(\Omega)$的单位符号为$m^2/(rad/m)$；Ω为轨道不平顺的空间频率，rad/m；Ω_c、Ω_r、Ω_s为截断频率，rad/m；A_v为粗糙度常数，$m^2 \cdot rad/m$。

表3-12 德国轨道谱粗糙度系数及截断频率

轨道级别	Ω_c /(rad/m)	Ω_r /(rad/m)	Ω_s /(rad/m)	A_v /(m²·rad/m)
低干扰	0.824 6	0.020 6	0.438 0	4.032×10^{-7}
高干扰	0.824 6	0.020 6	0.438 0	1.080×10^{-6}

这里所用中国高速铁路无砟轨道谱的高低不平顺谱为采用中国高速铁路无砟轨道不平顺谱接短波的德国低干扰谱。由TB/T 3352—2014可知：中国高速轨道不平顺谱的空间频率范围为0.005~0.5（1/m），对应的轨道不平顺波长范围为2~200 m。对于0.1~2 m以下的短波，采用德国低干扰谱的短波不平顺。中国高速铁路无砟轨道不平顺谱采用幂函数进行分段拟合，其分段拟合公式为

$$S(f) = \frac{A}{f^k} \tag{3-3}$$

式中，$S(f)$为轨道不平顺谱，$mm^2/(1/m)$，波长范围为2~200 m；f为空间频率，$1/m$；A、k为待定系数，取值如表3-13所示，且其时域不平顺样本如图3-10（c）所示。

表 3-13　中国高速铁路无砟轨道谱拟合公式系数

项目	第 1 段		第 2 段	
	A	K	A	K
高低不平顺	1.0544×10^{-5}	3.3894	3.5588×10^{-3}	1.9271
项目	第 3 段		第 4 段	
	A	K	A	K
高低不平顺	1.9784×10^{-2}	1.3643	3.9488×10^{-4}	3.4516

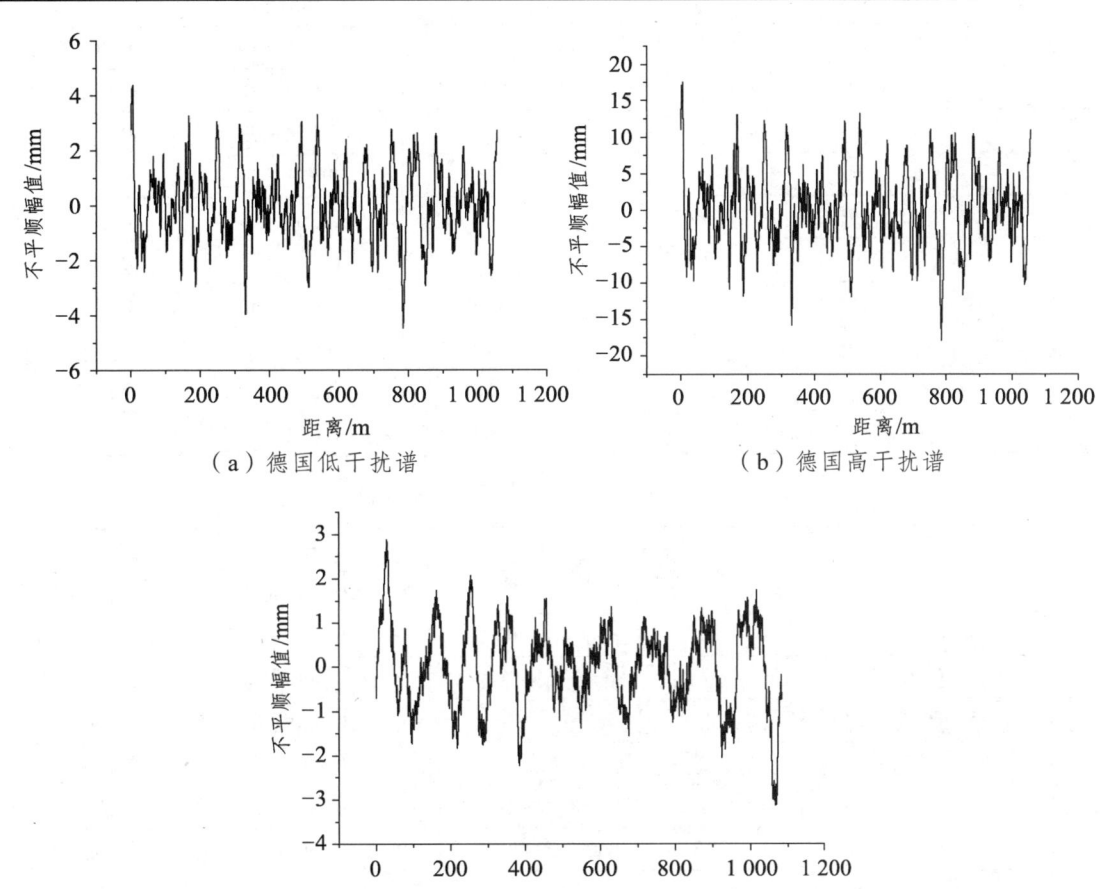

(a) 德国低干扰谱

(b) 德国高干扰谱

(c) 中国高速铁路无砟轨道谱

图 3-10　不同不平顺谱的时域随机不平顺样本

分别以德国高干扰谱、德国低干扰谱和中国高速铁路无砟轨道谱为轨道不平顺激励,计算客车车速为 200 km/h 和货车车速为 120 km/h 时的轮轨垂向力,客车分别采集轮轨力数据样本 71 207 个,货车分别采集轮轨力数据样本 120 035 个,并对其进行统计分析,其中,不同轨道不平顺激励下客车轮轨力频数分布如表 3-14～3-16 所示,不同不平顺激励下货车轮轨力频数分布如表 3-17～3-19 所示。

表 3-14　采用德国低干扰谱时客车轮轨力分布

编号	区间	频数	累计频数	概率	累计概率
1	(40, 45]	4	4	0.000 056	0.000 056
2	(45, 50]	27	31	0.000 379	0.000 435
3	(50, 55]	466	497	0.006 544	0.006 980
4	(55, 60]	4 414	4 911	0.061 988	0.068 968
5	(60, 65]	14 546	19 457	0.204 278	0.273 246
6	(65, 70]	23 379	42 836	0.328 324	0.601 570
7	(70, 75]	18 667	61 503	0.262 151	0.863 721
8	(75, 80]	7 301	68 804	0.102 532	0.966 253
9	(80, 85]	1 670	70 474	0.023 453	0.989 706
10	(85, 90]	484	70 958	0.006 797	0.996 503
11	(90, 95]	202	71 160	0.002 837	0.999 340
12	(95, 100]	47	71 207	0.000 660	1.0

表 3-15　采用德国高干扰谱时客车轮轨力分布

编号	区间	频数	累计频数	概率	累计概率
1	(15, 20]	2	2	0.000 028	0.000 028
2	(20, 25]	7	9	0.000 098	0.000 126
3	(25, 30]	6	15	0.000 084	0.000 211
4	(30, 35]	4	19	0.000 056	0.000 267
5	(35, 40]	32	51	0.000 449	0.000 716
6	(40, 45]	97	148	0.001 362	0.002 078
7	(45, 50]	288	436	0.004 045	0.006 123
8	(50, 55]	1 280	1 716	0.017 976	0.024 099
9	(55, 60]	3 444	5 160	0.048 366	0.072 465
10	(60, 65]	7 522	12 682	0.105 636	0.178 100

续表

编号	区间	频数	累计频数	概率	累计概率
11	(65, 70]	11 678	24 360	0.164 001	0.342 101
12	(70, 75]	14 923	39 283	0.209 572	0.551 673
13	(75, 80]	14 550	53 833	0.204 334	0.756 007
14	(80, 85]	9 823	63 656	0.137 950	0.893 957
15	(85, 90]	4 928	68 584	0.069 207	0.963 164
15	(90, 95]	1 738	70 322	0.024 408	0.987 571
16	(95, 100]	599	70 921	0.008 412	0.995 984
17	(100, 105]	189	71 110	0.002 654	0.998 638
18	(105, 110]	34	71 144	0.000 477	0.999 115
19	(110, 115]	9	71 153	0.000 126	0.999 242
20	(115, 120]	14	71 167	0.000 197	0.999 438
21	(120, 125]	15	71 182	0.000 211	0.999 649
22	(125, 130]	11	71 193	0.000 154	0.999 803
23	(130, 135]	11	71 204	0.000 154	0.999 958
24	(135, 140]	3	71 207	0.000 042	1.0

表 3-16 采用中国无砟谱时客车轮轨力分布

编号	区间	频数	累计频数	概率	累计概率
[45, 50]	50 000	7	7	0.000 098	0.000 098
[50, 55]	55 000	53	60	0.000 744	0.000 843
[55, 60]	60 000	606	666	0.008 510	0.009 353
[60, 65]	65 000	4 441	5 107	0.062 367	0.071 720
[65, 70]	70 000	14 707	19 814	0.206 539	0.278 259
[70, 75]	75 000	22 172	41 986	0.311 374	0.589 633
[75, 80]	80 000	18 828	60 807	0.264 314	0.853 947
[80, 85]	85 000	8 160	68 967	0.114 595	0.968 542
[85, 90]	90 000	2 028	70 995	0.028 480	0.997 023
[90, 95]	95 000	209	71 204	0.002 935	0.999 958
[95, 100]	100 000	3	71 207	0.000 042	1.0

表 3-17 采用低干扰谱时货车轮轨力分布

编号	分组区间	频数	累计频数	概率	累计概率
1	(93, 98)	45	45	0.000 375	0.000 375
2	(98, 103)	399	444	0.003 324	0.003 699
3	(103, 108)	826	1 270	0.006 881	0.010 580
4	(108, 113)	2 158	3 428	0.017 978	0.028 558
5	(113, 118)	9 897	13 325	0.082 451	0.111 009
6	(118, 123)	39 452	52 777	0.328 671	0.439 680
7	(123, 128)	46 939	99 716	0.391 044	0.830 724
8	(128, 133)	15 459	115 175	0.128 787	0.959 512
9	(133, 138)	3 308	118 483	0.027 559	0.987 070
10	(138, 143)	1 109	119 592	0.009 239	0.996 309
11	(143, 148)	410	120 002	0.003 416	0.999 725
12	(148, 153)	33	120 035	0.000 275	1.0

表 3-18 采用高干扰谱时货车轮轨力分布

编号	分组区间	频数	累计频数	概率	累计概率
1	(58, 63)	13	13	0.000 108	0.000 108
2	(63, 68)	36	49	0.000 300	0.000 408
3	(68, 73)	105	154	0.000 875	0.001 283
4	(73, 78)	176	330	0.001 466	0.002 749
5	(78, 83)	622	952	0.005 182	0.007 931
6	(83, 88)	658	1 610	0.005 482	0.013 413
7	(88, 93)	2 447	4 057	0.020 386	0.033 798
8	(93, 98)	2 036	6 093	0.016 962	0.050 760
9	(98, 103)	2 719	8 812	0.022 652	0.073 412
10	(103, 108)	4 938	13 750	0.041 138	0.114 550
11	(108, 113)	7 386	21 136	0.061 532	0.176 082
12	(113, 118)	10 170	31 306	0.084 725	0.260 807
13	(118, 123)	12 141	43 447	0.101 145	0.361 953
14	(123, 128)	14 627	58 074	0.121 856	0.483 809
15	(128, 133)	15 084	73 158	0.125 663	0.609 472

续表

编号	分组区间	频数	累计频数	概率	累计概率
15	(133, 138)	13 000	86 158	0.108 302	0.717 774
16	(138, 143)	10 811	96 969	0.090 065	0.807 839
17	(143, 148)	8 091	105 060	0.067 405	0.875 245
18	(148, 153)	5 864	110 924	0.048 852	0.924 097
19	(153, 158)	3 729	114 653	0.031 066	0.955 163
20	(158, 163)	2 359	117 012	0.019 653	0.974 816
21	(163, 168)	1 430	118 442	0.011 913	0.986 729
22	(168, 173)	796	119 238	0.006 631	0.993 360
23	(173, 178)	409	119 647	0.003 407	0.996 768
24	(178, 183)	215	119 862	0.001 791	0.998 559
25	(183, 188)	76	119 938	0.000 633	0.999 192
26	(188, 193)	52	119 990	0.000 433	0.999 625
27	(193, 198)	26	120 016	0.000 217	0.999 842
28	(198, 203)	14	120 030	0.000 117	0.999 958
29	(203, 208)	5	120 035	0.000 042	1.0

表 3-19 采用中国无砟谱时货车轮轨力分布

编号	分组	频数	累计频数	概率	累计概率
1	(93, 98]	45	45	0.000 375	0.000 375
2	(98, 103]	399	444	0.003 324	0.003 699
3	(103, 108]	826	1 270	0.006 881	0.010 580
4	(108, 113]	2 158	3 428	0.017 978	0.028 558
5	(113, 118]	9 897	13 325	0.082 451	0.111 009
6	(118, 123]	39 452	52 777	0.328 671	0.439 680
7	(123, 128]	46 939	99 716	0.391 044	0.830 724
8	(128, 133]	15 459	115 175	0.128 787	0.959 512
9	(133, 138]	3 308	118 483	0.027 559	0.987 070
10	(138, 143]	1 109	119 592	0.009 239	0.996 309
11	(143, 148]	410	120 002	0.003 416	0.999 725
12	(148, 153]	33	120 035	0.000 275	1.0

1. 不同轨道不平顺时轮轨力频数分布直方图和概率密度曲线

不同轨道不平顺激励下 200 km/h 客车和 120 km/h 货车轮轨力频数分布直方图（左轴）和概率密度曲线图（右轴）如图 3-11 所示。可见，从轮轨力均值和标准差来看，客、货车轮轨力均值变化不大，客车轮轨力标准差随不平顺幅值的增大而增大约 58%；货车轮轨力标准差增大约 124%，说明轮轨力随线路状况劣化分布越分散，轮轨力最大值随之增大。从峰度值来看，客车轮轨力峰度值随不平顺幅值增大从 0.775 减小到 -0.118，货车轮轨力峰度值从 2.603 减小到 0.079，说明轮轨力概率密度曲线随不平顺幅值的增大而逐渐变得"矮胖"。

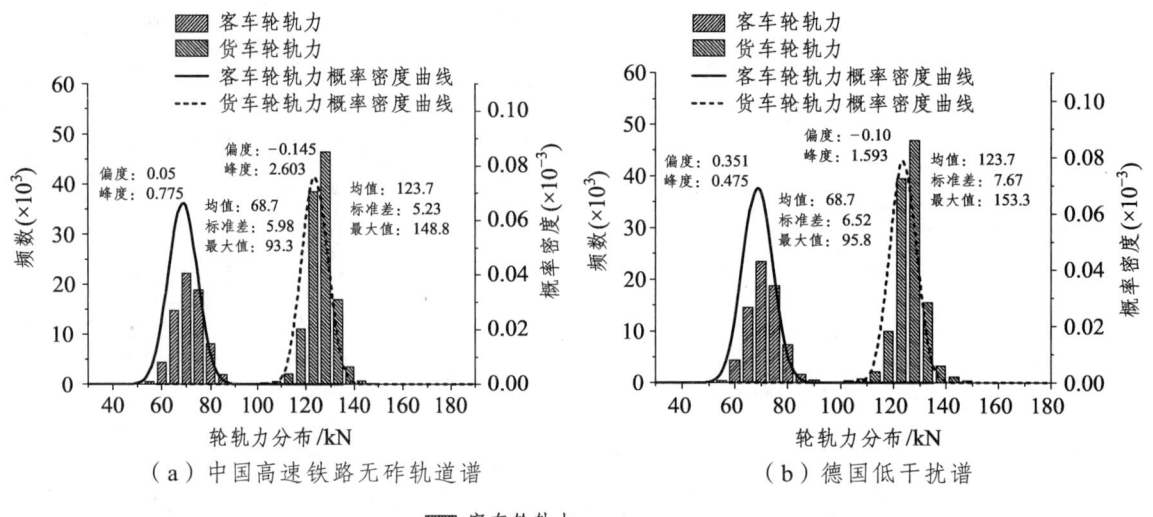

（a）中国高速铁路无砟轨道谱　　　　（b）德国低干扰谱

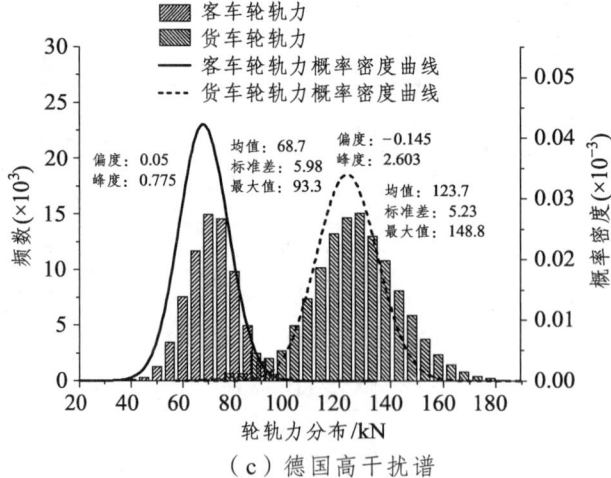

（c）德国高干扰谱

图 3-11　不同不平顺谱激励下轮轨力分布

为更加准确地分析线路劣化程度对轮轨力分布范围的影响,将图 3-11 中概率密度曲线单独绘制出来,如图 3-12 所示。当轨道不平顺分别为中国无砟谱、低干扰谱和高干扰谱时,小于 105 kN（1.5 倍静轮重）的概率分别为 100%、100% 和 99.98%,可见,客车轮轨力只有在高干扰谱时才会有极小的概率超过 1.5 倍静轮重,约为 0.02%。对于货车轮轨力,小于 1.4 倍静轮重（疲劳检算轮重建议值）的概率分别为 100%、100% 和 99.99%,可见,货车轮轨力也只有在高干扰谱时才会有极小的概率超过 175 kN,约为 0.01%。

综上所述,客车轮轨力分布范围随线路状况劣化会增大约 60%,约有 0.02% 的概率会超过 1.5 倍静轮重；货车轮轨力分布范围增大约 120%,约有 0.01% 的概率会超过疲劳检算轮重建议值。

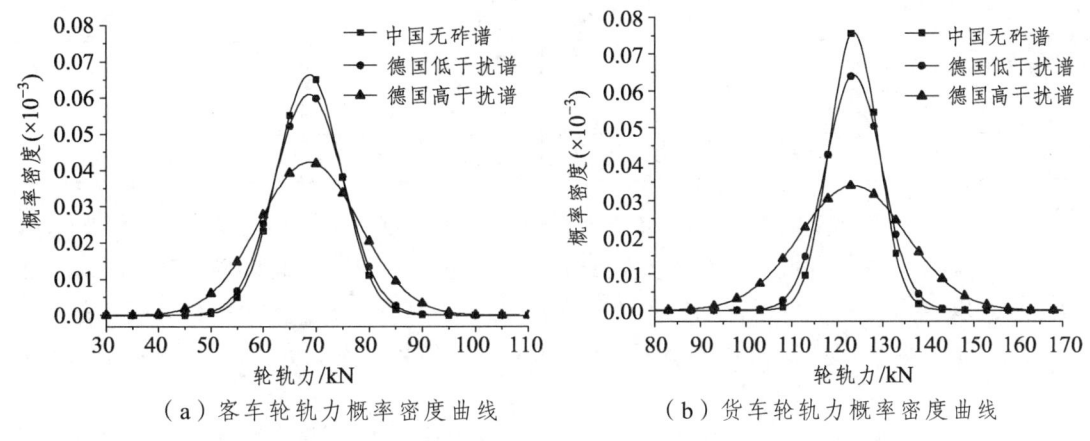

图 3-12 不同不平顺激励下轮轨力概率密度曲线

2. 不同轨道不平顺时轮轨力动力系数和疲劳检算轮重

将不同轨道不平顺激励下客、货车轮轨力动力系数汇总,如表 3-20 和表 3-21 所示,从表中可见,客、货车轮轨力动力系数均随不平顺幅值的增大而逐渐增大。以 3 倍均方差考虑,当轨道不平顺激励为德国高干扰谱时,其客车轮轨力最大值为 112.4 kN,最大轮轨力动力系数为 1.61,大于 1.5 倍静轮重。当轨道不平顺激励为德国高干扰谱时,货车轮轨力最大值为 174.9 kN,最大轮轨力动力系数为 1.40,仍小于 1.4 倍静轮重。

综上所述,当车速相同时,轮轨力动力系数随线路状况劣化而逐渐增大,尤其是当轨道不平顺激励为德国高干扰谱时,客车轮轨力动力系数将大于 1.5。

表 3-20　不同不平顺时客车作用下的轮轨力统计值

轨道谱	轮轨力最大值/kN	轮轨力最小值/kN	轮轨力均值 μ/kN	轮轨力标准差 σ	$\mu+\sigma$			$\mu+3\sigma$		
					轮轨力/kN	动力系数	概率/%	轮轨力/kN	动力系数	概率/%
中国谱	93.3	44.1	68.7	5.98	74.4	1.08	84.6	85.9	1.25	99.99
低干扰	95.8	43.7	68.7	6.52	74.7	1.09	83.5	86.6	1.26	99.80
高干扰	112.4	15.3	68.7	9.44	78.1	1.14	93.0	97.0	1.41	99.59

表 3-21　不同不平顺时货车作用下的轮轨力统计值

轨道谱	轮轨力最大值/kN	轮轨力最小值/kN	轮轨力均值 μ/kN	轮轨力标准差 σ	$\mu+\sigma$			$\mu+3\sigma$		
					轮轨力/kN	动力系数	概率/%	轮轨力/kN	动力系数	概率/%
中国谱	148.8	96.6	123.7	5.24	128.7	1.04	86.0	140.1	1.12	99.4
低干扰	153.3	95.6	123.7	7.67	128.9	1.04	84.8	139.4	1.13	99.7
高干扰	174.9	82.2	123.7	11.7	135.3	1.09	84.1	158.7	1.28	99.8

将不同轨道不平顺激励下客、货车轮轨力轮重变动系数和疲劳检算轮重汇总，如表 3-22 和表 3-23 所示，从表中可见，无论客车还是货车，其疲劳检算轮重均随轨道不平顺幅值的增加而增大。以 3 倍均方值考虑，当轨道不平顺激励分别为中国谱、低干扰谱和高干扰谱时，客车轮轨力疲劳检算轮重分别为 87.5 kN、88.2 kN 和 98.7 kN，轮重变动系数分别为 0.25、0.26 和 0.41，小于 105 kN（1.5 倍静轮重）。

当轨道不平顺激励分别为中国谱、低干扰谱和高干扰谱时，货车轮轨力疲劳检算轮重分别为 140.00 kN、141.25 kN 和 160.00 kN，轮重变动系数分别为 0.12、0.13 和 0.28，同样远小于 175 kN（1.4 倍静轮重）。

因此，在相同速度下，客、货车轮轨力疲劳检算轮重均随不平顺幅值的增加而增大，但均未超过疲劳检算轮重建议值。

表 3-22　客车作用下轮轨力疲劳检算轮重

轨道谱	静轴重/2 /kN	$\mu+\sigma$（一倍均方差）		$\mu+3\sigma$（三倍均方差）	
		轮重变动系数	疲劳检算轮重/kN	轮重变动系数	疲劳检算轮重/kN
中国谱	70	0.08	75.6	0.25	87.5
低干扰	70	0.09	76.3	0.26	88.2
高干扰	70	0.14	79.8	0.41	98.7

表 3-23 货车作用下轮轨力疲劳检算轮重

轨道谱	静轴重/2 /kN	$\mu+\sigma$（一倍均方差）		$\mu+3\sigma$（三倍均方差）	
		轮重变动系数	疲劳检算轮重/kN	轮重变动系数	疲劳检算轮重/kN
中国谱	125	0.04	130.00	0.12	140.00
低干扰	125	0.04	130.00	0.13	141.25
高干扰	125	0.09	136.25	0.28	160.00

3.4.4 基础刚度对轮轨力统计特征的影响

由于路基、桥梁、隧道等不同基础的支承刚度差异较大，因此有必要研究不同基础类型下的客货共线轮轨力的统计特征。模型中，路基刚度取 120 MPa/m，桥梁支承刚度取 1 000 MPa/m，隧道支承刚度取 1 200 MPa/m。以德国低干扰谱为轨道不平顺激励，分析计算 200 km/h 客车垂向轮轨力和 120 km/h 货车垂向轮轨力，并分别采集轮轨力数据 71 207 个和 120 035 个，其中不同基础时客车轮轨力频数分布如表 3-24～3-26 所示，不同基础时货车轮轨力频数分布如表 3-27～3-29 所示。

表 3-24 路基基础时客车轮轨力分布

编号	分组区间	频数	累计频数	概率	累计概率
1	(45, 50]	53	53	0.000 744	0.000 744
2	(50, 55]	606	659	0.008 510	0.009 255
3	(55, 60]	4 441	5 100	0.062 367	0.071 622
4	(60, 65]	14 707	19 807	0.206 539	0.278 161
5	(65, 70]	22 172	41 979	0.311 374	0.589 535
6	(70, 75]	18 828	60 807	0.264 412	0.853 947
7	(75, 80]	8 160	68 967	0.114 595	0.968 542
8	(80, 85]	2 028	70 995	0.028 480	0.997 023
9	(85, 90]	209	71 204	0.002 935	0.999 958
10	(90, 95]	3	71 207	0.000 042	1.0

表 3-25 桥梁基础时客车轮轨力分布

编号	分组区间	频数	累计频数	概率	累计概率
1	(35, 40]	8	8	0.002 140	0.003 038
2	(40, 45]	29	37	0.008 286	0.011 324
3	(45, 50]	267	304	0.026 514	0.037 837
4	(50, 55]	1 687	1 991	0.061 728	0.099 565
5	(55, 60]	6 539	8 530	0.114 824	0.214 389

续表

编号	分组区间	频数	累计频数	概率	累计概率
6	(60, 65]	14 010	22 540	0.176 276	0.390 665
7	(65, 70]	18 765	41 305	0.195 540	0.586 205
8	(70, 75]	15 919	57 224	0.181 040	0.767 244
9	(75, 80]	9 242	66 466	0.130 912	0.898 156
10	(80, 85]	3 663	70 129	0.068 494	0.966 651
11	(85, 90]	972	71 101	0.024 581	0.991 231
12	(90, 95]	102	71 203	0.006 767	0.997 998
13	(95, 100]	4	71 207	0.002 002	1.0

表 3-26 隧道基础时客车轮轨力分布

编号	分组区间	频数	累计频数	概率	累计概率
1	(35, 40]	9	9	0.002 348	0.003 176
2	(40, 45]	28	37	0.008 493	0.011 669
3	(45, 50]	277	314	0.026 514	0.038 183
4	(50, 55]	1 718	2 032	0.062 142	0.100 325
5	(55, 60]	6 517	8 549	0.114 824	0.215 149
6	(60, 65]	14 010	22 559	0.175 723	0.390 872
7	(65, 70]	18 753	41 312	0.195 540	0.586 412
8	(70, 75]	15 872	57 184	0.180 695	0.767 106
9	(75, 80]	9 227	66 411	0.130 153	0.897 259
10	(80, 85]	3 704	70 115	0.068 563	0.965 822
11	(85, 90]	983	71 098	0.025 271	0.991 093
12	(90, 95]	106	71 204	0.006 836	0.997 929
13	(95, 100]	3	71 207	0.002 071	1.0

表 3-27 路基基础时货车作用下轮轨力分布

编号	分组区间	频数	累计频数	概率	累计概率
1	(85, 90]	0	0	0.0	0.0
2	(90, 95]	2	2	0.000 017	0.000 017
3	(95, 100]	80	82	0.000 666	0.000 683
4	(100, 105]	408	490	0.003 399	0.004 082
5	(105, 110]	909	1 399	0.007 573	0.011 655
6	(110, 115]	4 493	5 892	0.037 431	0.049 086
7	(115, 120]	21 438	27 330	0.178 598	0.227 684
8	(120, 125]	45 512	72 842	0.379 156	0.606 840
9	(125, 130]	34 439	107 281	0.286 908	0.893 748
10	(130, 135]	10 142	117 423	0.084 492	0.978 240
11	(135, 140]	2 016	119 439	0.016 795	0.995 035
12	(140, 145]	499	119 938	0.004 157	0.999 192
13	(145, 150]	97	120 035	0.000 808	1.0

表 3-28 桥梁基础时货车作用下轮轨力分布

编号	分组区间	频数	累计频数	概率	累计概率
1	(90, 95]	2	2	0.000 017	0.000 017
2	(95, 100]	82	84	0.000 683	0.000 700
3	(100, 105]	402	486	0.003 349	0.004 049
4	(105, 110]	927	1 413	0.007 723	0.011 772
5	(110, 115]	4 476	5 889	0.037 289	0.049 061
6	(115, 120]	21 433	27 322	0.178 556	0.227 617
7	(120, 125]	45 566	72 888	0.379 606	0.607 223
8	(125, 130]	34 408	107 296	0.286 650	0.893 873
9	(130, 135]	10 119	117 415	0.084 300	0.978 173
10	(135, 140]	2 022	119 437	0.016 845	0.995 018
11	(140, 145]	501	119 938	0.004 174	0.999 192
12	(145, 150]	97	120 035	0.000 808	1.0

表 3-29　隧道基础时货车作用下轮轨力分布

编号	分组区间	频数	累计频数	概率	累计概率
1	(90, 95]	2	2	0.000 017	0.000 017
2	(95, 100]	80	82	0.000 666	0.000 683
3	(100, 105]	408	490	0.003 399	0.004 082
4	(105, 110]	909	1 399	0.007 573	0.011 655
5	(110, 115]	4 493	5 892	0.037 431	0.049 086
6	(115, 120]	21 438	27 330	0.178 598	0.227 684
7	(120, 125]	45 512	72 842	0.379 156	0.606 840
8	(125, 130]	34 439	107 281	0.286 908	0.893 748
9	(130, 135]	10 142	117 423	0.084 492	0.978 240
10	(135, 140]	2 016	119 439	0.016 795	0.995 035
11	(140, 145]	499	119 938	0.004 157	0.999 192
12	(145, 150]	97	120 035	0.000 808	1.0

1. 不同基础刚度时轮轨力频数分布直方图和概率密度曲线

不同基础刚度下 200 km/h 客车和 120 km/h 货车轮轨力频数分布直方图（左轴）和概率密度曲线图（右轴）如图 3-13 所示，从轮轨力均值和标准差来看，客、货车轮轨力均值随基础刚度变化不大，客车轮轨力标准差随基础刚度增大而增大约 14%；货车轮轨力标准差随基础刚度增大而增大约 11%，说明轮轨力随基础刚度的增大分布越分散，轮轨力最大值也随之增大。从峰度值来看，客车轮轨力概率密度曲线峰度值随基础刚度的增大从 0.475 减小到 -0.080，货车轮轨力概率密度曲线峰度值从 1.593 减小到 1.467，说明轮轨力概率密度曲线随基础刚度的增大逐渐变得"矮胖"。

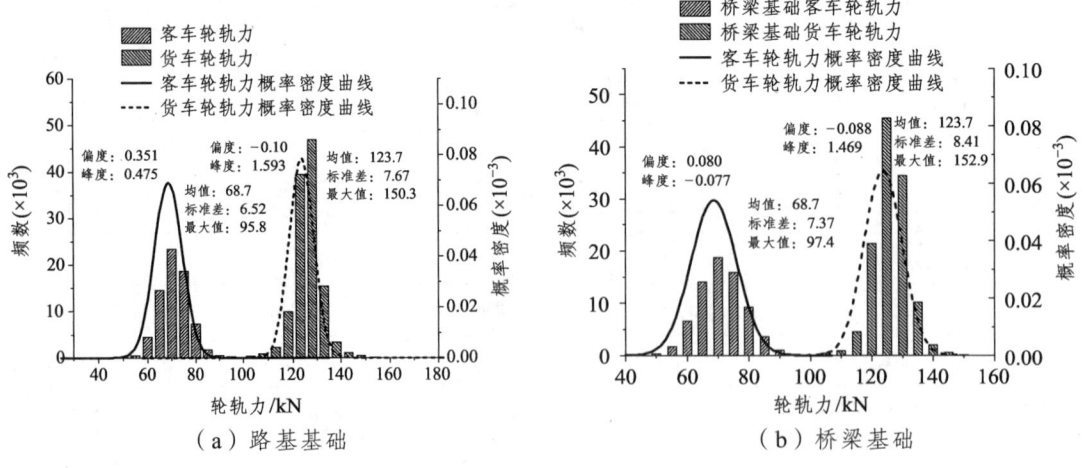

(a) 路基基础　　　　　　　　(b) 桥梁基础

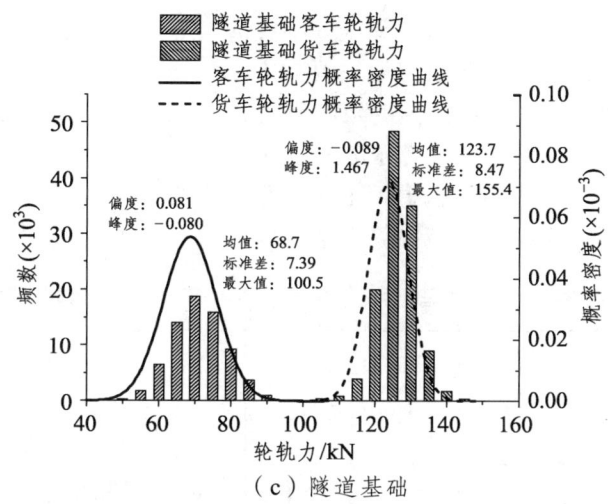

(c）隧道基础

图 3-13 不同基础刚度时轮轨力分布

为更好地分析基础刚度对轮轨力分布范围的影响，将图 3-13 中概率密度曲线单独绘制出来，如图 3-14 所示。小于 105 kN（1.5 倍静轮重）的概率均为 100%，可见，客车轮轨力并未超过 1.5 倍静轮重。小于 175 kN（疲劳检算轮重建议值）的概率均为 100%，可见，货车轮轨力并未超过 175 kN。客车轮轨力分布范围随基础刚度的增加会增大约 17%，货车轮轨力分布范围会增大约 12%，但其轮轨力均未超过疲劳检算轮重建议值。

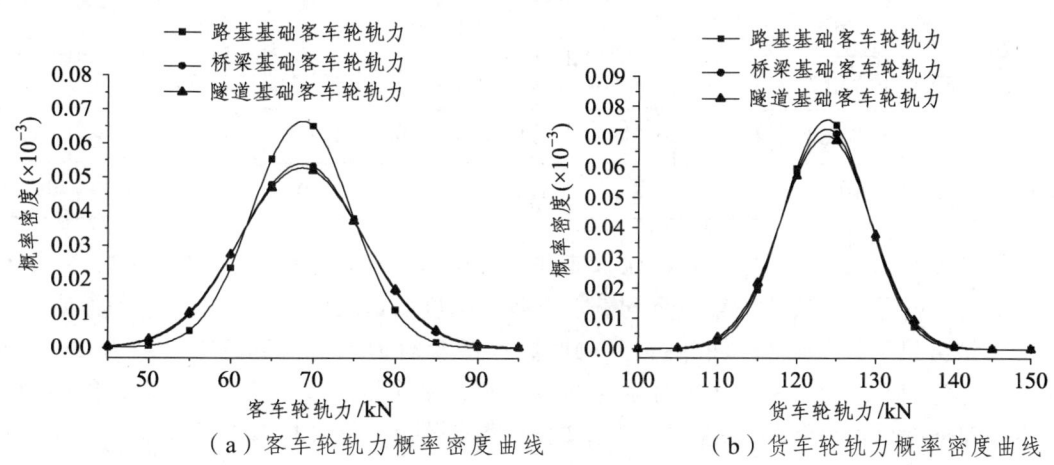

（a）客车轮轨力概率密度曲线　　（b）货车轮轨力概率密度曲线

图 3-14 不同基础刚度时轮轨力概率密度曲线

2. 不同基础刚度时轮轨力动力系数和疲劳检算轮重

将不同轨道基础类型下客、货车轮轨力动力系数汇总，如表 3-30 和表 3-31 所示，从表中可见，客、货车轮轨力的动力系数均随基础刚度的增加而逐渐增大。以 3 倍均方差考虑，当基础类型为隧道基础时，客车轮轨力最大值为 100.5 kN，则最大轮轨力动力系数为 1.44，并未超过 1.5 倍静轮重。当基础类型为隧道基础时，货车轮轨力最大值为 155.4 kN，最大轮轨力动力系数为 1.24，并未超过 1.5 倍静轮重。

综上所述，以德国低干扰谱为轨道不平顺激励，当相同速度时，轮轨力动力系数随基础刚度的增大而增大，但并未超过疲劳检算轮重建议值。

表 3-30 不同基础刚度时客车作用下的轮轨力统计值

工况	轮轨力最大值/kN	轮轨力最小值/kN	轮轨力均值 μ/kN	轮轨力标准差 σ	$\mu+\sigma$			$\mu+3\sigma$		
					轮轨力/kN	动力系数	概率/%	轮轨力/kN	动力系数	概率/%
路基	95.8	45.10	68.79	6.52	75.31	1.09	83.52	88.35	1.28	99.80
桥梁	97.4	38,54	68.74	7.37	76.03	1.11	83.05	90.77	1.32	99.87
隧道	100.5	38.41	68.86	7.39	76.05	1.11	83.03	90.83	1.33	99.87

表 3-31 不同基础刚度时货车作用下的轮轨力统计值

工况	轮轨力最大值/kN	轮轨力最小值/kN	轮轨力均值 μ/kN	轮轨力标准差 σ	$\mu+\sigma$			$\mu+3\sigma$		
					轮轨力/kN	动力系数	概率/%	轮轨力/kN	动力系数	概率/%
路基	150.3	95.63	123.67	7.67	128.90	1.042	84.23	146.68	1.17	99.39
桥梁	152.9	94.84	123.68	8.41	129.14	1.044	84.47	148.91	1.19	99.51
隧道	155.4	94.83	123.71	8.47	129.14	1.044	84.46	149.11	1.19	99.51

将不同轨道基础类型下客、货车轮重变动系数和疲劳检算轮重汇总，如表 3-32 和表 3-33 所示，从表中可见，其疲劳检算轮重均随轨道基础刚度的增大而增大。以 3 倍均方值考虑，当基础类型分别为路基、桥梁和隧道基础时，客车轮轨力疲劳检算轮重分别为 89.6 kN、92.4 kN 和 92.5 kN，轮重变动系数分别为 0.28、0.32 和 0.33，远小于 1.5 倍静轮重 105 kN。

当基础类型分别为路基、桥梁和隧道基础时，货车轮轨力疲劳检算轮重分别为 146.25 kN、146.51 kN 和 146.51 kN，轮重变动系数分别为 0.17、0.19 和 0.19，同样远小于 1.4 倍静轮重 175 kN。

综上所述，当速度相同时，轮轨力疲劳检算轮重随基础刚度的增加而逐渐增大，但均未超过疲劳检算轮重建议值。

表 3-32　不同基础刚度客车作用下的疲劳检算轮重

工况	静轴重/2 /kN	$\mu+\sigma$		$\mu+3\sigma$	
		轮重变动系数	疲劳检算轮重/kN	轮重变动系数	疲劳检算轮重/kN
路基	70	0.09	76.3	0.28	89.6
桥梁	70	0.11	77.7	0.32	92.4
隧道	70	0.11	77.7	0.33	92.5

表 3-33　不同基础刚度货车作用下的疲劳检算轮重

工况	静轴重/2 /kN	$\mu+\sigma$		$\mu+3\sigma$	
		轮重变动系数	疲劳检算轮重/kN	轮重变动系数	疲劳检算轮重/kN
路基	125	0.042	130.25	0.17	146.25
桥梁	125	0.044	130.5	0.19	146.51
隧道	125	0.044	130.5	0.19	146.51

3.4.5　CA 砂浆伤损程度对轮轨力统计特征的影响

下面针对 CA 砂浆伤损程度的不同，分析研究不同伤损程度下客车和货车轮轨力荷载统计特征的变化规律。经现场调研和查阅相关文献，得出横向的完全脱空为最不利状态之一，因此，这里仅考虑 CA 砂浆沿轨道板横向的完全脱空，其损伤示意图如图 3-15 所示。

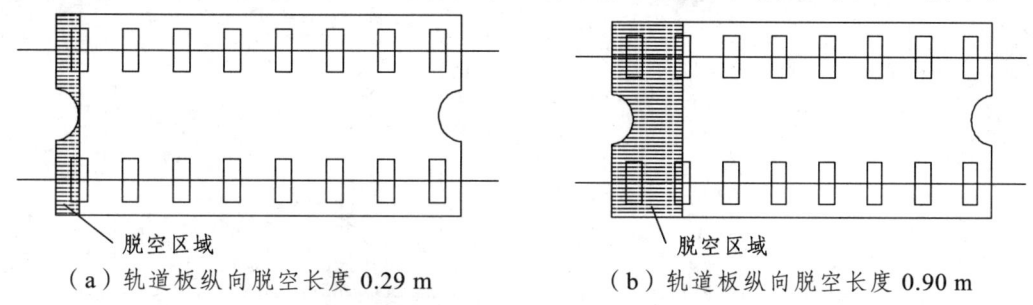

（a）轨道板纵向脱空长度 0.29 m　　（b）轨道板纵向脱空长度 0.90 m

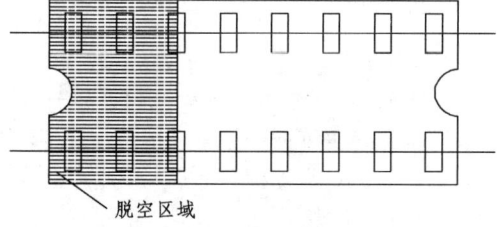

（c）轨道板纵向脱空长度 1.54 m

图 3-15　不同工况的轨道板脱空区域示意

1. 不同程度砂浆损伤时轮轨力频数分布和概率密度曲线

不同 CA 砂浆损伤程度下，200 km/h 客车和 120 km/h 货车轮轨力频数分布直方图（左轴）和概率密度曲线图（右轴）如图 3-16 所示。可见，从轮轨力均值和标准差来看，客、货车轮轨力均值变化不大，客车轮轨力标准差随 CA 砂浆损伤程度增大而增大约 23%；货车轮轨力标准差随 CA 砂浆损伤程度增大而增大约 36%，说明轮轨力随 CA 砂浆损伤程度增大而分布越分散，轮轨力最大值随之增大。从峰度值来看，客车轮轨力概率密度曲线峰度值从 -0.104 减小到 -0.165，货车轮轨力概率密度曲线峰度值从 1.205 减小到 1.073，说明轮轨力概率密度曲线随 CA 砂浆损伤程度增大逐渐变得"矮胖"。

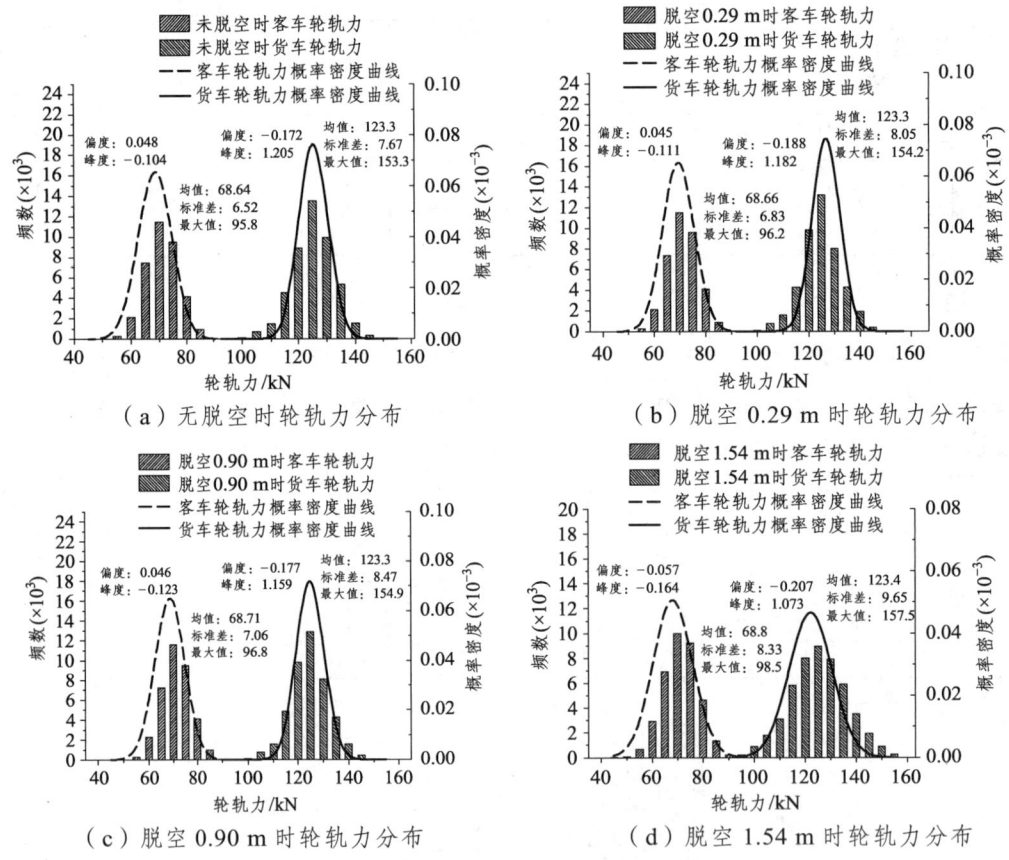

图 3-16　不同 CA 砂浆损伤程度时轮轨力分布

为更加准确地分析 CA 砂浆损伤程度对轮轨力分布范围的影响，将图 3-16 中概率密度曲线单独绘制出来，如图 3-17 所示。当 CA 砂浆损伤程度分别为无损伤、脱空 0.29 m、脱空 0.9 m 和脱空 1.54 m 时，小于 105 kN（1.5 倍静轮重）的概率均为 100%，可见，客车轮轨力并未超过 1.5 倍静轮重。对于货车轮轨力，小于 175 kN（疲劳检算轮重建议值）的概率均为 100%，可见货车轮轨力也并未超过 1.5 倍静轮重。

综上所述,以德国低干扰谱为轨道不平顺激励,当车速相同时,客车轮轨力分布范围随 CA 砂浆损伤程度的增加会增大约 25%,货车轮轨力分布范围增大约 45%,但均未超过疲劳检算轮重建议值。

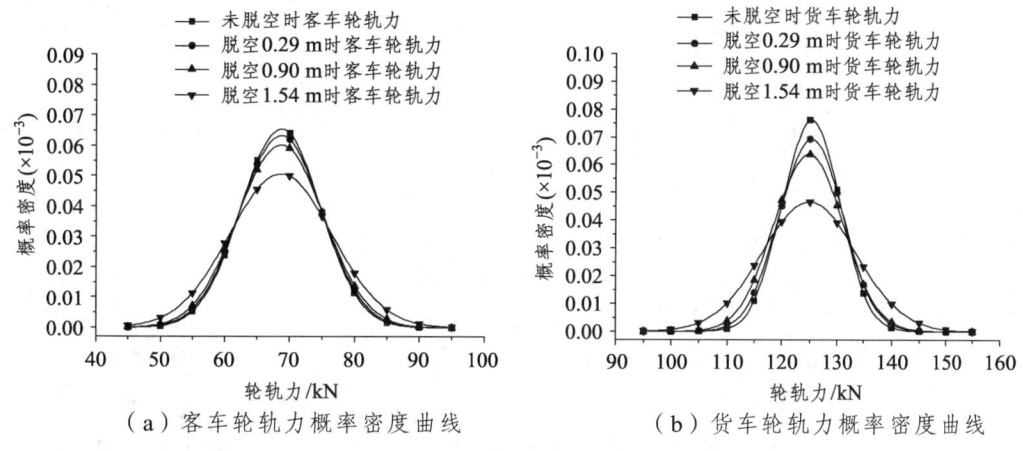

（a）客车轮轨力概率密度曲线　　　　（b）货车轮轨力概率密度曲线

图 3-17　不同 CA 砂浆损伤程度时轮轨力概率密度曲线

2. 不同 CA 砂浆损伤程度时轮轨力动力系数和疲劳检算轮重

不同 CA 砂浆损伤程度下客、货车轮轨力动力系数汇总如表 3-34 和表 3-35 所示,从表中可见,客、货车轮轨力动力系数随 CA 砂浆损伤程度的增加而逐渐增大。当 CA 砂浆脱空长度为 1.54 m 时,客车轮轨力最大值为 98.53 kN,最大轮轨力动力系数为 1.41,并未超过 1.5 倍静轮重。当 CA 砂浆脱空长度为 1.54 m 时,货车轮轨力最大值为 157.50 kN,最大轮轨力动力系数为 1.26,仍未超过 1.4 倍静轮重。

综上所述,轮轨力动力系数随 CA 砂浆损伤程度的增加而逐渐增大,但并未超过疲劳检算轮重建议值。

表 3-34　不同脱空长度时客车作用下轮轨力统计值

工况	轮轨力最大值/kN	轮轨力最小值/kN	轮轨力均值 μ/kN	轮轨力标准差 σ	$\mu+\sigma$			$\mu+3\sigma$		
					轮轨力/kN	动力系数	概率/%	轮轨力/kN	动力系数	概率/%
无脱空	95.81	43.02	68.64	6.52	74.71	1.09	83.52	86.85	1.26	99.98
脱空 0.29 m	96.22	43.65	68.65	6.83	75.03	1.09	83.19	87.79	1.28	99.98
脱空 0.90 m	96.81	44.5	68.71	7.06	75.32	1.10	83.36	88.54	1.29	99.98
脱空 1.54 m	98.53	40.71	68.80	8.33	76.68	1.12	83.69	92.44	1.34	99.96

表 3-35 不同脱空长度时货车作用下轮轨力统计值

工况	轮轨力最大值/kN	轮轨力最小值/kN	轮轨力均值 μ/kN	轮轨力标准差 σ	$\mu+\sigma$			$\mu+3\sigma$		
					轮轨力/kN	动力系数	概率/%	轮轨力/kN	动力系数	概率/%
无脱空	153.3	96.2	123.3	7.67	128.4	1.04	85.6	138.7	1.13	99.98
脱空 0.29 m	154.2	96.2	123.3	8.05	129.1	1.05	85.4	140.6	1.15	99.98
脱空 0.90 m	154.9	96.2	123.3	8.47	129.6	1.05	85.8	142.1	1.16	99.98
脱空 1.54 m	157.5	96.1	123.4	9.65	131.9	1.07	85.7	149.1	1.22	99.94

将不同 CA 砂浆损伤程度下客、货车轮轨力轮重变动系数和疲劳检算轮重汇总,如表 3-36 和表 3-37 所示,从表中可见,无论客车还是货车,其疲劳检算轮重均随 CA 砂浆损伤程度的增加而增大。以 3 倍均方值考虑,当 CA 砂浆损伤程度分别为无损伤、脱空 0.29 m、脱空 0.90 m 和脱空 1.54 m 时,客车轮轨力疲劳检算轮重分别为 88.1 kN、88.3 kN、88.6 kN 和 92.8 kN,轮重变动系数分别为 0.27、0.28、0.29 和 0.34,远小于 105 kN(1.5 倍静轮重)。

当 CA 砂浆损伤程度分别为无损伤、脱空 0.29 m、脱空 0.9 m 和脱空 1.54 m 时,货车轮轨力动力系数分别为 1.13、1.15、1.16 和 1.22,平均增幅为 2%;当 CA 砂浆脱空长度为 1.54 m 时,其轮轨力最大值为 157.5 kN,最大轮轨力动力系数为 1.26,仍未超过 1.4 倍静轮重。

综上所述,轮轨力疲劳检算轮重随 CA 砂浆损伤程度的增加逐渐增大,但最大值均未超过疲劳检算轮重建议值。

表 3-36 不同脱空长度时 200 km/h 客车作用下的疲劳检算轮重

工况	静轴重/2 /kN	$\mu+\sigma$		$\mu+3\sigma$	
		轮重变动系数	疲劳检算轮重/kN	轮重变动系数	疲劳检算轮重/kN
无脱空	70	0.09	76.2	0.27	88.1
脱空 0.29 m	70	0.09	76.2	0.28	88.3
脱空 0.90 m	70	0.10	76.2	0.29	88.6
脱空 1.54 m	70	0.12	77.0	0.34	92.8

表 3-37 不同脱空长度时 120 km/h 货车作用下的疲劳检算轮重

工况	静轴重/2 /kN	$\mu+\sigma$		$\mu+3\sigma$	
		轮重变动系数	疲劳检算轮重/kN	轮重变动系数	疲劳检算轮重/kN
无脱空	125	0.04	130.20	0.13	140.6
脱空 0.29 m	125	0.05	130.22	0.14	140.7
脱空 0.90 m	125	0.05	130.28	0.16	140.8
脱空 1.54 m	125	0.07	131.85	0.22	145.6

3.4.6 各工况下轮轨力统计特征参数对比分析

为了能够更好地分析出各工况对轮轨力统计特征参数的影响程度,下面分别针对受列车车速、轨道不平顺激励、基础刚度和 CA 砂浆损伤程度影响较大的轮轨力最大值、轮轨力标准差、轮轨力动力系数和轮轨力疲劳检算轮重四个轮轨力统计特征参数,并将其作为分析各种工况对轮轨力统计特征影响程度大小的判断指标,进一步分析判断列车车速、轨道不平顺激励、基础刚度和 CA 砂浆损伤程度对轮轨力统计特征参数的影响程度。

1. 轮轨力最大值对比分析

为分析列车车速、轨道不平顺激励、基础刚度和 CA 砂浆损伤程度对轮轨力最大值的影响程度大小,控制客车车速为 200 km/h,货车车速为 120 km/h,分别选择 3.4.2、3.4.3、3.4.4 和 3.4.5 小节中最不利工况,即中国谱作用下路基上客货车轮轨力、高干扰谱作用下路基上客货车轮轨力、低干扰谱作用下隧道上客货车轮轨力以及低干扰谱作用下路基上 CA 砂浆脱空为 1.54 m 时客货车轮轨力,并将其轮轨力最大值绘制如图 3-18 所示。当以轮轨力最大值作为判断指标时,轮轨力最大值的分布与轨道不平顺幅值的分布基本一致,说明轨道不平顺激励对轮轨力最大值的影响起主导作用,车速、基础刚度和 CA 砂浆损伤程度均起次要作用。

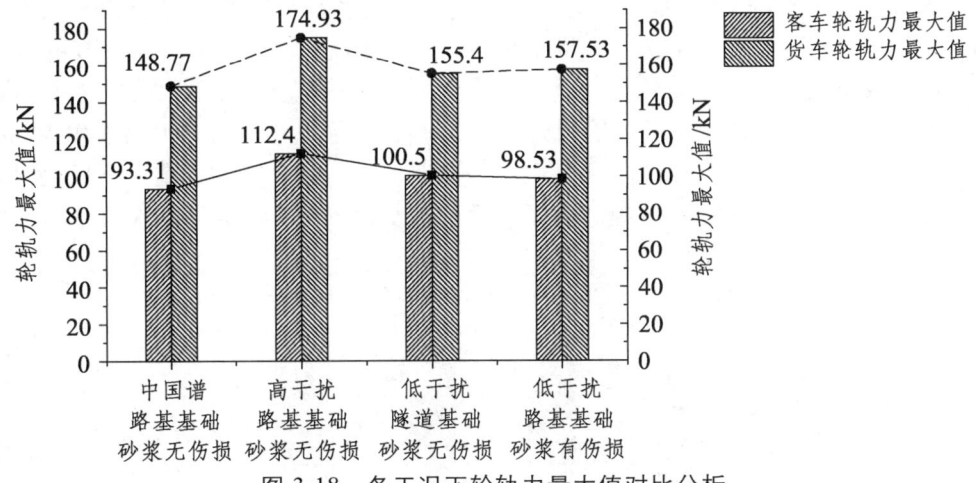

图 3-18 各工况下轮轨力最大值对比分析

2. 轮轨力标准差对比分析

以轮轨力标准差为判断指标,控制客车车速为 200 km/h,货车车速为 120 km/h,选择中国谱作用下路基上客货车轮轨力、高干扰谱作用下路基上客货车轮轨力、低干扰谱作用下隧道上客货车轮轨力以及低干扰谱作用下路基上 CA 砂浆脱空为 1.54 m 时客货车轮轨力,并将其轮轨力标准差绘制如图 3-19 所示。当以轮轨力标准差作为判断指标时，轮轨力标准差的分布与轨道不平顺幅值的分布基本一致，说明轨道不平顺激励对轮轨力标准差的影响起主导作用，车速、基础刚度和 CA 砂浆损伤程度均起次要作用。

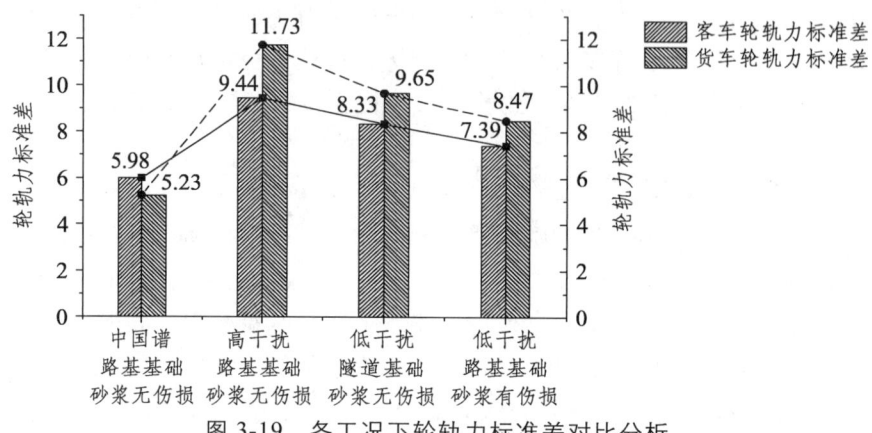

图 3-19　各工况下轮轨力标准差对比分析

3. 轮轨力动力系数对比分析

以轮轨力 3 倍均方值动力系数作为判断指标，控制客车车速为 200 km/h，货车车速为 120 km/h，选择中国谱作用下路基上客货车轮轨力、高干扰谱作用下路基上客货车轮轨力、低干扰谱作用下隧道上客货车轮轨力以及低干扰谱作用下路基上 CA 砂浆脱空为 1.54 m 时客货车轮轨力，并将其轮轨力动力系数绘制如图 3-20 所示。当以轮轨力动力系数作为判断指标时，轮轨力动力系数的分布与轨道不平顺幅值的分布基本一致，说明轨道不平顺激励对轮轨力动力系数的影响起主导作用，车速、基础刚度和 CA 砂浆损伤程度均起次要作用。

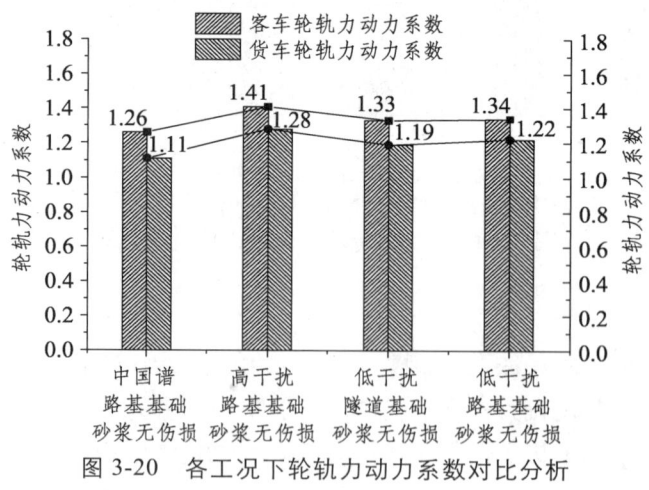

图 3-20　各工况下轮轨力动力系数对比分析

4. 轮轨力疲劳检算轮重对比分析

以轮轨力 3 倍均方值疲劳检算轮重作为判断指标，控制客车车速为 200 km/h，货车车速为 120 km/h，选择中国谱作用下路基上客货车轮轨力、高干扰谱作用下路基上客货车轮轨力、低干扰谱作用下隧道上客货车轮轨力以及低干扰谱作用下路基上 CA 砂浆脱空为 1.54 m 时客货车轮轨力，其轮轨力疲劳检算轮重如图 3-21 所示。当以轮轨力疲劳检算轮重作为判断指标时，轮轨力疲劳检算轮重的分布与轨道不平顺幅值的分布基本一致，说明轨道不平顺激励对轮轨力疲劳检算轮重的影响起主导作用，车速、基础刚度和 CA 砂浆损伤程度均起次要作用。

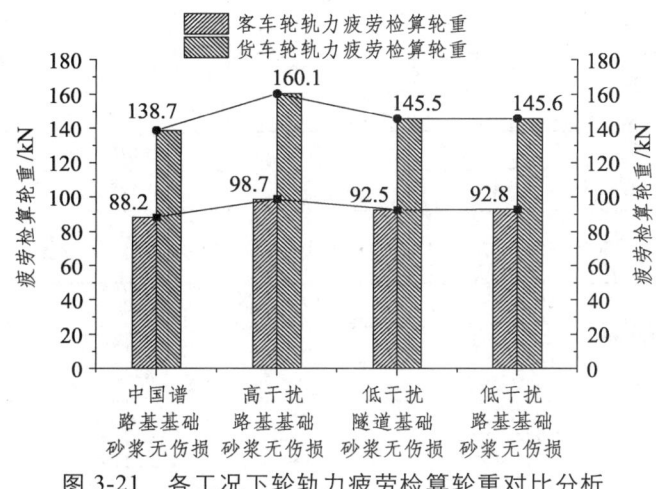

图 3-21 各工况下轮轨力疲劳检算轮重对比分析

3.5 现场实测轮轨力统计特征分析

为更加准确地确定客货共线无砟轨道轮轨力的统计特征，为本章仿真模型计算得出的轮轨力统计特征提供试验依据，应用渝怀线鱼嘴二号隧道现场测试得到的客货车轮轨力进行验证。现场测试共测得客、货车 29 趟，其中客车 11 趟，采集轮轨力统计值 2 952 个，货车 18 趟，采集轮轨力统计值 10 768 个。

3.5.1 现场测试轮轨力分布特征假设检验

受现场测试条件限制，渝怀线所测客车最大速度仅有 120 km/h，货车最大速度仅有 100 km/h，且数量较少，大多数客车车速集中在 100 km/h 左右，货车车速集中在 70 km/h 左右。下面分别选择 100 km/h 实测客车轮轨力和 70 km/h 实测货车轮轨力，如表 3-38 和表 3-39 所示，然后根据两表分布绘制其轮轨力频数分布直方图，如图 3-22 和图 3-23 所示。

表 3-38　车速 100 km/h 实测客车轮轨力频数分布表

编号	区间	频数	累计频数	概率	累计概率
1	(40, 45]	6	6	0.002 489	0.002 489
2	(45, 50]	26	32	0.010 784	0.013 273
3	(50, 55]	105	137	0.04 355	0.056 823
4	(55, 60]	234	371	0.097 055	0.153 878
5	(60, 65]	405	776	0.16 798	0.321 858
6	(65, 70]	538	1 314	0.223 144	0.545 002
7	(70, 75]	511	1 825	0.211 945	0.756 947
8	(75, 80]	318	2 143	0.131 895	0.888 843
9	(80, 85]	166	2 309	0.068 851	0.957 694
10	(85, 90]	74	2 383	0.030 693	0.988 387
11	(90, 95]	24	2 407	0.009 954	0.998 341
12	(95, 100]	4	2 411	0.001 659	1.0

表 3-39　车速 70 km/h 实测货车轮轨力频数分布表

编号	分组区间	频数	累计频数	概率	累计概率
1	(98, 101]	5	5	0.00 058	0.00 058
2	(101, 104]	24	29	0.002 785	0.003 365
3	(104, 107]	64	93	0.007 426	0.010 791
4	(107, 110]	172	265	0.019 958	0.03 075
5	(110, 113]	360	625	0.041 773	0.072 523
6	(113, 116]	621	1 246	0.072 058	0.144 581
7	(116, 119]	1 025	2 271	0.118 937	0.263 518
8	(119, 122]	1 345	3 616	0.156 069	0.419 587
9	(122, 125]	1 479	5 095	0.171 618	0.591 204
10	(125, 128]	1 248	6 343	0.144 813	0.736 018
11	(128, 131]	1 023	7 366	0.118 705	0.854 723
12	(131, 134]	647	8 013	0.075 075	0.929 798
13	(134, 137]	348	8 361	0.040 381	0.970 179
14	(137, 140]	122	8 483	0.014 156	0.984 335
15	(140, 143]	86	8 569	0.009 979	0.994 314
16	(143, 146]	32	8 601	0.003 713	0.998 027
17	(146, 149]	14	8 615	0.001 625	0.999 652
18	(149, 152]	3	8 618	0.000 348	1

从图 3-22 和图 3-23 中可见，客车和货车轮轨力频数分布图均呈现出中间比较集中，两边较为分散的形状，因此假设其轮轨力近似符合正态分布。为了对其分布进行进一步验证，这里应用统计学分析对实测客车和货车轮轨力进行 P-P 图正态分布检验，从图 3-24 和图 3-25 中的 P-P 图检验结果中可以看出，实测 100 km/h 客车和实测 70 km/h 货车的轮轨力近似正态分布的假设成立。

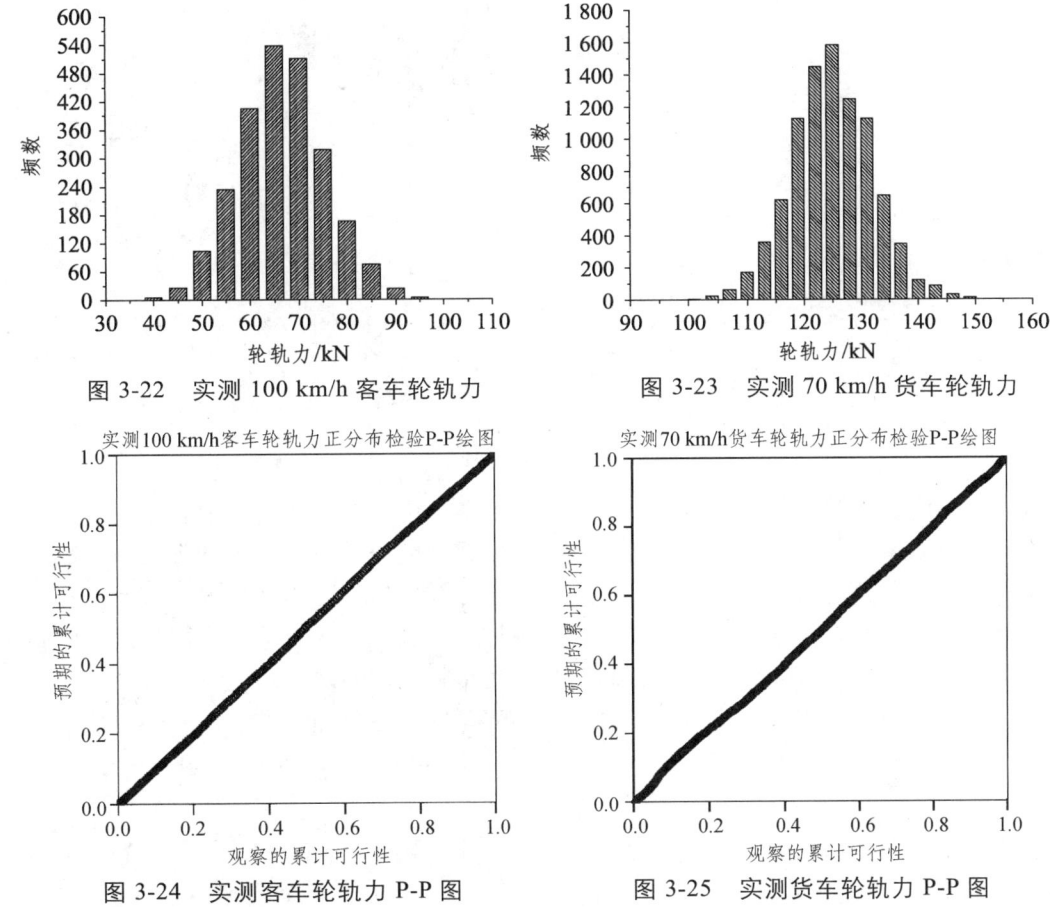

图 3-22　实测 100 km/h 客车轮轨力　　　　图 3-23　实测 70 km/h 货车轮轨力

图 3-24　实测客车轮轨力 P-P 图　　　　图 3-25　实测货车轮轨力 P-P 图

3.5.2　现场实测轮轨力统计特征验证

从图 3-26 中可见，轮轨力概率密度曲线受车速影响，且随车速增大轮轨力概率密度曲线越矮胖，轮轨力分布范围逐渐增大。根据轮轨力正态分布概率密度曲线和标准正态分布表可知：实测 70 km/h 客车 95%以上轮轨力分布于 54.5~85.5 kN，实测 100 km/h 客车 95%以上轮轨力分布于 52.5~87.5 kN，实测 120 km/h 客车 95%以上轮轨力分布于 49.5~90.5 kN，分布范围平均增大约 15%；实测 50 km/h 货车 95%以上轮轨力分布于 109~141 kN，实测 70 km/h

货车95%以上轮轨力分布于104.5~145.5 kN，实测100 km/h货车95%以上轮轨力分布于100.5~149.5 kN，分布范围平均增大约25%。因此，随车速增大分布范围逐渐增大，轮轨力最大值随之增大，轮轨力分布更加分散。

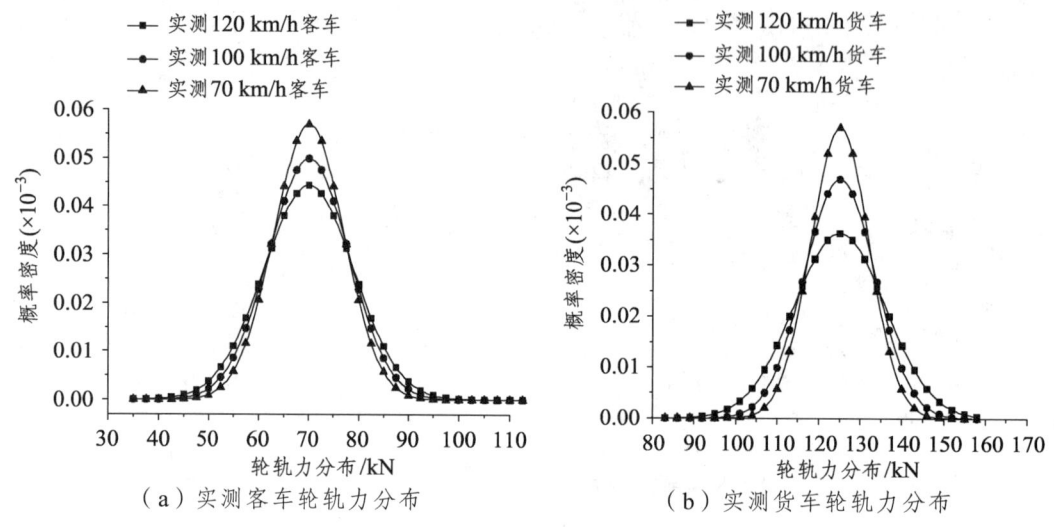

（a）实测客车轮轨力分布　　　　（b）实测货车轮轨力分布

图3-26　实测轮轨力分布

根据本书前面介绍的客货共线条件下现场动力测试中不同车速情况下客车和货车轮轨力的平均值和最大值，分别计算客车和货车的最大轮轨力动力系数，并绘制其动力系数随车速的变化曲线，如图3-27和图3-28所示。从图中趋势线可见，随车速增大，无论是客车还是货车，最大轮轨力动力系数均逐渐增大，与本章计算得到的轮轨力动力系数相比，实测轮轨力动力系数显然偏大，这主要是由于实测轮轨力受车轮扁疤等缺陷的影响，导致轮轨力最大值偏大，从而进一步导致最大轮轨力动力系数偏大，但其规律仍然与前面所得规律一致。

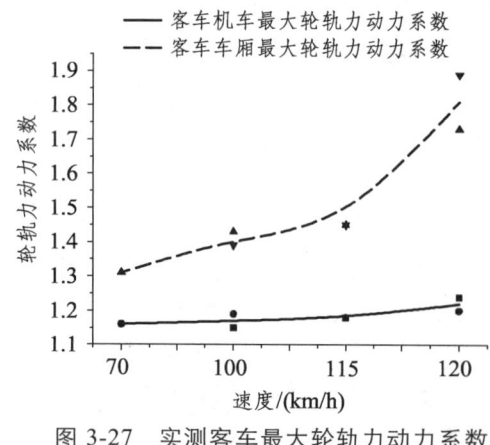 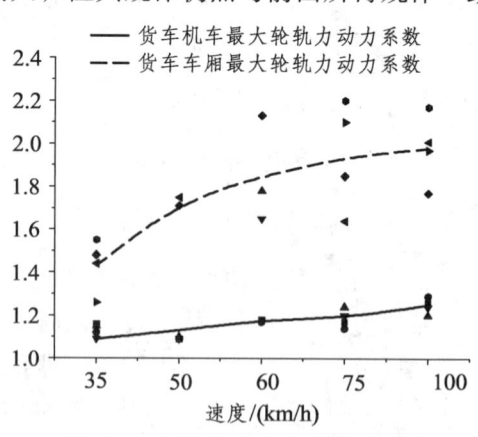

图3-27　实测客车最大轮轨力动力系数　　　图3-28　实测货车最大轮轨力动力系数

从前文可知，实测客车车速主要集中在 100 km/h 左右，实测货车车速主要集中在 70 km/h，因此，为了能够更好地模拟现场实测轮轨力，这里加算了不同干扰谱作用下 100 km/h 客车和 70 km/h 货车轮轨力，并将其与实测客货车轮轨力概率密度曲线进行对比，如图 3-29 和图 3-30 所示。

当分别以中国高速铁路无砟轨道谱、德国低干扰谱和德国高干扰谱作为轨道不平顺激励时，仅在德国高干扰谱作用下，客货车轮轨力概率密度曲线与实测客货车轮轨力概率密度曲线拟合较好，可见，应用德国高干扰谱作为轨道不平顺激励模拟实测轮轨力分布情况更加合理。

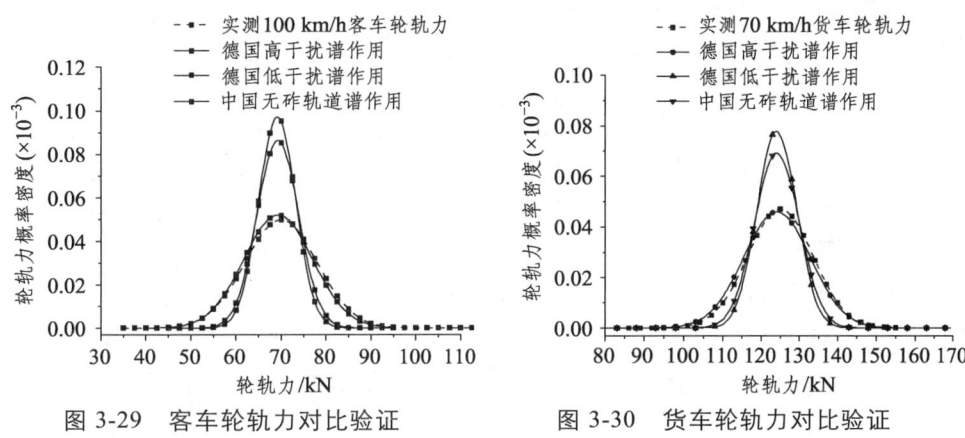

图 3-29　客车轮轨力对比验证　　图 3-30　货车轮轨力对比验证

考虑到现场所测客车和货车速度较低，且实测客车轴重不会固定不变为 140 kN，货车轴重也不会固定不变为 250 kN，而以德国高干扰谱作为轨道不平顺激励又能够较好地与实测轮轨力拟合，因此，这里分别计算了德国高干扰谱作用下客车在 140 kN 和 170 kN 轴重的 180 km/h、200 km/h 和 250 km/h 轮轨力，并绘制其概率密度曲线，如图 3-31 所示；同样采用德国高干扰谱作为轨道不平顺谱，分别计算了 250 kN 和 270 kN 轴重情况下 100 km/h、120 km/h 和 150 km/h 货车轮轨力，并绘制其概率密度曲线，如图 3-32 所示。

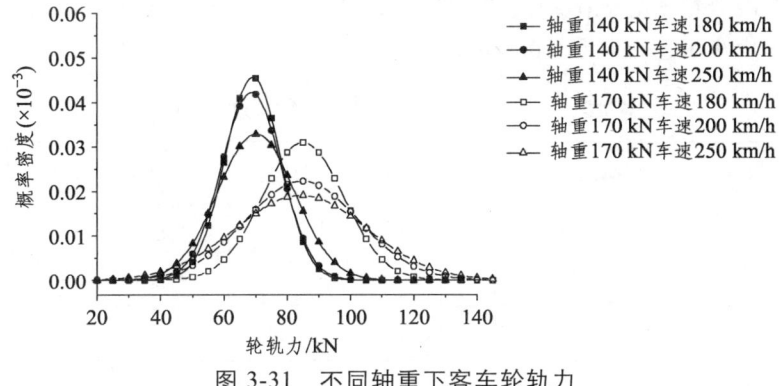

图 3-31　不同轴重下客车轮轨力

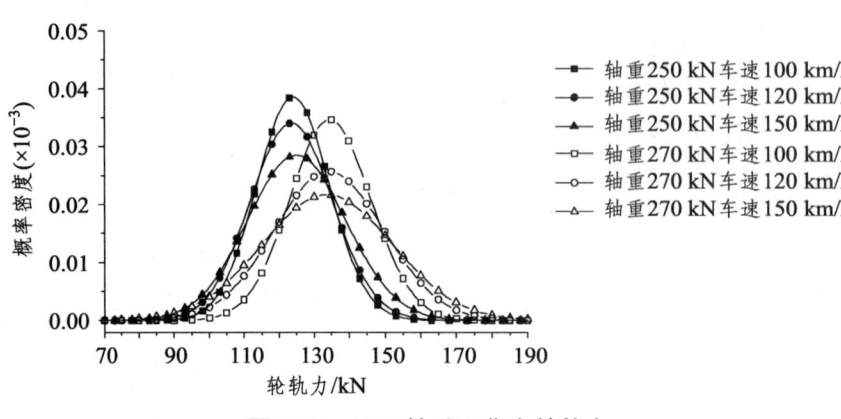

图 3-32 不同轴重下货车轮轨力

根据如图 3-31 和图 3-32 所示的概率密度曲线，分别计算不同轴重、不同车速客车和货车轮轨力小于 1.5 倍静轮重和货车轮轨力小于单轮轮轨作用力最大峰值 170 kN 的概率，如表 3-40 和表 3-41 所示。可见，对于轴重 140 kN 的客车，当车速超过 200 km/h 时，约有 0.02% 的轮轨力会超过 1.5 倍静轮重，而当车速达到 250 km/h 时，轮轨力大于 1.5 倍静轮重的概率将达到 1.13%；对于 170 kN 轴重的客车，当车速达到 180 km/h 时，约有 0.07% 的轮轨力超过 1.5 倍静轮重，而当车速增大到 250 km/h 时，轮轨力大于 1.5 倍静轮重的概率将达到 3.84%。

对于 250 kN 轴重的货车，当车速达到 120 km/h 时，约有 0.01% 的轮轨力大于 175 kN（疲劳检算轮重建议值），而当车速达到 150 km/h 时，轮轨力大于 175 kN 的概率将达到 1.26%；对于 270 kN 轴重的货车，当车速达到 100 km/h 时，约有 0.35% 的轮轨力大于 175 kN，当车速增大到 150 km/h 时，轮轨力大于 175 kN 的概率将达到 3.00%。

综上所述，以德国高干扰谱作为轨道不平顺激励时，当 170 kN 轴重客车车速为 180 km/h 时，轮轨力大于 1.5 倍静轮重的概率约为 0.07%，当 270 kN 轴重货车车速达到 100 km/h 时，轮轨力大于 1.4 倍静轮重的概率约为 0.35%，因此，建议客货共线无砟轨道客车车速控制在 180 km/h 以下，货车车速控制在 100 km/h 以下。

表 3-40 不同轴重不同车速客车轮轨力限值概率

不同车型	140 kN 轴重客车轮轨力			170 kN 轴重客车轮轨力		
计算项	180 km/h	200 km/h	250 km/h	180 km/h	200 km/h	250 km/h
小于 1.5 倍静轮重/%	100	99.98	98.87	99.93	98.08	96.16
大于 1.5 倍静轮重/%	0	0.02	1.13	0.07	1.92	3.84

表 3-41　不同轴重不同车速货车轮轨力限值概率

不同车型	250 kN 轴重货车轮轨力			270 kN 轴重货车轮轨力		
计算项	100 km/h	120 km/h	150 km/h	100 km/h	120 km/h	150 km/h
小于 1.4 倍静轮重/%	100	99.99	98.74	99.65	98.03	97.00
大于 1.4 倍静轮重/%	0	0.01	1.26	0.35	1.97	3.00

3.6　本章小结

本章主要针对客货共线无砟轨道轮轨力作用特性的问题，首先应用统计学分析对其分布特征进行了假设检验，然后通过建立的车辆-轨道垂向耦合动力学模型，针对列车车速、轨道不平顺、基础刚度和 CA 砂浆损伤程度对轮轨力统计特征的影响进行分析；对渝怀线实测轮轨力的分布特征进行假设检验，然后对不同车速情况下客货车轮轨力统计特征进行了验证，并通过仿真模拟的方法分析了现场未测到的轮轨力数据，得出以下结论：

（1）应用统计学，分别对现场实测与仿真计算得到的客、货车轮轨力进行 P-P 图正态分布检验可知，客、货车轮轨力均近似符合正态分布；客车实测轮轨力主要分布于 60~80 kN，货车主要分布于 100~130 kN，德国高干扰谱为轨道不平顺激励时客车轮轨力主要分布于 45~90 kN，货车主要分布于 100~150 kN，可见，该仿真模型具有良好的准确性和可靠性。

（2）在相同轨道不平顺激励下，轮轨力均值随车速变化不大，但轮轨力最大值和标准差随车速增大而逐渐增大，以 3 倍均方值考虑的轮轨力动力系数和疲劳检算轮重也随车速增大而逐渐增大；轮轨力概率密度曲线峰度值逐渐减小，曲线随车速增大逐渐变"矮胖"，说明轮轨力随车速增大越分散，轮轨力最大值随之增大，分布范围也逐渐增大。

（3）在相同车速不同轨道不平顺激励下，轮轨力均值受不平顺幅值影响不大，但轮轨力最大值和标准差随不平顺幅值的增大而逐渐增大，以 3 倍均方值考虑的轮轨力动力系数和疲劳检算轮重也随不平顺幅值的增大而逐渐增大；轮轨力概率密度曲线峰度值在无砟谱和低干扰谱时相差不大，但在高干扰谱时迅速减小，轮轨力概率密度曲线迅速变"矮胖"，说明轮轨力随不平顺幅值的增大变得分散，轮轨力分布范围变大，轮轨力最大值也随之变大。

（4）以德国低干扰谱作为轨道不平顺，在相同速度不同基础刚度情况下，轮轨力均值受基础刚度影响不大，但轮轨力最大值和标准差随基础刚度的增大而逐渐增大；以 3 倍均方值考虑的轮轨力动力系数和疲劳检算轮重随基础刚度增大而逐渐增大；轮轨力概率密度曲线峰度值逐渐减小，说明曲线随基础刚度增大逐渐变"矮胖"，轮轨力分布范围增大，轮轨力最大值也随之增大。

（5）以德国低干扰谱作为轨道不平顺，在相同速度不同 CA 砂浆伤损程度下，轮轨力均值受 CA 砂浆伤损程度影响不大，但轮轨力最大值和标准差随 CA 砂浆伤损程度增大而逐渐增大，以 3 倍均方值考虑的轮轨力动力系数和疲劳检算轮重随 CA 砂浆伤损程度增大而逐渐增大；轮轨力概率密度曲线峰度值逐渐减小，说明曲线随 CA 砂浆伤损程度增大逐渐变"矮胖"，轮轨力分布范围变广，轮轨力最大值也随之增大。

（6）以受列车车速、轨道不平顺激励、基础刚度和 CA 砂浆损伤程度影响较大的轮轨力最大值、轮轨力标准差、轮轨力动力系数和轮轨力疲劳检算轮重四个统计特征参数为判断指标，来评价各个工况对客货共线无砟轨道轮轨力统计特征的影响，可得各轮轨力统计特征参数的分布均与轨道不平顺幅值的大小分布趋势一致，说明轨道不平顺激励对轮轨力统计特征的影响起主导作用，而车速、基础刚度和 CA 砂浆损伤程度对轮轨力统计特征的影响均为次要作用。

（7）通过绘制渝怀线实测轮轨力频数分布图和 P-P 图正态分布假设检验，客货车实测轮轨力仍近似符合正态分布；通过绘制不同车速情况下客、货车轮轨力概率密度曲线，可知客、货车轮轨力概率密度曲线随车速增大而逐渐变"矮胖"，轮轨力分布更加分散，轮轨力最大值随之增大，分布范围也逐渐增大，验证了上述结论。

（8）通过轮轨力实测数据与不同轨道不平顺激励下轮轨力仿真计算值的比较，得出应用德国高干扰谱作为轨道不平顺激励模拟实测轮轨力分布情况更加合理；以德国高干扰谱作为轨道不平顺激励，研究不同轴重不同车速客货车轮轨力分布特征，对于 170 kN 轴重客车，当车速达到 180 km/h 时，约有 0.07% 的轮轨力大于 1.5 倍静轮重，且此概率随车速增大逐渐增大，因此，建议客货共线无砟轨道客车车速控制在 180 km/h 以下。对于 270 kN 轴重货车，当速度达到 100 km/h 时，约有 0.35% 的轮轨力大于 1.4 倍静轮重，且此概率会随货车车速的增加而逐渐增大，因此，建议客货共线无砟轨道货车车速控制在 100 km/h 以下。

4 客货共线无砟轨道水泥基材料性能演变试验研究

在客、货车荷载作用下，无砟轨道结构中混凝土内部损伤累积、缺陷演变、性能劣化是一个循序渐进的过程，结构从受力到出现微裂纹（损伤）、裂纹扩展到失稳断裂，最终材料性能趋于劣化，整个过程经历了损伤积累和演化的漫长历史。目前国内外学者普遍认为混凝土碳化引起的混凝土保护层中性化及氯离子侵入是引起钢筋锈蚀的主要因素，而钢筋锈蚀是影响钢筋混凝土耐久性寿命的主要原因。随着混凝土损伤演化的不断发展，混凝土的力学性能也发生改变。一方面，研究疲劳荷载作用下无砟轨道氯离子渗透性能方面的文献较少。另一方面，现有的混凝土结构设计并没有考虑混凝土损伤演化过程中混凝土材料性能的改变，导致混凝土结构的实际寿命往往低于设计寿命。因此，考虑无砟轨道结构在服役过程中材料性能的演化对无砟轨道结构分析和寿命预测具有现实意义。

无砟轨道结构在客货共线条件下出现的一系列问题表明，客货车荷载共同的作用是加速无砟轨道结构中混凝土材料性能衰减的主要原因之一，其中货车轴重大、运行车速低，而客车轴重低、运行车速快。本章将进行混凝土试件在疲劳荷载作用下力学性能衰变规律和氯离子扩散性能的试验研究，以弹性模量为损伤变量，研究不同列车荷载作用下混凝土损伤随荷载加载次数的变化规律，分析列车轴重和行车速度对无砟轨道中混凝土结构力学性能的影响，从而得出客货共线运营条件下无砟轨道结构损伤病害加剧的原因。此外，还分析了在疲劳荷载作用下，不同加载频率及应力水平对氯离子在混凝土中的扩散深度及分布规律的影响。

4.1 研究现状

对客货共线无砟轨道钢筋混凝土力学性能劣化的问题进行研究时，学者了解到，无砟轨道结构在服役过程中长期暴露于大气环境中，雨水等环境作用引起混凝土保护层中性化及氯离子侵入是引起钢筋锈蚀的主要原因，因而钢筋锈蚀是影响钢筋混凝土耐久性寿命的主要因素。另一方面，需要考虑混凝土材料本身在列车荷载作用下损伤产生和发展的规律，列车荷载的作用使混凝土材料内部的空隙逐渐演化发展为裂缝。国内外通常引入混凝土连续损伤力学对混凝土在外界荷载作用下微观空隙演化为宏观损伤的发展过程进行描述。

对客货共线无砟轨道在服役过程中结构损伤问题进行研究时，客车荷载和货车荷载的特征是需要关注的。列车荷载属于反复作用的冲击荷载，当无砟轨道承受列车荷载的作用时，既要考虑混凝土结构在冲击荷载作用下的动态力学性能，也要考虑混凝土结构在反复荷载作用下的疲劳性能。

1. 混凝土氯离子渗透特性研究现状

Satio 测试了不同应力水平及加载次数的循环压荷载后混凝土试件的抗氯离子渗透特性。试验结果表明，当应力比小于 0.5 时，混凝土电通量变化较小，当应力水平达到 0.6～0.8 时，混凝土电通量明显增加，并得出循环荷载作用后混凝土试件的残余应变是影响氯离子渗透性能的主要因素。

Zhang 等对循环压荷载加载后的混凝土圆柱形试件进行了快速氯离子迁移试验，结果表明，应力水平为 0.4 时，混凝土氯离子渗透性相对于无荷载时略微增加，应力水平为 0.8 时，氯离子渗透性增加较为明显。

Nakhi 等通过挖空混凝土试件并注入氯盐溶液，用以研究循环压荷载与氯离子渗透同时作用下的混凝土氯离子渗透特性，发现当荷载水平小于 0.6 时，氯离子渗透特性变化较小，但荷载水平超过 0.6 时，氯离子的扩散深度陡然增加。

王彩辉等研究了频率为 10 Hz 的循环弯曲荷载作用下混凝土氯离子扩散系数的变化，结果表明，在循环弯曲荷载作用下，无论应力水平如何，氯离子在混凝土内的扩散系数都会急剧增加。

Jaffer 等通过研究不同弯曲荷载作用下氯离子引起的钢筋腐蚀情况，发现循环弯曲荷载作用下普通钢筋混凝土中钢筋锈蚀产物从裂缝处扩散到水泥浆体内部，在静载条件下却未发现这一现象。

陈拴发研究了弯曲疲劳载荷作用下高性能混凝土分别浸泡在硫酸钠、硫酸镁、氯化镁 3 种腐蚀介质中的性能，其研究结果表明受疲劳作用下的高性能混凝土腐蚀试件的强度劣化远大于未受疲劳损伤的腐蚀试件。

蒋金洋等将混凝土试件进行一定弯曲疲劳次数后，浸泡于 NaCl 溶液中，同时采用干湿循环制度加速氯离子在混凝土中的扩散。试验结果显示对遭受疲劳损伤作用后的混凝土，其各深度处的自由氯离子含量均随残余应变的增加而增大。

段一鸣采用 ANSYS 热-结构耦合模块及疲劳分析模块，分析疲劳荷载作用对预应力混凝土箱梁内的氯离子渗透影响。

2. 混凝土动态力学性能研究现状

无砟轨道结构承受的列车荷载属于冲击荷载，在列车荷载作用下，混凝土的力学特性和静态荷载作用下的力学特性存在一定的差别。因此，在研究列车荷载对混凝土动态性能演变的影响规律时，除了需考虑应力水平的影响外，荷载加载速率的影响也不容忽视。

加载速率对混凝土强度影响的研究最早始于 1917 年，Abrams 对混凝土进行动载和静载压缩试验，发现混凝土抗压强度存在速率敏感性。自此，陆续有人进行了混凝土材料的动载试验。

Watstein 对圆柱体素混凝土进行了应变速率 $10^{-6} \sim 10\ s^{-1}$ 的单轴压缩试验，用落锤装置对强度为 17.4 MPa 和 45.1 MPa 的试件进行加载，结果表明两种混凝土的强度分别增加了 84% 和 85%。

Bischoff 等对混凝土在静荷载和应变率 $10^{-1} \sim 5\ s^{-1}$ 之间的动载单轴压缩条件下进行了力学特性研究，试验结果表明，在冲击荷载作用下，混凝土强度的提高不取决于混凝土的质量，冲击荷载的作用使混凝土的强度提高了 50% ~ 60%。

Tedesco 等对混凝土进行静载试验和 SHPB 冲击试验，得出混凝土动态强度提高的经验公式，并且认为当应变速率大于 $63.1\ s^{-1}$ 后，混凝土强度会随着应变速率的提高而迅速升高。

国内对混凝土动态性能的研究较晚，但也取得了一些成果。

陈肇元和阚永魁等对高强混凝土进行了应变速率约为 $4 \times 10^{-4}\ s^{-1}$ 的动载试验，结果显示混凝土强度提高了约 20%；同时还进行了劈裂和三分点弯拉试验，结果表明动载作用下劈拉强度的提高远大于弯拉强度的提高。

胡时胜等利用改进的 Hospkinson 压杆对混凝土进行不同应变速率的试验，结果表明混凝土材料具有明显的损伤软化效应。同时，试验还得出不同加载速率下混凝土动态损伤的演化规律。

尚仁杰等对混凝土试件进行了单轴直接拉伸和立方体试件单轴压缩试验，得出不同应变速率下应力位移全过程曲线。试验得出，当应变速率提高一个量级时，混凝土抗压强度提高约 6.2%，抗拉强度提高约 17%。

总体来说，随着加载速率的增大，混凝土的强度呈现增大的趋势。无砟轨道结构承受的列车荷载属于反复作用的动荷载，不同的加载频率下混凝土的动态强度有所不同。作用频率越高，单次列车荷载在混凝土上的加载时间越短，作用的速率越快，混凝土的动态强度也随之提高，因此在相同应力的荷载作用下加载频率的不同可能导致混凝土损伤演化规律出现一定的差异性。在客货共线无砟轨道的背景下研究混凝土结构损伤演化的规律，需要明确实际的列车荷载与试验设备提供试验荷载的联系，并以此为根据设计试验的实际加载值。

3. 混凝土疲劳性能试验研究现状

无砟轨道结构中，列车荷载除了属于冲击荷载外，由于列车对无砟轨道的作用具有长期、往复的特点，因此列车荷载对无砟轨道结构而言也是长期、往复作用的疲劳荷载。在列车疲劳荷载反复作用的过程中，混凝土内部的微孔隙不断产生和发展，力学性能不断退化，最终导致结构出现宏观损伤甚至破坏。所以，反复荷载作用是引起无砟轨道混凝土力学性能退化的重要因素之一，混凝土损伤演化的规律与其疲劳寿命息息相关。

Van Omum 最早开始混凝土抗压疲劳的研究。他在最大应力水平（最大加载应力与极限承载力的比值）为 0.55 的条件下对立方体和棱柱体混凝土试件进行单轴受压疲劳试验，得到了相应的疲劳寿命。

Graf 和 Brenner 在 Van Omum 试验的基础上进行了进一步的研究，得到棱柱体试件和立方体试件的疲劳寿命均超过 10^7，且在加载频率 4.5～7.5 Hz 的范围内频率对疲劳寿命的影响较小。

Zielinski 在研究混凝土冲击疲劳强度时发现，循环荷载作用 10～20 次以后混凝土劈拉强度开始出现下降；循环作用 1 000 次以后其剩余强度下降至静载强度的 50%，并得到了最大应力与疲劳寿命的相关关系。

石小平等开展了混凝土梁三分点加载的弯曲疲劳试验，采用养护龄期为 3 个月的试件，以减小龄期对疲劳强度的影响。试验分析了应力比和失效概率对疲劳规律的影响，建立了混凝土双对数和单对数的弯曲疲劳方程。

李永强等采用跨中集中加载的方式，对混凝土梁试件进行 6 种不同应力比下的等幅弯曲疲劳试验，试验记录了 108 根梁在不同应力水平下的疲劳寿命，提出了使用范围更广的双对数疲劳方程。

俞建荣等以抗弯强度为 4.9 MPa 的混凝土梁在疲劳后的剩余抗弯刚度为研究重点，对受弯混凝土结构的剩余承载力进行了尝试性研究，得出了判断混凝土弯曲疲劳破坏的标准方程。

王时越对不同弹性模量的混凝土棱柱体进行了疲劳试验。研究结果表明，当弹性模量较大或较小时，混凝土棱柱体疲劳寿命比较低，而弹性模量在某个范围内时混凝土的疲劳寿命相对较大。

从现有的试验研究来看，反复荷载作用下混凝土动态力学性能试验大多讨论混凝土结构所受应力对混凝土疲劳性能的影响，而对荷载频率影响的研究相对较少。现有试验的加载频率通常在 10 Hz 以内，而在无砟轨道领域中列车荷载的频率分布范围相对较广，不能将以上研究结果直接照搬，因此有必要针对列车荷载的特征对无砟轨道混凝土结构进行疲劳加载试验，研究反复荷载加载对无砟轨道中混凝土结构动态力学性能衰变的规律。

4.2 主要内容及技术路线

通过对混凝土梁试件进行反复加载试验，研究客货共线运营条件下无砟轨道混凝土内部损伤的发展规律。本章结合混凝土损伤力学的研究方法，以混凝土的动弹性模量为损伤变量，比较不同荷载加载值、不同荷载频率以及不同加载次数下混凝土损伤的发展情况，研究客、货车荷载运行速度和列车轴重对客货共线运营条件下无砟轨道混凝土性能劣化的影响规律。本章的主要内容如下：

（1）利用有限元法进行理论计算，并结合现场测试的客货车轮轨力和运行速度，把客货共线无砟轨道中列车荷载的轮轨作用力和运行速度转化为混凝土试件试验加载的应力水平和荷载频率，确定客、货车荷载对应的试验应力水平和频率的组合工况。

（2）根据无砟轨道设计施工的规范，以和现场施工相同的配合比制作一批混凝土试件，根据混凝土标准力学试验规范对试件的力学性能进行检验；采用无损检测的方法对混凝土初始动弹性模量和抗折强度进行检测。

（3）对混凝土试件进行反复加载试验，在各工况下对混凝土进行反复加载，每加载一定次数后用无损检测法测试混凝土的动弹性模量和抗折强度值，得到混凝土试件的动弹性模量和抗折强度随加载次数增加的下降规律。

（4）通过钻芯取样和分层切片，对混凝土试件各层自由氯离子浓度进行滴定测试，得到不同疲劳加载工况下氯离子在混凝土中的扩散规律；分析了混凝土和CA砂浆层黏接情况下双层组合试件在疲劳荷载作用下CA砂浆层的损伤发展规律。

主要技术路线如图4-1所示。

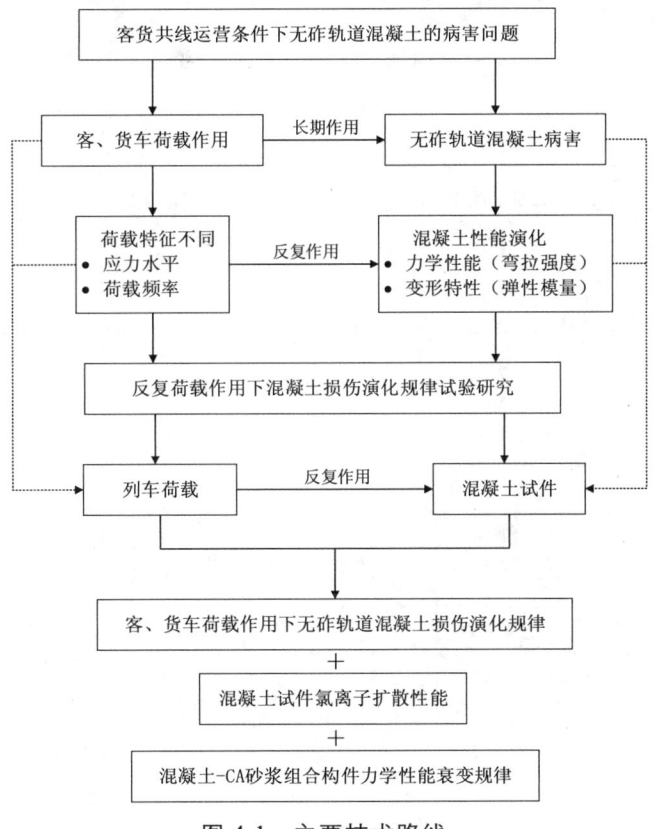

图4-1 主要技术路线

4.3 混凝土疲劳试验荷载设计

这里通过模型计算，为室内混凝土疲劳试件的荷载加载幅值提供参考依据。通过有限元法分别计算 CRTS I 型板式无砟轨道在客车荷载和货车荷载作用下混凝土轨道板应力的分布情况，提取最不利位置的最大拉应力值，基于该最大拉应力值，利用应力等效原理确定室内试验的荷载加载值，使试件在疲劳试验过程中的最大拉应力值与无砟轨道模型计算中所得结果一致。

为了计算 CRTS I 型板式无砟轨道在列车荷载作用下轨道板上应力分布情况，利用 ANSYS 建立轨道结构-路基模型，其力学模型如图 4-2 所示，模型计算参数见表 2-6。为了消除边界效应，建立 3 块轨道板进行计算，取中间轨道板的计算结果。

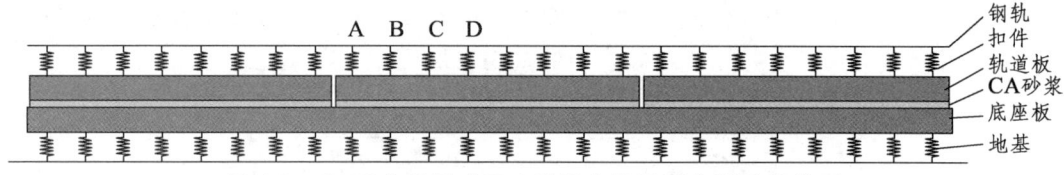

图 4-2 CRTS I 型板式无砟轨道实体模型力学计算模型

此计算模型在纵向具有对称性，在计算最不利工况时，对中间轨道板一半的 4 组扣件进行加载计算，即对图中 A、B、C、D 四组扣件分别加载，取产生最大应力的工况作为最不利工况。施加荷载分别为客车荷载和货车荷载，客车和货车的轴重分别为 140 kN 和 250 kN，理论计算中作用在单股钢轨的客车荷载取 70 kN，货车荷载取 125 kN，并分别取静轴重、1.5 倍静轴重和 3 倍静轴重进行计算。

计算得到不同的荷载作用在 A、B、C 和 D 扣件时轨道板底部最大拉应力值，具体结果如表 4-1 所示。

表 4-1 不同荷载作用在不同位置处轨道板底最大拉应力值　　MPa

荷载类型		扣件 A		扣件 B		扣件 C		扣件 D	
		纵向	横向	纵向	横向	纵向	横向	纵向	横向
客车	1 倍轴重	0.6	0.78	0.79	0.74	0.74	0.73	0.72	0.73
	1.5 倍轴重	0.9	1.16	1.20	1.10	1.11	1.09	1.08	1.09
	3 倍轴重	1.80	2.32	2.37	2.18	2.22	2.17	2.17	2.17
货车	1 倍轴重	1.07	1.38	1.41	1.30	1.32	1.29	1.29	1.29
	1.5 倍轴重	1.61	2.07	2.11	1.95	1.98	1.94	1.94	1.94
	3 倍轴重	3.22	4.13	4.22	3.89	3.97	3.87	3.87	3.86

从表 4-1 中可知，当列车荷载作用在扣件 B 时，轨道板纵向应力值最大。考虑动力系数，根据无砟轨道设计规范，在仅考虑列车荷载时取 3 倍静轴重，故在进行混凝土试件疲劳试验时，取最大拉应力为 2.37 MPa 和 4.22 MPa，分别对应客车荷载和货车荷载的极限应力值。

根据本书现场试验的测试结果，测试所得的轮轨力数据大多为静轴重理论取值的 1.5~3 倍，因此客货车荷载作用在轨道板上的应力水平大多分布在 0.2~0.7 的范围以内。考虑试验总时长的限制，本试验选取 0.3、0.5 和 0.7 三个应力水平进行试验。其中，0.3 的应力水平模拟线路状况正常的情况下客车荷载对轨道板的作用，0.5 的应力水平模拟线路状况正常的情况下货车荷载对轨道板的作用，0.7 的应力水平模拟线路状况较差的情况下（例如线路不平顺、车轮不圆顺较严重的情况）货车荷载对轨道板的作用。

4.4 混凝土试件疲劳性能试验研究

本节根据 CRTS I 型板式无砟轨道的技术规范浇筑一批混凝土试件，通过力学性能试验测定试件的力学性能，确定最终的加载值。由于混凝土力学性能的衰变规律和氯离子的扩散性能的试验同步进行，在疲劳加载的过程中试件浸泡在氯化钠溶液中。为了保证无损检测测试结果的准确性，需要拟合潮湿环境中混凝土抗折强度的专用测强曲线。

4.4.1 混凝土试件的原料和制作

根据 CRTS I 型板式无砟轨道的相关技术规范浇筑 400 mm × 100 mm × 100 mm 的抗折试件。试件分 3 天，共 7 批浇筑成型，共 68 个。每批试件在浇筑的同时成型 3 个立方体抗压试件，试件的尺寸为 100 mm × 100 mm × 100 mm，用于标定浇筑混凝土的强度等级。混凝土试件的配合比如表 4-2 所示。

表 4-2 混凝土试件配合比

水灰比	水泥/(kg/m³)	粉煤灰/(kg/m³)	硅灰/(kg/m³)	砂/(kg/m³)	碎石/(kg/m³)		减水剂/(kg/m³)
					粗骨料	细骨料	
0.35	18.9	50	20	678	454	681	1.60

混凝土采用 45 L 容量的搅拌机进行搅拌。在对第一批试件进行浇筑时，需要确定减水剂的用量，在搅拌这批试件的过程中，用搅拌机把混凝土胶凝材料、骨料和水搅拌均匀后倒出，通过在人工搅拌的过程中不断加减水剂的方式确定减水剂的用量，如图 4-3 所示。

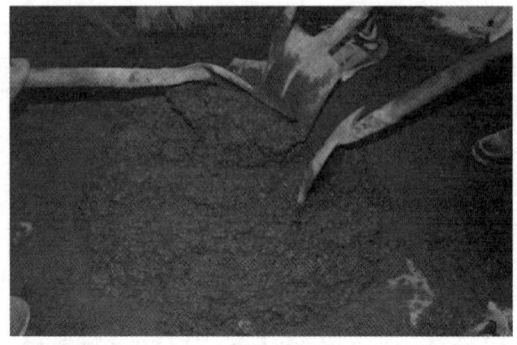

图 4-3 人工搅拌混凝土的过程

搅拌均匀后,对混凝土进行坍落度测试,若坍落度大于 100 mm,则将混凝土装填入模,坍落度测试过程如图 4-4 所示。

图 4-4 混凝土坍落度的测定

将混凝土装满模具,放置在振动台上振捣混凝土。待混凝土完全填满模具且不再有气泡产生时,用砌刀将表面的混凝土砌平,如图 4-5 所示。

图 4-5 混凝土的振捣和砌平

完成混凝土的填装后，对混凝土试件按批次进行编号，在室内放置24 h，待试件凝固后脱模，放入标准养护室进行28天的养护，如图4-6所示。

图4-6　完成填装编号的混凝土试件

混凝土养护室符合国家标准，条件为温度（20±2）℃、相对湿度95%以上。完成28天的标准养护后，将试件从标准养护室取出，进行静力学抗折试验和无损检测专用抗折强度曲线拟合。

4.4.2　混凝土立方体抗压试验

根据GB/T 50081—2002《普通混凝土力学性能试验方法标准》进行立方体抗压强度测试，测试试件的平均立方体抗压强度为69.11 MPa，且每批浇筑的混凝土立方体试件的抗压强度均超过60 MPa，根据《客运专线无砟轨道铁路设计指南》，板式无砟轨道的混凝土强度等级不能低于C50，试验浇筑的混凝土试件的强度等级满足要求。试验前后的试件外观如图4-7所示。

（a）试验前试件外观　　　　　　　　　（b）试验后试件外观

图4-7　试验前后立方体试件的外观

4.4.3　混凝土试件抗折强度试验

试验前用单面传播法测试混凝土试件内纵波速度，用于拟合混凝土试件抗折强度专用测强曲线，传感器布置的方式如图4-8所示。

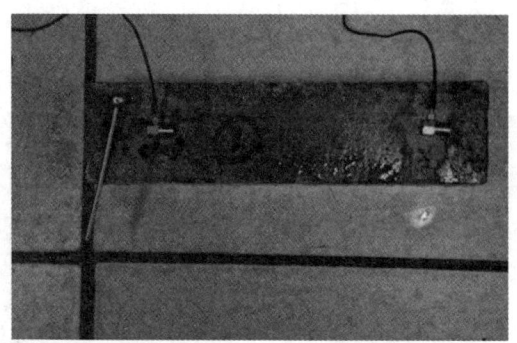

图 4-8 单面传播法测纵波波速测点布置和传感器安装图

根据 GB/T 50081—2002《普通混凝土力学性能试验方法标准》进行棱柱体抗折强度测试，测试试件的抗折强度平均值为 7.43 MPa，且每一块试件的抗折强度均超过 6 MPa，满足 CRTS Ⅰ型板式无砟轨道施工的技术要求。测试前后的试件外观如图 4-9 所示。

（a）试验前试件外观　　　　　　　（b）试验后试件外观

图 4-9 试验前后棱柱体试件的外观

测试纵波波速和混凝土抗折强度的关系如图 4-10 所示。

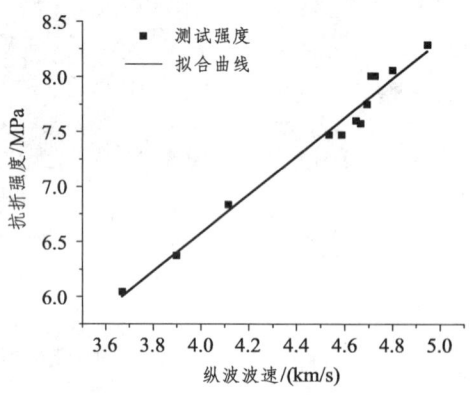

图 4-10 抗折强度推定曲线的拟合结果

从图中可知，测试波速与试件强度具有较好的相关性，二者的函数关系为

$$f = 1.515v^{1.059} \tag{4-1}$$

式中，f 表示试件强度，MPa；v 表示测试波速，km/s。

4.4.4 疲劳加载的应力水平和加载频率

1. 疲劳荷载的应力水平

应力水平是作用在试件上的最大荷载应力与材料的极限承载能力的比值，根据模型计算和静力学抗折试验的结果，可以确定疲劳试验中荷载的加载应力水平。

4.3 节中确定混凝土试件疲劳加载的应力水平为 0.3、0.5 和 0.7，三种应力水平对应的应力值如表 4-3 所示。

表 4-3　3 批试件 3 种应力水平对应加载幅值

试件批次	应力水平 0.3		应力水平 0.5		应力水平 0.7	
	应力/MPa	加载值/kN	应力/MPa	加载值/kN	应力/MPa	加载值/kN
第一批	2.24	6.40	3.74	10.69	5.24	14.97
第二批	2.33	6.66	3.89	11.11	5.45	15.57
第三批	2.19	6.26	3.64	10.40	5.10	14.57

2. 疲劳荷载的加载频率

列车荷载的频率与列车运行速度和转向架固定轴距有关，具体的关系式为

$$f = \frac{v}{l} \tag{4-2}$$

式中，l 表示列车转向架的固定轴距，m；v 表示列车运行的速度，m/s。

本试验选取 3 个频率进行对比试验，研究客货车运行速度对混凝土轨道板材料性能衰变规律的影响。考虑试验设备的最大加载频率和遂渝线列车荷载的实际运营速度，在试验中选取荷载频率分别为 10 Hz、15 Hz 和 20 Hz，根据公式（4-2），计算 3 种频率对应列车车速如表 4-4 所示。

表 4-4　3 种加载频率对应车速

列车类型	列车车速/（km/h）		
	10 Hz	15 Hz	20 Hz
客车	90	135	180
货车	61.2	91.8	122.4

3. 加载幅值和加载频率的组合

根据现场调研结果和现场试验结果，结合 4.3 和 4.4 两节中选取的应力水平和加载频率，得到本试验的 5 种荷载组合如表 4-5 所示。

表 4-5 5 种荷载组合模拟的车况

序号	应力水平	频率/ Hz	模拟工况
①	0.3	10	低速客车（线路状况理想） 低速货车（线路状况较差）
②	0.3	15	低速客车（线路状况理想） 普速货车（线路状况正常）
③	0.5	15	普速货车（线路状况正常）
④	0.7	15	普速货车（线路状况较差）
⑤	0.3	20	普速客车（线路状况正常） 高速货车（线路状况理想）

表中的线路状况理想表示线路不平顺或车轮不圆顺程度极低的理想运营状态；线路状况正常表示线路存在一定的不平顺或车轮存在一定的不圆顺，但程度不严重，属于一般的线路运营状态；线路状况较差表示线路不平顺和车轮不圆顺的现象较严重状态。

选取①、②和⑤三种组合进行对比，可以得到加载频率对混凝土力学性能衰减规律的影响；选取②、③和④三种组合进行对比，可以得到应力水平对混凝土力学性能衰减规律的影响。

4.5 混凝土试件力学性能衰变规律试验研究

本试验进行混凝土试件在疲劳荷载作用下力学性能衰变规律和氯离子扩散性能的试验研究，对浸泡在 NaCl 溶液的试件在进行不同加载频率和不同应力水平的疲劳加载，同时对混凝土试件抗折强度和弹性模量的下降规律和自由氯离子在混凝土中的扩散性能进行研究。对于混凝土弹性模量和抗折强度的测试采用无损检测系统，通过测试不同荷载组合工况下的混凝土试件在不同的疲劳加载次数后的弹性模量和抗折强度，拟合各荷载组合工况下混凝土弹性模量和抗折强度的下降曲线，得到客货车荷载对无砟轨道混凝土轨道板力学性能的衰变规律。

4.5.1 混凝土试件力学性能衰变规律试验

1. 加载设备和加载工况

本试验采用的加载设备有多功能混凝土结构无损探测仪、MTS 加载试验系统、试件加载装置。混凝土试件加载安装示意图如图 4-11 所示。

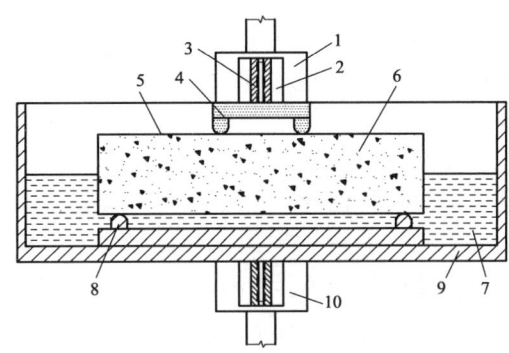

图 4-11　混凝土试件加载安装示意图

1—MTS 上夹具；2—夹紧缸；3—夹片，4—上支座；5—防水深层；6—混凝土试件；
7—NaCl 溶液；8—下支座；9—溶液盒；10—MTS 下夹具

从图中可知，工装的上、下部件与 MTS 的上、下夹具夹持连接，试件安放在工装下加载部件的加载头上，试验时加载槽固定于试验机下夹具上，将加载头固定于试验机上夹具。MTS809A/T 拉扭试验机额定载荷为 125 N/(N·m)，最小量程 12.5 N/(N·m)，采用 TestStar Ⅱ 490 Series 作为控制系统，在盒体中盛入 NaCl 溶液，可实现试件浸泡和疲劳加载同步进行。如图 4-12 所示为 MTS 试件加载系统和试验加载工装的实图。

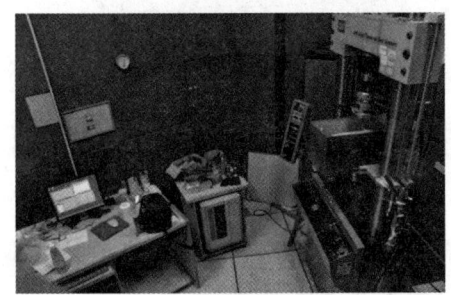
（a）MTS 试验加载系统实图

（b）试验加载工装

图 4-12　MTS 试验加载系统和试验加载工装

根据 4.3 节模型计算结果和 4.4 节混凝土试件力学性能试验结果，试验加载频率、应力水平组合所得疲劳试验加载工况如表 4-6 所示。

表 4-6　试验加载工况

	工况一	工况二	工况三	工况四	工况五
加载频率/Hz	10	15	15	15	20
应力水平	0.3	0.3	0.5	0.7	0.3
高低应力比	0.5	0.5	0.5	0.5	0.5
加载次数/万次	200	200	200	200	200

2. 试验过程

利用以上试验装置，实现疲劳加载和溶液浸泡的同步进行，可同时研究不同荷载组合工况下混凝土抗折强度、弹性模量等力学性能的衰变规律和氯离子在混凝土中的扩散规律。

将试件进行防水处理后，安装在试验装置中，加入浓度为10%的氯化钠溶液。完成安装后，在水位线处做标记，用塑料薄膜封住开口，减少水的蒸发，如图4-13所示。每经过一段时间的加载后，测试试件的抗折强度和弹性模量，测试时传感器的安装方式如图4-14所示。完成测试后将试件重新按图4-11所示安装好，并补充蒸馏水至水位线标记处。测试一次时间间隔大约为8 h，加载持续时间为2天。

（a）试验工装图　　　　　　　　（b）试验设备

图 4-13　试验加载图

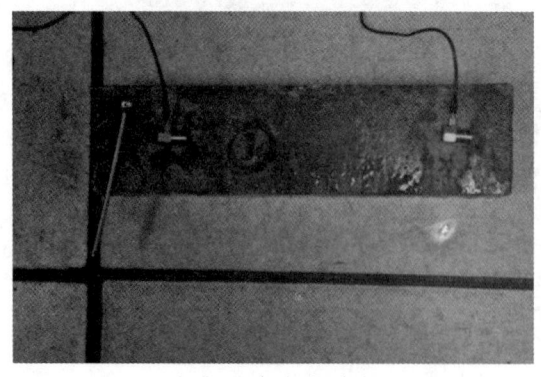 

（a）纵波波速测试　　　　　　　　（b）表面波波速测试

图 4-14　混凝土试件纵波和表面波波速的传感器安装图

4.5.2 混凝土试件力学性能试验结果

1. 加载频率对试件力学性能衰变规律的影响

当应力水平为 0.3 时，分别取加载频率为 10 Hz、15 Hz 和 20 Hz 的试件，比较不同加载频率作用下混凝土弹性模量和抗折强度的下降规律。取初始弹性模量和抗折强度相差不大的试件进行比较，如图 4-15 所示。

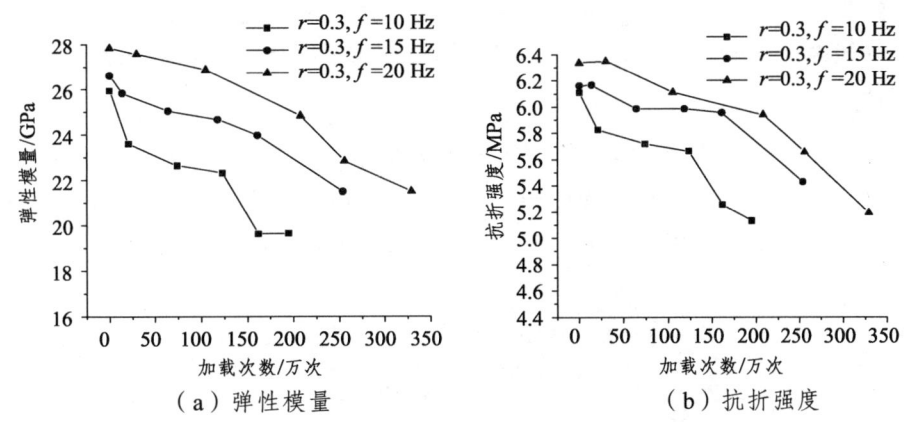

图 4-15 不同加载频率对混凝土弹性模量和抗折强度变化的影响

图中，r 表示试件加载的应力水平，f 表示试件加载的频率。从图 4-15 中比较应力水平同为 0.3 的条件下荷载频率分别取 10 Hz、15 Hz 和 20 Hz 的试件可知：

（1）荷载频率越低，试件弹性模量和抗折强度从图像上呈现"阶梯式"下降的趋势越明显，出现明显下降的拐点越早；荷载频率越高，其弹性模量和抗折强度从图上呈现出的下降曲线越平滑，出现明显下降的拐点越晚。

（2）如表 4-7、表 4-8 所示，加载次数在 0~200 万次以内时，荷载频率为 10 Hz 的试件的弹性模量和抗折强度下降的速率最快，荷载频率为 15 Hz 的试件弹性模量和抗折强度下降的速率较快，荷载频率为 20 Hz 的试件弹性模量和抗折强度下降的速率较慢；加载次数在 200 万~250 万次之间时，荷载频率为 20 Hz 的试件弹性模量和抗折强度下降的速率较 15 Hz 的更快。

表 4-7 不同加载频率弹性模量下降量　　　　　　　　　　　　　　GPa

加载次数	加载频率		
	10 Hz	15 Hz	20 Hz
0~200 万	6.30	3.86	2.99
200 万~250 万	—	1.25	2.00

表 4-8　不同加载频率抗折强度下降量　　　　　　　　　　　　　　　　MPa

加载次数	加载频率		
	10 Hz	15 Hz	20 Hz
0～200 万	0.97	0.47	0.23
200 万～250 万	—	0.26	0.46

从以上结果可知，加载频率较低的情况下，完好的混凝土容易出现力学性能的衰减，而当混凝土经一段时间的疲劳加载，存在一定初始损伤的情况下，高频荷载容易使混凝土力学性能的衰减加快。

2. 应力水平对试件力学性能衰变规律的影响

当加载频率为 15 Hz 时，分别取应力水平为 0.3、0.5 和 0.7 的试件，比较不同应力水平作用下混凝土弹性模量和抗折强度的下降规律，如图 4-16 所示。

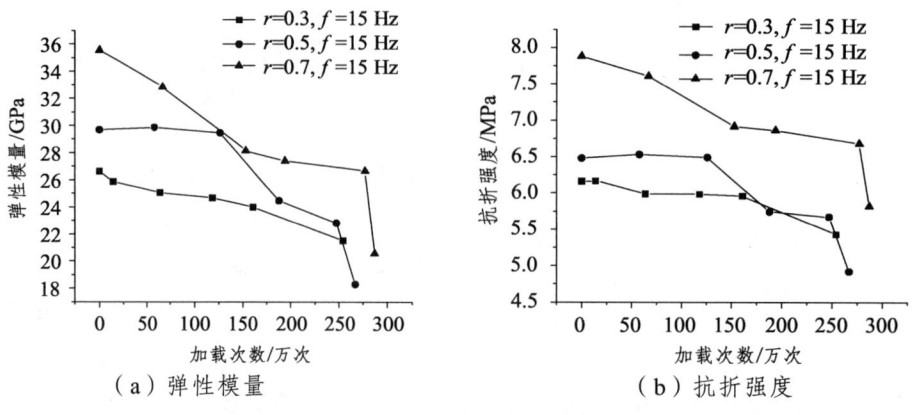

（a）弹性模量　　　　　　　　　　　（b）抗折强度

图 4-16　不同应力水平对混凝土弹性模量和抗折强度变化的影响

图中，r 表示试件加载的应力水平，f 表示试件加载的频率。从图 4-16 中比较在频率同为 15 Hz 的条件下应力水平分别取 0.3、0.5 和 0.7 的试件可知：

（1）在初始弹性模量和抗折强度存在差异的情况下，应力水平越高，试件弹性模量和抗折强度的下降越明显，结果如表 4-9 和表 4-10 所示。

表 4-9　不同应力水平弹性模量下降量　　　　　　　　　　　　　　　　GPa

加载次数	应力水平		
	0.3	0.5	0.7
0～150 万	2.64	3.01	7.41
0～300 万	5.11	11.39	15.01

表 4-10 不同应力水平抗折强度下降量　　　　　　　　　　　　　　　　MPa

加载次数	应力水平		
	0.3	0.5	0.7
0～150 万	0.21	0.58	0.96
0～300 万	0.73	1.56	2.06

（2）应力水平越大，试件的弹性模量和抗折强度越容易出现折减，弹性模量和抗折强度出现下降的时间越早。

（3）应力水平为 0.7 时，若试件的初始弹性模量和抗折强度较低，试件在加载过程中容易断裂，初始抗折强度和弹性模量较低时加载 200 次左右试件发生断裂破坏（见图 4-17 和图 4-18）。

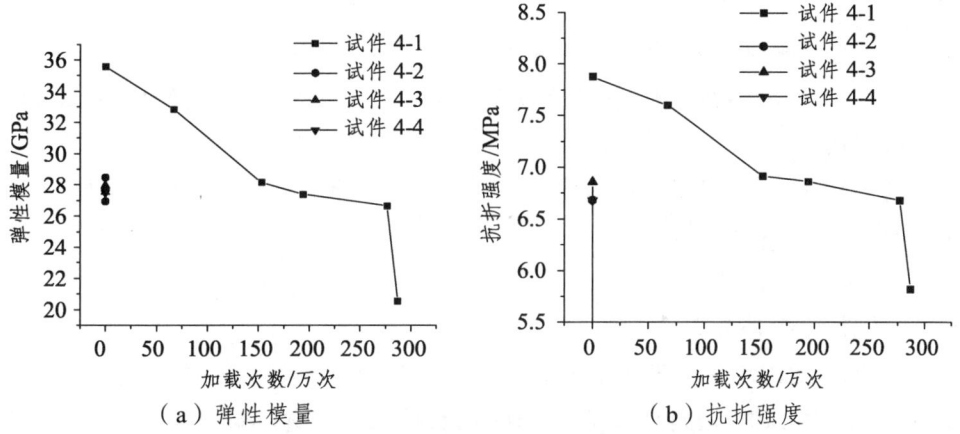

（a）弹性模量　　　　　　　　　　（b）抗折强度

图 4-17　加载工况为 $r=0.7$，$f=15\,\text{Hz}$ 试件弹性模量和抗折强度的变化曲线

图 4-18　应力水平为 0.7 的试件加载过程中断裂图

从以上结果可知，应力水平越高，混凝土越容易出现材料性能的衰减。荷载的大小是影响混凝土疲劳寿命的主要因素，由于混凝土本身的受拉性能差，弯曲应力越大，混凝土越容易出现破坏，其疲劳寿命越低。

4.6 混凝土试件氯离子扩散性能试验研究

无砟轨道结构作为以混凝土为主要材料的新型多层复合板状结构，常年承受着列车荷载的高频、随机反复作用，疲劳荷载作用下无砟轨道抗氯离子渗透性能是影响无砟轨道结构耐久性寿命的主要因素。这里通过对 4.5 节中浸泡在 NaCl 溶液中的混凝土试件完成疲劳加载后，对混凝土试件进行钻芯取样和分层切片，比较各层试样中自由氯离子的浓度，研究加载频率和应力水平对自由氯离子在混凝土中的扩散速率的影响规律。

4.6.1 氯离子浓度测试试验

1. 氯离子浓度测试方法

对混凝土试件疲劳荷载作用下氯离子扩散性能试验研究的加载工况和试验步骤与第 4.5 节一致，不再赘述。

对混凝土试件完成试验加载后，通过对不同工况下混凝土试件进行钻芯取样和分层切片，测定每层试样中自由氯离子的浓度，研究客货车荷载作用下氯离子在混凝土轨道板的扩散性能。

2. 氯离子浓度测试结果

如图 4-19 所示为混凝土浸泡于浓度为 10%的氯化钠溶液中 2 天，且同时承受应力水平为 0.3，加载频率分别为 10 Hz、15 Hz 及 20 Hz 的动荷载作用后，混凝土内自由氯离子浓度随扩散深度的变化。

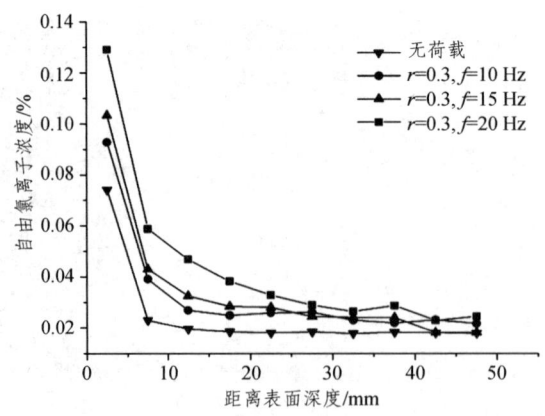

图 4-19 不同加载频率下混凝土内自由氯离子浓度随混凝土深度的变化

从图中可知，荷载的作用会加速氯离子在混凝土中的扩散速率，荷载频率越高，浅层混凝土的氯离子浓度越高，且在本试验中混凝土试件距表面 0～27.5 mm 的区域该规律最为明显。

如图 4-20 所示为混凝土浸泡于浓度为 10%氯化钠溶液中 2 天，且同时承受加载频率为 15 Hz，应力水平分别为 0.3，0.5 及 0.7 的动荷载作用后，混凝土内自由氯离子浓度随扩散深度的变化。

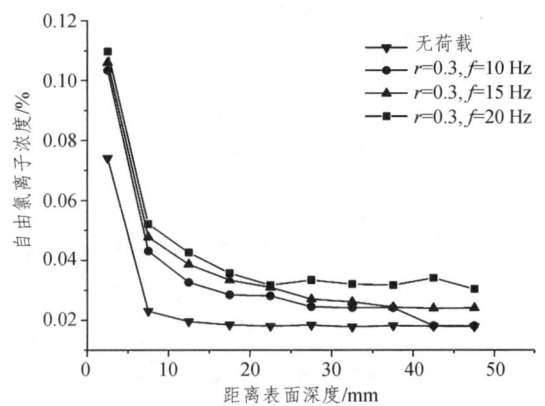

图 4-20 不同应力水平下混凝土内自由氯离子浓度随混凝土深度的变化

从图中可知，荷载的作用会加速氯离子在混凝土中的扩散速率，应力水平越高，浅层混凝土的氯离子浓度越高，且在本试验中混凝土试件距表面 0～27.5 mm 的区域该规律最为明显。

由此可以得出以下结论：

（1）加载频率越高，自由氯离子在混凝土中的扩散速率越大，且该规律在混凝土试件距表面 0～27.5 mm 的区域内最为明显。

（2）应力水平越高，自由氯离子在混凝土中的扩散速率越大，且在本试验中混凝土试件距表面 0～27.5 mm 的区域该规律最为明显。

（3）根据客货共线运营条件中无砟轨道的受荷情况，客车荷载具有频率高的特点，货车荷载具有应力水平高的特点，在自由氯离子较多的盐性地质条件下，客货车荷载的作用均会大大加快自由氯离子在无砟轨道结构中混凝土材料的扩散速率，加速氯离子对钢筋的腐蚀。

4.6.2 氯离子扩散系数

应力水平 $r = 0.3$，加载频率分别为 10 Hz、15 Hz 及 20 Hz 时混凝土试件内的氯离子扩散系数如图 4-21 所示。

从图中可知，动荷载作用显著增加了氯离子在混凝土内的扩散性能，且频率为 20 Hz 时的氯离子扩散系数明显高于加载频率为 10 Hz 及 15 Hz 时的值。

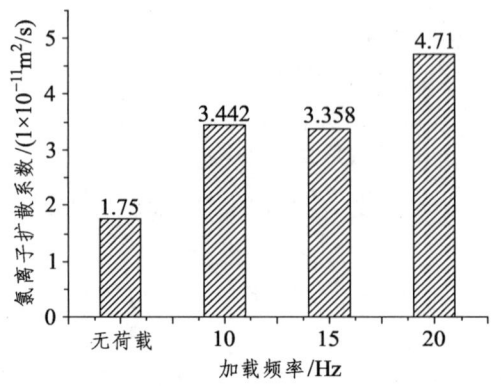

图 4-21 不同加载频率下氯离子扩散系数（r=0.3）

如图 4-22 所示为加载频率 15 Hz，应力水平 r 分别为 0.3、0.5 及 0.7 时的混凝土试件内氯离子扩散系数。从图中看出，当混凝土试件在 NaCl 溶液浸泡及弯曲动荷载耦合作用下，在加载频率保持一致的前提下，随着应力水平的增加，氯离子扩散系数逐渐增加。采用二次多项式可较好地描述氯离子扩散系数与应力水平之间的关系，其拟合相关系数达到了 0.980 8，其函数表达式如图 4-22 中所示，其中 r 表示加载应力水平。

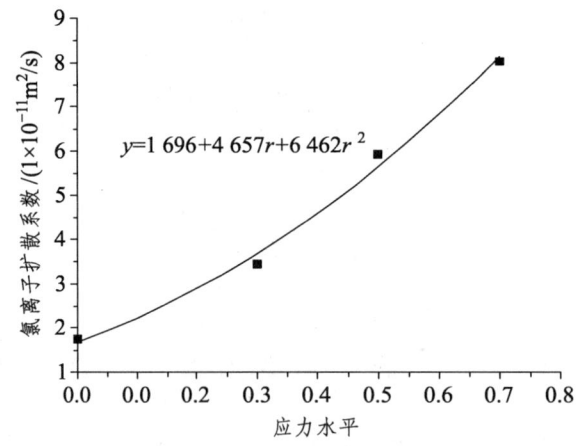

图 4-22 不同加载频率下氯离子扩散系数（f=15 Hz）

4.6.3 混凝土损伤变量对氯离子扩散影响

在试验中采用混凝土无损检测仪对混凝土试件试验前后的强度及弹性模量进行测量，其结果如表 4-11 所示。本试验采用弹性模量法描述动荷载作用下混凝土试件的疲劳损伤，即损伤变量 D 为

$$D = 1 - \frac{E'}{E} \tag{4-3}$$

式中，E 为混凝土试件初始无损弹性模量；E' 为疲劳加载一定次数后的剩余疲劳强度。

表 4-11 试件弹性模量及抗折强度

试件编号	应力水平	加载频率/Hz	作用次数/万次	弹性模量/MPa		劈拉强度/MPa		损伤变量 D
				加载前	加载后	加载前	加载后	
1	0.3	10	172.8	25.95	19.65	6.11	5.93	0.242
2	0.3	15	259.2	28.61	17.46	6.36	4.99	0.389
3	0.3	20	345.6	25.59	16.89	6.16	4.61	0.340
4	0.5	15	259.2	29.68	18.29	6.48	4.92	0.383
5	0.7	15	259.2	29.51	17.05	6.54	4.83	0.422

从表 4-11 中可知，在动荷载作用下混凝土试件的弹性模量及抗折强度均有不同程度的降低，表明混凝土试件在不同应力水平及加载频率的动荷载作用，内部产生了不同程度的疲劳损伤累积。

如图 4-23 所示为不同加载条件下混凝土试件的氯离子扩散系数及损伤变量 D。由图中可知，基本上混凝土试件损伤变量越大，混凝土内部缺陷越大，微裂缝扩张越明显，导致混凝土内的氯离子扩散系数越大。由于混凝土试件具有较强的离散性，可见虽然 20 Hz 作用下混凝土试件的损伤变量小于 15 Hz 作用时，然而混凝土试件的氯离子扩散系数却明显大于 15 Hz 动荷载作用时。说明混凝土试件在动荷载作用及自然浸泡的耦合作用下，不仅混凝土自身的损伤劣化（内部缺陷增加）会加剧氯离子的扩散，同时加载频率的增加也会加速氯离子的扩散。

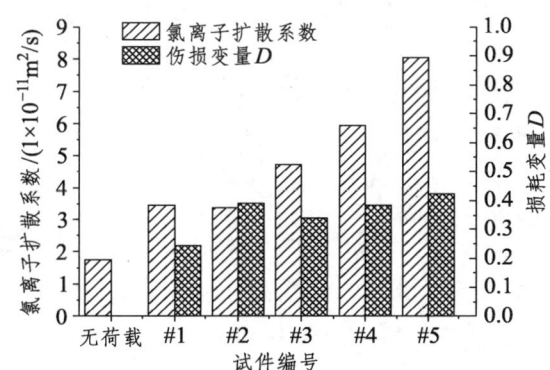

图 4-23 不同加载条件下氯离子扩散系数及损伤变量

4.7 混凝土-CA 砂浆组合构件力学性能衰变规律试验研究

根据遂渝线和渝怀线的现场调研结果，客货共线运营条件下无砟轨道各结构层均出现了不同程度的损伤，其中，CA 砂浆层的损伤现象最明显。而利用有限元法计算无砟轨道各结构层在列车荷载作用下的应力分布显示，CA 砂浆层的应力最小，模型计算结果无法解释现场调研中 CA 砂浆层破坏严重的现象。

为了解释调研结果中 CA 砂浆层破坏严重的现象，这里浇筑混凝土-CA 砂浆双层组合试件进行试验研究。由于 CA 砂浆的弹性模量远小于混凝土的弹性模量，在对组合试件进行疲劳加载时，CA 砂浆层更容易出现损伤。通过疲劳试验加载，可以确定在疲劳荷载作用下 CA 砂浆容易出现疲劳伤损的位置。

4.7.1 双层组合试件的力学计算模型

试件支承的方式分别采用两边支承、两平面支承和整体支承。其中，两边支承为两个相距 300 mm 的固定支座，两平面支承为两个 100 mm×100 mm、中心相距 300 mm 的正方形平面。3 种支承方式的示意图如图 4-24 所示。

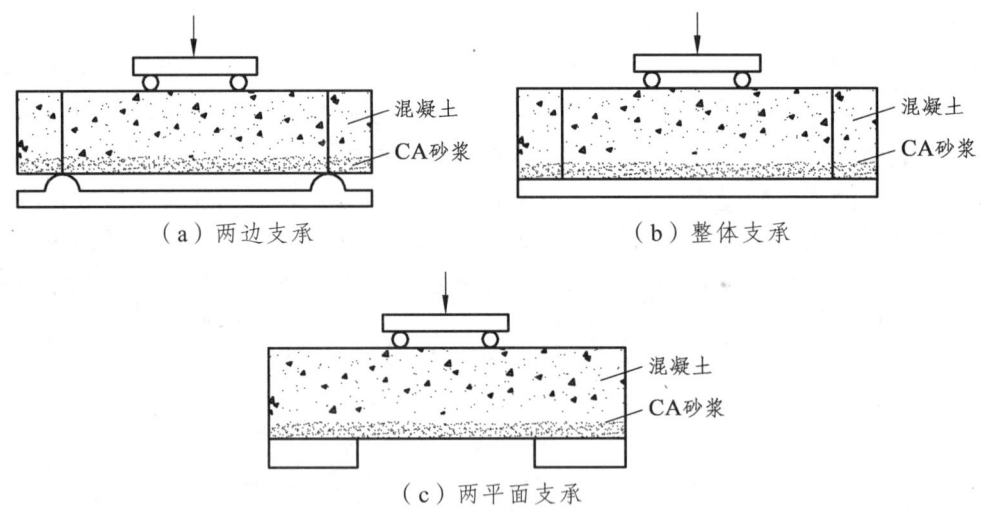

图 4-24 三种支承方式模型图

双层试件的总厚度为 100 mm，根据 CRTS I 型板式无砟轨道混凝土轨道板和 CA 砂浆的厚度关系，取混凝土层厚度为 80 mm，CA 砂浆层的厚度取 20 mm。混凝土层和 CA 砂浆层的参数和 4.2 节中的轨道板及 CA 砂浆的参数相同。

模型计算中选取的加载值为 3.6 kN，在此加载力下，采用两边支承方式双层试件混凝土层的最大拉应力值和 1.5 倍客车静轴重作用在轨道板上产生的应力值相同。

比较各支承方式下试件各层的应力分布情况可知：

① 3 种支承方式下，混凝土层的应力分布情况基本一致，出现最大应力的位置也相同，最大应力值的大小和支承方式有关，整体支承方式的混凝土层最大拉应力值远小于其余两种支承方式，如表 4-12 所示。

表 4-12　三种支承方式下混凝土层的最大拉应力

支承方式	最大应力值/MPa
两边支承	0.97
两平面支承	0.92
整体支承	0.43

② 在两边支承的条件下，CA 砂浆层容易出现应力集中，在试验加载的过程中 CA 砂浆加载位置容易出现破坏，且 CRTS Ⅰ 型板式无砟轨道中 CA 砂浆与下部底座板不会出现点支承的接触情况，所以在试验时不采用此种支承方式加载。

③ 在整体支承的条件下，试件 CA 砂浆层下部边界条件和无砟轨道结构中 CA 砂浆正常服役情况下的边界条件一致。其中，试件 CA 砂浆层的最大拉应力值出现在 CA 砂浆层的边和角处，最大拉应力值较小，约为 6.5 kPa。但由于应力值在满足试件混凝土层应力水平的荷载下，CA 砂浆层的拉应力过小，不易在加载的过程中观察试件 CA 砂浆层的损伤情况。

④ 在两平面支承的条件下，试件 CA 砂浆层下部边界条件和无砟轨道结构中 CA 砂浆与底座板出现脱空时的边界条件一致。其中，在试件支承面附近的脱空位置出现较大的拉应力集中，最大拉应力值为 29.1 kPa；试件 CA 砂浆层的边和角处的拉应力值相对于支承面处较大。本试验采用此种支承方式进行加载。

4.7.2　双层组合试件的原料和制作

试验中浇筑的双层组合试件的外观尺寸为 400 mm × 100 mm × 100 mm 的棱柱体试件，试件从上向下分为 C60 混凝土层和 CA 砂浆层，两层的厚度比为 4∶1，如图 4-25 所示。

图 4-25　双层组合试件示意图

浇筑试验所用的混凝土材料和 CA 砂浆材料符合 CRTS Ⅰ 型板式无砟轨道施工的相关技术规范。浇筑 CA 砂浆采用的原料和配合比如表 4-13 和表 4-14 所示。

表 4–13 CA 砂浆干料的配合比

水泥	膨胀剂	铝粉（稀释 10 倍）	0.6 mm 砂	0.3 mm 砂	0.15 mm 砂	0.075 mm 砂
30 %	5 %	0.05 %	5 %	25 %	25 %	10 %

表 4–14 CA 砂浆试件的配合比

类型	干料	乳化沥青	苯丙乳液	水	消泡剂	减水剂	流动度
CRTS I	1 100 kg/m³	465 kg/m³	50 mL/m³	60 mL/m³	0.08 mL/m³	/	24 s

4.7.3 双层组合试件静力抗折试验

由于双层组合试件的材料组成和普通试件不同，需要通过静力学抗折强度测试确定疲劳试验的加载值。根据静力抗折试验数据，确定各应力水平对应的具体加载值。

采用万能试验机测试双层组合试件的抗折强度，确定双层组合试件的荷载加载值。根据模型计算结果，在两平面支承条件下，混凝土层的最大应力出现在混凝土层底部的正中间位置，而 CA 砂浆层的最大应力出现在支承平面附近。为了验证模型计算结果是否正确，在静力抗折试验加载的过程中分别在混凝土层最下部的中点和 CA 砂浆层底部的中心处粘贴应变片，如图 4-26 所示。

试验步骤和 4.4.3 节中混凝土抗折试验的试验步骤相同。

图 4-26 静力抗折试验加载装置图

两种加载方式得到双层试件混凝土层和 CA 砂浆应变随加载时间的变化如图 4-27、图 4-28 所示。

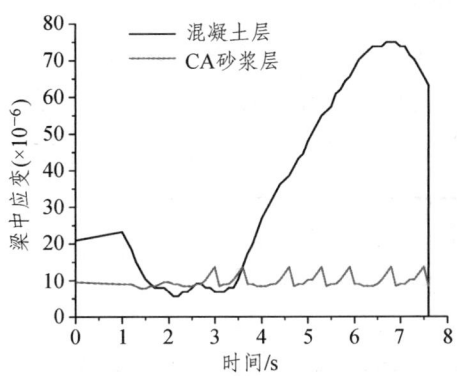

图 4-27 组合试件加载至破坏过程中各层应变变化图

如图 4-27 所示为直接加载至破坏试件应变的变化图。从图中可看出,加载前数据采集系统读取的应变值约为 10^{-5}。随着加载值的增大,混凝土层的应变随力的增加而增大,而 CA 砂浆层的应变基本保持不变。当混凝土层的应变读数达到 7.5×10^{-5} 后,混凝土层的应变值开始下降,随后试件发生破坏,此时测得荷载值为 12.53 kN。在整个过程中,梁中混凝土层应变的变化量为 6.5×10^{-5},而 CA 砂浆层应变的变化量几乎为 0。

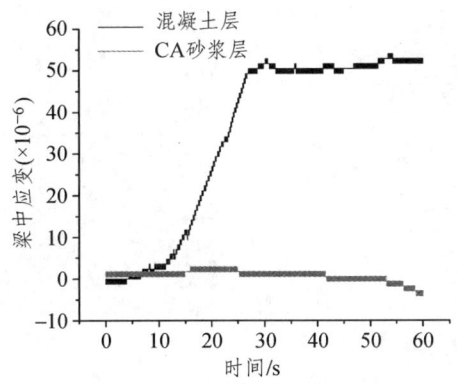

图 4-28 组合试件加载至 10 kN 后保持加载值的应变变化图

如图 4-28 所示为加载至 10 kN 后保持力一段时间不变的试件。从图中可看出,在力增大的过程中,混凝土的应变随力的增大而不断增大,而 CA 砂浆层的应变基本保持不变。当加载力达到 10 kN 后,加载力在一段时间内保持不变,混凝土层的应变也随之保持不变,而 CA 砂浆层的应变和之前荷载增大的过程基本相同。

4.7.4 双层组合试件疲劳试验

用 MTS 加载试验系统对双层组合试件进行疲劳加载,通过不同应力水平和作用频率的加载确定 CA 砂浆层在试验过程中的损伤位置和损伤形式,试验加载工况如表 4-15 所示。

表 4-15 试验加载工况

	工况一	工况二	工况三	工况四	工况五
加载频率/Hz	20	20	20	15	10
应力水平	0.3	0.5	0.7	0.3	0.3
高低应力比	0.5	0.5	0.5	0.5	0.5
试验次数/万次	200	200	200	200	200

如图 4-29 ~ 4-31 所示为几组工况加载后双层组合试件的外观情况。

(1)如图 4-29 所示为应力水平 0.3、荷载加载 200 万次后双层组合试件的外观图。如图 4-29(a)所示为加载频率 15 Hz 的 CA 砂浆表面俯视图,CA 砂浆表面没有出现较大的变形,但在试件两个角处出现轻微的掉块,如图 4-29(b)所示为掉块位置的放大图。在此应力水平下,加载频率为 10 Hz、15 Hz 和 20 Hz 的工况双层试件在 CA 砂浆层位置的损伤情况类似,均为试件的角部出现轻微掉块。

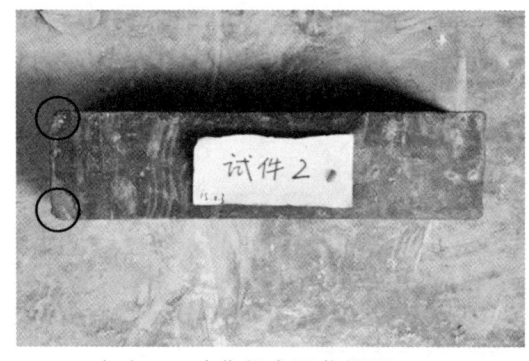 

(a)CA 砂浆层表面俯视图　　　　　(b)角部掉块位置放大图

图 4-29 荷载应力水平为 0.3 的双层组合试件

(2)如图 4-30 所示为应力水平 0.5、荷载加载 200 万次后双层组合试件的外观图。如图 4-30(a)所示为 CA 砂浆表面的外观,CA 砂浆表面的变形不大,但角部和边缘的掉块严重,从图 4-30(b)中可以看出,应力水平为 0.5 的工况 CA 砂浆的角部的掉块情况比应力水平 0.3 工况的严重。

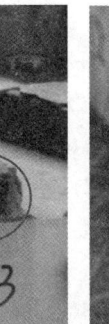

（a）CA 砂浆层表面外观图　　　　　　（b）角部掉块放大图

图 4-30　荷载应力水平为 0.5 的双层组合试件

（3）如图 4-31 所示为应力水平 0.7、荷载加载 200 万次后双层组合试件的外观。如图 4-31（a）所示为双层试件 CA 砂浆层表面变形图，从图中可看出，应力水平为 0.7 的 CA 砂浆表面变形情况较明显，且边缘位置有开裂、破碎的情况，如 4-31（b）和图 4-31（c）所示，CA 砂浆表面有裂纹的产生，从 CA 砂浆层的边缘向中间发展。如图 4-31（d）所示为 CA 砂浆层角部的掉块，程度较严重。

（a）CA 砂浆层表面变形　　　　　　（b）CA 砂浆层边缘破损

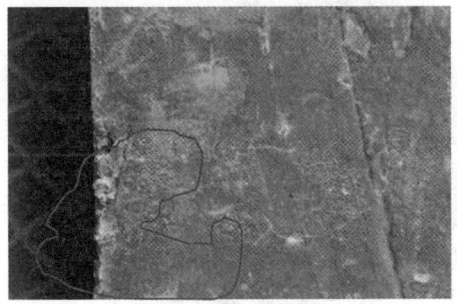

（c）CA 砂浆层表面裂纹　　　　　　（d）CA 砂浆层角部掉块

图 4-31　荷载频率为 20 Hz 且应力水平为 0.7 的双层组合试件

从以上结果可知:

(1) 在 5 种加载工况下,双层组合试件的混凝土层在外观上无明显的损伤和变形产生。

(2) 在相同的应力水平作用下,加载频率对 CA 砂浆层损伤程度的影响不大。应力水平为 0.3,荷载频率分别为 10 Hz、15 Hz 和 20 Hz 的疲劳荷载加载下,在外观上双层组合试件的 CA 砂浆层的损伤程度和变形量都较小,试件产生损伤和变形的位置如图 4-32 所示。

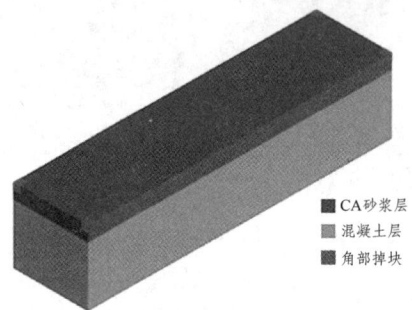

图 4-32　荷载应力水平为 0.3 时 CA 砂浆损伤和变形位置示意图

(3) 应力水平对 CA 砂浆损伤程度的影响十分显著。应力水平为 0.3 的试件 CA 砂浆层仅在角部有轻微的损伤;当应力水平为 0.5 时,角部的损伤加重,且在 CA 砂浆层边缘也出现了掉块;当应力水平为 0.7 时,CA 砂浆层表面出现严重的变形,且损伤从 CA 砂浆层的边缘向中部发展。荷载应力水平为 0.5 和 0.7 时的 CA 砂浆损伤和变形位置如图 4-33 和图 4-34 所示。

参考 4.4.4 节中各荷载组合工况模拟的实际运营情况,当线路状况良好时,客车荷载作用产生的应力较小,不易使 CA 砂浆层发生损伤;货车荷载作用产生的应力较大,容易导致 CA 砂浆层的破损。当 CA 砂浆层产生损伤时,线路的平顺性下降,列车荷载作用在无砟轨道结构冲击作用增大,产生的应力随之增大,加速无砟轨道混凝土轨道板力学性能的下降,使无砟轨道结构更容易出现损伤。

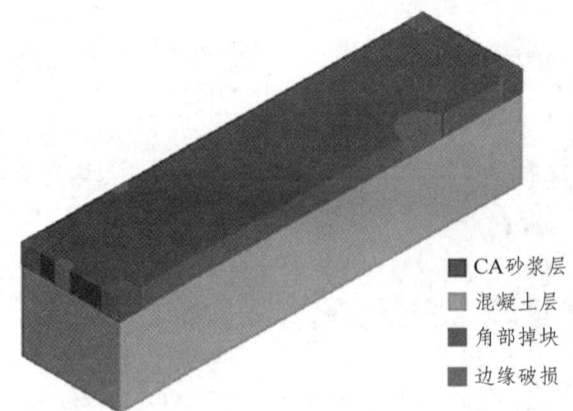

图 4-33　荷载应力水平为 0.5 时 CA 砂浆损伤和变形位置示意图

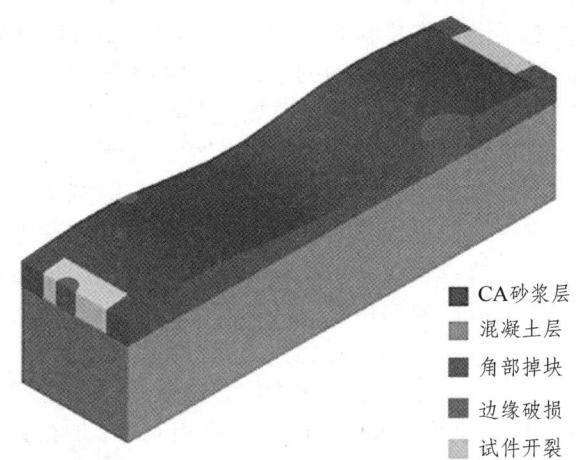

图 4-34 荷载应力水平为 0.7 时 CA 砂浆损伤和变形位置示意图

4.8 本章小结

本章以客货共线无砟轨道为背景，对混凝土梁在不同荷载频率和不同应力水平作用下的抗弯疲劳性能进行试验研究。利用应力等效的原理和有限元法把无砟轨道中客车荷载和货车荷载转化为混凝土梁抗弯疲劳试验的实际加载值；以动弹性模量为损伤变量，推导出混凝土内部损伤随疲劳荷载加载次数的演化规律；通过钻芯取样和分层切片，对混凝土试件各层自由氯离子浓度进行滴定测试，得到不同疲劳加载工况下氯离子在混凝土中的扩散规律；分析了混凝土和 CA 砂浆层粘结情况下双层组合试件在疲劳荷载作用下 CA 砂浆层的损伤发展规律。主要结论如下：

（1）采用有限元法，以 CRTS I 型板式无砟轨道为例建立了实体模型，计算出不同轮轨力作用下混凝土轨道板的应力分布，确定试验研究混凝土的抗弯疲劳性能。

（2）利用应力等效的原则确定试验荷载的应力水平为 0.3、0.5 和 0.7；根据客货车运行速度和轴距，确定试验荷载的频率为 10 Hz、15 Hz 和 20 Hz。

（3）按照无砟轨道设计施工技术规范，制作一批混凝土梁试件，根据混凝土标准力学试验规范的方法验证试件强度满足要求。对试件进行无损检测标定，得到混凝土中弹性波速度的传播与混凝土动弹性模量和抗折强度之间的关系。

（4）根据疲劳试验过程中测试的混凝土相对动弹性模量数据，拟合出不同加载工况下混凝土试件随加载次数变化的混凝土损伤演化曲线。当荷载的应力水平相同时，在无砟轨道结构混凝土有效的服役期内，荷载频率越低，混凝土内部损伤累积的速率越高，此规律在荷载频率取 10 Hz 和 15 Hz 的比较结果十分显著；当荷载频率相同时，荷载的应力水平越高，混凝土损伤速度和损伤速度的发展速率越快。

（5）对于客货共线运营条件下的无砟轨道，在线路运营初期，混凝土内部损伤未发展时，低速的客货车荷载都会使混凝土损伤累积发展的速度更快；当线路状态下降时，混凝土内部损伤得到一定的发展，此时高速荷载引起的列车荷载动力系数增大的问题对混凝土损伤发展的影响较大，此时高速的客货车荷载会加速无砟轨道结构的损伤。

（6）根据试验所得混凝土的损伤演化规律，对客货共线无砟轨道疲劳寿命进行了定性分析。结果表明，无砟轨道结构在轴重较低、速度较快的客车荷载作用下的混凝土损伤演化的速率较慢，单次荷载对结构造成的损伤较小，疲劳寿命较长；在轴重较大、车速较慢的货车荷载作用下混凝土损伤演化的速率较快，单次荷载对结构造成的损伤较大，疲劳寿命较短。在客货共线无砟轨道上，货车荷载的作用使无砟轨道结构损伤演化的速率加快，因此客货共线无砟轨道的疲劳寿命与客运专线无砟轨道相比大大降低。

（7）荷载频率和应力水平的增加使相同深度内自由氯离子浓度增加，该规律在混凝土试件距表面 0~27.5 mm 的区域内最为明显。当应力水平相同时，加载频率在 10~15 Hz 范围内时，氯离子扩散系数基本不变。当动荷载加载频率增加至 20 Hz 时，混凝土内氯离子扩散系数显著增加。混凝土的损伤会加速氯离子在混凝土中的扩散速率。

（8）根据客货共线运营条件中无砟轨道的受荷情况，客车荷载具有频率高的特点，货车荷载具有应力水平高的特点，在自由氯离子较多的盐性地质条件下，客货车荷载的作用均会大大加快自由氯离子在无砟轨道结构中混凝土材料的扩散速率，加速氯离子对钢筋的腐蚀。

（9）无砟轨道结构的初始损伤使 CA 砂浆层局部应力增大，使 CA 砂浆层容易发生损伤和变形；荷载频率对 CA 砂浆损伤出现位置和发展规律的影响不明显，应力水平是导致 CA 砂浆层出现损伤的主要因素；随着荷载应力水平的增加，CA 砂浆层的损伤位置呈现从边缘向内部发展的趋势。

（10）根据荷载工况组合模拟的实际运营情况，无砟轨道线路状况良好时，仅在客车荷载作用下，结构损伤的产生和发展速度较慢，而货车荷载的作用会加快无砟轨道结构损伤的产生和发展，使无砟轨道线路状况变差，列车荷载作用在无砟轨道结构上产生的冲击随之增大，从而加速无砟轨道结构的损伤破坏。

5 CA 砂浆黏弹性特征及其对疲劳损伤的影响分析

水泥乳化沥青砂浆（CA 砂浆）作为 CRTS Ⅰ型板式无砟轨道中填充于轨道板与底座板之间的关键材料，主要成分为水泥、乳化沥青、细骨料、水、铝粉及功能添加剂，起着施工调整、缓冲协调、阻断裂纹和提供弹性的作用。现场调研发现，实际运营的 CRTS Ⅰ型板式无砟轨道结构服役环境较为复杂，砂浆碎裂掉块、层间离缝等损伤较为常见。

CA 砂浆的损伤势必造成轨道结构整体刚度和稳定性发生改变，影响行车安全，因此，从砂浆材料本身的变形行为特征出发，研究其对损伤变化规律的影响就显得尤为重要。运营过程中的损伤往往与砂浆材料本身的材料特性有密不可分的关系，其材料特性决定了砂浆在列车荷载作用下的力学性能状态，如所受应力以及变形规律，该力学状态的变化将破坏原本轨道结构的整体平衡，增大轨道结构的力学响应，使得砂浆等结构部件损伤的发展较正常状态更为迅速，实际使用寿命较设计要求更短，长时间外部条件影响下形成肉眼可见的结构病害，增大轨道结构的维修工作量。

砂浆主要原材料包含乳化沥青，材料性能对温度与时间有很强的依赖性，在应力持续作用下，线弹性材料应变为定值，而沥青复合材料对应的应变为变值，具有黏弹性特性，其应力与应变、应变速率有关，黏弹性变形为非弹性变形，变形形成后不可完全恢复，长时间荷载累积作用下有可能使轨道板与 CA 砂浆层之间产生离缝，如图 5-1 所示。

砂浆黏弹性变形导致层间离缝形成后，荷载作用时层间接触不均匀，离缝区域产生应力集中，加速砂浆内部微观裂纹扩展，砂浆所能承受的荷载作用次数减少，疲劳寿命降低。本章从 CA 砂浆材料黏弹性性能以及其行为特征出发，研究其在实际列车荷载作用下的受力以及变形规律，并基于损伤理论，分析包括黏弹性变形在内的砂浆垂向变形对砂浆疲劳损伤的影响。

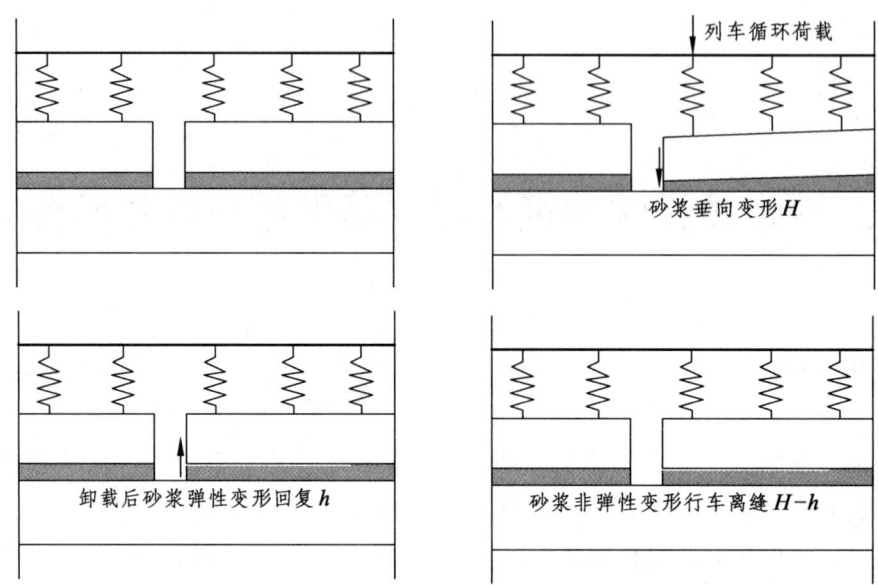

图 5-1 砂浆黏弹性变形导致层间离缝示意图

5.1 研究现状

近年来部分铁路试验段铺设了 CRTS I 型板式无砟轨道,如秦沈客运专线和遂渝线,砂浆作为其重要组成部分,相关应用研究已经取得部分成果,现有研究中,主要针对砂浆黏弹性性能、实际力学状态以及损伤破坏等方面进行分析。砂浆黏弹性变形将导致不可完全恢复的垂向变形,致使轨道板与 CA 砂浆层之间产生离缝,荷载作用时部分区域产生应力集中,加剧疲劳损伤,缩短疲劳寿命。

1. 砂浆类材料黏弹性特征研究现状

在 CA 砂浆黏弹性行为方面,Li 等对水泥沥青乳液复合材料(CAEC)的疲劳、强度、刚度、温度敏感性和应力应变关系进行了研究,认为该材料具有水泥和沥青力学性能的双重特征。

王涛研究了 CA 砂浆的黏弹性力学行为,探明了其组成与配比对其黏弹性力学性能的影响规律,建立了应力应变方程。

刘哲通过单轴静载试验对不同温度下的 CA 砂浆蠕变特性进行了研究,得到相应的 Burgers 模型黏弹性参数。乳化沥青是 CA 砂浆的关键材料,能决定性地影响 CA 砂浆的使用性能,因此一般沥青材料的黏弹性特征也可作为参考。

Morusmith 应用流变力学理论,对沥青混凝土的黏弹性特征进行了研究,证实了 Burgers 模型可以用于分析沥青混凝土的黏弹性特性。

Zhang 等对轴向压力作用下的沥青混凝土进行了弹性-黏弹性耦合分析，确定了黏弹性参数与变形的关系，建立了黏弹性求解方程。

Lee 等建立了反映沥青混凝土材料的黏弹性疲劳损伤模型，并通过试验研究验证了该模型的正确性。

周志刚等以黏弹性力学理论为基础，采用 Burgers 模型模拟直接拉伸试验，测试沥青混合料的黏弹性特性，提出了黏弹性参数确定的非线性规划数学模型。

陈静云结合试验所得蠕变数据，拟合出广义 Maxwell 模型和 Burgers 模型下的沥青混合材料黏弹性参数，推导出其 Prony 级数表达形式。

李晓军通过对不同应力条件下的沥青砂浆进行单轴蠕变试验，得到其黏弹性本构方程，分析了模型参数对蠕变的影响。

对于 CA 砂浆的黏弹性特征，现有研究集中于材料自身的力学试验和对黏弹性模型理论参数的分析验证，缺乏对实际列车荷载作用下 CA 砂浆黏弹性变形规律的相关研究。现有结果表明，不同应力条件下材料的黏弹性模型有所不同，而砂浆不同部位、不同受力状态下其应力值也不尽相同，单一应力状态下的黏弹性模型不能模拟出不同受力状态下的砂浆黏弹性变形趋势，故有必要建立以应力为变量的分析模型对砂浆黏弹性行为进行模拟。

2. 砂浆变形及离缝对轨道结构力学性能影响研究现状

砂浆黏弹性变形势必造成砂浆与轨道板的接触状态发生改变，部分区域形成离缝，荷载作用时层间接触不均匀，造成砂浆应力集中以及增大结构力学响应。杨俊斌通过建立了轨道垂向耦合动力学模型，研究了不同离缝长度和高度工况下轨道结构动力特性。

朱浩建立 CRTS Ⅱ 型板式轨道模型，研究了板下离缝长度和离缝高度对轨道结构受力和变形的影响。

邵丕彦通过对 CRTS Ⅰ 型轨道板进行全天跟踪测试，研究了温度对轨道板翘曲变形以及与砂浆层间离缝的影响。

卢炜针对严寒地区 CRTS Ⅰ 型轨道板与砂浆层四角离缝，分析了四角离缝成因，并提出应对措施。

谢露采用瞬态动力分析方法模拟了 CRTS Ⅰ 型轨道板与 CA 砂浆间的拍打效果，研究了轨道板与 CA 砂浆间的拍打作用规律。

徐浩通过建立板式无砟轨道计算模型，对不同砂浆脱空长度状态下，轨道结构动力响应以及脱空区域附近砂浆压应力进行了研究。

现有研究内容大多针对车体、钢轨、轨道板等结构，对于砂浆的研究也局限于某不利状态下或者某不利位置的应力量值大小分析，砂浆黏弹性变形对轨道结构力学响应的不利影响相关研究较为少见，砂浆变形引起层间离缝后，列车荷载作用下，在轨道板与砂浆接触作用区域内，砂浆的受力变化规律及应力分布规律并没有得到系统全面的研究。

3. 砂浆疲劳损伤研究现状

砂浆垂向变形后轨道结构受力发生变化，砂浆应力的集中分布加剧内部微观裂纹扩展，砂浆所能承受的荷载作用次数减少，疲劳寿命降低。对于砂浆的疲劳损伤，李云良对不同配比水泥沥青砂浆进行了疲劳试验，建立了砂浆疲劳寿命方程，并对低应力水平下砂浆疲劳寿命进行了预测。

王发洲通过试验得到了 CA 砂浆分别在环境温度为 20 ℃、−20 ℃，不同应力水平加载条件下的疲劳寿命方程，研究了其疲劳特性。

刘观建立 CRTS I 型板式无砟轨道模型，基于线性疲劳损伤准则，对不同列车荷载作用下砂浆疲劳寿命进行分析。

杨俊斌建立弹性地基梁-体模型计算了不同列车荷载谱疲劳作用下 CA 砂浆应力，采用线性疲劳损伤准则对砂浆疲劳损伤进行了研究。

王涛对 CA 砂浆在低温与常温条件下的疲劳性能进行了研究，并建立了 −20 ℃ 与 18 ℃ 条件下的疲劳方程，对其疲劳寿命进行了预测。

徐浩在对脱空区域附近 CA 砂浆的垂向动压应力研究的基础之上，对砂浆自身的疲劳寿命进行了分析。

对于 CA 砂浆材料疲劳损伤已有大量试验分析，并获得了各种条件下较为合理的疲劳-寿命曲线，基于目前相关理论分析以及模型计算结果，砂浆本身所受应力较低，正常状态下，列车荷载作用时砂浆疲劳寿命较长，服役期间内产生疲劳破坏的可能性较低，该研究结果与现场砂浆损伤破坏有所出入，因此有必要将包括黏弹性变形在内的砂浆垂向变形引起的砂浆受力不均匀状态作为疲劳损伤的重要影响因素，研究分析包括黏弹性变形在内的砂浆垂向变形对疲劳损伤的影响，分析其损伤破坏的可能性。

5.2 主要研究内容及技术路线

在黏弹性理论基础之上，建立含砂浆时间硬化率行为特征的 CRTS I 型板式无砟轨道结构模型，对板式无砟轨道 CA 砂浆的黏弹性变形规律进行了研究，并分析了包括黏弹性变形在内的砂浆垂向变形对轨道结构的力学特性以及砂浆疲劳损伤的影响规律。主要研究内容如下：

（1）对现有黏弹性理论模型进行了总结，并对黏弹性材料行为特性相关理论进行了介绍。在采用 Burgers 模型和四单元五参数模型模拟 CA 砂浆黏弹性行为的基础之上，拟合出砂浆时间硬化率特征参数，建立含砂浆时间硬化率行为特征的 CRTS I 型板式无砟轨道结构模型，并验证了该模型的合理性。

（2）利用有限元方法对列车荷载作用下砂浆黏弹性变形特征进行了研究分析；将分析结果中变形较大区域考虑为变形敏感区域，仅考虑遂渝线无砟轨道现场实测所得真实轮轨垂向力为作用荷载，研究了轨道板与 CA 砂浆接触作用区域，包括砂浆黏弹性变形在内的垂向变形对板式无砟轨道结构力学性能的影响规律。

（3）基于疲劳损伤理论以及砂浆应力分析结果，采用 S-N 曲线分析方法，利用 Workbench 建立砂浆疲劳分析模型，分析了包括砂浆黏弹性变形在内的垂向变形对砂浆疲劳损伤特征的影响规律。

主要技术路线如图 5-2 所示。

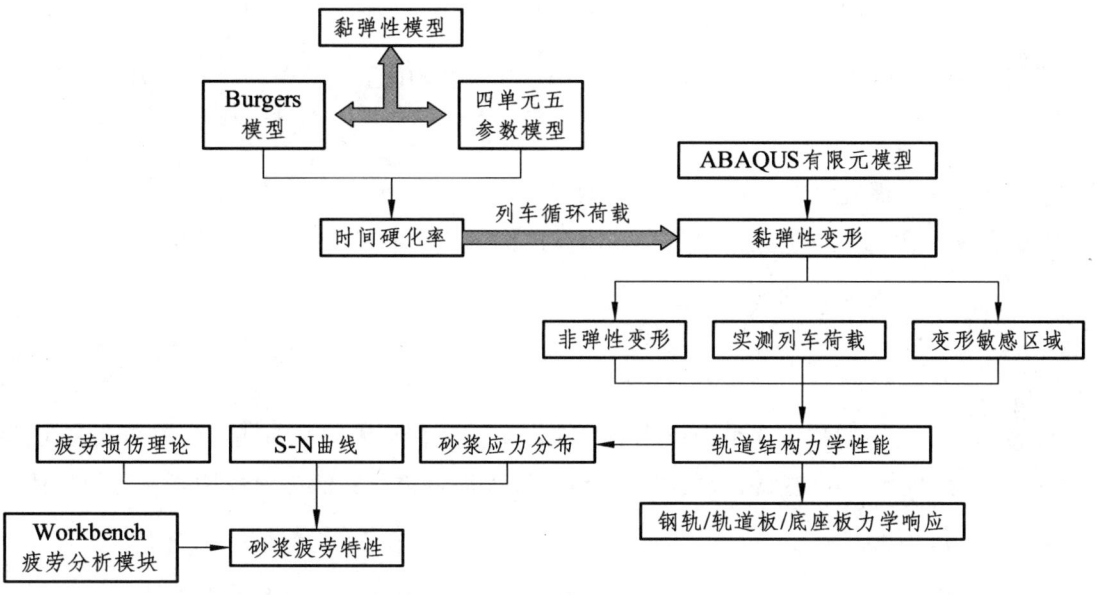

图 5-2　主要技术路线

5.3　CA 砂浆黏弹性特征

CA 砂浆在 CRTS I 型板式无砟轨道系统中具有重要作用，其材料特性决定了砂浆在列车荷载作用下的实际服役状态，其运营过程中的损伤往往与砂浆材料本身的材料性能及其变形特征有密不可分的关系。

CA 砂浆是典型的黏弹性材料，在现有研究中，CA 砂浆时常被定义为弹性材料用于计算分析，而实际 CA 砂浆的应力应变并非完全保持线性关系。由于荷载的长期累积作用，黏弹性材料的变形行为往往伴随着不可恢复的非弹性变形，影响轨道结构受力，加剧结构损伤，因此，研究列车长期累积作用下砂浆黏弹性性能以及行为特征具有一定的实际意义。

5.3.1 黏弹性理论及行为特征

黏弹性特性表现为应力不仅与应变有关，还与应变速率有关。一般采用胡克弹簧和牛顿黏壶描述材料的黏弹性行为，如图5-3所示。

图 5-3 胡克弹簧和牛顿黏壶示意图

胡克弹簧本构关系服从胡克定律，应力 $\sigma(t)$ 和应变 $\varepsilon(t)$ 呈线性关系，表示为

$$\sigma(t) = E\varepsilon(t) \tag{5-1}$$

式中，E——弹性模量。

牛顿黏壶（阻尼）本构关系服从牛顿流动定律，应力和应变速率呈线性关系，表示为

$$\sigma(t) = \eta \frac{d\varepsilon(t)}{dt} \tag{5-2}$$

式中，η——黏度系数。

弹簧和黏壶以不同的方式组合形成黏弹性模型。现在常用的黏弹性理论模型众多，其中Burgers模型和四单元五参数模型均能很好地模拟出沥青类材料的黏弹性性能与行为特征。

1. Burgers 模型

Burgers 模型如图5-4所示，由 Kelvin 模型与 Maxwell 模型串联组合而成。

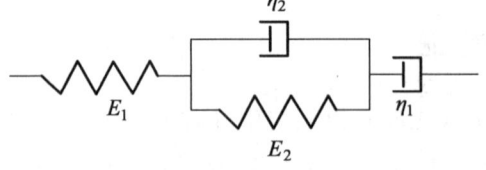

图 5-4 Burgers 模型

应力 σ_0 作用时，本构方程为

$$\varepsilon(t) = \sigma_0[1/E_1 + t/\eta_1 + (1-e^{-t\tau})/E_2] \tag{5-3}$$

式中，$\tau = E_2/\eta_2$。

Burgers 模型随着荷载作用时间增加，应变逐渐增大，增长速率逐渐变小，符合砂浆受力过程中的变形特性。

2. 四单元五参数模型

四单元五参数模型又称为改进的 Burgers 模型，其结构组成示意图与 Burgers 模型相同。徐世法为弥补 Burgers 模型在模拟沥青材料方面的不足，将 Burgers 模型中的外部黏壶用一个具有黏滞度的黏壶表示：

$$\eta_1(t) = Ae^{Bt} \tag{5-4}$$

式中，$\eta_1(t)$——黏性元件黏度；
A、B——材料参数；
t——加载时间。

应力 σ_0 作用时，本构方程为

$$\varepsilon(t) = \sigma_0[1/E_1 + (1-e^{-Bt})/AB + (1-e^{-t\tau})/E_2] \tag{5-5}$$

式中，σ_0——加载应力；
t——加载开始时间；
t_0——加载总时间；
$\tau = E_2/\eta_2$；
E_1、η_2、E_2、A、B——四单元五参数模型的五个参数。

CA 砂浆的主要原材料包含乳化沥青，所以表现出的材料特性与普通沥青材料类似，适用于普通沥青材料的本构理论一般也适用于 CA 砂浆。西南交通大学高速铁路线路教育部重点实验室徐浩等通过试验得到了板式无砟轨道 CA 砂浆 Burgers 模型和四单元五参数模型的理论参数，如表 5-1 和表 5-2 所示，并分析验证了该理论参数的合理性。

表 5-1　CA 砂浆 Burgers 模型参数

荷载应力/MPa	模型参数			
	E_1/MPa	$\eta_1/(10^5 \text{MPa}\cdot\text{s})$	E_2/MPa	$\eta_2/(10^4 \text{MPa}\cdot\text{s})$
0.05	31.957	9.289	163.123	1.782
0.1	33.326	13.68	172.126	1.958
0.3	58.862	13.295	168.315	1.638
0.5	84.549	16.691	215.809	2.09

表 5-2 CA 砂浆四单元五参数模型参数

荷载应力/MPa	模型参数				
	E_1/MPa	E_2/MPa	η_2/(GPa·s)	A/(10^5 MPa·s)	B/(10^{-3} s^{-1})
0.05	33.07	201.07	6.939	2.003	0.87
0.1	35.49	204.15	3.891	1.209	1.87
0.3	62.74	204.31	6.51	1.918	1.21
0.5	90.38	275.9	9.37	2.281	1.25

结果表明，CA 砂浆所受应力水平不同时，Burgers 模型和四单元五参数模型的理论参数差异较为明显，砂浆不同部位以及不同受力状态下其应力分布不尽相同，采用某单一应力状态下的黏弹性模型不适用于模拟不同受力情况下的黏弹性变形特征，故有必要建立随应力变化的分析模型对砂浆黏弹性变形行为特征进行研究。

黏弹性材料的变形与荷载作用时间、温度以及所受应力水平有关，可表示为

$$\varepsilon_c = f(\sigma, t, T) = f_1(\sigma) f_2(t) f_3(T) \tag{5-6}$$

当温度固定，表达式可以简化为以时间和应力为自变量的相关函数，通常采用 Norton 幂次方法则，前期变形可表示为

$$f(\sigma, t) = \frac{A}{m+1} \sigma^n t^{m+1} \tag{5-7}$$

$$f(\sigma, t) = A\sigma^n t \tag{5-8}$$

其中，A 为幂法则乘数，n 为等效应力阶次，m 为时间阶次。

将公式（5-7）对时间微分将可获得应变率公式

$$\frac{d\varepsilon_c}{dt} = A\sigma^n t^m \tag{5-9}$$

该关系式即为时间硬化率关系式，以应力与时间为变量来描述黏弹性变形规律基于时间硬化率的 CA 砂浆分析模型。

仅考虑列车荷载作用，采用以时间、应力为变量的时间硬化率模型来描述黏弹性材料的行为特征。分别采用 Burgers 模型以及四单元五参数模型来模拟 CA 砂浆黏弹性特征，拟合出相对应的时间硬化率理论参数，借助有限元软件 ABAQUS 对拟合结果进行对比分析，验证时间硬化率模型的合理性。

（1）CA 砂浆时间硬化率特征参数。

采用基于时间硬化率的变形行为关系式（5-7），其中幂法则乘数 A、等效应力阶次 n 以及时间阶次 m 即为需要得到的输入参数。如表 5-1 和表 5-2 所对应的 CA 砂浆 Burgers 模型以及四单元五参数模型参数作为理论值，采用 Origin 进行数据拟合，得到 Burgers 模型和四单元五参数模型对应的时间硬化率模型特征参数如表 5-3 和表 5-4 所示。

表 5-3　Burgers 模型对应的时间硬化率特征参数

荷载应力	Burgers 模型对应的时间硬化率特征参数		
	A	m	n
0.05	3.549×10^{-8}	-0.7374	0.5670
0.1	3.613×10^{-8}	-0.7876	0.5908
0.3	3.869×10^{-8}	-0.7776	0.6227
0.5	3.652×10^{-8}	-0.7794	0.6240
均值	3.677×10^{-8}	-0.7675	0.5935

得到 $A=3.677 \times 10^{-8}$，$m=-0.7675$，$n=0.5935$。

表 5-4　四单元五参数模型对应的时间硬化率特征参数

荷载应力	四单元五参数模型对应的时间硬化率特征参数		
	A	m	n
0.05	4.230×10^{-8}	-0.8274	0.6082
0.1	5.815×10^{-8}	-0.9069	0.6056
0.3	8.248×10^{-8}	-0.8943	0.6117
0.5	7.772×10^{-8}	-0.8746	0.6124
均值	6.131×10^{-8}	-0.8762	0.6085

得到 $A=6.131 \times 10^{-8}$，$m=-0.8762$，$n=0.6085$。

（2）CA 砂浆时间硬化率分析模型有限元验证。

以徐浩所得黏弹性理论模型变形结果为理论值，对比分析基于时间硬化率的模型参数合理性，利用有限元软件 ABAQUS 建立 1 m×1 m×2 m 的简易模型，采用实体单元，模型如图 5-5 所示。

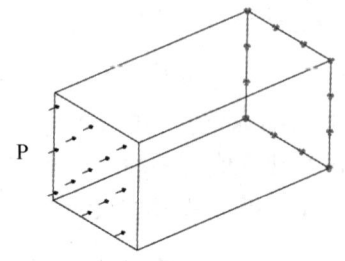

图 5-5 砂浆简易模型

考虑板式无砟轨道在高速列车作用时砂浆压应力约为 0.1 MPa，施加 0.1 MPa 的面荷载使得简易模型受力等效于实际列车作用状态，计算得到基于时间硬化率的分析模型有限元计算结果以及基于黏弹性理论的变形结果对比如图 5-6 和表 5-5 所示。

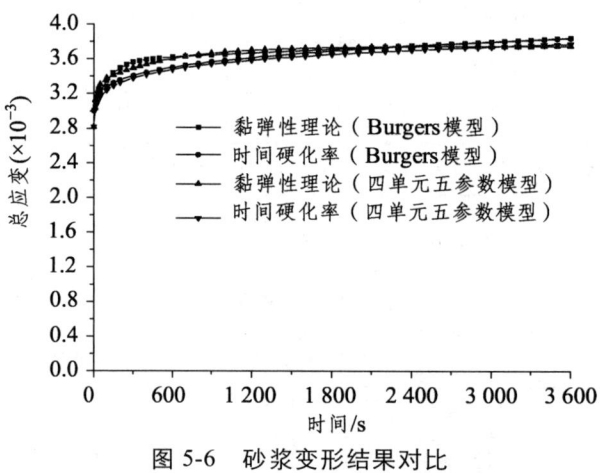

图 5-6 砂浆变形结果对比

表 5-5 不同模型砂浆变形结果对比

时间	Burgers 模型			四单元五参数模型		
	黏弹性理论	时间硬化率	相对误差	黏弹性理论	时间硬化率	相对误差
10	0.003 050	0.003 110	1.96%	0.003 026	0.003 006	−0.64%
20	0.003 096	0.003 152	1.81%	0.003 152	0.003 068	−2.68%
30	0.003 138	0.003 180	1.35%	0.003 230	0.003 107	−3.81%
40	0.003 176	0.003 202	0.82%	0.003 279	0.003 136	−4.36%
50	0.003 211	0.003 220	0.28%	0.003 311	0.003 160	−4.57%
100	0.003 348	0.003 283	−1.93%	0.003 380	0.003 239	−4.19%

续表

时间	Burgers 模型			四单元五参数模型		
	黏弹性理论	时间硬化率	相对误差	黏弹性理论	时间硬化率	相对误差
200	0.003 496	0.003 357	−3.97%	0.003 446	0.003 325	−3.51%
500	0.003 611	0.003 477	−3.72%	0.003 576	0.003 451	−3.51%
1 000	0.003 655	0.003 585	−1.90%	0.003 682	0.003 556	−3.41%
2 000	0.003 728	0.003 713	−0.39%	0.003 739	0.003 671	−1.82%
3 600	0.003 845	0.003 839	−0.15%	0.003 749	0.003 777	0.73%

结果表明，基于时间硬化率的分析模型有限元计算结果以及基于黏弹性理论的变形结果整体趋势较为吻合，短时间内时间硬化率分析模型有限元计算结果较黏弹性理论变形结果而言偏小，Burgers 模型计算结果最大误差为−3.97%，四单元五参数模型计算结果最大误差为−4.57%，但随着时间的增加，误差逐渐变小。Burgers 模型对应的时间硬化率分析模型有限元计算结果较四单元五参数模型计算结果而言整体偏大，而前者黏弹性理论变形与后者却呈交叉关系。据分析造成这种误差的主要原因为：时间硬化率拟合结果考虑了不同应力水平的变形结果，参数取各个应力水平结果的平均值，与原本单一的 0.1 MPa 应力作用下的变形产生了偏差。

但对于荷载的长期累积作用而言，基于时间硬化率的分析模型能很好地反映出 CA 砂浆的黏弹性变形规律，由 Burgers 模型以及四单元五参数模型拟合得到的时间硬化率分析模型参数均较为合理。

5.3.2 列车荷载作用下砂浆黏弹性特征

为研究实际板式无砟轨道结构在列车长期荷载作用下 CA 砂浆的黏弹性变形规律，采用有限元软件 ABAQUS 建立 CRTS I 型板式无砟轨道有限元实体模型，其中，钢轨、轨道板、CA 砂浆与底座板采用实体单元模拟，扣件与地基采用阻尼弹簧单元模拟，轨道结构主要材料参数见本书表 2-6。由于圆形凸台对轨道板主要产生约束作用，对轨道结构垂向受力影响不大，因此模型建立中简化了圆形凸台。钢轨两端采用固定约束，轨道板、CA 砂浆以及底座板之间均采用接触定义，为消除边界条件影响，建立五块轨道板，以中间轨道板与 CA 砂浆层为研究对象，计算模型以及有限元模型如图 5-7、图 5-8 所示。

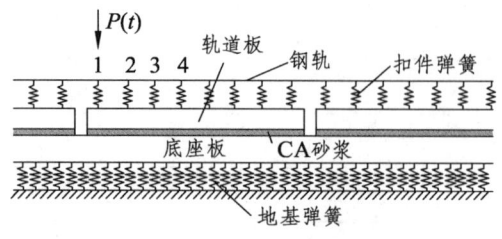 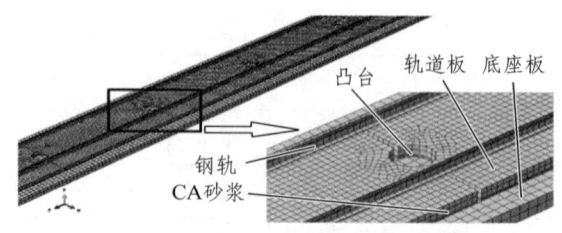

图 5-7　结构模型计算示意图　　　　图 5-8　轨道结构有限元模型

对于列车荷载，因客、货车轴重不同，作用于轨道结构的垂向力不同，砂浆受力也有所差异，故有必要将不同列车荷载考虑为砂浆受力与变形的影响因素。现有轨道结构动力分析之中，较少使用实际列车荷载进行研究。这里采用本书对遂渝线无砟轨道进行现场测试获取的实际运营条件下客、货车作用于无砟轨道上的动荷载以及扣件力，用以研究列车荷载作用下砂浆黏弹性变形规律。

由"2　客货共线无砟轨道现场动力测试及结果分析"中的测试结果可知，取 95% 置信概率，遂渝线中客车作用轮轨力分布于 44.46~89.88 kN，处于中位数位置的轮轨力为 70 kN，货车作用轮轨力分布于 81.22~142.42 kN，部分实测客、货车作用时的轮轨垂向力如图 5-9、图 5-10 所示。

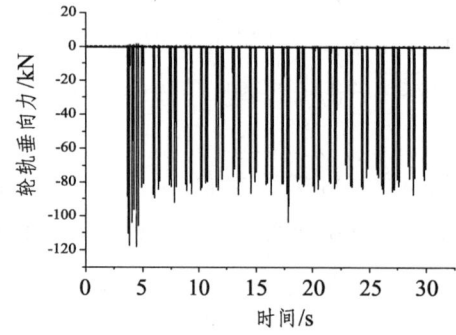 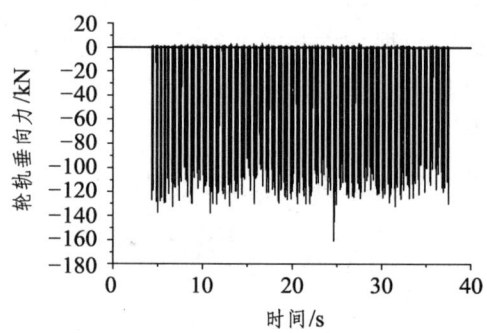

图 5-9　客车作用下轮轨垂向力实测值　　　图 5-10　货车作用下轮轨垂向力实测值

短时间列车荷载作用下，CA 砂浆来不及产生明显的非弹性变形，此时将砂浆考虑为弹性材料来分析轨道结构动力特性，是较为合理的。而实际轨道结构受列车荷载长期累积作用，砂浆变形对荷载作用时间有很强的依赖性，有必要考虑 CA 砂浆的黏弹性行为对轨道结构的影响。因此根据以上所测轮轨垂向力的实际分布范围，按 70~150 kN 的正弦激励进行加载，研究客、货车荷载长期作用下 CA 砂浆的黏弹性变形特征，荷载曲线如图 5-11 所示，循环周期取一单独列车经过所需时间，约为 30 s。现有研究表明，列车荷载对轨道结构板端影响较大，砂浆损伤大多出现在板端位置，则模拟时荷载作用于板端扣件位置处，以该扣件处砂浆为主要研究对象。

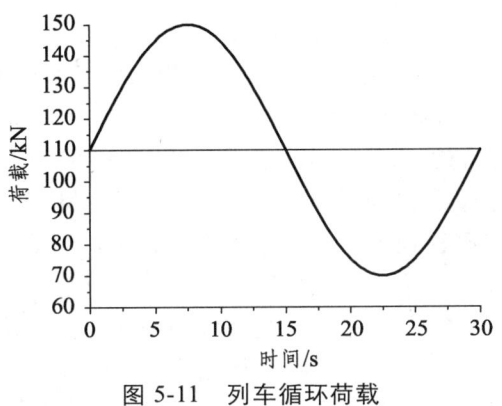

图 5-11 列车循环荷载

CA 砂浆弹性模量（28 天）一般为 100~300 MPa，在服役初期，受现场施工影响及列车、温度、雨水等外部条件作用，其初始弹性模量极易发生变化，一段时间后，沥青可能大量流出，砂浆硬化使其弹性模量增大。CA 砂浆弹性模量变化，砂浆所受应力也将发生改变，由时间硬化率关系式（5-8）可知，砂浆所受应力改变对其黏弹性变形有直接影响。考虑上述因素，这里在模拟时取初始弹模分别为 100 MPa、300 MPa、500 MPa、1 000 MPa，分析不同条件下 CA 砂浆黏弹性变形特征。

1. 初始弹性模量 100 MPa 时砂浆黏弹性特征

计算得到采用 Burgers 模型对应的时间硬化率分析模型模拟 CA 砂浆黏弹性变形时，初始弹性模量 100 MPa 情况下砂浆的黏弹性变形产生的垂向应变以及垂向位移，如图 5-12 所示。

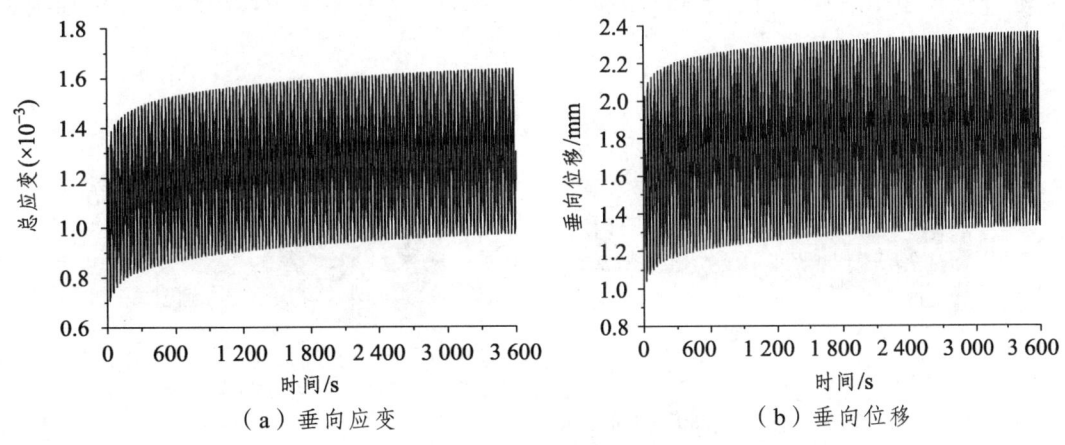

（a）垂向应变　　　　　　　　　（b）垂向位移

图 5-12 时间硬化率黏弹性变形（Burgers 模型，100 MPa）

结果表明，在列车荷载循环作用下，一个荷载循环周期内砂浆黏弹性变形将出现极大值和极小值，每次循环荷载周期内极值均大于前一次循环周期相应量值，随着循环次数增加，砂浆黏弹性变形循环累积，逐渐增大，计算得到砂浆初始荷载循环周期内的应变最大值以及最小值分别为 1.323×10^{-3} 和 0.707×10^{-3}，在最终荷载循环周期里增长至 1.635×10^{-3} 和 0.974×10^{-3}，而砂浆初始荷载循环周期内的位移最大值以及最小值分别为 2.025 mm 和 1.042 mm，在最终荷载循环周期里增长至 2.364 mm 和 1.331 mm，分别增加了 0.339 mm 和 0.289 mm，前者增量值大于后者对应增量值，分析其原因：一个荷载循环里产生的位移最大值对应最大的作用荷载，荷载值较大势必造成 CA 砂浆所受应力较大，而黏弹性变形与其所受应力有直接关系，产生的垂向累积变形增量也会随之较大。

如图 5-13（a）、图 5-13（b）所示分别为荷载循环作用下砂浆黏弹性变形产生的垂向应变以及位移的分布云图，结果表明，CA 砂浆板端变形较为明显，边缘部分出现变形集中的现象，板端至第 3 个扣件之间变形较为明显，纵向约为 2.5 个扣件间距。

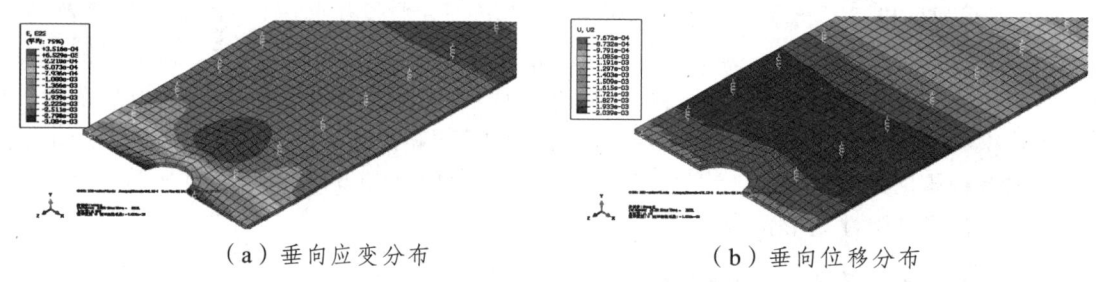

（a）垂向应变分布　　　　　　　　（b）垂向位移分布

图 5-13　时间硬化率黏弹性变形结果（Burgers 模型，100 MPa）

计算得到采用四单元五参数模型对应的时间硬化率分析模型模拟 CA 砂浆黏弹性行为时，初始弹性模量 100 MPa 情况下砂浆的黏弹性变形产生的垂向应变以及垂向位移，如图 5-14 所示。

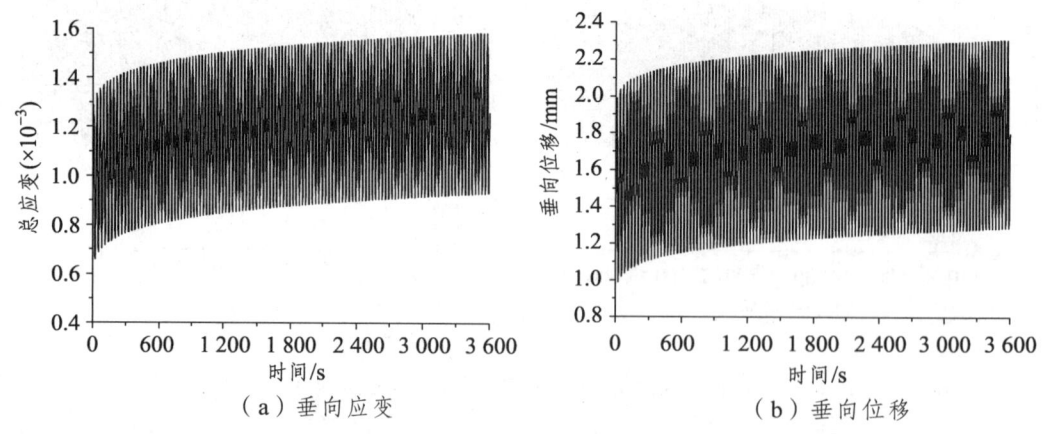

（a）垂向应变　　　　　　　　（b）垂向位移

图 5-14　时间硬化率黏弹性变形（四单元五参数模型，100 MPa）

结果表明,在列车荷载的长时间累积循环作用下,四单元五参数模型 CA 砂浆黏弹性变形趋势与 Burgers 模型相同,计算得到砂浆初始荷载循环周期内的应变最大值以及最小值分别为 1.288×10^{-3} 和 0.657×10^{-3},在最终荷载循环周期里增长至 1.585×10^{-3} 和 0.931×10^{-3},而砂浆初始荷载循环周期内的位移最大值以及最小值分别为 1.988 mm 和 0.989 mm,在最终荷载循环周期里增长至 2.308 mm 和 1.287 mm,分别增加了 0.320 mm 和 0.298 mm,前者增量值大于后者对应增量值。荷载循环作用下四单元五参数模型砂浆黏弹性变形产生的垂向应变以及位移的分布如图 5-15 所示,其相应量值均略小于 Burgers 模型相应量值,但两者变形分布规律相近似。

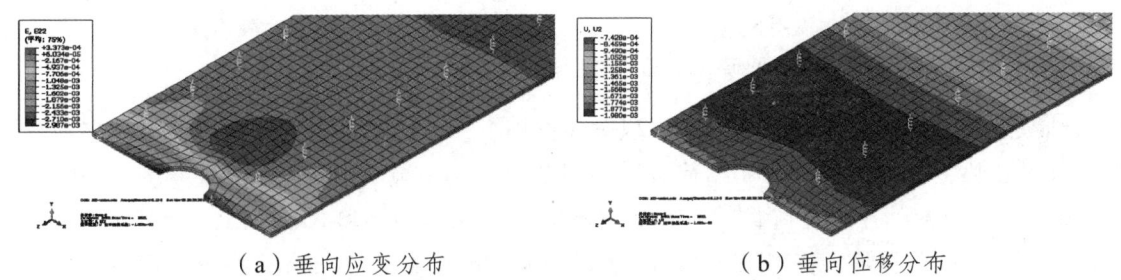

(a) 垂向应变分布　　　　　　(b) 垂向位移分布

图 5-15　时间硬化率黏弹性变形(四单元五参数模型,100 MPa)

各条件下初始弹性模量 100 MPa 时砂浆黏弹性变形结果对比如表 5-6 所示。

表 5-6　初始弹性模量 100 MPa 时砂浆黏弹性变形

荷载状态	Burgers 模型				四单元五参数模型			
	应变/10^{-3}	应变差/10^{-3}	位移/mm	位移差/mm	应变/10^{-3}	应变差/10^{-3}	位移/mm	位移差/mm
max 初	1.323	0.312	2.025	0.339	1.288	0.297	1.988	0.320
max 末	1.635		2.364		1.585		2.308	
min 初	0.707	0.267	1.042	0.289	0.657	0.274	0.989	0.298
min 末	0.974		1.331		0.931		1.287	

2. 初始弹性模量 300 MPa 时砂浆黏弹性特征

计算得到采用 Burgers 模型对应的时间硬化率分析模型模拟 CA 砂浆黏弹性行为时,初始弹性模量 300 MPa 情况下砂浆的黏弹性变形产生的垂向应变以及垂向位移,如图 5-16 所示。

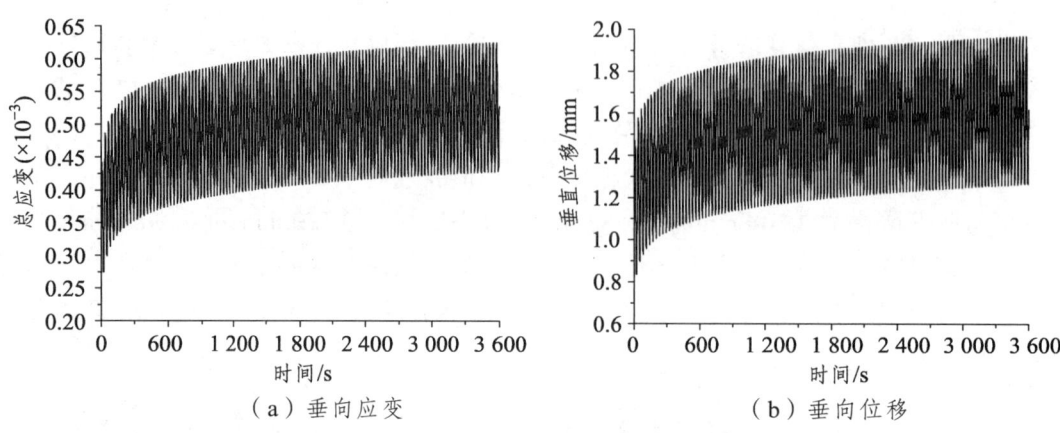

(a) 垂向应变　　　　　　　　　　　(b) 垂向位移

图 5-16　时间硬化率黏弹性变形（Burgers 模型，300 MPa）

结果表明，在列车荷载的长时间累积循环作用下，CA 砂浆的垂向应变以及位移均呈缓慢增加的趋势，计算得到砂浆初始荷载循环周期内的应变最大值以及最小值分别为 0.441×10^{-3} 和 0.274×10^{-3}，在最终荷载循环周期里增长至 0.625×10^{-3} 和 0.429×10^{-3}，而砂浆初始荷载循环周期内的位移最大值以及最小值分别为 1.469 mm 和 0.836 mm，在最终荷载循环周期里增长至 1.970 mm 和 1.268 mm，分别增加了 0.501 mm 和 0.431 mm，前者增量值大于后者对应增量值。

如图 5-17（a）、图 5-17（b）所示分别为荷载循环作用下砂浆黏弹性变形产生的垂向应变以及位移的分布云图，结果表明，CA 砂浆板端变形较为明显，边缘部分出现变形集中的现象。

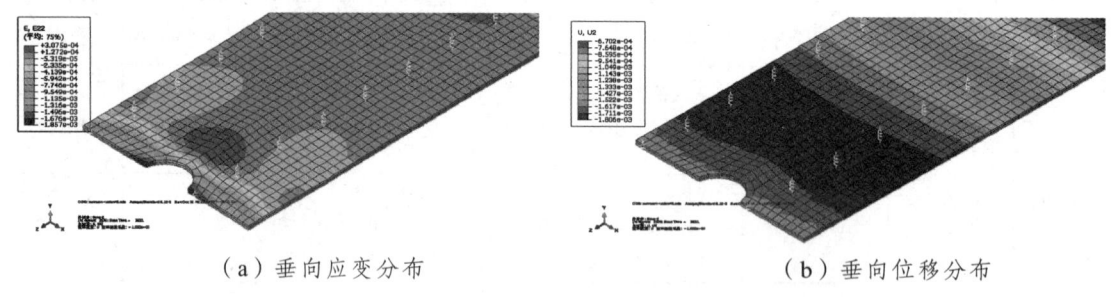

(a) 垂向应变分布　　　　　　　　　　(b) 垂向位移分布

图 5-17　时间硬化率黏弹性变形（Burgers 模型，300 MPa）

计算得到采用四单元五参数模型对应的时间硬化率分析模型模拟 CA 砂浆黏弹性行为时，初始弹性模量 300 MPa 情况下砂浆的黏弹性变形产生的垂向应变以及垂向位移，如图 5-18 所示。

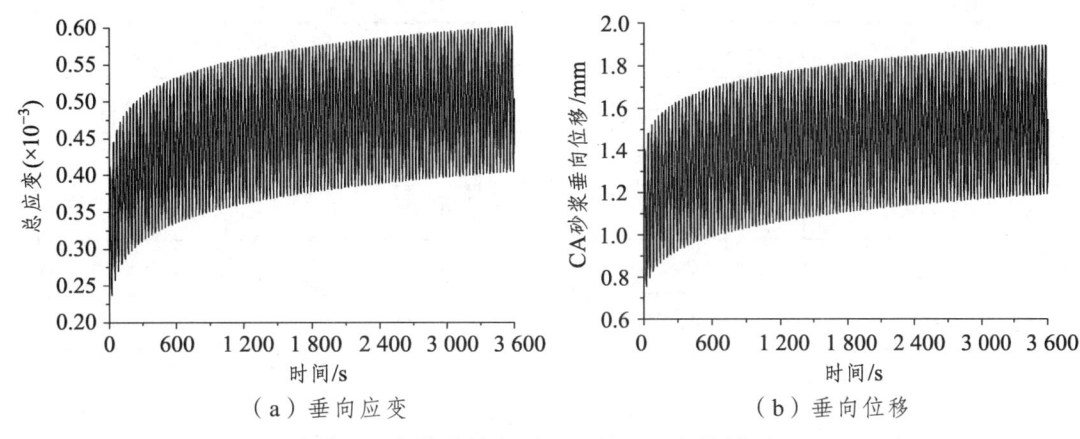

图 5-18 时间硬化率黏弹性变形（四单元五参数模型，300 MPa）

结果表明，在列车荷载的长时间累积循环作用下，四单元五参数模型 CA 砂浆黏弹性变形趋势与 Burgers 模型相同，计算得到砂浆初始荷载循环周期内的应变最大值以及最小值分别为 0.411×10^{-3} 和 0.237×10^{-3}，在最终荷载循环周期里增长至 0.602×10^{-3} 和 0.405×10^{-3}，而砂浆初始荷载循环周期内的位移最大值以及最小值分别为 1.406 mm 和 0.753 mm，在最终荷载循环周期里增长至 1.895 mm 和 1.192 mm，分别增加了 0.489 mm 和 0.439 mm，前者增量值大于后者对应增量值。荷载循环作用下四单元五参数模型砂浆黏弹性变形产生的垂向应变以及位移的分布如图 5-19 所示，其相应量值均略小于 Burgers 模型相应量值，但两者变形分布规律相近似。

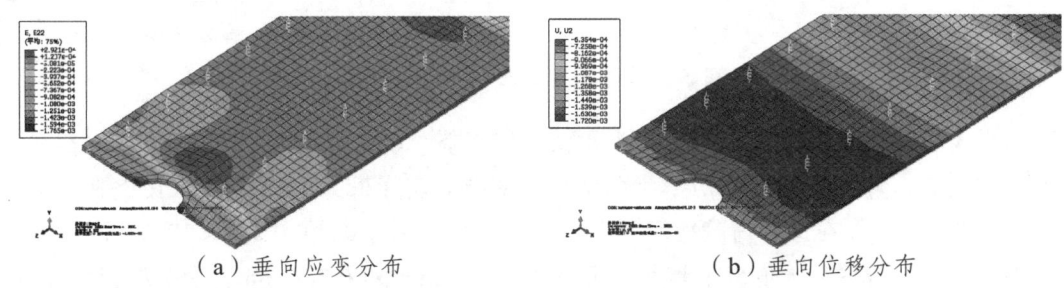

图 5-19 时间硬化率黏弹性变形（四单元五参数模型，300 MPa）

各条件下初始弹性模量 300 MPa 时砂浆黏弹性变形结果对比如表 5-7 所示。

表 5-7　初始弹性模量 300 MPa 时砂浆黏弹性变形

荷载状态	Burgers 模型				四单元五参数模型			
	应变/10^{-3}	应变差/10^{-3}	位移/mm	位移差/mm	应变/10^{-3}	应变差/10^{-3}	位移/mm	位移差/mm
max 初	0.441	0.185	1.469	0.501	0.411	0.191	1.406	0.489
max 末	0.625		1.970		0.602		1.895	
min 初	0.274	0.154	0.836	0.431	0.237	0.167	0.753	0.439
min 末	0.429		1.268		0.405		1.192	

3. 初始弹性模量 500 MPa 时砂浆黏弹性特征

计算得到采用 Burgers 模型对应的时间硬化率分析模型模拟 CA 砂浆黏弹性行为时，初始弹性模量 500 MPa 情况下砂浆的黏弹性变形产生的垂向应变以及垂向位移，如图 5-20 所示。

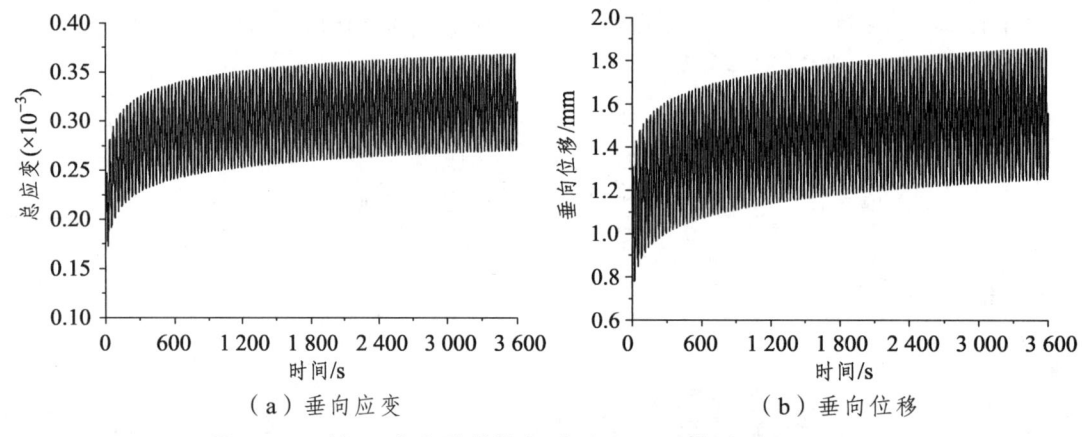

（a）垂向应变　　　　　　　（b）垂向位移

图 5-20　时间硬化率黏弹性变形（Burgers 模型，500 MPa）

结果表明，在列车荷载的长时间累积循环作用下，CA 砂浆的垂向应变以及位移均呈缓慢增加的趋势，计算得到砂浆初始荷载循环周期内的应变最大值以及最小值分别为 0.245×10^{-3} 和 0.172×10^{-3}，在最终荷载循环周期里增长至 0.368×10^{-3} 和 0.271×10^{-3}，而砂浆初始荷载循环周期内的位移最大值以及最小值分别为 1.307 mm 和 0.780 mm，在最终荷载循环周期里增长至 1.861 mm 和 1.252 mm，分别增加了 0.554 mm 和 0.472 mm，前者增量值大于后者对应增量值。

如图 5-21（a）、图 5-21（b）所示分别为荷载循环作用下砂浆黏弹性变形产生的垂向应变以及位移的分布云图，图中结果表明，CA 砂浆板端变形较为明显，边缘部分出现变形集中的现象。

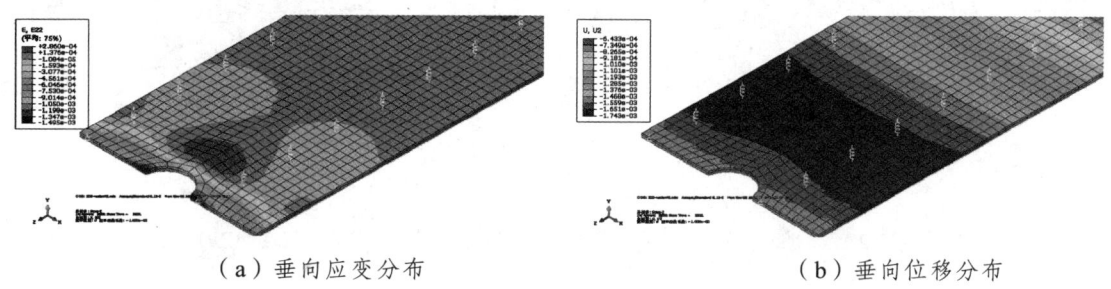

(a) 垂向应变分布　　　　　　　(b) 垂向位移分布

图 5-21　时间硬化率黏弹性变形（Burgers 模型，500 MPa）

计算得到采用四单元五参数模型对应的时间硬化率分析模型模拟 CA 砂浆黏弹性行为时，初始弹性模量 500 MPa 情况下砂浆的黏弹性变形产生的垂向应变以及垂向位移如图 5-22 所示。

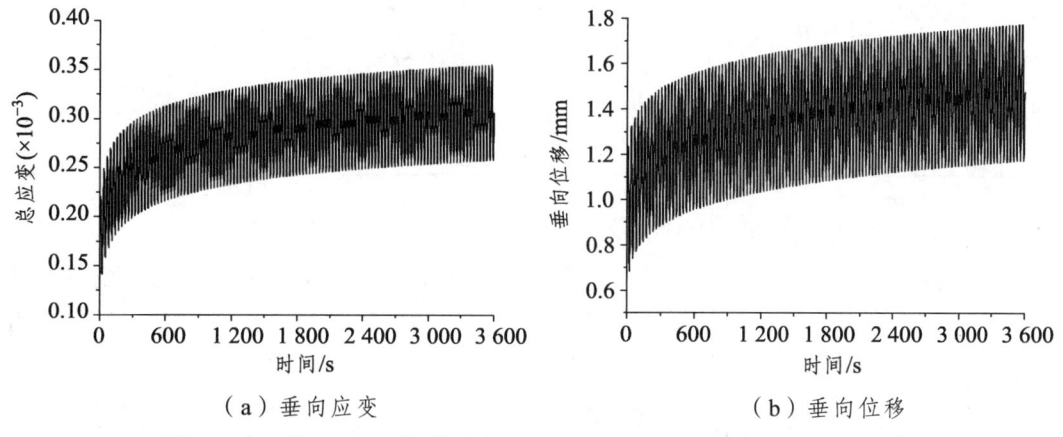

(a) 垂向应变　　　　　　　　　(b) 垂向位移

图 5-22　时间硬化率黏弹性变形（四单元五参数模型，500 MPa）

结果表明，在列车荷载的长时间累积循环作用下，四单元五参数模型 CA 砂浆黏弹性变形趋势与 Burgers 模型相同，计算得到砂浆初始荷载循环周期内的应变最大值以及最小值分别为 0.219×10^{-3} 和 0.141×10^{-3}，在最终荷载循环周期里增长至 0.355×10^{-3} 和 0.258×10^{-3}，而砂浆初始荷载循环周期内的位移最大值以及最小值分别为 1.235 mm 和 0.685 mm，在最终荷载循环周期里增长至 1.776 mm 和 1.176 mm，分别增加了 0.541 mm 和 0.491 mm，前者增量值大于后者对应增量值。荷载循环作用下四单元五参数模型砂浆黏弹性变形产生的垂向应变以及位移的分布如图 5-23 所示，其相应量值均略小于 Burgers 模型相应量值，但两者变形分布规律相近似。

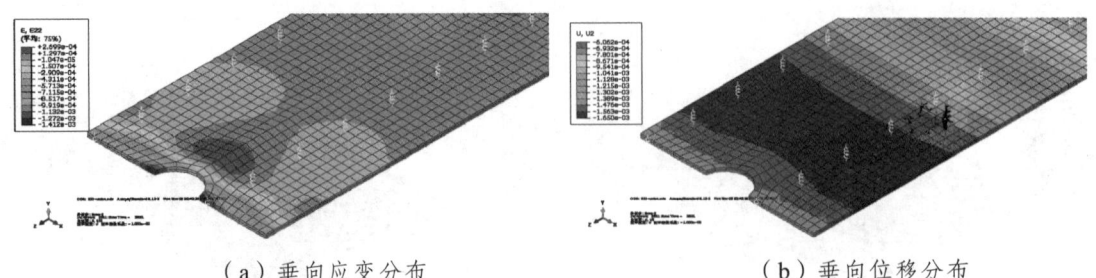

（a）垂向应变分布　　　　　　　　　　（b）垂向位移分布

图 5-23　时间硬化率黏弹性变形（四单元五参数模型，500 MPa）

各条件下初始弹性模量 500 MPa 时砂浆黏弹性变形结果对比如表 5-8 所示。

表 5-8　初始弹性模量 500 MPa 时砂浆黏弹性变形

荷载状态	Burgers 模型				四单元五参数模型			
	应变/10^{-3}	应变差/10^{-3}	位移/mm	位移差/mm	应变/10^{-3}	应变差/10^{-3}	位移/mm	位移差/mm
max 初	0.245	0.123	1.307	0.554	0.219	0.136	1.235	0.541
max 末	0.368		1.861		0.355		1.776	
min 初	0.172	0.099	0.780	0.472	0.141	0.117	0.685	0.491
min 末	0.271		1.252		0.258		1.176	

4. 初始弹性模量 1 000 MPa 时砂浆黏弹性特征

计算得到分别采用 Burgers 模型以及四单元五参数模型对应的时间硬化率分析模型模拟 CA 砂浆黏弹性行为时，初始弹性模量 1 000 MPa 情况下砂浆黏弹性变形，如图 5-24、图 5-25 所示。

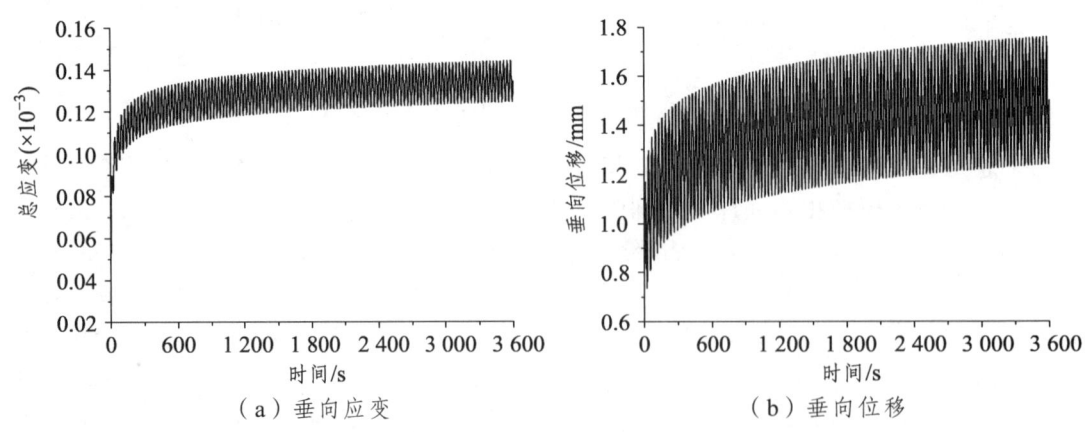

（a）垂向应变　　　　　　　　　　（b）垂向位移

图 5-24　时间硬化率黏弹性变形（Burgers 模型，1 000 MPa）

从图中可知，当 CA 砂浆初始弹模为 1 000 MPa 时，列车荷载作用下砂浆产生的初始变形很小，Burgers 模型以及四单元五参数模型对应初始荷载循环周期内垂向应变为 $0.027 \times 10^{-3} \sim 0.093 \times 10^{-3}$ 和 $0.027 \times 10^{-3} \sim 0.072 \times 10^{-3}$，垂向位移分别为 $0.714 \sim 1.169$ mm 以及 $0.629 \sim 1.086$ mm，随着作用时间的增长，短时间内黏弹性变形急剧上升，Burgers 模型以及四单元五参数模型对应最终荷载循环周期内垂向应变为 $0.125 \times 10^{-3} \sim 0.144 \times 10^{-3}$ 和 $0.120 \times 10^{-3} \sim 0.139 \times 10^{-3}$，垂向位移分别为 $1.241 \sim 1.760$ mm 以及 $1.158 \sim 1.671$ mm。结果表明黏弹性变形产生的应变较初始状态明显偏大，最大达到了初始状态的 4.6 倍。分析其原因：当砂浆初始弹性过大时，荷载作用导致砂浆初始变形较小，而基于时间硬化率的变形行为与其所受应力和作用时间有直接关系，导致变形量较初始变形明显较大。

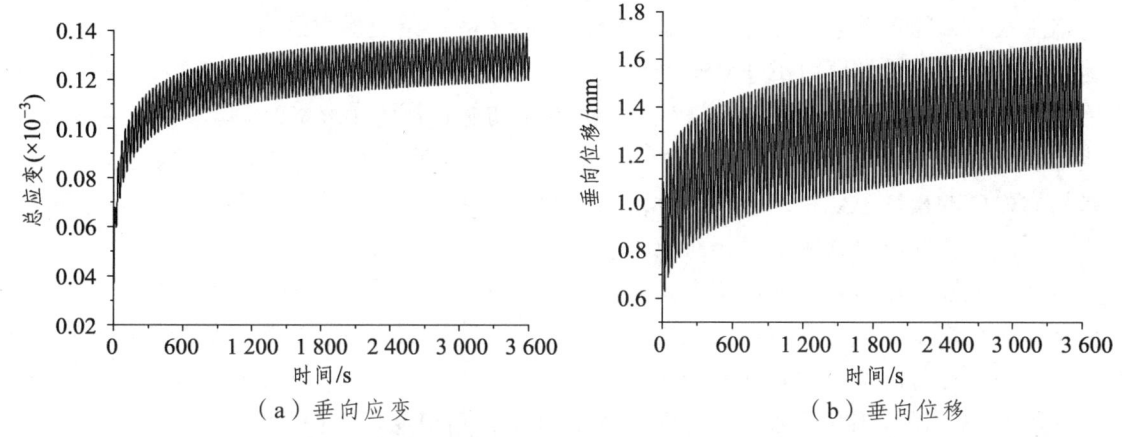

图 5-25 时间硬化率黏弹性变形（四单元五参数模型，1 000 MPa）

但是砂浆在现实服役过程中，黏弹性变形的影响并没有这么明显，初始弹性模量 1 000 MPa 情况下砂浆黏弹性变形结果体现出了基于时间硬化率的砂浆分析模型的非适宜条件，即不宜用于初始弹性模量较高的砂浆黏弹性变形分析。分析其原因：随着 CA 砂浆服役时间的增加，在列车、温度、雨水等外部影响下，砂浆内部沥青成分流失，失去塑性从而渐渐硬化，以至于弹性模量增大，所以长时间服役后高弹模 CA 砂浆黏弹性行为特征已经不明显，变形行为已经处于稳定阶段，故不适宜采用基于时间硬化率的变形规律进行分析，换言之，基于时间硬化率的分析模型适用于初始弹模较低即砂浆黏弹性行为特征尚未明显衰退的阶段。

5. 不同条件下砂浆黏弹性特征对比分析

随着 CA 砂浆初始弹性模量的变化，砂浆黏弹性变形产生的垂向应变以及位移也势必发生变化，以 Burgers 模型对应的时间硬化率分析模型荷载循环周期内产生的变形峰值为例，得到其垂向应变以及位移随初始弹性模量的变化规律如图 5-26、图 5-27 所示。

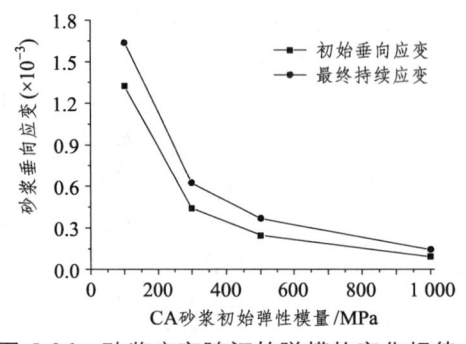
图 5-26 砂浆应变随初始弹模的变化规律
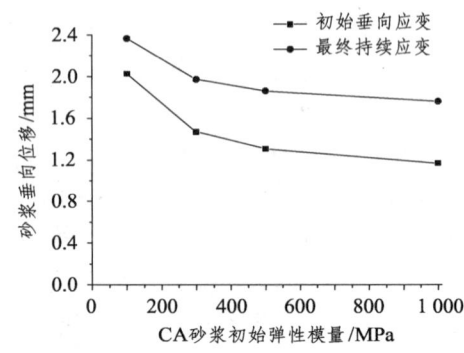
图 5-27 砂浆位移随初始弹模的变化规律

结果表明,随着砂浆初始弹性模量的增加,砂浆的初始变形以及变形后的最终相应量值均减小,其中,初始弹模为 100 MPa 时砂浆变形后应变为 1.635×10^{-3},而 1 000 MPa 时对应量值为 0.144×10^{-3},后者量值仅为前者的 0.09 倍;初始弹模为 100 MPa 时砂浆变形后位移为 2.364 mm,而 1 000 MPa 时对应量值为 1.760 mm,后者量值是前者的 0.74 倍,由此可见,砂浆初始弹模的增加不仅将严重减小砂浆的初始垂向应变,还会致使变形后的砂浆应变量也随之降低,而垂向位移的减小量相对较小。

砂浆黏弹性变形包含非弹性变形,变形前后应变以及位移差值即为非弹性部分,变形产生后不可完全恢复,该变形将促使轨道板与砂浆层之间形成离缝,影响轨道结构的整体受力状态以及列车运行的平稳性。

如图 5-38、图 5-39 所示为 CA 砂浆黏弹性变形前后应变以及位移差值对比,结果表明,CA 砂浆初始弹模分别为 100 MPa、300 MPa 和 500 MPa 时,砂浆的垂向应变差值的平均值分别为 0.288×10^{-3}、0.174×10^{-3} 和 0.119×10^{-3},呈降低的趋势,而垂向位移差值的平均值分别为 0.312 mm、0.465 mm 和 0.515 mm,逐渐增加。

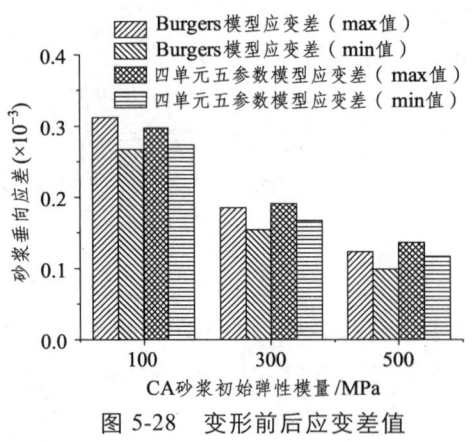
图 5-28 变形前后应变差值
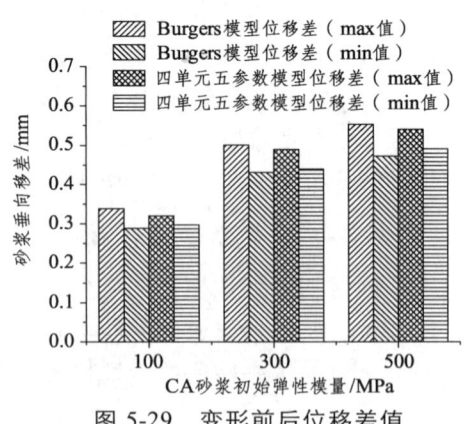
图 5-29 变形前后位移差值

分析其原因：砂浆初始弹模的增大对其整体应变的影响较大，导致砂浆整体的应变量值减小，差值也相应较小，故砂浆黏弹性变形前后的垂向应变差值呈降低的趋势；而初始弹模变化对砂浆整体位移的影响相对较小，由时间硬化率变形理论可知，砂浆的黏弹性变形与其应力有直接关系，随着砂浆初始弹模的增大，砂浆的应力也会增大，从而导致砂浆黏弹性变形前后位移差值的增加。

由以上分析可知，不同条件下，CA 砂浆黏弹性变形前后垂向位移的差值集中于 0.2～0.6 mm 之间，由时间硬化率理论可知，该变形量差值为非弹性变形，形成后不可完全恢复，且荷载作用下，CA 砂浆板端变形量值较大，边缘部分出现变形集中的现象，板端至第 3 个扣件之间变形较为明显，纵向约为 2.5 个扣件间距。随着轨道结构服役时间的增加，加之雨水以及温度等外界条件的影响，该区域砂浆黏弹性变形产生的变形将逐渐扩大，促使轨道板与砂浆层之间离缝以及板下脱空等损伤的形成，影响轨道结构的整体受力状态以及列车运行的平稳性，此外，砂浆的局部变形将导致砂浆本身的受力状态发生变化，列车作用产生的挤压与拍打将使其出现应力集中的现象，加剧砂浆裂缝的形成和疲劳损伤的累积，最终导致砂浆服役期间出现破坏。

5.4 CA 砂浆黏弹性变形对轨道结构力学性能的影响

前面分析结果表明，CA 砂浆黏弹性行为容易产生不可恢复的垂向变形，该变形将促使轨道板与砂浆层之间接触状态发生改变，是形成离缝的重要原因之一。离缝形成后，列车荷载作用下将产生挤压与拍打现象，不仅增大轨道结构的力学响应，还容易导致砂浆部分区域应力分布集中，加剧砂浆疲劳损伤的累积，最终出现破坏。这里针对列车荷载作用下包括黏弹性变形在内的不同砂浆垂向变形对板式无砟轨道结构力学性能的影响规律进行研究。

5.4.1 计算工况的选取

由 CA 砂浆黏弹性变形产生应变和位移的有限元计算结果可知，砂浆在列车荷载的作用下，板边位置与第三扣件位置中间区域变形较为明显，分布范围为纵向 2.5 个扣件间距，约 1.5 m，现将该区域范围考虑为变形敏感区域，进而研究该区域在产生包括黏弹性变形在内的垂向变形时 CRTS I 型板式无砟轨道结构各个部件的力学响应。

CA 砂浆黏弹性行为产生的非弹性垂向变形计算结果为 0.2～0.6 mm，该变形是砂浆与轨道板层间产生离缝的重要原因之一，但并未考虑实际外界条件的影响，如温度、雨水等，实际层间离缝高度有可能达到更大，现有研究结果表明，轨道板下离缝高度大于 2.0 mm 后，离缝区域轨道板下均是脱空受力，将砂浆考虑为已经产生垂向变形 0～2.0 mm，列车荷载作用下轨道板能与砂浆产生接触作用,对砂浆垂向变形区域力学性能进行分析研究,变形区域为纵向 1.5 m,横向贯通砂浆整个宽度范围,如图 5-30 所示。

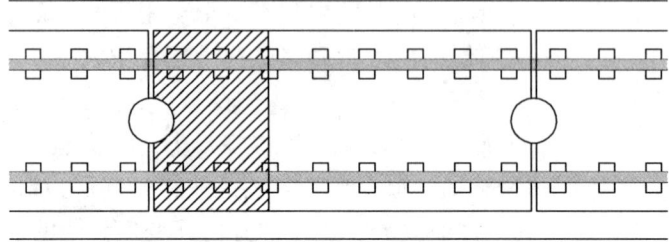

图 5-30 砂浆变形区域

在现有大量轨道结构动力分析之中,常常采用以轨道不平顺为激振源的车辆-轨道-路基垂向耦合动力模型进行研究分析,其目的是为了模拟出符合实际列车运营状态下的轮轨相互作用力,而本章重点研究对象为钢轨及其以下轨道结构,为简化模型,并未对车辆进行模拟,荷载采用本书对遂渝线无砟轨道进行现场测试所得的真实轮轨垂向力,选取其中具有代表性的客车、货车作用下一个转向架所对应的轮轨垂向力作为激振力,如图 5-31 所示。

客车作用下轮轨垂向力最大值为 78 kN,货车作用下轮轨垂向力最大值为 132 kN,在砂浆黏弹性变形对结构力学性能的影响分析中,将列车荷载作用于板端扣件位置处,建立含时间硬化率行为特征的 CRTS I 板式无砟轨道实体模型,详细计算参数见 5.3.2 节。

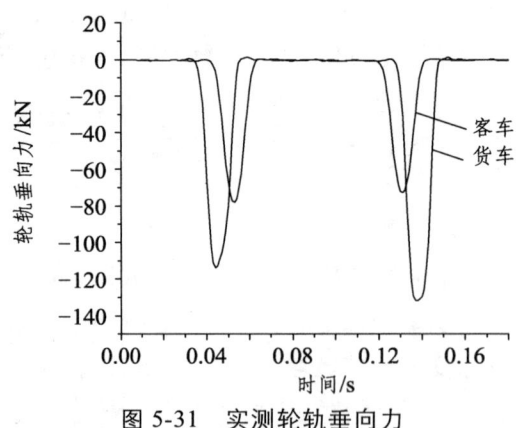

图 5-31 实测轮轨垂向力

5.4.2 客车荷载作用下砂浆黏弹性变形对轨道结构力学性能的影响

客车荷载作用时,轨道结构受力相对货车而言较小,各个部件力学响应量值也相应较低,这里主要分析客车荷载作用下包括黏弹性变形在内的砂浆垂向变形对轨道结构动力响应的影响，主要研究对象为砂浆接触应力，钢轨、轨道板以及底座板的垂向加速度和位移。

1. 砂浆黏弹性变形对砂浆应力分布的影响

为了研究客车荷载作用下包括黏弹性变形在内的砂浆垂向变形对砂浆接触应力的影响规律，计算得到客车荷载作用下不同砂浆垂向变形量 0～2.0 mm 时砂浆的接触应力分布。其中，研究对象为砂浆板端 1.5 m 区域应力分布，每 0.1 m 为一个单元，从板端位置起依次为 1～15 单元位置，如图 5-32 所示。

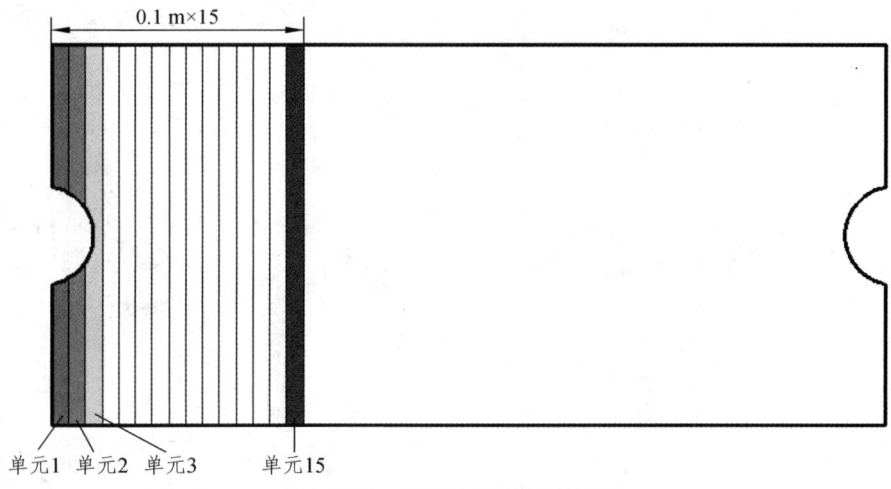

图 5-32　砂浆应力提取位置

如图 5-33 所示为不同条件下砂浆应力分布规律，砂浆垂向变形量达到 2.0 mm 时，砂浆受力明显减小，砂浆与轨道板接触趋于完全分离。不同砂浆垂向变形条件下，不同作用位置砂浆接触应力最大值进行对比研究，如图 5-34 所示。

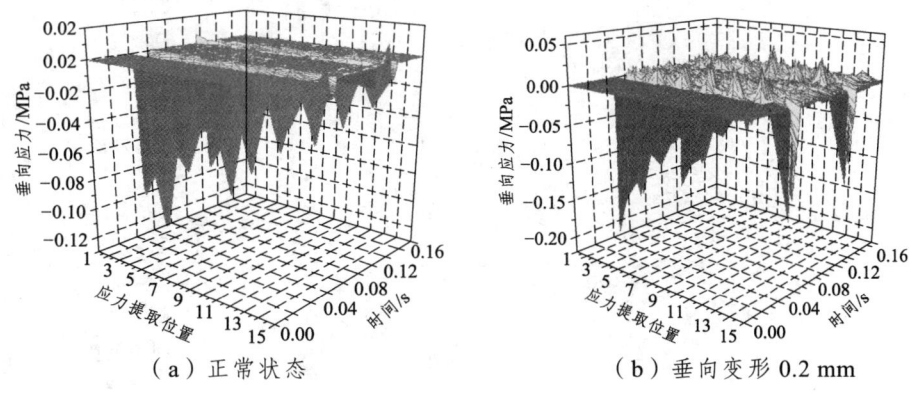

（a）正常状态　　　　　　　（b）垂向变形 0.2 mm

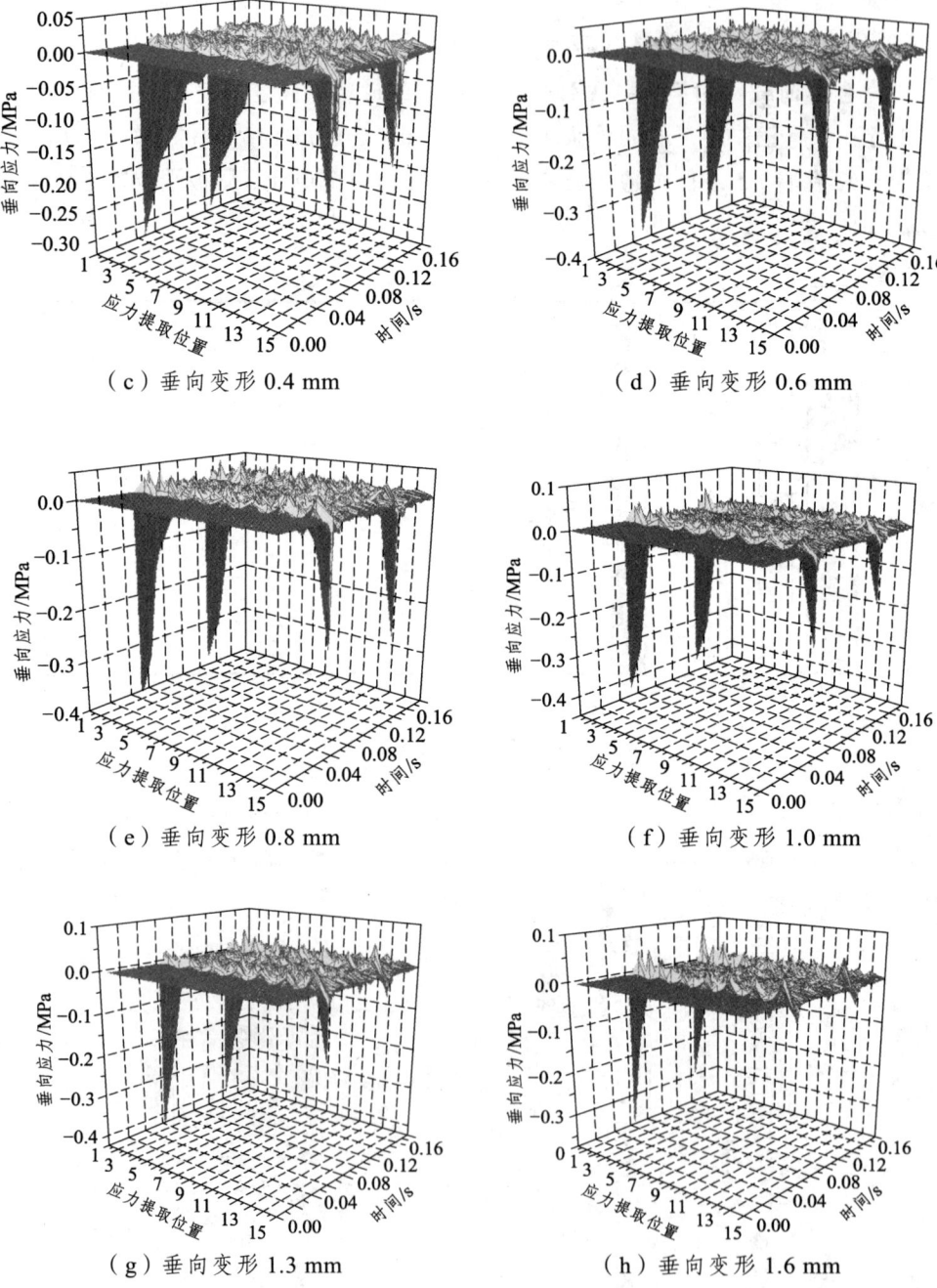

(c) 垂向变形 0.4 mm (d) 垂向变形 0.6 mm

(e) 垂向变形 0.8 mm (f) 垂向变形 1.0 mm

(g) 垂向变形 1.3 mm (h) 垂向变形 1.6 mm

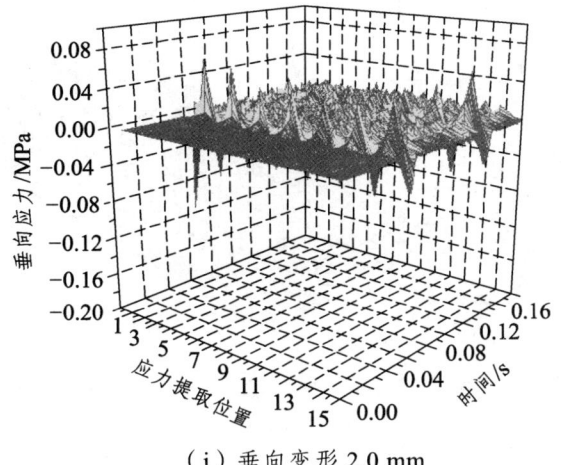

(i) 垂向变形 2.0 mm

图 5-33 不同砂浆垂向变形时接触应力分布

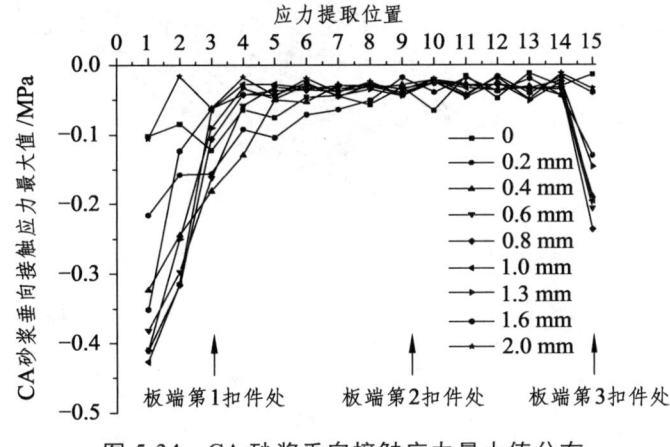

图 5-34 CA 砂浆垂向接触应力最大值分布

从图 5-34 中可知,当板端砂浆垂向变形时,客车荷载作用下,砂浆板端部位产生较大的应力集中现象,其中板端第 1、2 和 3 单元部位应力明显大于其他位置(一个单元纵向长度为 0.1 m),第 3 单元即为板端第 1 个扣件对应位置,此外,板端第三扣件位置处,即第 15 单元应力也较大,该位置即为砂浆垂向变形区域边缘部位。分析其原因:正常状态下,轨道板与砂浆层接触较为均匀,轨道板传递下来的作用力由较大区域砂浆平面共同承担,应力分布面较广,砂浆应力普遍偏低,如图 5-35 所示;当砂浆板端位置产生垂向变形时,荷载作用下第 4~14 单元区域接触作用较小,甚至不产生接触作用,轨道板传递下来的作用力由变形区域两端承担,故形成砂浆应力两端边缘集中化的规律,如图 5-36 所示。

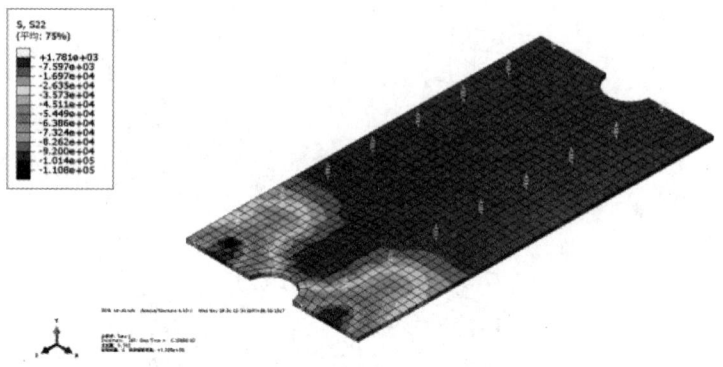

图 5-35　正常状态下砂浆应力分布

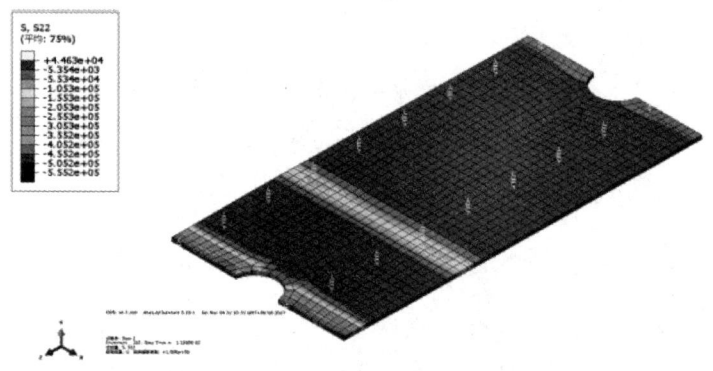

图 5-36　垂向变形时砂浆接触应力分布

其中,产生较大应力的第 1、2、3 和 15 单元位置接触应力最大值随砂浆垂向变形的变化规律如图 5-37 所示。

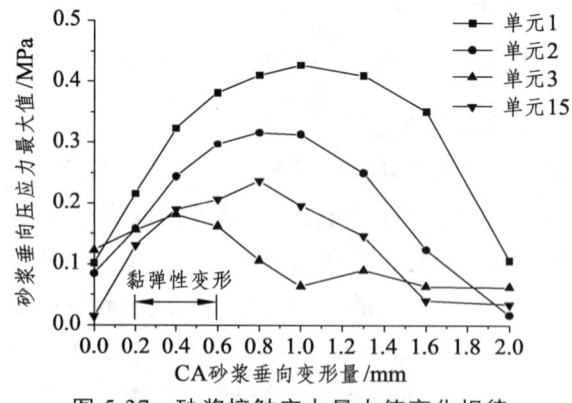

图 5-37　砂浆接触应力最大值变化规律

从图 5-37 中可知，正常状态下，板端第 1、2 和 3 单元应力分别为 0.102 MPa、0.084 MPa 和 0.123 MPa，符合我国板式无砟轨道 CA 砂浆在高速列车作用下的一般应力水平（0.059～0.129 MPa），单元 1 和 2 在砂浆垂向变形量为 1.0 mm 时达到最大，分别为 0.427 MPa 和 0.313 MPa，单元 3 在砂浆垂向变形量为 0.4 mm 时达到最大，为 0.181 MPa。随着 CA 砂浆垂向变形量的增加，垂向压应力最大值先增大后减小，分析其原因：随着变形量的增大，砂浆与轨道板的接触面积逐渐边缘化，作用面的受力面积逐渐减小，荷载作用时轨道板拍打砂浆产生应力集中，导致垂向接触应力逐渐增大至峰值，但随着砂浆变形量的继续增大，砂浆与轨道板的相互作用逐渐减弱，慢慢趋于接触分离的状态，故接触应力慢慢减小。单元 15 位置处垂向压应力最大值也呈先增大后减小的变化规律，在砂浆垂向变形量为 0.8 mm 时达到最大值为 0.237 MPa，其增大的原理与板边缘砂浆受力相似，是由于砂浆受力的两端集中，但随着砂浆端部慢慢趋于接触分离，轨道板底部砂浆支撑作用逐渐释放，最终脱空，导致板底支撑条件变化，单元 15 位置支撑约束减弱，接触应力减小。

其中，CA 砂浆垂向变形量中，黏弹性变形量值为 0.2～0.6 mm，则黏弹性变形对应第 1、2、3 和 15 单元位置处砂浆应力最大值分别为 0.382 MPa、0.297 MPa、0.162 MPa 和 0.206 MPa，较正常状态下相应量值明显增大。

2. 砂浆黏弹性变形对轨道结构垂向加速度的影响

当砂浆垂向产生变形时，轨道板板下支承状况发生改变，客车荷载作用时，轨道板以及钢轨的垂向振动加剧，影响整体结构的稳定性和行车的舒适性，计算得到砂浆产生包括黏弹性变形在内的不同变形量时，钢轨以及轨道板垂向加速度如图 5-38、图 5-39 所示。

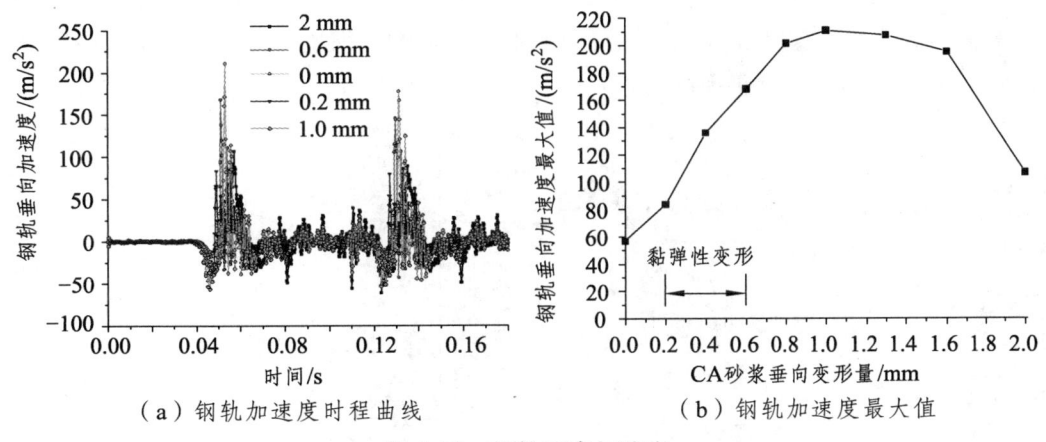

（a）钢轨加速度时程曲线　　（b）钢轨加速度最大值

图 5-38　钢轨垂向加速度

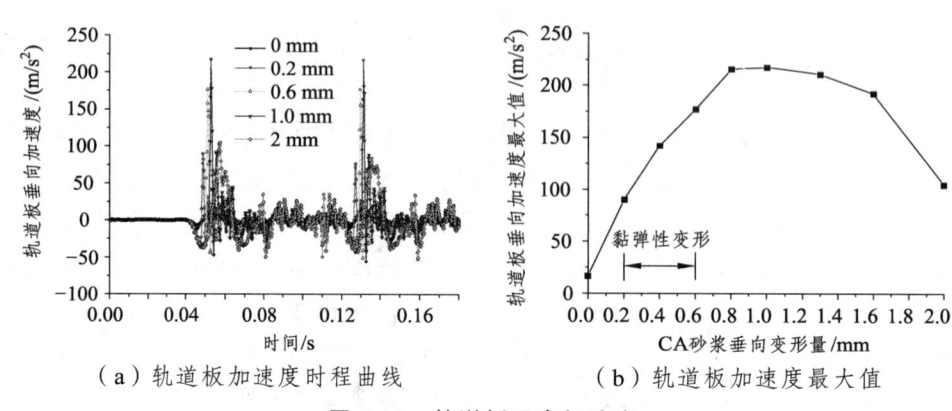

(a) 轨道板加速度时程曲线　　　(b) 轨道板加速度最大值

图 5-39 轨道板垂向加速度

结果表明，正常状态下，客车荷载作用时钢轨以及轨道板的垂向加速度最大值分别为 56.9 m/s² 和 16.6 m/s²，当砂浆垂向变形增大至 1.0 mm 时，钢轨以及轨道板的垂向加速度最大值增大至峰值 210.7 m/s² 和 217.5 m/s²，为正常状态下的 3.7 倍和 13.1 倍，随着砂浆垂向变形的继续增大，钢轨以及轨道板的垂向加速度最大值逐渐降低，其中黏弹性变形对应钢轨以及轨道板的垂向加速度最大值分别为 168.1 m/s² 和 176.8 m/s²，为正常状态下的 3.0 倍和 10.7 倍。由加速度时程曲线可知，加速度最大值对应时刻并非轮轨垂向力最大的时候，而是垂向荷载作用减小之后的时间段内出现较大正向加速度，并且加速度最大值的变化规律与砂浆接触应力的变化规律相似，由此可见，加速度最大值是在轮轨垂向力作用衰减时，轨道板与砂浆接触之后回弹作用引起的。

3. 砂浆黏弹性变形对轨道结构垂向位移的影响

计算得到砂浆产生包括黏弹性变形在内的不同变形时，钢轨、轨道板以及底座板垂向位移如图 5-40、图 5-41、图 5-42 所示。

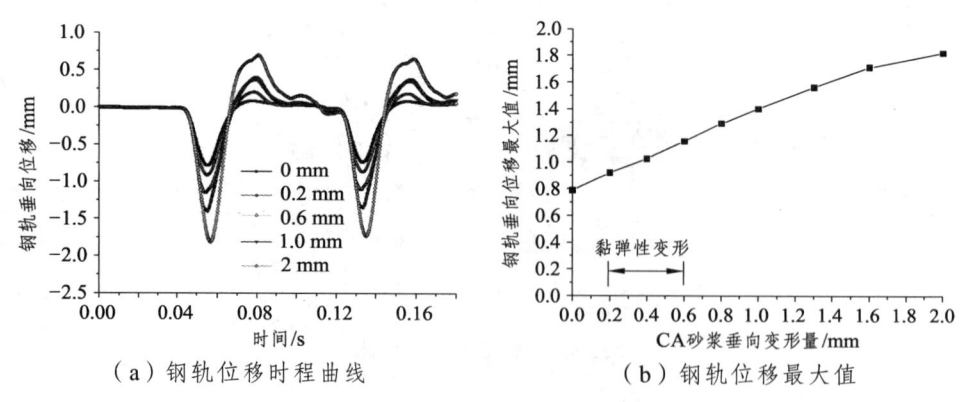

(a) 钢轨位移时程曲线　　　(b) 钢轨位移最大值

图 5-40 钢轨垂向位移

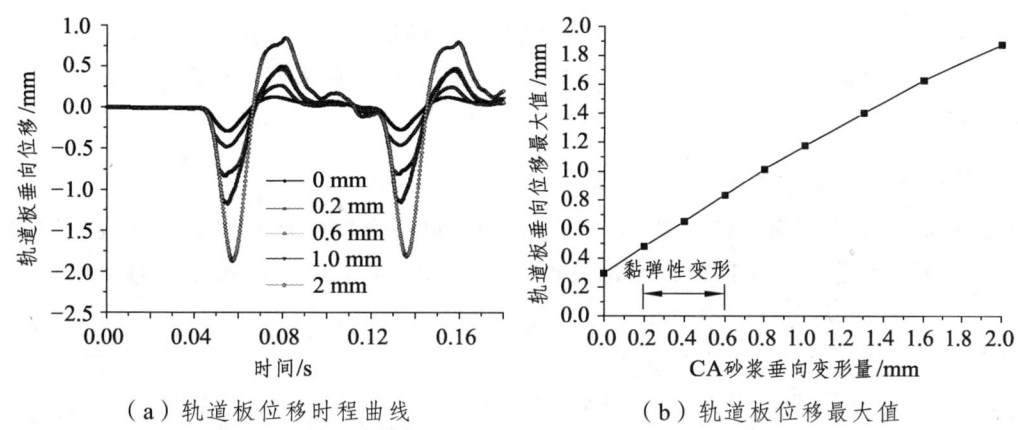

图 5-41 轨道板垂向位移

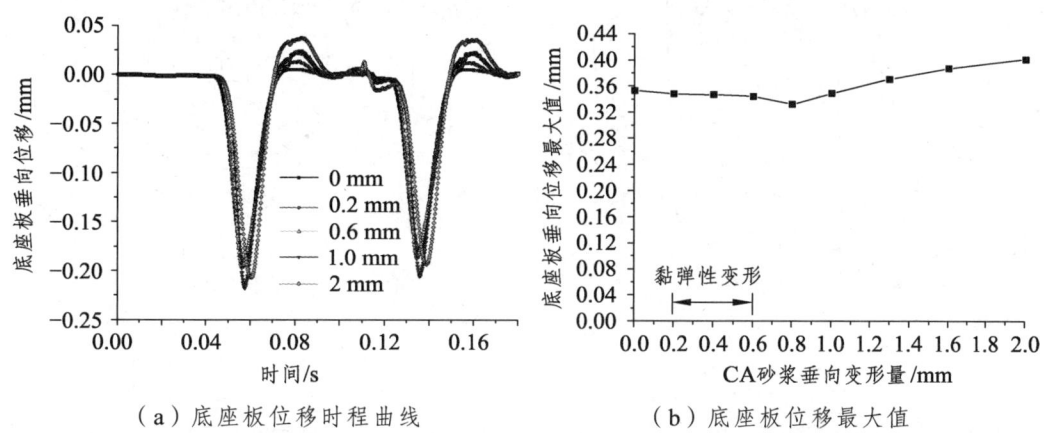

图 5-42 底座板垂向位移

从图中可知，正常状态下，客车荷载作用时钢轨以及轨道板的垂向位移最大值分别为 0.79 mm 和 0.29 mm，当砂浆垂向变形逐渐增加，钢轨以及轨道板的垂向位移最大值也随之增大，其中黏弹性变形对应钢轨以及轨道板的垂向位移最大值分别为 1.16 mm 和 0.83 mm，为正常状态下的 1.5 倍和 2.9 倍，位移最大值对应时刻为荷载最大值作用时间点。而随着砂浆变形量的变化，底座板位移变化并不明显，量值集中分布于 0.18 ~ 0.22 mm。结果表明，砂浆垂向变形对钢轨以及轨道板影响较为明显，其中对轨道板影响最为显著，而对底座板影响较小。

5.4.3 货车荷载作用下砂浆黏弹性变形对轨道结构力学性能的影响

较客车而言，货车荷载明显偏大，货车荷载作用时轨道结构受力与动力响应量值也随之较大，对轨道结构的服役性能更为不利。这里主要分析货车荷载作用下包括黏弹性变形在内的砂浆垂向变形对轨道结构动力响应的影响，主要研究对象为砂浆接触应力，钢轨、轨道板以及底座板的垂向加速度和位移。

1. 砂浆黏弹性变形对砂浆应力分布的影响

为研究货车荷载作用下包括黏弹性变形在内的砂浆垂向变形对砂浆接触应力的影响，计算得到货车荷载作用下不同砂浆垂向变形量 0 ~ 2.0 mm 时砂浆的接触应力分布如图 5-43 所示。

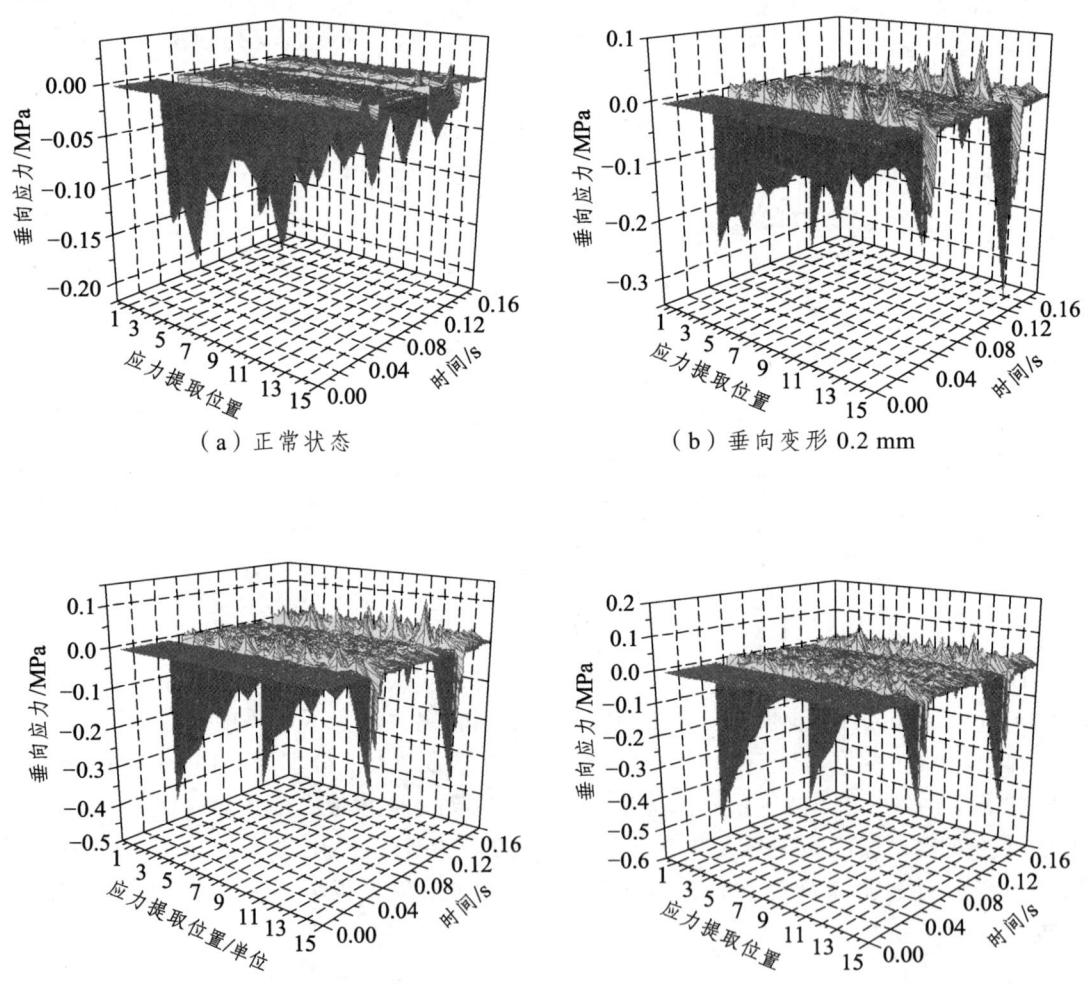

(a) 正常状态　　　　　　　　(b) 垂向变形 0.2 mm

(c) 垂向变形 0.4 mm　　　　　　(d) 垂向变形 0.6 mm

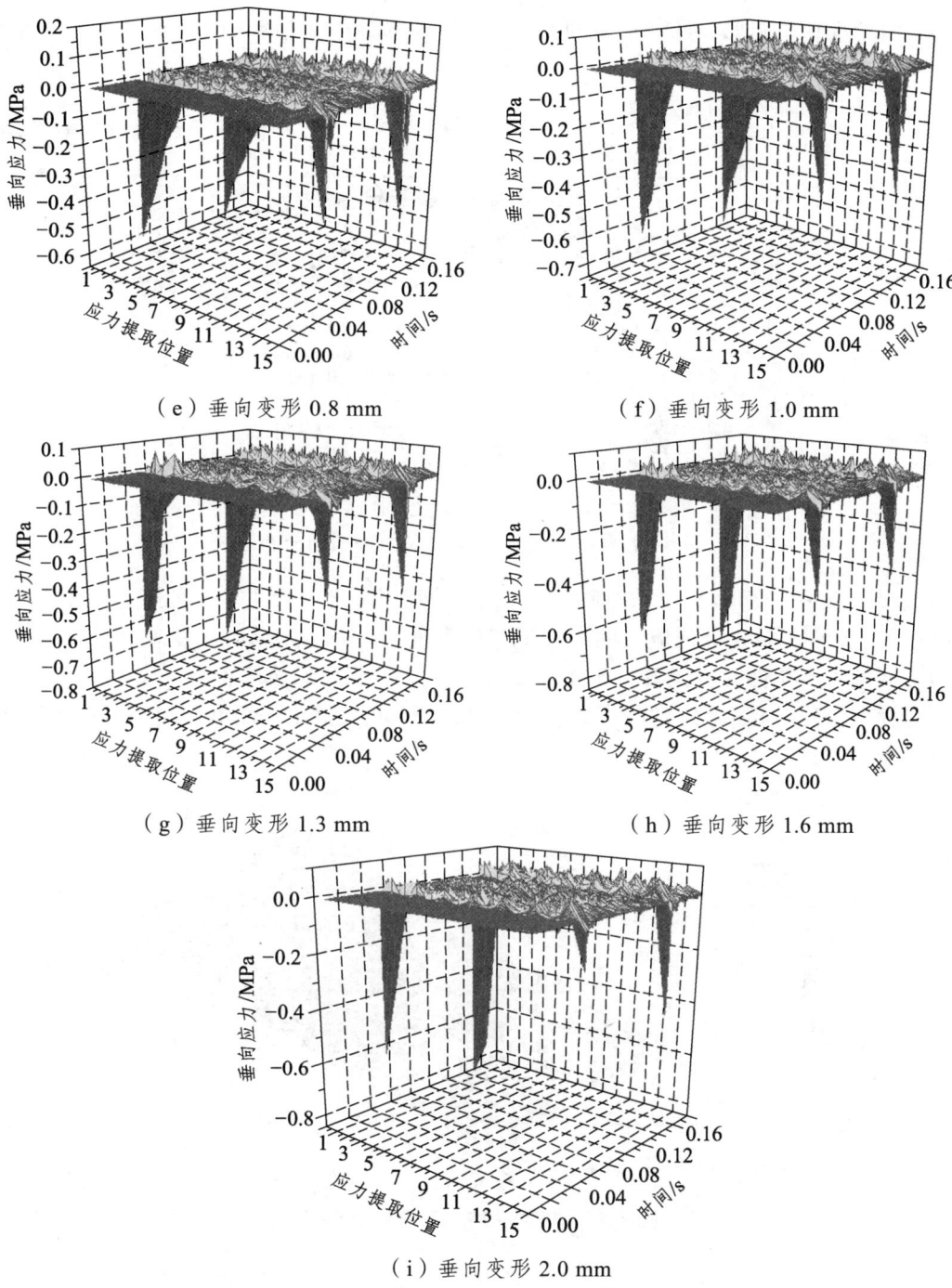

图 5-43 不同砂浆垂向变形时接触应力分布

将不同砂浆垂向变形条件下，不同作用位置砂浆接触应力最大值进行对比研究，结果如图 5-44 所示。

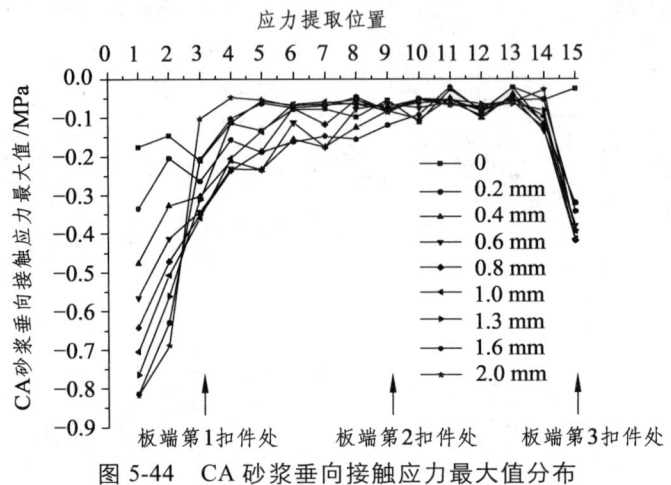

图 5-44　CA 砂浆垂向接触应力最大值分布

当板端砂浆垂向变形时，货车荷载作用下，砂浆板端部位产生较大的应力集中现象，其中板端第 1、2 和 3 单元部位应力明显大于其他位置（一个单元纵向长度为 0.1 m），第 3 单元即为板端第 1 个扣件对应位置，此外，第 15 单元（砂浆变形边缘位置）应力也较大。其分布规律与客车作用时相似。正常状态以及砂浆垂向变形时，货车作用砂浆应力分布如图 5-45、图 5-46 所示。

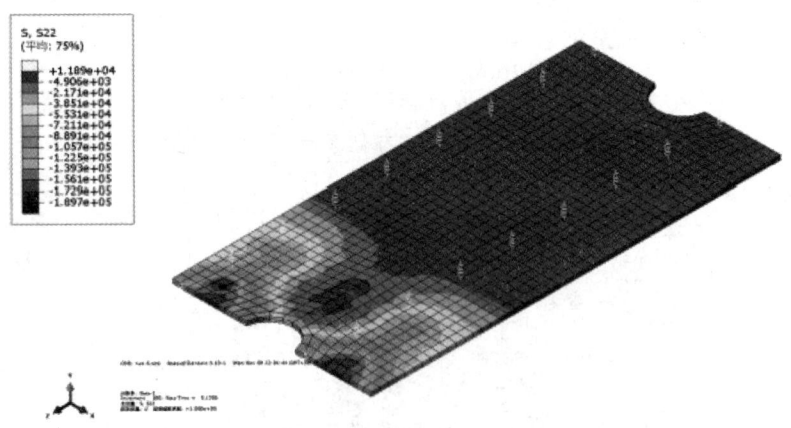

图 5-45　正常状态下砂浆应力分布

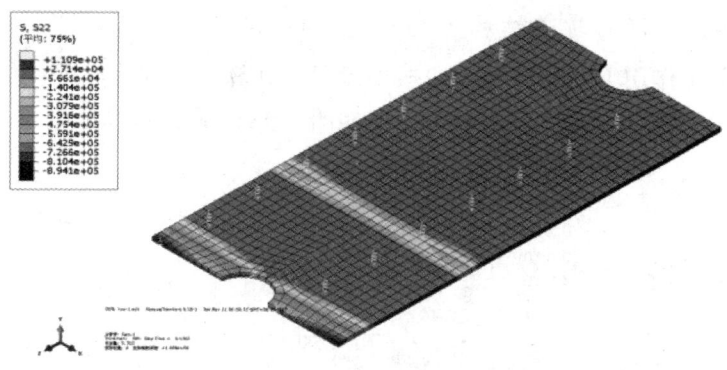

图 5-46　垂向变形时砂浆接触应力分布

其中,产生较大应力的第 1、2、3 和 15 单元位置接触应力最大值随砂浆垂向变形的变化规律如图 5-47 所示。

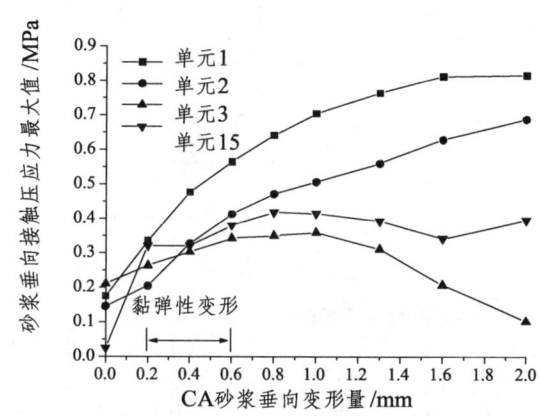

图 5-47　砂浆接触应力最大值变化规律

结果显示,正常状态下,板端第 1、2 和 3 单元应力分别为 0.176 MPa、0.146 MPa 和 0.210 MPa,单元 1 和 2 在砂浆垂向变形量为 2.0 mm 时达到最大,分别为 0.817 MPa 和 0.689 MPa,现有研究也表明轨道板拍打作用下砂浆所受应力能达到 0.817 MPa 以上;单元 1 和 2 受力最为不利,应力值逐渐增大,单元 3、15 位置处砂浆应力先增大后减小,单元 3 在砂浆垂向变形量为 1.0 mm 时达到最大,为 0.360 MPa,单元 15 位置处垂向压应力在砂浆垂向变形量为 0.8 mm 时达到最大,为 0.419 MPa。结果表明,较客车而言,货车作用产生的砂浆应力值较大。

其中,CA 砂浆垂向变形量中,由黏弹性变形产生的变形量值为 0.2~0.6 mm,则对应第 1、2、3 和 15 单元位置处砂浆应力最大值分别为 0.566 MPa、0.413 MPa、0.343 MPa 和 0.380 MPa,较正常状态下相应量值明显增大。

2. 砂浆黏弹性变形对轨道结构垂向加速度的影响

为分析货车荷载作用下轨道结构垂向振动情况，计算得到砂浆产生包括黏弹性变形在内的不同变形量时，钢轨以及轨道板垂向加速度如图 5-48、图 5-49 所示。

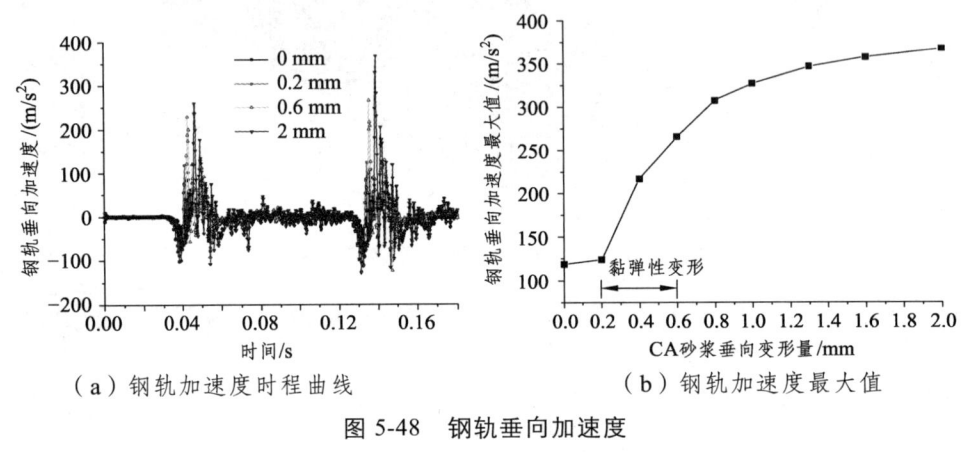

（a）钢轨加速度时程曲线　　　　（b）钢轨加速度最大值

图 5-48　钢轨垂向加速度

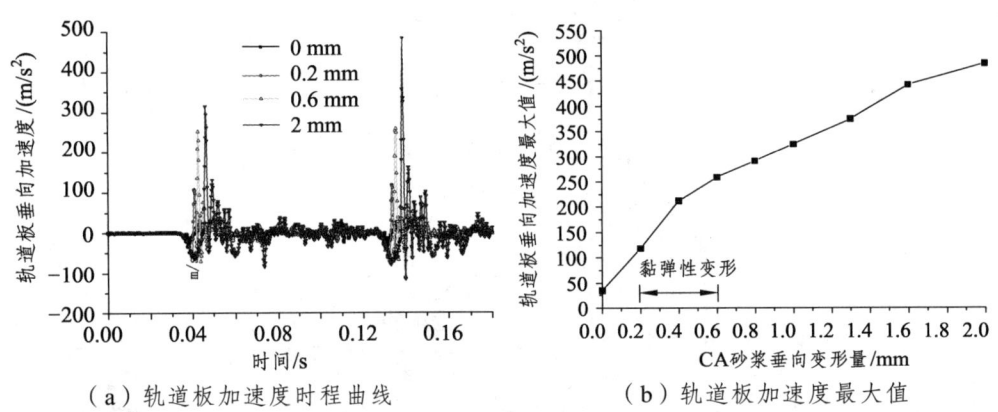

（a）轨道板加速度时程曲线　　　　（b）轨道板加速度最大值

图 5-49　轨道板垂向加速度

图中结果表明，正常状态下，货车荷载作用时钢轨以及轨道板的垂向加速度最大值分别为 118.4 m/s² 和 34.5 m/s²，当砂浆垂向变形增大至 2.0 mm 时，钢轨以及轨道板的垂向加速度最大值增大至峰值 367.3 m/s² 和 483.9 m/s²，为正常状态下的 3.1 倍和 14.0 倍，随着砂浆垂向变形的增大，钢轨以及轨道板的垂向加速度最大值逐渐增大，其中黏弹性变形对应钢轨以及轨道板的垂向加速度最大值分别为 265.6 m/s² 和 258.9 m/s²，为正常状态下的 2.2 倍和 7.5 倍。较客车而言，货车作用产生的加速度量值较大，最大加速度值为荷载作用减小之后的时间段内出现的较大正向加速度，加速度最大值的变化规律与砂浆接触应力的变化规律相似，由此可见，加速度的最大值是由轨道板与砂浆接触之后回弹作用引起的。

3. 砂浆黏弹性变形对轨道结构垂向位移的影响

计算得到砂浆产生包括黏弹性变形在内的不同变形时，钢轨、轨道板以及底座板垂向位移如图 5-50、图 5-51、图 5-52 所示。

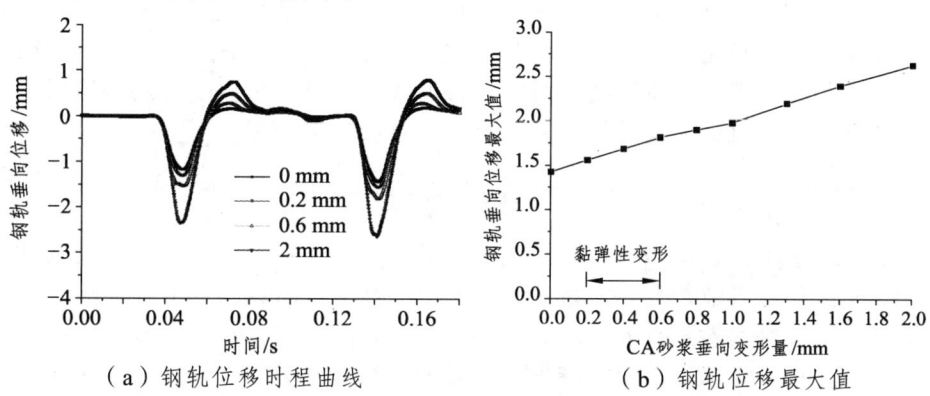

图 5-50　钢轨垂向位移

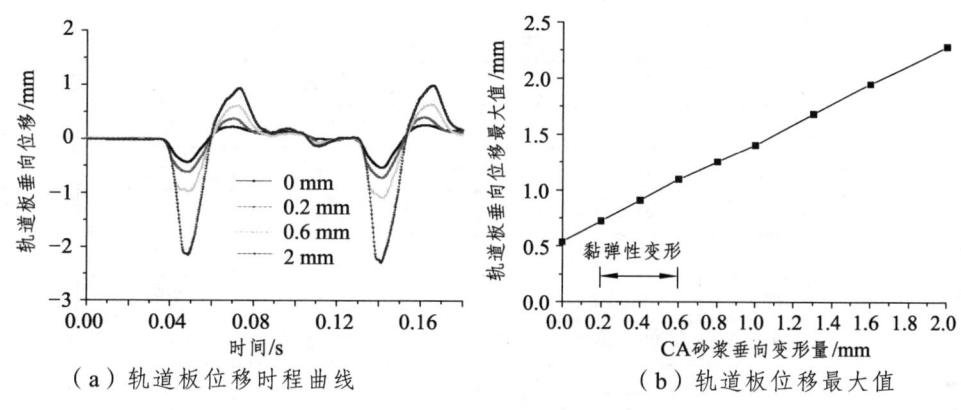

图 5-51　轨道板垂向位移

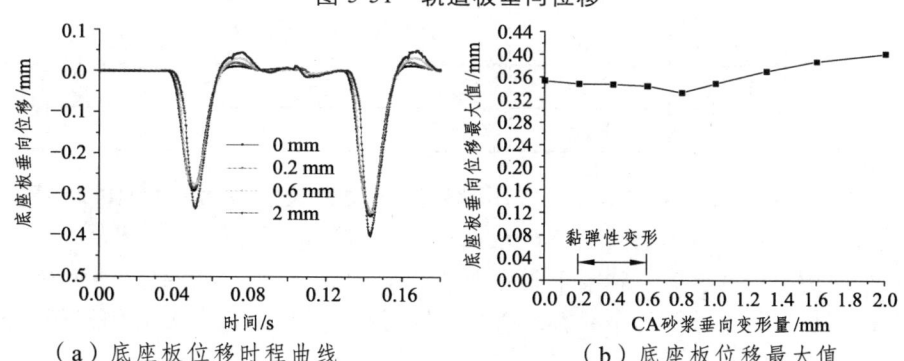

图 5-52　底座板垂向位移

从图中可知，正常状态下，货车荷载作用时钢轨以及轨道板的垂向位移最大值分别为 1.43 mm 和 0.54 mm，当砂浆垂向变形逐渐增加，钢轨以及轨道板的垂向位移最大值也随之增大，其中黏弹性变形对应钢轨以及轨道板的垂向位移最大值分别为 1.81 mm 和 1.10 mm，为正常状态下的 1.3 倍和 2.0 倍，位移最大值对应时刻为荷载最大值作用时间点。而随着砂浆变形量的变化，底座板位移变化并不明显，量值集中分布于 0.32~0.40 mm。结果表明，较客车而言，货车作用产生的轨道结构垂向位移值较大，砂浆垂向变形对钢轨以及轨道板影响较为明显，其中对轨道板影响最为显著，而对底座板影响较小。

5.4.4 客、货车荷载作用下轨道结构力学性能对比分析

客车与货车轴重不同，作用于轨道结构的荷载大小也不同，轨道结构受力与动力响应量值存在差异。前文分析结果表明砂浆黏弹性变形最不利情况为垂向变形量 0.6 mm，客车、货车作用最不利情况分别为砂浆垂向变形量 1 mm、2 mm，故选取砂浆变形量分别为 0.6 mm、1 mm、2 mm 以及正常状态下的轨道结构力学性能进行对比分析，得到客、货车作用时轨道结构力学响应最值如表 5-9 所示。

表 5-9 客、货车作用下轨道结构力学响应最大值

砂浆垂向变形/mm	砂浆应力/MPa		钢轨垂向位移/mm		钢轨垂向加速度/(m/s^2)	
	客车	货车	客车	货车	客车	货车
0	0.102	0.176	0.79	1.43	56.9	118.4
0.6	0.382	0.566	1.16	1.81	168.1	265.6
1	0.427	0.705	1.40	1.98	210.7	286.8
2	0.106	0.817	1.82	2.63	106.8	367.3
砂浆垂向变形/mm	轨道板垂向位移/mm		轨道板垂向加速度/(m/s^2)		底座板垂向位移/mm	
	客车	货车	客车	货车	客车	货车
0	0.29	0.54	16.6	34.5	0.19	0.35
0.6	0.83	1.10	176.8	258.9	0.20	0.34
1	1.18	1.40	217.5	324.5	0.22	0.35
2	1.87	2.28	104.6	483.9	0.21	0.40

结果表明，正常状态下，货车荷载作用时砂浆应力最大值为 0.176 MPa，其量值为客车作用时的 1.7 倍；砂浆产生黏弹性变形 0.6 mm 时，货车荷载作用砂浆应力最大值为 0.566 MPa，其量值为客车作用时的 1.5 倍；砂浆垂向变形 1 mm、2 mm 时，货车作用下砂浆应力最大值均大于客车作用相应量值；各条件下货车荷载作用时钢轨、轨道板以及底座板的垂向加速度、位移均大于客车作用相应最值。

5.5 CA 砂浆黏弹性变形对其疲劳损伤特性的影响

CA 砂浆在轨道结构中主要起着调整、协调的作用，列车荷载作用下，其本身所受应力较低，远远小于砂浆材料本身的强度，基于目前相关理论分析以及模型计算结果，列车荷载的作用很难使其出现疲劳破坏，正常状态下砂浆疲劳寿命较长，服役期间产生疲劳破坏的可能性较低。前文分析结果表明：当砂浆产生包括黏弹性变形在内的垂向变形时，砂浆局部应力较正常情况下明显增大。而疲劳损伤与应力状态有直接关系，该不利状态下，每次列车荷载作用时砂浆的累积损伤将较正常状态明显增大，最终导致砂浆疲劳寿命的减小。这里将基于疲劳损伤理论以及砂浆应力分析结果，采用 S-N 曲线分析方法，利用 Workbench 建立砂浆疲劳分析模型，分析包括砂浆黏弹性变形在内的垂向变形对疲劳损伤特征的影响规律。

5.5.1 线性疲劳损伤理论

现有疲劳损伤研究应用中，较其他疲劳损伤理论而言，P-M 线性疲劳损伤理论更为简单实用，应用较广。若试件在某一应力水平下疲劳寿命为 N_i，破坏所需的功为 W，荷载作用 i 次的功为 W_i，则

$$\frac{W_i}{W} = \frac{n_i}{N_i} \tag{5-10}$$

在材料破坏时有

$$\sum_{i=1}^{n} W_i = W_1 + W_2 + \cdots + W_n = W \tag{5-11}$$

于是得到

$$\sum_{i=1}^{n} \frac{W_i}{W} = \sum_{i=1}^{n} \frac{n_i}{N_i} = 1 \tag{5-12}$$

那么假设损伤变量可以表示为

$$D = \frac{n}{N} \tag{5-13}$$

变幅载荷下，累积损伤为

$$D = \sum_{i=1}^{n} \frac{n_i}{N_i} \tag{5-14}$$

5.5.2 S-N 曲线疲劳寿命分析方法

砂浆的疲劳寿命与砂浆本身应力状态有直接关系，所受应力越大，疲劳寿命越小，反之应力越小，疲劳寿命越大。S-N 曲线用以表征材料受力时应力水平与该应力水平长期作用下材料破坏所需荷载作用次数的关系，CA 砂浆的 S-N 曲线可采用对数关系式表示为

$$\lg N = -kS + n \tag{5-15}$$

式中，S——应力水平；

N——疲劳作用次数。

李云良通过疲劳试验得到 CA 砂浆疲劳方程：

（1）配比Ⅰ（A/C=0.4）疲劳方程：

$$\lg N = -10.319S + 11.567 \tag{5-16}$$

（2）配比Ⅱ（A/C=0.6）疲劳方程：

$$\lg N = -10.835S + 12.31 \tag{5-17}$$

本书选取公式（5-16）疲劳方程作为 CA 砂浆疲劳分析参数，其 S-N 曲线如图 5-53 所示。

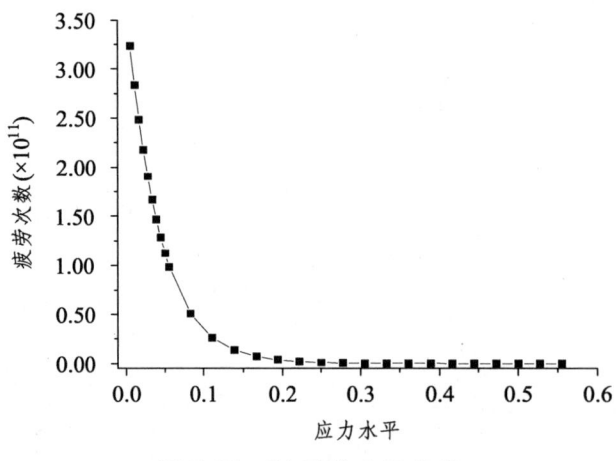

图 5-53 CA 砂浆 S-N 曲线

5.5.3 Workbench 疲劳分析模型

Workbench 中 Fatigue 分析模块可以根据结构实际受力状态得到其荷载累积循环作用下的疲劳寿命。砂浆产生包括黏弹性变形在内的不同垂向变形时，砂浆各部位较为不利的应力分布，其中，砂浆黏弹性变形最不利情况为垂向变形量 0.6 mm 时，客车、货车作用最不利情况为砂

浆垂向变形量 1 mm、2 mm 时，为与正常状态进行对比分析，选取砂浆变形量分别为 0 mm、0.6 mm、1 mm、2 mm 时砂浆受力状态进行疲劳分析，不同条件下砂浆应力分布如表 5-10 所示。

表 5-10 不同条件下砂浆应力分布

工况		应力分布/MPa			
荷载	砂浆变形量/mm	单元 1	单元 2	单元 3	单元 15
客车	0.0	0.102	0.084	0.123	0.014
	0.6	0.382	0.297	0.162	0.206
	1.0	0.427	0.313	0.064	0.196
	2.0	0.106	0.016	0.062	0.034
货车	0.0	0.176	0.146	0.210	0.025
	0.6	0.566	0.413	0.343	0.380
	1.0	0.705	0.507	0.360	0.415
	2.0	0.817	0.689	0.103	0.396

在 Workbench 中建立 CA 砂浆实体模型，其尺寸参数如本书表 2-6 所示。为简化模型，不考虑其他复杂轨道结构，直接以面荷载的作用形式施加于砂浆表明不同位置，使得砂浆受力达到表 5-10 中应力分布状态，如图 5-54 所示。

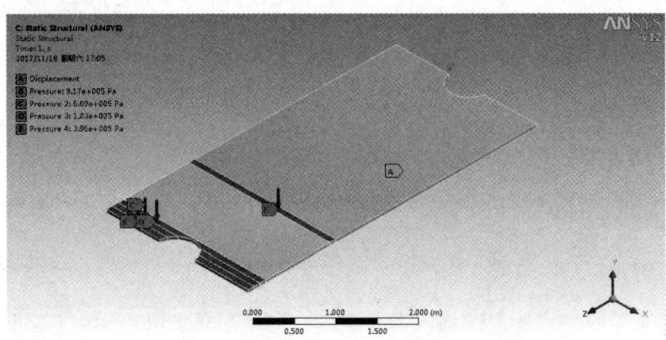

图 5-54 Workbench 疲劳分析模型

5.5.4 列车荷载作用下砂浆黏弹性变形对疲劳寿命的影响

当砂浆产生包括黏弹性变形在内的垂向变形时，砂浆局部应力较正常情况下明显增大，则每次列车荷载作用时砂浆的累积损伤将明显增大，最终导致砂浆疲劳寿命的减小。这里仅考虑客车、货车作用，荷载作用形式单一，未考虑温度、雨水等外部条件，疲劳寿命结果与实际有所偏差，仅作为定性分析，研究包括黏弹性变形在内的砂浆垂向变形对疲劳寿命的影响。

1. 客车作用时砂浆黏弹性变形对疲劳寿命的影响

计算得到客车荷载作用下，包括黏弹性变形在内的砂浆垂向变形时荷载疲劳次数分布如图 5-55 所示。

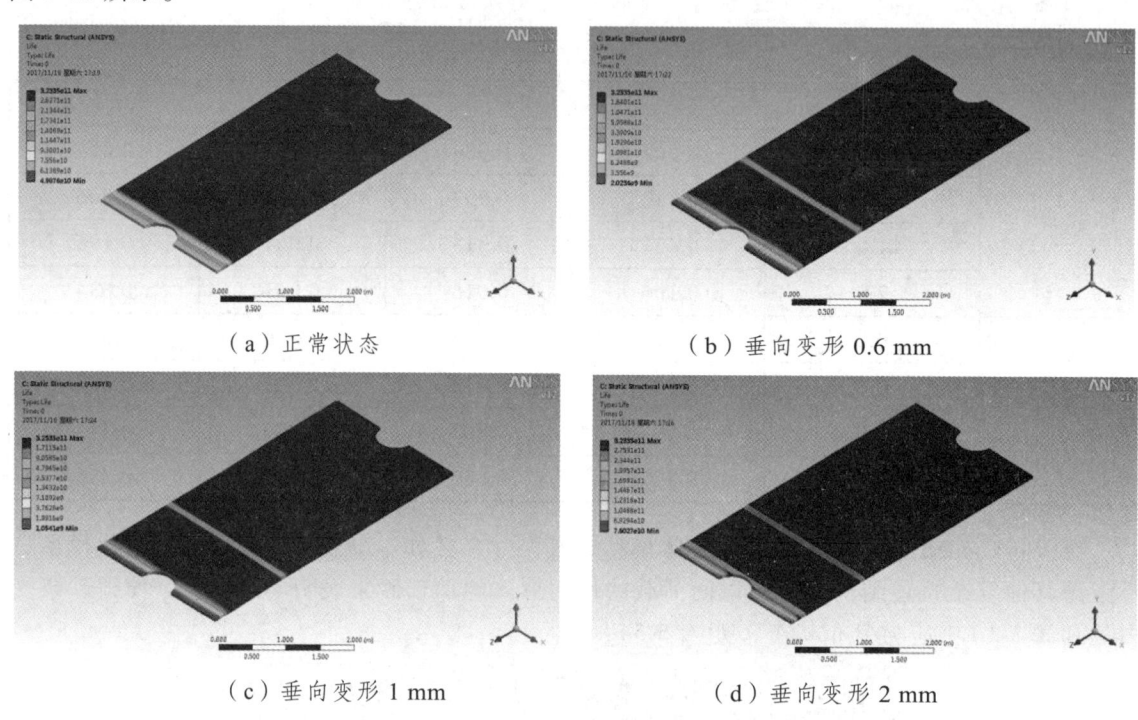

（a）正常状态　　　　　　　　　（b）垂向变形 0.6 mm

（c）垂向变形 1 mm　　　　　　　（d）垂向变形 2 mm

图 5-55　客车作用时荷载疲劳次数

客车作用时，正常状态下，CA 砂浆荷载疲劳破坏次数为 4.99×10^{10}，当砂浆黏弹性变形后（变形量 0.6 mm），CA 砂浆荷载疲劳破坏次数减小至 2.02×10^{9}，客车荷载最不利状态即砂浆垂向变形 1 mm 时，砂浆荷载疲劳破坏次数减小至 1.05×10^{9}，砂浆垂向变形 2 mm 时，砂浆荷载疲劳破坏次数为 7.60×10^{10}，较正常状态下偏大，分析其原因为，砂浆垂向变形 2 mm 时，板端砂浆与轨道板趋于完全分离，荷载作用时板端位置砂浆应力较正常状态下明显偏小，受力分散于变形附近区域，板端部位能够承受的疲劳荷载作用次数因而较大。结果表明，疲劳次数与应力有直接关系，荷载疲劳破坏次数最小时即为砂浆应力最大的时刻。

2. 货车作用时砂浆黏弹性变形对疲劳寿命的影响

计算得到货车荷载作用下，包括黏弹性变形在内的砂浆垂向变形时荷载疲劳次数分布如

图 5-56 所示。

货车作用时，正常状态下，CA 砂浆荷载疲劳破坏次数为 1.20×10^{10}，当砂浆黏弹性变形后（变形量 0.6 mm），CA 砂浆荷载疲劳破坏次数减小至 1.57×10^{8}，砂浆垂向变形 1 mm 时，砂浆荷载疲劳破坏次数为 2.31×10^{7}，货车荷载最不利状态即砂浆垂向变形 2 mm 时，砂浆荷载疲劳破坏次数减小至 5.84×10^{6}。结果表明，疲劳次数与应力有直接关系，荷载疲劳破坏次数最小时即为砂浆应力最大的时刻。

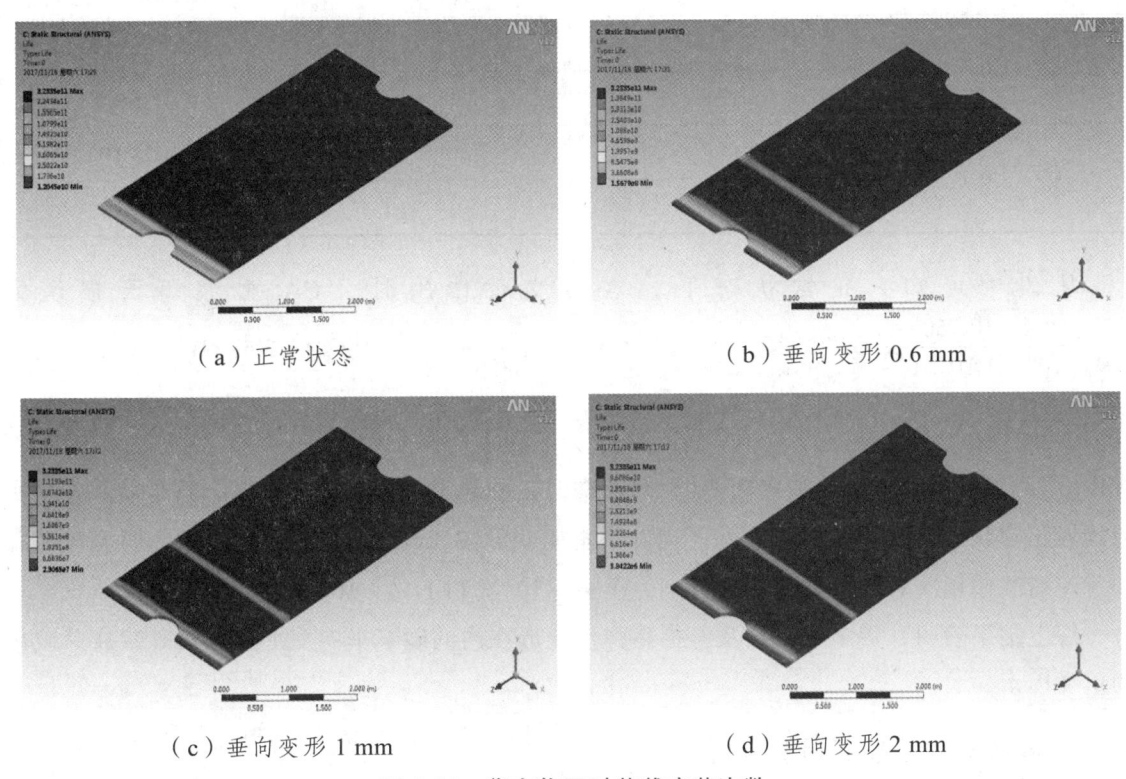

(a) 正常状态　　　　　　　　(b) 垂向变形 0.6 mm

(c) 垂向变形 1 mm　　　　　　(d) 垂向变形 2 mm

图 5-56　货车作用时荷载疲劳次数

3. 客、货车交替作用时砂浆疲劳寿命

实际运营状态中，不仅存在客、货车单独作用，还存在客、货车交替作用的情况，根据现场调研资料，测试段日平均通行车辆约 40 列，其中客车 22 列，货车 18 列。基于线性疲劳损伤理论，计算得到客货交替作用下不同砂浆垂向变形量的无砟轨道 CA 砂浆疲劳次数如表 5-11 所示。

表 5-11 不同条件下客货交替无砟轨道 CA 砂浆疲劳次数

砂浆变形量/mm	荷载	疲劳次数（单独作用下）	疲劳次数（客货交替作用下）
0.0	客车	4.99×10^{10}	2.68×10^{8}
0.0	货车	1.20×10^{10}	2.19×10^{8}
0.6	客车	2.02×10^{9}	3.73×10^{6}
0.6	货车	1.57×10^{8}	3.05×10^{6}
1.0	客车	1.05×10^{9}	5.59×10^{5}
1.0	货车	2.31×10^{7}	4.57×10^{5}
2.0	客车	7.60×10^{10}	1.41×10^{5}
2.0	货车	5.84×10^{6}	1.16×10^{5}

从表中可知，正常状态下，客货交替作用时，CA 砂浆每天损伤为 $\frac{22 \times 16 \times 4}{4.99 \times 10^{10}} + \frac{18 \times 50 \times 4}{1.20 \times 10^{10}} = 3.282 \times 10^{-7}$，则客车荷载作用 $\frac{1}{3.282 \times 10^{-7}} \times 22 \times 4 = 2.68 \times 10^{8}$ 次和货车荷载作用 $\frac{1}{3.282 \times 10^{-7}} \times 18 \times 4 = 2.19 \times 10^{8}$ 次时，砂浆发生疲劳破坏。当砂浆黏弹性变形后，客车荷载作用 3.73×10^{6} 次和货车荷载作用 3.05×10^{6} 次时，砂浆出现疲劳破坏，客、货车荷载作用次数均较正常状态下明显减少。此外，当砂浆垂向变形 2 mm，砂浆产生疲劳破坏时客车荷载和货车荷载作用次数均达到最低，分别为 1.41×10^{5} 次和 1.16×10^{5} 次。

综上结果表明，货车作用以及包括黏弹性变形在内的砂浆垂向变形是导致砂浆疲劳破坏的重要因素。

5.5.5 砂浆非线性疲劳损伤分析

线性疲劳损伤理论为了方便计算，将每次荷载作用时产生的疲劳损伤视作为独立，即第 N 次疲劳损伤与前 $N-1$ 次荷载作用无关。而非线性疲劳损伤理论表现为疲劳损伤与加载过程有关，第 N 次疲劳损伤与前 $N-1$ 次荷载累积作用有必然关联，原理更为复杂且接近实际。

基于 Chaboche 非线性损伤累积模型，一种考虑应力幅影响的损伤演化规律可表示为

$$\frac{dD}{dN} = \left(\frac{\sigma}{2M}\right)^U (1-D)^{-u} \tag{5-18}$$

式中，σ 为应力幅值；u、M、U 均为材料常数，M 与平均应力有关。

疲劳损伤的表达式为

$$D(N) = 1 - \left(1 - \frac{N}{N_f}\right)^{1/(1+u)} = 1 - \left(1 - \frac{N}{N_f}\right)^{1/n} \tag{5-19}$$

其中，$n = 1 + u$。

由公式（5-19）可得荷载疲劳作用多次产生的损伤与加载历史的相互关系为

$$\frac{dD(N)}{dN} = \frac{1}{nN_f}\left(1 - \frac{N}{N_f}\right)^{(1-n)/n} \tag{5-20}$$

得到的疲劳寿命表达式为

$$N_f = \frac{1}{1+u}\left(\frac{\sigma}{2M}\right)^{-U} \tag{5-21}$$

令 $k = \dfrac{S_t^{-U}}{(1+u)(2M)^{-U}}$，$\sigma = S_t t$，可得到 S-N 曲线的简化表达式为

$$N_f = k\left(\frac{1}{t}\right)^U \tag{5-22}$$

其中，S_t 为材料强度，t 为应力水平。

公式（5-22）中，应力水平 t 由疲劳荷载以及材料静载强度值 S_t 决定，即名义应力水平。疲劳加载过程中，随着荷载作用次数增加，材料内部产生缺陷，有效承载面积减小，实际疲劳动载强度 S_{max} 以及实际应力水平改变，疲劳动载强度 S_{max} 为

$$S_{max} = tS_t(N_f)^{1/n} \tag{5-23}$$

动载强度修正系数 $m = t(N_f)^{1/n}$，则疲劳动载强度为

$$S_{max} = mS_t \tag{5-24}$$

疲劳加载初始应力幅值与疲劳动载强度 S_{max} 的比值即为实际初始应力水平。

$$t_s = tS_t / S_{\max} = (N_f)^{-1/n} \tag{5-25}$$

1. 砂浆疲劳动载强度

疲劳动载强度主要由应力水平以及疲劳寿命决定，不同应力条件下，CA 砂浆的疲劳动载强度有所不同，基于非线性疲劳损伤理论以及 S-N 曲线计算得到客、货车作用时不同条件下砂浆的疲劳动载强度如表 5-12 所示。

表 5-12 不同条件下砂浆疲劳动载强度

荷载	砂浆变形量/mm	最大应力/MPa	名义应力水平	疲劳寿命/次	动载强度修正系数	疲劳动载强度/MPa
客车	0.0	0.102	0.057	4.99×10^{10}	14.458	26.024
	0.6	0.382	0.212	2.02×10^{9}	26.317	47.370
	1.0	0.427	0.237	1.05×10^{9}	25.390	45.703
	2.0	0.106	0.059	7.60×10^{10}	16.516	29.729
货车	0.0	0.176	0.098	1.20×10^{10}	18.104	32.587
	0.6	0.566	0.314	1.57×10^{8}	21.948	39.506
	1.0	0.705	0.392	2.31×10^{7}	17.763	31.974
	2.0	0.817	0.454	5.84×10^{6}	15.108	27.194

其中，拟合得到砂浆疲劳动载强度随名义应力水平变化规律为

$$S_{\max} = 25.300 + 21.357 e^{-2\left(\frac{t-0.237}{0.187}\right)^2} \quad (R^2=0.95) \tag{5-26}$$

不同条件下砂浆疲劳动载强度的变化规律如图 5-57 所示，正常状态下，客、货车作用时砂浆疲劳寿命量值为同一阶次，但货车作用时砂浆应力大于客车作用，货车对应疲劳动载强度值 32.587 MPa 大于客车相应量值 26.024 MPa；当砂浆垂向变形时，货车作用砂浆疲劳寿命远小于客车，计算得到货车对应的疲劳动载强度值也小于客车相应量值；较正常状态而言，砂浆垂向变形 0.6 mm 时（黏弹性变形量值）砂浆应力水平增大，而疲劳寿命减小，但应力水平增值影响较大，疲劳动载强度此时达到最大，客、货车作用分别为 47.370 MPa、39.506 MPa；当砂浆垂向变形大于黏弹性变形量值时，疲劳寿命明显偏小，疲劳动载强度逐渐减小。

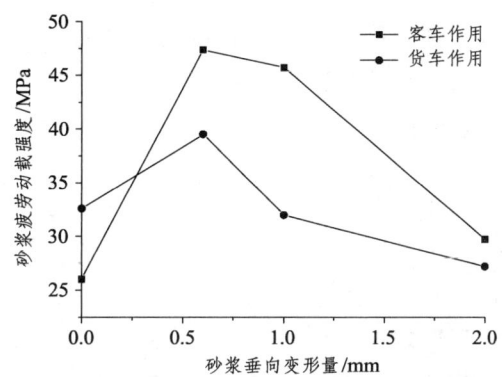

图 5-57　不同条件下砂浆疲劳动载强度变化规律

2. 砂浆实际初始应力水平

实际初始应力水平为疲劳加载初始应力幅值与疲劳动载强度的比值，表征疲劳加载过程中砂浆材料的实际服役状态，计算得到不同条件下砂浆实际初始应力水平如表 5-13 所示。

表 5-13　不同条件下砂浆实际初始应力水平

荷载	砂浆变形量/mm	最大应力/MPa	名义应力水平	实际初始应力水平
客车	0.0	0.102	0.057	0.003 9
	0.6	0.382	0.212	0.008 1
	1.0	0.427	0.237	0.009 3
	2.0	0.106	0.059	0.003 6
货车	0.0	0.176	0.098	0.005 4
	0.6	0.566	0.314	0.014 3
	1.0	0.705	0.392	0.022 0
	2.0	0.817	0.454	0.030 0

不同条件下疲劳加载过程中砂浆实际初始应力水平的变化规律如图 5-58 所示，与列车运行时砂浆应力有关，货车作用时砂浆受力较大，对应实际初始应力水平大于客车作用；砂浆黏弹性变形 0.6 mm 时，客、货车作用时砂浆实际初始应力水平分别为 0.008 1、0.014 3；随着变形量的增大，客车作用时实际初始应力水平先增大后减小，货车作用时逐渐增大，客、货车作用时砂浆实际初始应力水平最大值分别为 0.009 3、0.030 0，对应砂浆垂向变形量分别

为 1.0 mm、2.0 mm，变化规律主要由砂浆应力分布规律决定。

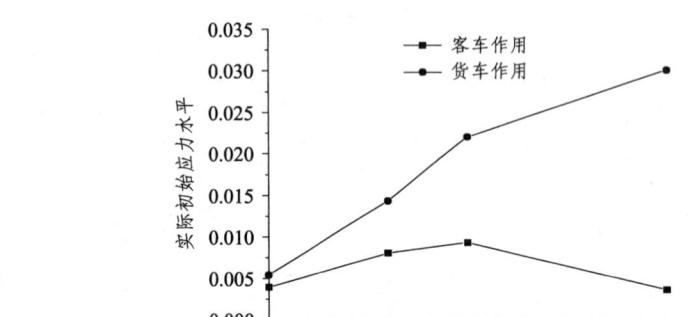

图 5-58 不同条件下砂浆实际初始应力水平变化规律

3. 砂浆临界疲劳损伤度

当以实际初始应力水平进行疲劳加载，材料的强度和刚度减小，衰减后的量值与初始值的比值等于实际初始应力水平对应量值时，试件处于临界破坏状态，该状态下材料的损伤即为临界疲劳损伤度，量值为 $1-t_s$。计算得到不同条件下砂浆的临界疲劳损伤度如表 5-14 所示。

表 5-14 不同条件下砂浆实际初始应力水平

荷载	砂浆变形量/mm	最大应力/MPa	临界疲劳损伤度
客车	0.0	0.102	0.996 1
	0.6	0.382	0.991 9
	1.0	0.427	0.990 7
	2.0	0.106	0.996 4
货车	0	0.176	0.994 6
	0.6	0.566	0.985 7
	1.0	0.705	0.978 0
	2.0	0.817	0.970 0

不同条件下疲劳加载过程中砂浆临界疲劳损伤度的变化规律如图 5-59 所示，与砂浆实际初始应力水平有关，货车作用时实际初始应力水平较大，对应临界疲劳损伤度小于客车作用；砂浆黏弹性变形 0.6 mm 时，客、货车作用时砂浆实际初始应力水平分别为 0.991 9、0.985 7；

随着变形量的增大，客车作用时实际初始应力水平先减小后增大，货车作用时逐渐减小，客、货车作用时，砂浆临界疲劳损伤度最小值分别为 0.990 7、0.970 0，对应砂浆垂向变形量分别为 1.0 mm、2.0 mm，临界疲劳损伤度变化规律与实际初始应力水平相反。当列车荷载长期疲劳作用后砂浆损伤达到临界疲劳损伤度时，下一次荷载作用将使砂浆疲劳破坏。

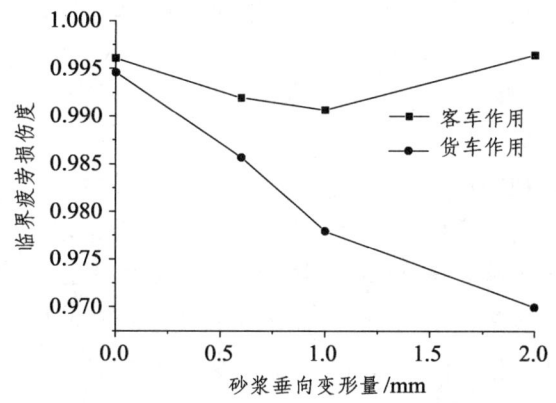

图 5-59　不同条件下砂浆临界疲劳损伤度变化规律

5.6　本章小结

本章主要介绍了 Burgers 模型和四单元五参数模型模拟 CA 砂浆的黏弹性行为的理论原理，并在此基础上得到基于时间硬化率的砂浆模型特征参数，验证了该参数的合理性，利用有限元软件 ABAQUS 建立含砂浆时间硬化率行为特征的 CRTS Ⅰ 型板式无砟轨道结构模型对砂浆黏弹性特征进行了研究分析；将砂浆黏弹性分析结果中变形较大区域考虑为变形敏感区域，仅考虑遂渝线无砟轨道现场实测所得真实轮轨垂向力为作用荷载，研究了包括黏弹性变形在内的砂浆垂向变形对板式无砟轨道结构力学性能的影响规律；基于疲劳损伤理论以及砂浆应力分析结果，采用 S-N 曲线分析方法，分析了包括砂浆黏弹性变形在内的垂向变形对疲劳损伤特征的影响规律，主要结论如下：

（1）CA 砂浆 Burgers 模型和四单元五参数模型对应的时间硬化率分析模型特征参数幂法则乘数、等效应力阶次以及时间阶次分别为 $3.677×10^{-8}$、$0.593\ 5$、$-0.767\ 5$ 以及 $6.131×10^{-8}$、$0.608\ 5$、$-0.876\ 2$，Burgers 模型对应的时间硬化率分析模型变形结果略大于四单元五参数模型对应量值。

（2）列车荷载值较大时，CA 砂浆所受应力较大，黏弹性垂向累积变形增量也会随之较大。CA 砂浆初始弹模由 100 MPa 增加至 500 MPa 时，砂浆黏弹性变形前后的垂向应变差平

均值由 0.288×10^{-3} 减小到 0.119×10^{-3}，而变形前后垂向位移差平均值由 0.312 mm 增加到 0.515 mm。砂浆初始弹模的增大导致砂浆整体应变减小，变形前后差值也相应较小，垂向应变差值随初始弹模的增大呈降低的趋势；初始弹模变化对砂浆整体位移的影响相对较小，随着初始弹模增大，砂浆黏弹性变形前后位移差值增加；长期服役后高弹模 CA 砂浆黏弹性性能弱化，变形行为处于稳定阶段，不适宜采用基于时间硬化率的分析模型进行模拟。

（3）CA 砂浆黏弹性变形前后垂向位移差值集中于 $0.2\sim0.6$ mm 范围，该变形量差值为非弹性变形，形成后不可完全恢复；砂浆板端变形量值较大，板端至第 3 个扣件之间变形较为明显，纵向约为 2.5 个扣件间距。

（4）板端砂浆垂向累积变形后，荷载作用下轨道板与砂浆产生拍打，砂浆变形区域端部产生应力集中现象；客车荷载作用下，随着砂浆变形量增大，端部砂浆应力先增大后减小；砂浆黏弹性变形 0.6 mm 时砂浆板边缘应力最大值为 0.382 MPa，砂浆垂向变形量为 1.0 mm 时板边缘部位接触应力达到最大值为 0.427 MPa，较正常状态下相应量值 0.102 MPa 明显增大；货车荷载作用下，砂浆黏弹性变形 0.6 mm 时砂浆板边缘应力最大值为 0.566 MPa，砂浆垂向变形量为 2.0 mm 时板边缘部位接触应力达到最大值为 0.817 MPa，较正常状态下相应量值 0.176 MPa 明显增大。

（5）客车作用时，随着砂浆变形量的增大，钢轨以及轨道板的垂向加速度先增大后减小，垂向位移逐渐增大；客、货车作用时加速度量值分别于砂浆垂向变形 1.0 mm、2.0 mm 时达到最大；砂浆黏弹性变形时，钢轨、轨道板垂向加速度和位移均大于正常状态下相应量值；货车作用时轨道结构动力响应量值均大于客车相应量值；砂浆垂向变形对钢轨、轨道板以及砂浆本身受力影响较大，对底座板影响较小。

（6）列车荷载作用下，砂浆垂向变形时砂浆疲劳次数较正常状态明显减小。其中，在货车荷载作用下，砂浆黏弹性变形后，其疲劳次数为 1.57×10^8，在砂浆垂向变形 2 mm 时其疲劳次数达到最低，仅为 5.84×10^6。

（7）客货车交替作用下，砂浆垂向变形时砂浆疲劳次数较正常状态显著减小，在砂浆黏弹性变形后，客车荷载作用 3.73×10^6 次和货车荷载作用 3.05×10^5 次时砂浆发生疲劳破坏；当砂浆垂向变形 2 mm 时，砂浆疲劳破坏时仅能承受的最大客车荷载作用次数为 1.41×10^5 次，货车荷载作用次数为 1.16×10^5 次。

（8）拟合得到的砂浆疲劳动载强度随名义应力水平变化规律为
$$S_{\max} = 25.300 + 21.357 e^{-2\left(\frac{t-0.237}{0.187}\right)^2}$$
；砂浆产生黏弹性变形后，砂浆实际初始应力水平、临界疲劳损伤度、疲劳损伤剩余强度等疲劳特征量值较正常状态均有明显变化，相应变化规律与砂浆应力分布规律有直接关系，客、货车作用下，疲劳特征量值分别在砂浆垂向变形 1.0 mm、2.0 mm 时出现极值。

结果表明，长时间服役后，CA 砂浆黏弹性性能以及行为特征会造成无砟轨道结构动力响应增大以及砂浆本身应力的增加，加剧砂浆疲劳损伤，缩短砂浆的使用寿命，在雨水、温度等外部条件影响下，砂浆黏弹性行为的不利因素将会扩大，影响其服役性能，极有可能造成砂浆在较低的使用年限内破坏，故建议理论研究以及实际施工运营过程中考虑砂浆黏弹性性能以及行为特征的影响。

6 板式无砟轨道结构损伤对其动力特性的影响分析

从现场调研结果来看，路基上铺设的 CRTS I 型无砟轨道出现了较为严重的病害，病害形式主要有底座板脱空及路基翻浆冒泥、底座板裂纹、轨道板与 CA 砂浆离缝、CA 砂浆破损掉块及塑性挤出、轨道板裂纹。砂浆伤损往往并不是沿厚度方向完全损坏，而是表现为砂浆与轨道板之间存在一定程度的离缝。当离缝高度超过一定程度时，即使在列车荷载作用下，伤损区域的轨道板底部也很难与砂浆上表面产生接触作用，形成轨道板板底脱空。在现场除了 CA 砂浆破损掉块比较明显的区域可以认为是轨道板脱空，绝大多数时候 CA 砂浆在列车通过时，部分砂浆与轨道板接触，部分区域呈脱空状态，且接触区域的范围随列车轴重、速度等有很大的离散性，离缝与脱空的服役状态之间很难界定，本章认为现场这种服役状态为离缝。

离缝的出现，不但会改变轨道结构的受力状态，造成轮轨之间动态响应以及轨道结构动力响应的改变，还将导致雨水进入砂浆层与轨道板之间，在列车动荷载作用下，层间水将产生动态水压，冲刷砂浆层与混凝土底座，带出细颗粒或粗颗粒，形成冒白浆的现象。除此之外，在遂渝线现场的调研中发现，遂渝线无砟轨道试验段存在不同程度的翻浆破坏，其中调查的蔡家段破坏长度占 13%左右，基础出现了比较严重的不均匀沉降。现场的考察结果表明，在基础沉降区域的底座板出现了较多的垂向裂纹，部分甚至已经贯通，且在板端位置的 CA 砂浆多出现破损掉块。据现场工务人员介绍，自 2010 年以来，每天运行 10 余列货车，在运行货车前，在曲线以及部分排水不畅的路段，部分路基已经存在轻微的翻浆现象，运行货车后，路基状态开始剧烈恶化，底座板下路基已经掏空，列车经过时，承重层和轨道板均因板底吊空而上下振动起伏。因此，有必要针对砂浆离缝、轨道板脱空、底座板脱空等条件下轨道结构力学性能的变化规律进行研究，并对含初始损伤状态下轨道结构疲劳寿命进行分析。

6.1 研究现状

赵坪锐、刘学毅等运用车辆-轨道耦合动力学原理建立了 CRTS I 型板式轨道系统动力学分析模型，采用连续弹性点支承模型，运用有限单元法进行分析。分析表明在列车荷载的作用下，CA 砂浆顶面压应力远小于 CA 砂浆的抗压强度。但轨道板会发生翘曲，使得 CA 砂浆顶面承受反复的拉压应力，易使 CA 砂浆发生疲劳破坏。增加 CA 砂浆厚度，可以改善 CA 砂浆的受力状态，减小 CA 砂浆疲劳破坏的概率。

向俊研究了水泥沥青砂浆劣化对 CRTS I 型板式轨道动力学性能的影响。通过高速列车-板式轨道系统空间振动分析理论，重点研究了板式轨道水泥沥青砂浆（CAM）充填层的劣化（如脱层、开裂、脆化与碎裂等）引起的轨道板悬空现象对板式轨道振动响应的影响。研究结果表明：与 CAM 正常工作状态相比，CAM 劣化造成轨道板悬空，从而引起轨道板加速度增大 10 多倍，位移增大 20 多倍；钢轨对轨道板的压力急剧增大，且出现拉力现象；随着速度的提高，系统其他动力响应值也迅速增大。故在板式轨道养护维修中，应严格控制 CAM 病害。

徐浩认为在应力空间下，损伤开始稳定发展时对应的应力大小定义为损伤应力阈值，参照文献取 CA 砂浆的损伤值为 0.05 时对应的应力作为 CA 砂浆的损伤应力阈值 σ_k，准静态加载时的 CA 砂浆的损伤应力阈值为 0.132 MPa；高应变速率时 CA 砂浆中乳化沥青的黏性阻碍了 CA 砂浆内部微裂缝的发生与发展，而在低应变速率和循环荷载下，CA 砂浆极限抗压强度显著降低。相较于高速列车，货车速度低、轴重大，而遂渝客运专线从 2007 年开始运行货运列车，而且国内列车超载严重，很容易超过 CA 砂浆的应力损伤，其快速破坏实属正常。当荷载历史应力水平高于损伤阈值时，荷载历史对 CA 砂浆造成的损伤不容忽视，对 CA 砂浆的动态强度也会有明显的影响。因此，各种作用于 CA 砂浆的单次作用力不宜超过损伤应力阈值，否则将造成 CA 砂浆累积损伤。

曾晓辉通过板式无砟轨道的 1∶5 比例模型，设计了长度为 10 cm 离缝工况（对应现场 50 cm 的离缝工况），试验分析认为离缝后的轨道板在板角进行锤击时，轨道板振动加速度幅值增加了近 2 倍，这表明离缝会造成轨道振动加速度幅值的增加。

相颖慧通过遂渝线无砟轨道客货共线条件下的现场实车试验，得出车辆轴重对 CA 砂浆层的动应力影响较行车速度的影响更显著的结论。车辆的轴重对过渡段范围底座表面 CA 砂浆层的动应力影响十分显著。测试数据表明，车辆的轴重从 CRH2 动车组的 140 kN 增加到 C80 重车的 240.75 kN（增量约 72%），过渡段范围 CA 砂浆动应力最大值将由 49.6 kPa 增加到 77.8 kPa，增加约 56.9%。

杨荣山 2010 年针对客货共线环境下的遂渝线的框架型板式轨道砂浆层伤损以及修复前后的轨道板和钢轨做了动力测试试验，评估了 CA 砂浆伤损以及现场 CA 砂浆碎裂等病害的现有修复技术对轨道结构受力和行车安全的影响。结果分析认为，列车荷载作用下，CA 砂浆损伤区域和无损伤区域钢轨垂向加速度和垂向响应基本一致，并且在修复前后没有明显的变化，在 CA 砂浆损伤区域，钢轨加速度的响应对行车速度及列车轴重均比较敏感；列车通过时，轨道板在损伤区域的垂向加速度是未损伤区域的 3 倍左右，且车辆轴重越大、速度越快对轨道板加速度的影响越显著。

杨荣山、刘克飞基于轮轨系统动力学原理，建立高速车辆-框架板式无砟轨道垂向耦合振动模型，分析了不同形式、尺寸的砂浆伤损对轮轨系统动力特性的影响，并通过对比客货共线运行条件下框架型板式轨道砂浆层伤损的现场试验，评估了砂浆伤损对轨道系统动力特性的影响。现场试验表明：轨道板动力响应对砂浆伤损较为敏感；相比行车速度而言，列车轴重的影响更为明显，说明砂浆伤损的产生与列车轴重有关。理论分析表明砂浆伤损劣化将引起轨道刚度局部突变，形成轨道动态不平顺，加剧轮轨系统振动，降低行车安全性和平稳性。对于板端砂浆伤损形式，当砂浆伤损沿纵向宽度超过 0.6 m 时，轮轨系统动力作用明显加剧，必将加速轨道部件伤损，降低行车安全性和平稳性。砂浆伤损劣化对轨道系统振动的影响远高于对行车的影响，表现为扣件上拔力、轨道板垂向振动加速度、砂浆动压应力、钢轨及轨道板垂向位移等均随着砂浆伤损范围的增大而急剧增加。

Zhu Shengyang 基于 CA 砂浆随机损伤理论分析了 CA 砂浆在初始损伤下列车通过时损伤的发展状况以及列车的动力响应。分析表明当 CA 砂浆有初始损伤的情况下，列车通过时动力响应有较为明显的变化，且 CA 砂浆的损伤将继续发展。

徐浩通过室内试验室的 CA 砂浆浸水试验以及干湿循环试验，认为浸水时间、酸液浸泡时间以及干湿循环次数均对 CA 砂浆的力学性能有显著的影响。当长时间泡水后，其强度最大降低幅度可达到 46.31%；随着干湿循环次数的增大，CA 砂浆的干缩与湿胀变形产生的应力对其自身产生损害，因此 CA 砂浆的极限抗压强度逐渐降低，其中抗压强度最大可降低 40.48%。

刘哲通过模拟酸雨浸泡下 CA 砂浆力学性能认为，酸雨破坏了 CA 砂浆的强碱性环境，导致青苔的大量生长、结晶物生长，造成 CA 砂浆内部的结构破坏、损伤以及强度的显著降低。

虽然国内外针对 CA 砂浆的病害，尤其是针对客运专线条件下 CA 砂浆破损掉块对轨道结构受力和行车安全性的影响做了深入研究，但这些研究基本认为 CA 砂浆与轨道板粘结良好，并没有针对客货共线条件下 CA 砂浆离缝的状态到破损掉块做细致探究，更没有研究 CA 砂浆与轨道板、底座板相互独立状态下 CA 砂浆离缝对轨道结构的动力影响。因此本章在克服以上模型限制的基础上，开展车辆动荷载下板端 CA 砂浆离缝的影响分析，以期对现场如何控制和限制 CA 砂浆进一步破坏提供理论依据。

由于无砟轨道对路基不均匀沉降变形特别敏感，较大的沉降变形将引起上部轨道结构的破坏。轨道结构一般为混凝土结构，随着路基变形的增加，结构层弯曲应力增大，一旦超过其强度极限，将发生突然破坏，轨道几何形位将急剧恶化，对行车安全造成严重影响。因此，很多学者针对路基结构性能不均匀对无砟轨道的影响进行了深入探究，为控制路基结构性能的均匀性提供理论依据。

赵国堂在《高速铁路无砟轨道结构》中认为，从保证舒适度出发，产生不均匀沉降形成的曲线要满足一定竖曲线半径的要求，即 $R = 0.4v_E^2$，$\Delta h = \Delta l^2/4R$，式中，R 为沉降形成的竖曲线半径，v_E 为行车速度，Δh 为不均匀沉降量，Δl 为竖曲线弦长。

石现峰假设基础不均匀沉降曲线为余弦曲线，利用 ABAQUS 有限元软件研究了相同波长、不同波幅工况下轨道板和底座板的附加弯矩，结果表明轨道板和底座板的附加弯矩随着波幅的增加基本上都呈线性增加趋势，且混凝土底座所承受的附加弯矩比轨道板大很多。

韩以涛、姚力等建立了土质路基上车辆-板式无砟轨道垂向耦合动力学模型，选用不同沉降工况进行计算，得到不均匀沉降对轮轨系统的动力影响规律，并从安全舒适角度提出了不均匀沉降控制要求。

周萌分析了在 300 km/h 的移动荷载作用下，不同沉降幅值对轨道板和底座的动应力及动位移的差异影响，结果表明：路基沉降量从 0 mm 增加到 30 mm，混凝土构件的纵向应力、垂向应力、动位移呈先陡后缓的增长趋势，拐点为 20 mm/20 m。

蔡成标、徐鹏等应用列车-线路耦合动力学理论建立车辆-轨道空间耦合动力学模型，假设路基不均匀沉降波形为余弦曲线，通过对不同波长和幅值组合的路基不均匀沉降进行动力学分析，从行车舒适性的角度（舒适度标准为 0.13g 的车体垂向加速度），确定了路基不均匀沉降幅值的限值为波长的 1‰ 以下。

徐庆元、李斌基于列车-轨道耦合动力学理论，建立列车-板式无砟轨道-路基三维非线性有限元耦合动力学模型，考虑自重荷载、轨道中长波随机不平顺、轨道短波随机不平顺、路基不均匀沉降荷载及无砟轨道板温度梯度荷载的共同作用，对 CRTS I 型板式无砟轨道路基不均匀沉降限值进行研究，结果表明，CRTS I 型板式无砟轨道线路的路基不均匀沉降限值由底座板疲劳破坏控制，从保证底座板不发生疲劳破坏角度出发，建议 CRTS I 型板式无砟轨道路基不均匀沉降限值为 7 mm/20 m。

从以上研究可知，路基结构性能不均匀会对轨道系统的力学行为产生较大的影响，目前相关学者通过分析路基结构性能不均匀对无砟轨道的影响，提出了一些关于控制路基结构性能不均匀的建议，但这些建议大多在工程实践中难以实现，比如将路基不均匀沉降限值 20 mm/20 m 作为控制标准，用常规检测方法来控制就很难达到，因为在这 20 m 的范围之内无法得知路基不均匀沉降的高度，更无法判断路基不均匀沉降的波形。

因此在分析路基不均匀沉降时，认为路基局部变形区域，底座板下完全脱空为最不利情况，这样模型的计算结果是较保守的，能够给出更加严格的路基结构性能均匀性控制标准，这对实际工程中控制路基结构性能的均匀性是有利的。

6.2 主要研究内容及技术路线

本章基于车辆-轨道耦合动力学理论,利用 ANSYS 与 SIMPACK 联合仿真建立车辆-轨道耦合动力学模型,研究了 CA 砂浆离缝高度、底座板脱空、轨道板脱空对轨道结构动力响应的影响,同时根据动力分析结果,对轨道板的疲劳寿命进行分析。本章主要研究内容如下:

(1)研究了 CRH380 以及 SS3 通过 CA 砂浆离缝区域时,离缝高度对轮轨动力特性、钢轨动态特性、轨道板动态特性、CA 砂浆动应力以及扣件动态力的影响。

(2)研究了 CRH380 以及 SS3 通过底座板脱空区域时,底座板脱空长度对轮轨动力特性、钢轨动态特性、轨道板动态特性、CA 砂浆动应力以及扣件动态力的影响。

(3)研究了 CRH2 以及 C80 通过轨道板脱空区域时,轨道板脱空对轮轨动力特性、钢轨动态特性、轨道板动态特性、CA 砂浆动应力以及扣件动态力的影响。

(4)在客车、货车单独以及混合作用下,考虑轨道板板端脱空等工况,对德国谱、中国谱以及现场谱激励作用下的轨道板疲劳寿命进行了预测与对比分析。

主要技术路线如图 6-1 所示。

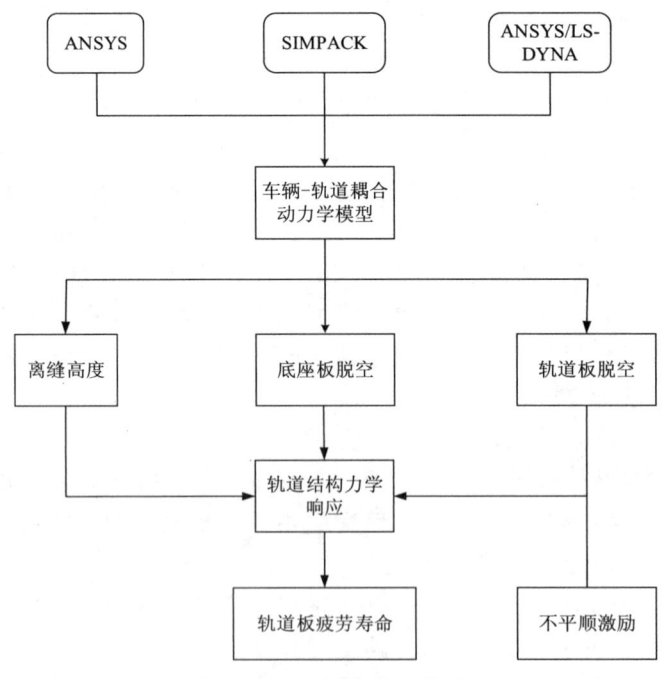

图 6-1 研究技术路线图

6.3 车辆-轨道垂向耦合振动模型

CA 砂浆离缝、CA 砂浆破损掉块致轨道板脱空以及底座板脱空均改变了轨道结构的正常服役状态,可能会对行车安全性、平稳性造成影响,改变轨道结构的受力状态、结构的动态性能。借助车辆-轨道耦合动力学,旨在深入研究客货共线条件下轨道结构损伤状态对结构的受力状态、动态性能以及车辆安全平稳性的影响。车辆-轨道耦合目前采用的方法有模态叠加法以及有限元方法,其中 SIMPACK 主要利用模态叠加法,而有限元方法,目前用的比较广泛的是借助动力学分析软件 ANSYS/LS-DYNA。

基于车辆-轨道耦合动力学理论,建立了 ANSYS 与 SIMPACK 联合仿真车辆-轨道耦合动力学模型,模型总长 75 m,为了减少模型计算量,取中间三块轨道板作为研究对象,前后区域各 30 m 的轨道采用等效轨道模型,即钢轨下采用刚度等效的等效扣件,如图 6-2 所示。

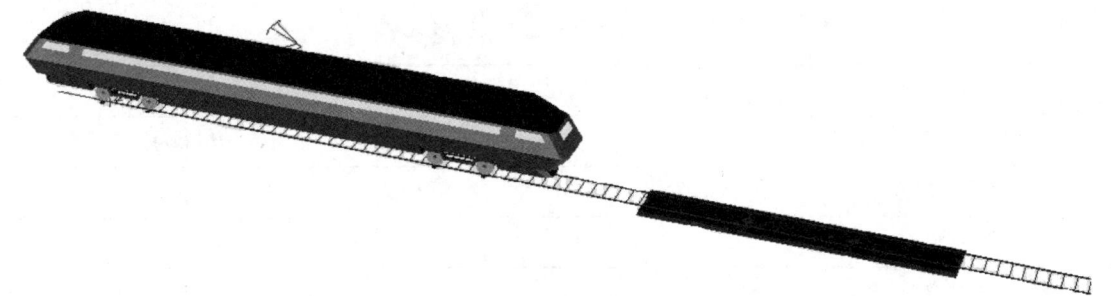

图 6-2 SIMPACK 建立的列车-无砟轨道耦合动力学模型

上述模型与本书 2.5.4 节中的车辆-轨道垂向耦合振动模型类似,只是模型中选取的车辆不同,故此处对模型不再进行详细的描述。车辆主要选用 CRH2、CRH380、C80 以及 SS3,其中 CRH2 和 CRH380 作为高速列车的代表,C80 作为重载货运机车的代表,SS3 机车作为客货运机车的代表。CRH2 车体结构参数见本书表 2-9,C80 机车结构参数见表 3-1,CRH380 和 SS3 参数分别如表 6-1 和表 6-2 所示。

表 6-1 CRH380 型动车基本计算参数

名称	单位	量值
车体质量	kg	33 700
构架质量	kg	2 400
轮对质量	kg	1 850
轮对数量	个	4
运行速度	km/h	250

续表

名称	单位	量值
固定轴距	m	2.5
转向架中心距	m	17.5
车体点头转动惯量	kg·m²	1.654×10^6
构架点头转动惯量	kg·m²	1.314×10^3
一系悬挂竖向刚度	N/m	1.176×10^6
二系悬挂竖向刚度	N/m	0.240×10^6
一系悬挂竖向阻尼	N·s/m	1.000×10^4
二系悬挂竖向阻尼	N·s/m	2.000×10^4

表 6-2 SS3 型机车基本计算参数

名称	单位	量值
车体质量	kg	76 000
构架质量	kg	12 640
轮对质量	kg	6 120
轮对数量	个	6
运行速度	km/h	250
固定轴距	m	2.2/2.3
转向架中心距	m	11.64
车体点头转动惯量	kg·m²	1.654×10^6
构架点头转动惯量	kg·m²	1.314×10^3
一系悬挂竖向刚度	N/m	1.176×10^6
二系悬挂竖向刚度	N/m	0.340×10^6
一系悬挂竖向阻尼	N·s/m	10.00×10^4
二系悬挂竖向阻尼	N·s/m	2.000×10^4
一系悬挂竖向阻尼	N·s/m	3.00×10^3
二系悬挂竖向阻尼	N·s/m	4.00×10^4

借助 ANSYS/LSDYNA 建立了高速车辆-无砟轨道动力学模型。模型为总长度 150 m 的梁板计算模型,如图 6-3 所示。考虑到模型两边的边界效应,故两边各预留 25 m 不作为研究范围。研究中的轨道结构为路基上的 CRTS I 型板式无砟轨道,其主要动力学参数见本书表 2-6,模型中客车车辆采用 CRH2 型机车,货车车辆采用 C80 型机车。

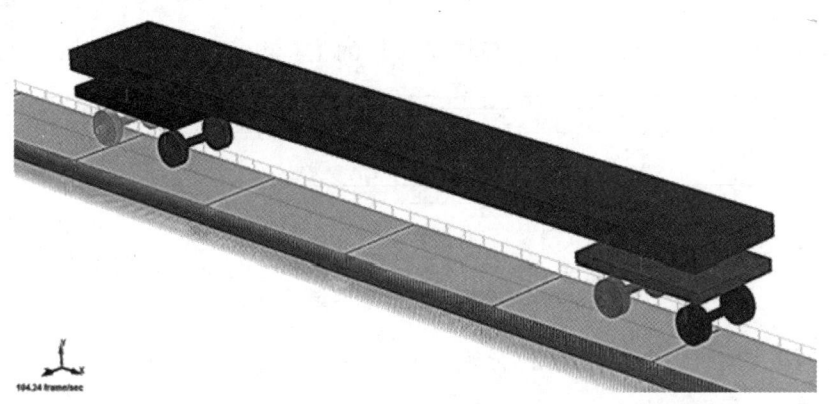

图 6-3　ANSYS/LSDYNA 建立的列车-轨道耦合动力学模型

本章现场谱为团队 2015 年 10 月赴赣龙线枫树排隧道现场调研得到的区段无砟轨道高低不平顺谱,无明确的功率谱密度函数以及轨道不平顺谱幂函数公式。本书的中国高速谱的高低不平顺谱采用中国高速轨道不平顺谱接短波的德国低干扰谱,里程为 37~38 m 处叠加焊接不平顺。

6.4　砂浆离缝高度对路基上板式无砟轨道动力特性影响分析

这里利用模态叠加法,采用 SIMPACK 建立的列车-路基上 CRTS I 型板式无砟轨道垂向耦合动力学模型,分析 CRH380 以及 SS3 在中国高速铁路无砟轨道不平顺谱高低不平顺激励下通过 CA 砂浆离缝区域时离缝高度对列车以及轨道结构的动态响应。

6.4.1　计算工况

现场调研中发现,在 CRTS I 型板式无砟轨道板端,沿纵向普遍存在 1~1.5 m 深的间隙,假设在两侧板端 CA 砂浆均存在 1.3 m 深(轨道板第 2、3 跨扣件处中部)的离缝(见图 6-4),且离缝的高度与离缝深度服从二次多项式 6-1 的特征。

$$y = ax^2 \quad 0 \leqslant x \leqslant 1.3 \quad (6-1)$$

现有的现场调研结果表明,板端处离缝高度一般为 1~2.0 mm 之间,且绝大部分离缝贯穿轨道板宽度。本章分别对两侧板端 CA 砂浆离缝的高度为 0 mm、0.5 mm、1.0 mm 以及 2.0 mm

的工况下分析离缝高度对轨道结构以及行车的影响，下文中的板端离缝高度简写为离缝高度。

其关系式为

$$f = \begin{cases} k_1(x-u) & x \leq u \\ k_2 x & x > u \end{cases} \quad (6\text{-}2)$$

其中，u 为离缝高度，k_1 取 CA 砂浆弹簧刚度的 k_2 的 1/1 000。

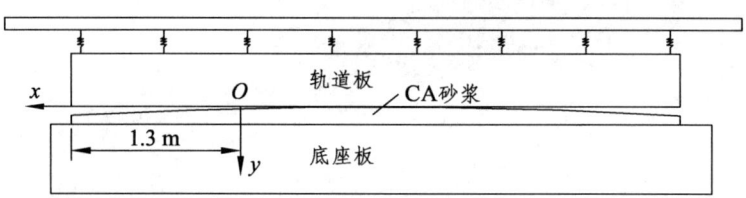

图 6-4 板端 CA 砂浆离缝示意图

6.4.2 离缝高度对轮轨动力特性的影响

利用 SIMPACK 计算得到 CRH380 以及 SS3 在不同离缝高度下的轮轨力时程曲线如图 6-5 所示。

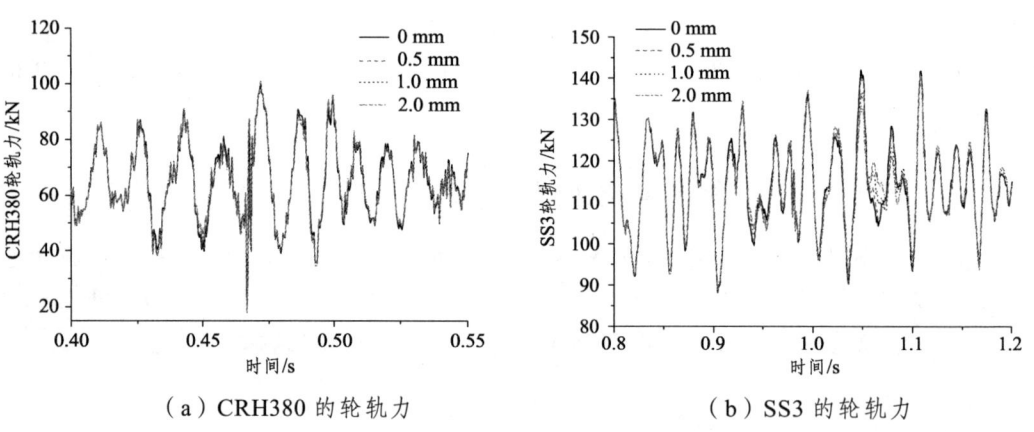

（a）CRH380 的轮轨力　　　　　　（b）SS3 的轮轨力

图 6-5 不同离缝高度下的轮轨力时程曲线

为了分析 CRH380 以及 SS3 轮轨力在不同离缝高度下的变化规律，取轮轨力在离缝高度为 u 时的变化幅值 ΔP_u。ΔP_u 定义为

$$\Delta P_u = P_u - P_0 \quad (6\text{-}3)$$

式中，P_u 为离缝高度为 u 时的轮轨力；P_0 为没有离缝时的轮轨力。

CRH380 以及 SS3 通过离缝区域时的轮轨力在不同离缝高度下的变化幅值 ΔP 如图 6-6 所示。

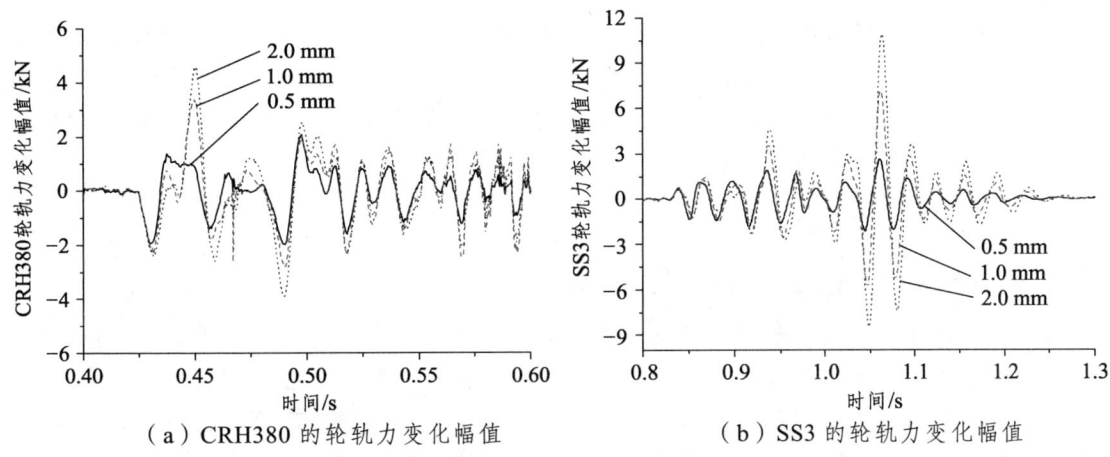

(a) CRH380 的轮轨力变化幅值　　(b) SS3 的轮轨力变化幅值

图 6-6　不同离缝高度下 CRH380/SS3 的轮轨力变化幅值

从图中可知，通过离缝区域时，SS3 的轮轨力随离缝高度的变化较 CRH380 更加明显。当 u=0.5 mm 时，对于 CRH380，$\Delta P_{0.5}$=2.1 kN，是静轮重的 3%；对于 SS3，$\Delta P_{0.5}$=2.6 kN，是静轮重的 2%。当 u=1.0 mm 时，对于 CRH380，$\Delta P_{1.0}$=3.4 kN，是静轮重的 5%；对于 SS3，$\Delta P_{2.0}$=7.1 kN，是静轮重的 6%。当 u=2.0 mm 时，对于 CRH380，$\Delta P_{2.0}$=4.5 kN，是静轮重的 7%；对于 SS3，$\Delta P_{2.0}$=10.9 kN，是静轮重的 9.5%。由此可以判断：当离缝高度较小时，离缝对 CRH380 轮轨力的影响大于对 SS3 轮轨力的影响；当离缝高度较大时，离缝对 SS3 轮轨力的影响大于对 CRH380 轮轨力的影响。

将 CRH380 以及 SS3 在不同 CA 离缝高度下的轮轨力进行时频转换，并取 1/3 倍频的轮轨力有效值，如图 6-7 所示。

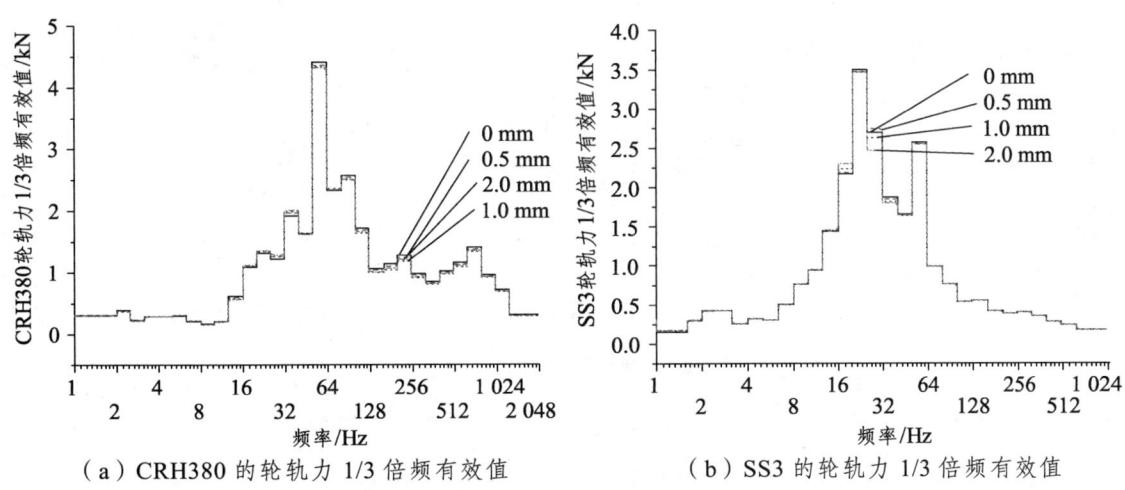

(a) CRH380 的轮轨力 1/3 倍频有效值　　(b) SS3 的轮轨力 1/3 倍频有效值

图 6-7　不同离缝高度下 CRH380/SS3 的轮轨力 1/3 倍频有效值

从图中可知，CRH380 轮轨力主频在 50~64 Hz 范围内，SS3 轮轨力主频在 20~28 Hz 范围内，CRH380 轮轨力主频更高，且 CRH380 的轮轨力在高频范围内的组分比更多。在各自主频范围内，离缝高度对 SS3 轮轨力的影响更大，但在 64 Hz 以上的高频范围内，离缝高度对 CRH380 轮轨力的影响更大。

6.4.3 离缝高度对钢轨动力特性的影响

1. 离缝高度对钢轨位移的影响

不同离缝高度下 CRH380 以及 SS3 通过时板边位置钢轨位移（本章内板边位置钢轨位移统称为钢轨位移）时程曲线如图 6-8 所示，钢轨位移及增长比例如图 6-9 所示。

从图 6-9 中可知，离缝越高，钢轨的动态位移越大，相同离缝高度下，SS3 通过时钢轨的动态位移增幅更大。但 CRH380 通过时钢轨位移的增长比例比 SS3 大。因此判断：相同的离缝高度下，速度及轴重均对钢轨动态位移有显著影响。

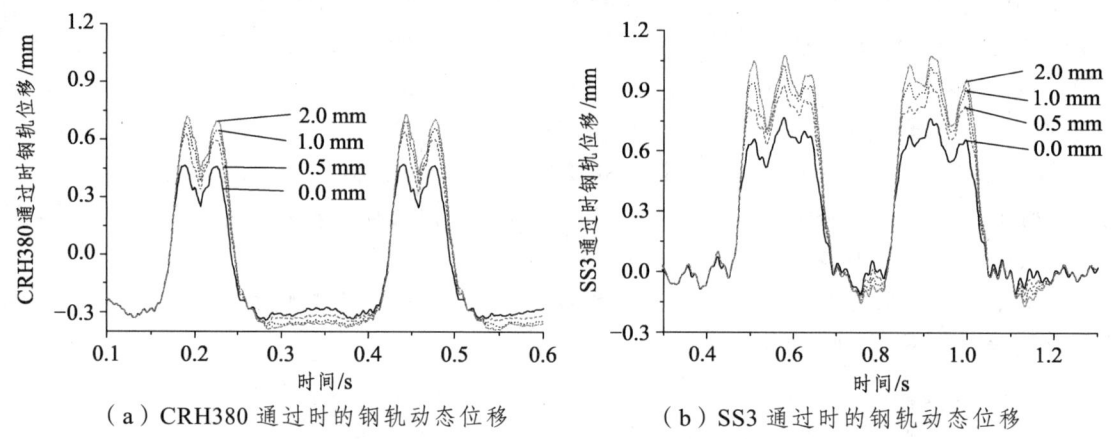

（a）CRH380 通过时的钢轨动态位移　　（b）SS3 通过时的钢轨动态位移

图 6-8　不同离缝高度下 CRH380/SS3 通过时钢轨位移时程曲线

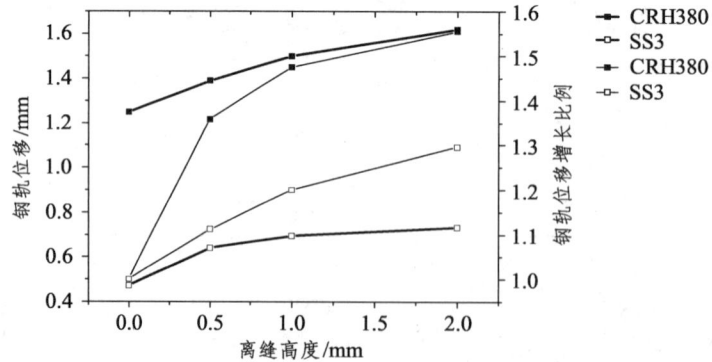

图 6-9　不同离缝高度下 CRH380/SS3 通过时钢轨位移及增长比例

2. 离缝高度对钢轨加速度的影响

CRH380 以及 SS3 通过时离缝高度下钢轨加速度时程曲线分别如图 6-10 以及图 6-11 所示。

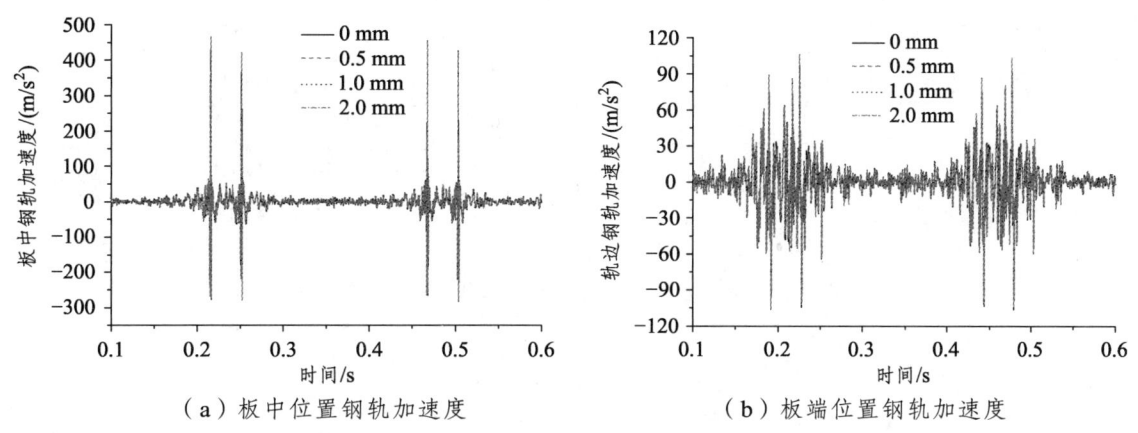

(a) 板中位置钢轨加速度　　(b) 板端位置钢轨加速度

图 6-10　CRH380 通过时钢轨加速度时程曲线

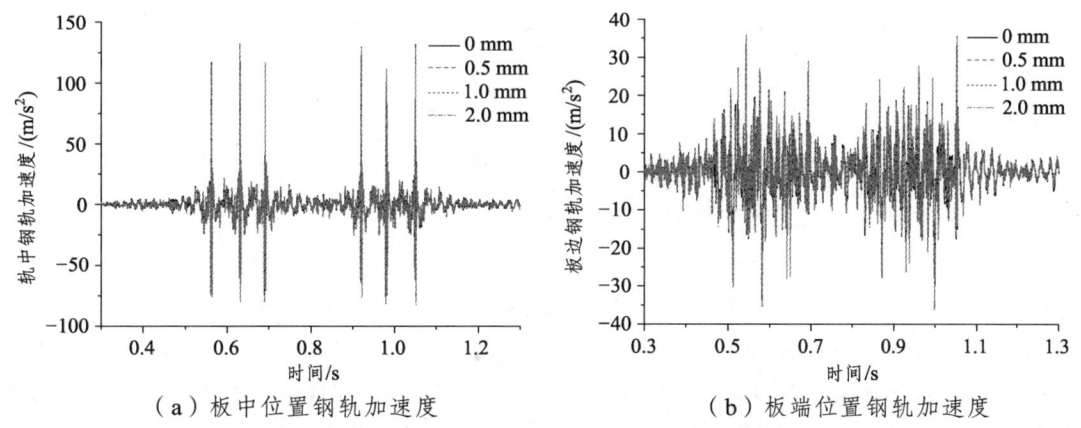

(a) 板中位置钢轨加速度　　(b) 板端位置钢轨加速度

图 6-11　SS3 通过时钢轨加速度时程曲线

从图中可知，由于板中位置的不平顺叠加了钢轨焊接凹接头不平顺，故板中位置的钢轨加速度较板端位置更大。进而可见列车通过时短波不平顺对钢轨加速度的影响较板端离缝更甚，离缝高度对钢轨加速度的影响并不明显。将 CRH380 以及 SS3 通过时，不同 CA 砂浆离缝高度下的钢轨加速度进行时频转换，并取 1/3 倍频的加速度振级，分别如图 6-12、图 6-13 所示。

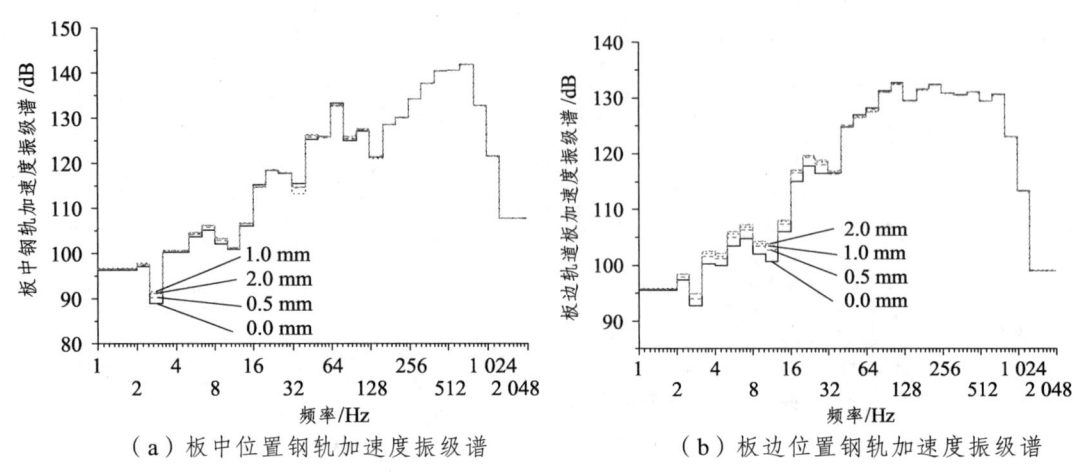

图 6-12　不同离缝高度下 CRH380 通过时钢轨加速度振级谱

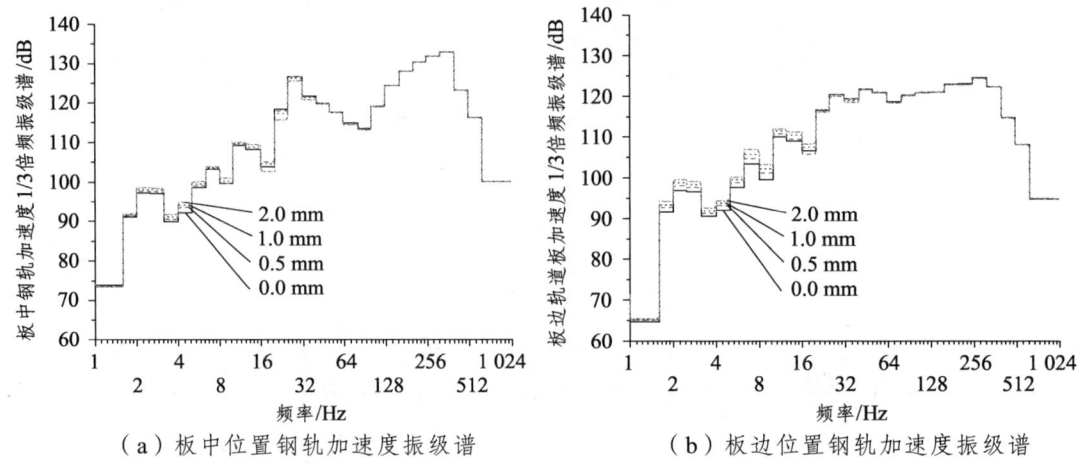

图 6-13　不同离缝高度下 SS3 通过时钢轨加速度振级谱

列车通过时板中钢轨加速度的主频更高,且钢轨振动的高频组分更多,这也就印证了短波不平顺对钢轨加速度的影响较板端离缝更甚这一结论。但 CRH380 通过时,钢轨对短波不平顺的敏感较 SS3 通过时明显。从图中也可以发现,离缝主要影响钢轨振动在低频范围内的组分,在低频范围内,离缝的高度越大,钢轨加速度的振级也更大,且板边的钢轨加速度振级变化较板中位置更为明显。

6.4.4　离缝高度对轨道板动力特性的影响

1. 离缝高度对轨道板位移的影响

CRH380 以及 SS3 通过时轨道板垂向位移时程曲线如图 6-14 所示(本章内板边位置轨道

板位移统称为轨道板位移），轨道板位移及增长比例如图 6-15 所示。

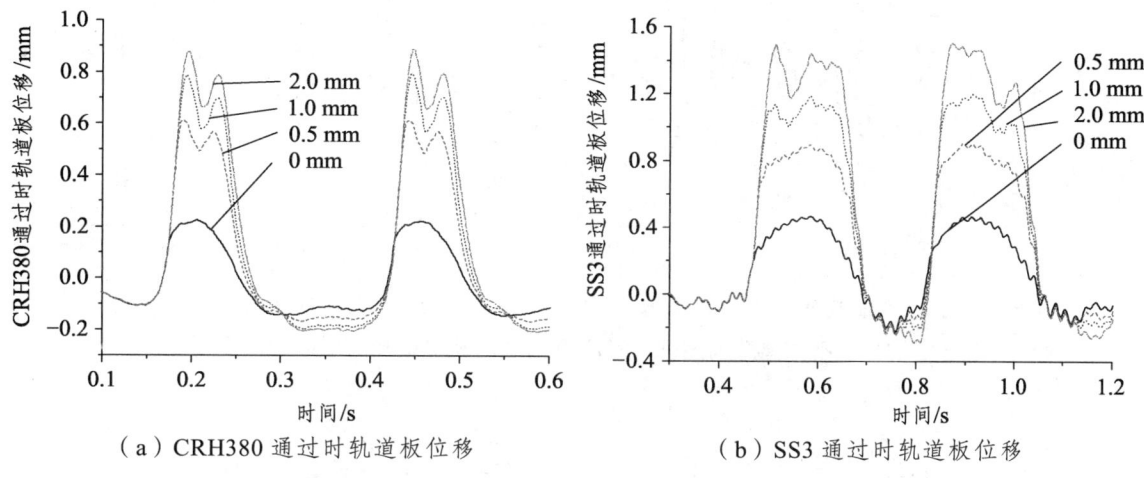

（a）CRH380 通过时轨道板位移

（b）SS3 通过时轨道板位移

图 6-14　CRH380/SS3 通过时轨道板位移时程曲线

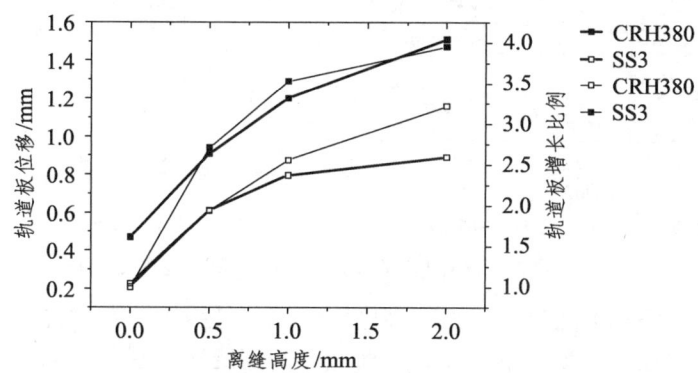

图 6-15　CRH380/SS3 通过时轨道板位移及增长比例

从图 6-15 中可知，离缝高度越大轨道板的动态位移越大，且在相同离缝高度下，SS3 通过时轨道板的动态位移增幅更大，但 CRH380 通过时轨道板位移的增长比例比 SS3 大，因此可以判断：相同的离缝高度下，轴重以及速度对轨道板动态位移的影响均比较显著。

2. 离缝高度对轨道板加速度的影响

CRH380 以及 SS3 通过离缝区域时轨道板加速度的时程曲线分别如图 6-16 以及图 6-17 所示。

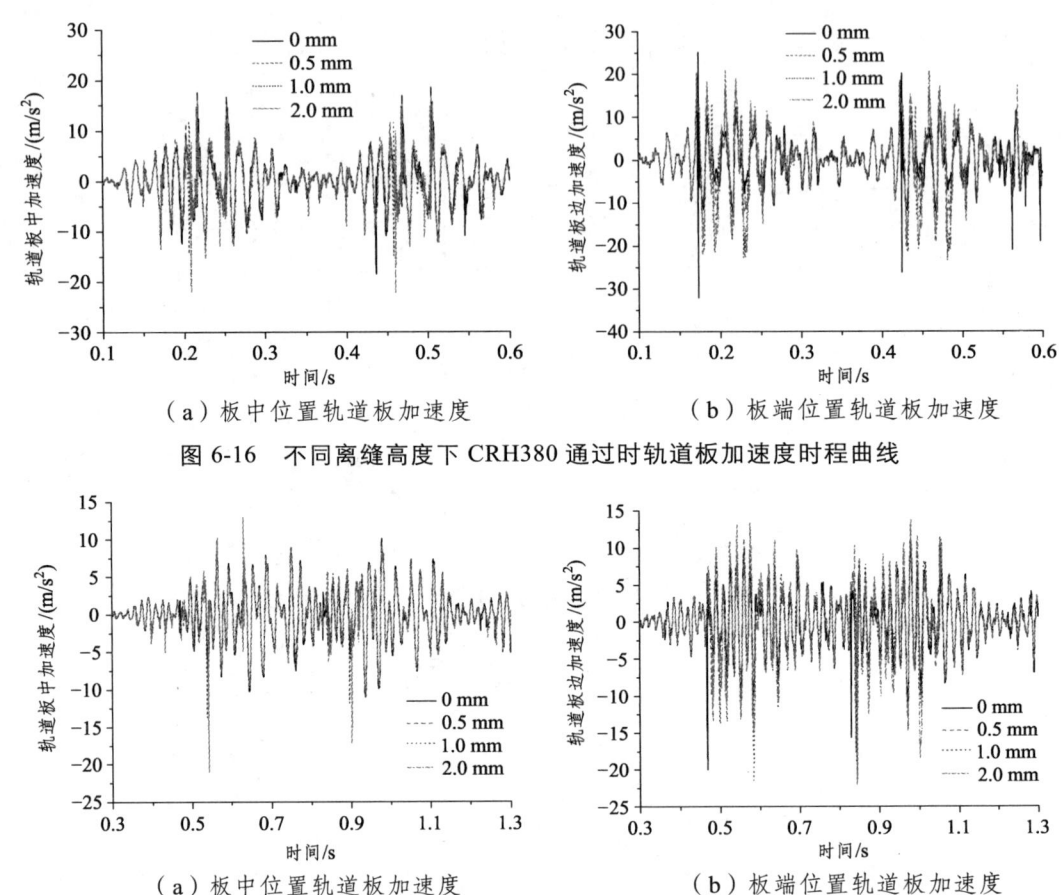

(a) 板中位置轨道板加速度   (b) 板端位置轨道板加速度

图 6-16 不同离缝高度下 CRH380 通过时轨道板加速度时程曲线

(a) 板中位置轨道板加速度   (b) 板端位置轨道板加速度

图 6-17 SS3 通过时轨道板加速度时程曲线

从图中可知，CRH380 通过时，离缝高度对板端以及板中位置的加速度均有较为显著的影响，板端位置的加速度较板中略大；SS3 通过时，离缝对板端的影响较板中更加明显。将 CRH380 以及 SS3 通过时，不同 CA 砂浆离缝高度下的轨道板加速度进行时频转换，并取 1/3 倍频的加速度振级，如图 6-18 以及图 6-19 所示。

当 CRH380 通过时，板中在整个频域范围内轨道板加速度振级随离缝高度的增加基本均增大；板端加速度振级在 250 Hz 以内随离缝高度的增大而增大，但是在 250 Hz 及以上范围内，轨道板加速度振级随离缝高度的增大而减小，离缝高度对轨道板振动的影响较钢轨更为显著。

当 SS3 通过时，板中位置除在 20～120 Hz 范围内轨道板加速度振级随离缝高度的增大略有降低，在其他频域范围内，轨道板加速度振级均随离缝高度的增大而增大；而板端位置加速度振级在 500 Hz 以内随离缝高度的增大而增大，但是在 500 Hz 及以上范围内，轨道板加速度振级随离缝高度的增大而减小。

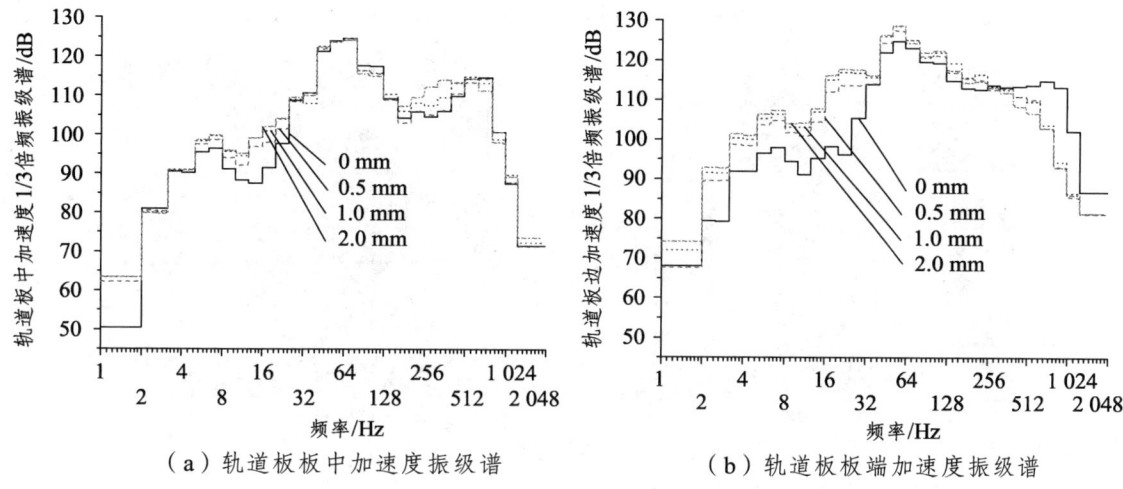

图 6-18　CRH380 通过时轨道板加速度频域图

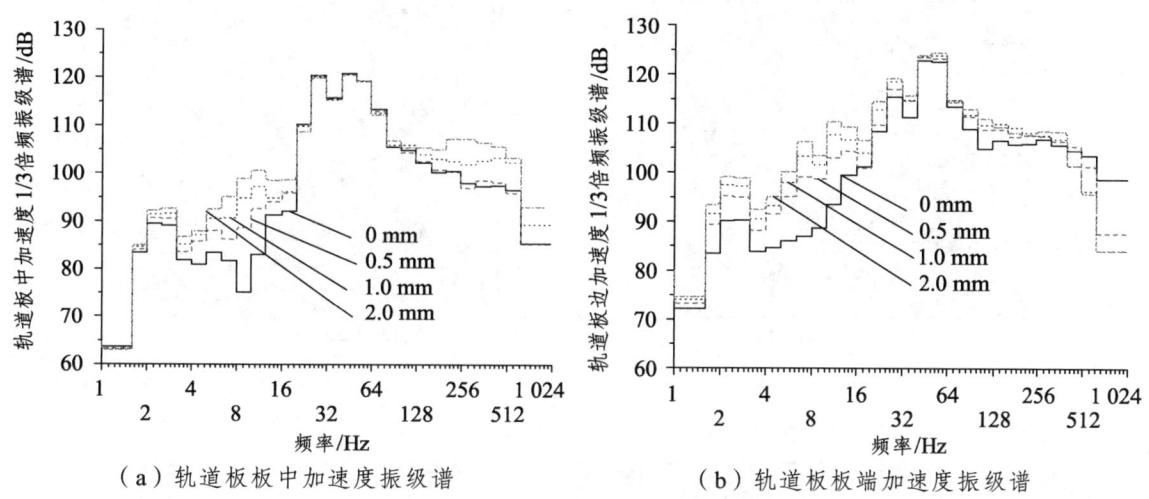

图 6-19　SS3 通过时轨道板加速度频域图

6.4.5　离缝高度对 CA 砂浆动应力的影响

徐浩的博士论文认为，准静态加载时的 CA 砂浆的损伤应力阈值为 0.132 MPa，相较于高速列车，货车速度低、轴重大，加之国内列车超载严重，因此，很容易超过 CA 砂浆的应力损伤，其快速破坏实属正常。故在客货共线运行条件下，分析离缝对 CA 砂浆应力的影响具有现实意义。

1. CRH380 通过时离缝高度对砂浆动应力的影响

CRH380 通过时沿线路纵向不同位置处 CA 砂浆时程云图如图 6-20 所示。

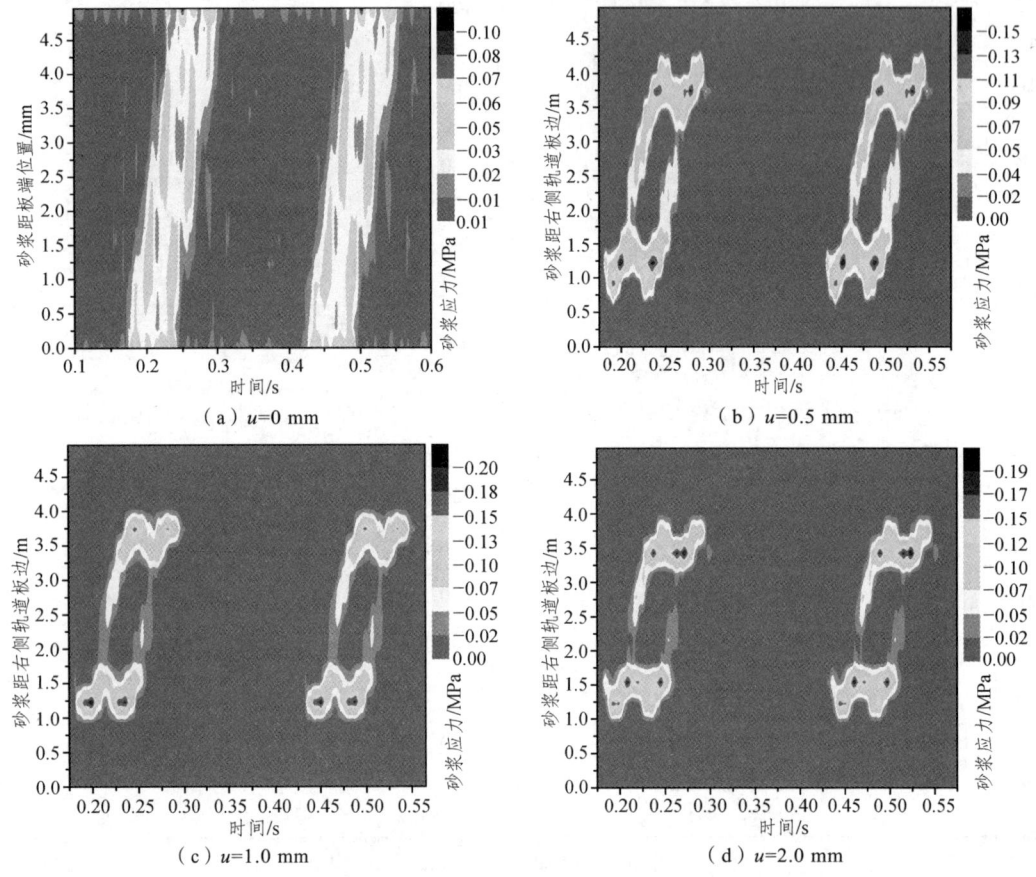

图 6-20　不同离缝高度下 CRH380 通过时砂浆动应力云图

当砂浆没有离缝时，列车通过时应力最大值出现在板端，应力最大值 0.1 MPa；而对于其他部位，CA 砂浆的动压力在 CRH380 作用下的最大值为 0.03~0.05 MPa，该值与遂渝线无砟轨道试验段综合试验报告关于板式轨道 CA 砂浆动压力在动车组作用下的最大值 25.6~38.5 kPa 基本接近。当砂浆出现离缝后，砂浆的应力随着离缝高度的增加变得集中，且应力集中区域逐渐靠近离缝的根部并向第 3 跨扣件部位发展。当离缝高度为 2.0 mm 时，最大压应力为 0.19 MPa，是同位置正常状态下 CA 砂浆最大动应力的 3.2 倍，砂浆应力最大值向板中部转移至距离板端 1.5 m 处，且距板端 1.25 m 处砂浆动压力也达到了 0.17 MPa。

2. SS3 通过时离缝高度对砂浆动应力的影响

SS3 通过时沿线路纵向不同位置处 CA 砂浆时程云图如图 6-21 所示。

当砂浆没有离缝时，列车通过时动应力最大值出现在板端，为 0.13 MPa，该应力值已基本达到 CA 砂浆的损伤应力阈值 0.132 MPa，能够解释板端位置容易出现损伤的现象；而对于其他部位，CA 砂浆的动压力在 SS3 作用下的最大值为 0.05~0.07 MPa，该值与遂渝线无砟轨道试验段综合试验报告关于板式轨道 CA 砂浆动压力在客车以及货车作用下的最大值 50.9~91.7 kPa 基本接近。当砂浆出现离缝后，砂浆的应力随着离缝高度的增加变得集中，且应力集中区域逐渐靠近离缝的根部并向第 3 跨扣件部位发展。当离缝高度为 2.0 mm 时，最大压应力为 0.36 MPa，是同位置正常状态下 CA 砂浆最大动应力的 4 倍，在距离板端 1.25 m 附近。

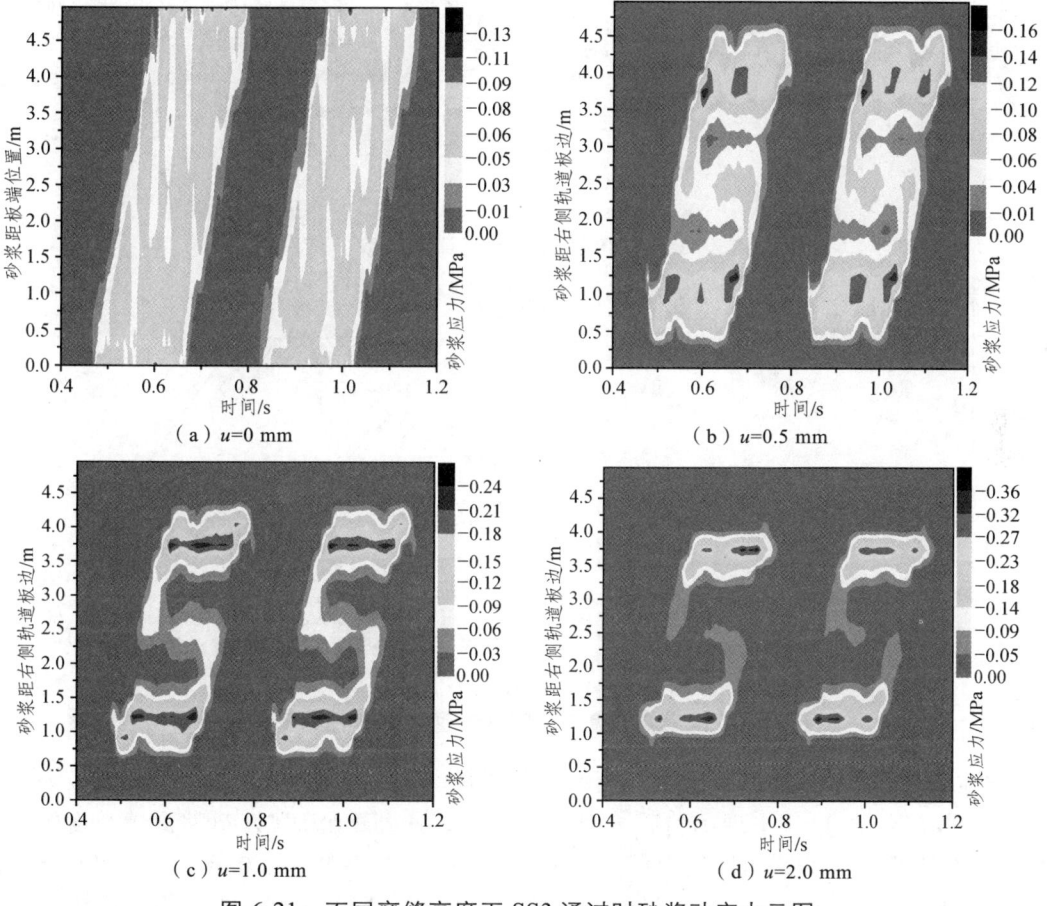

图 6-21　不同离缝高度下 SS3 通过时砂浆动应力云图

6.4.6 离缝高度对扣件动力性能的影响

1. CRH380 通过时离缝高度对扣件力的影响

CRH380 通过时，前两跨扣件力的时程曲线如图 6-22 所示，通过提取不同离缝高度下，前 4 跨扣件的最大上拔力以及支承力，得到不同离缝高度下 CRH380 通过时扣件力的变化趋势，如图 6-23。

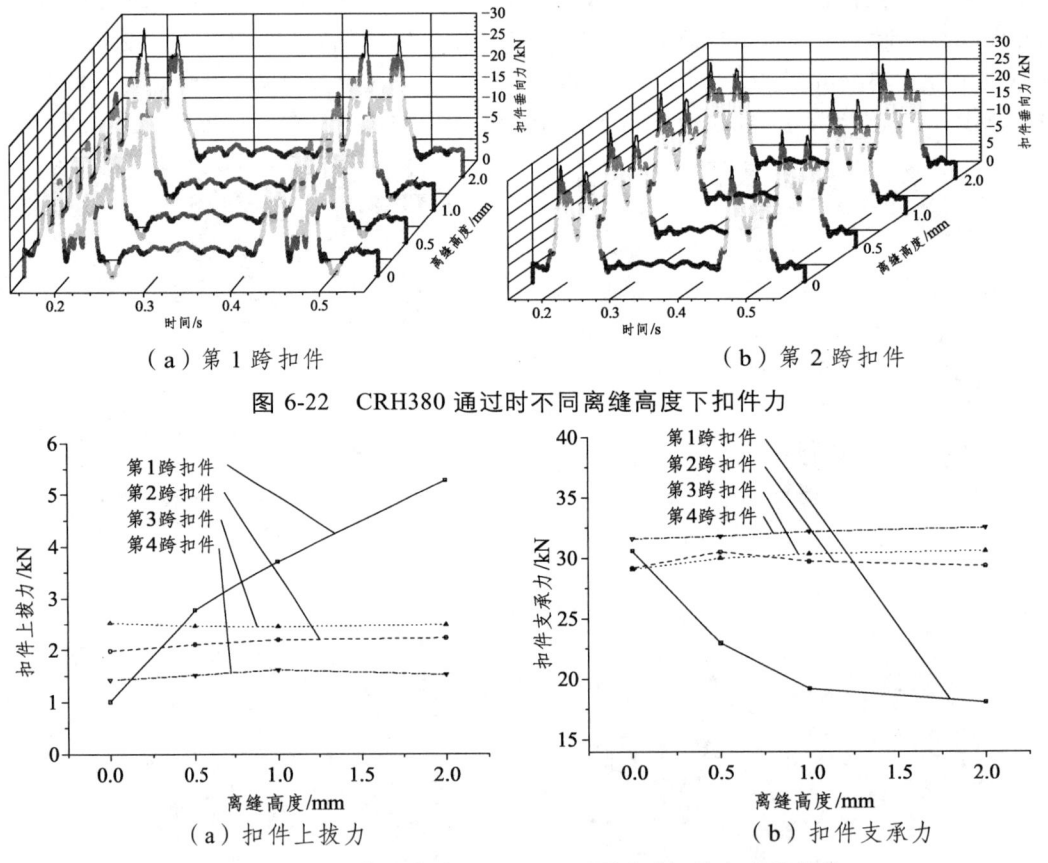

（a）第 1 跨扣件　　　　　　　　　（b）第 2 跨扣件

图 6-22　CRH380 通过时不同离缝高度下扣件力

（a）扣件上拔力　　　　　　　　　（b）扣件支承力

图 6-23　不同离缝高度下 CRH380 通过时扣件力变化趋势

从图 6-23 中可知，CA 砂浆无离缝状态下 CRH380 通过时，第 1 跨扣件的上拔力明显小于其他扣件，当 CA 砂浆出现离缝后，第 1 跨扣件上拔力开始随 CA 砂浆离缝高度的增加显著增大；离缝导致第 1 跨扣件的支承力显著降低，当离缝高度为 2.0 mm 时，扣件支承力为 18 kN，是无离缝状态的 60%。这说明离缝使得靠近离缝根部区域的扣件力有所增大，而在板端的扣件上拔力却显著增大。

2. SS3 通过时离缝高度对扣件力的影响

SS3 通过时,前两跨扣件力的时程曲线如图 6-24 所示,通过提取不同离缝高度下,前 4 跨扣件的最大上拔力以及支承力,得到不同离缝高度下 SS3 通过时扣件力变化趋势,如图 6-25。

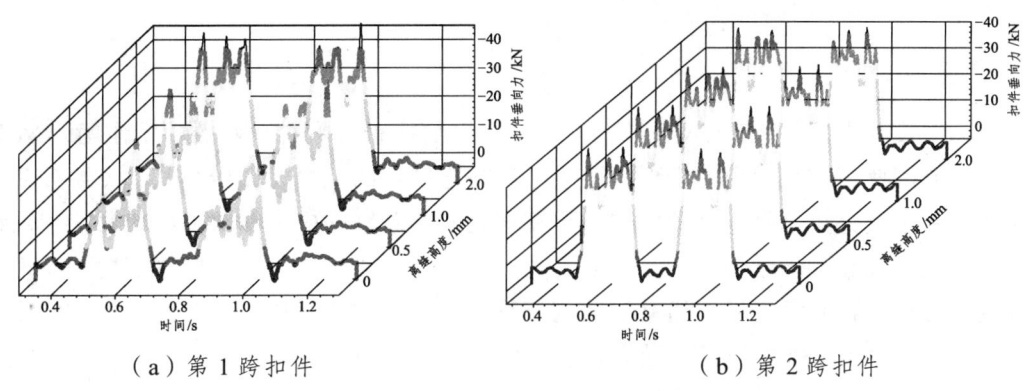

(a)第 1 跨扣件　　　　　　　　(b)第 2 跨扣件

图 6-24　SS3 通过时不同离缝高度下扣件力

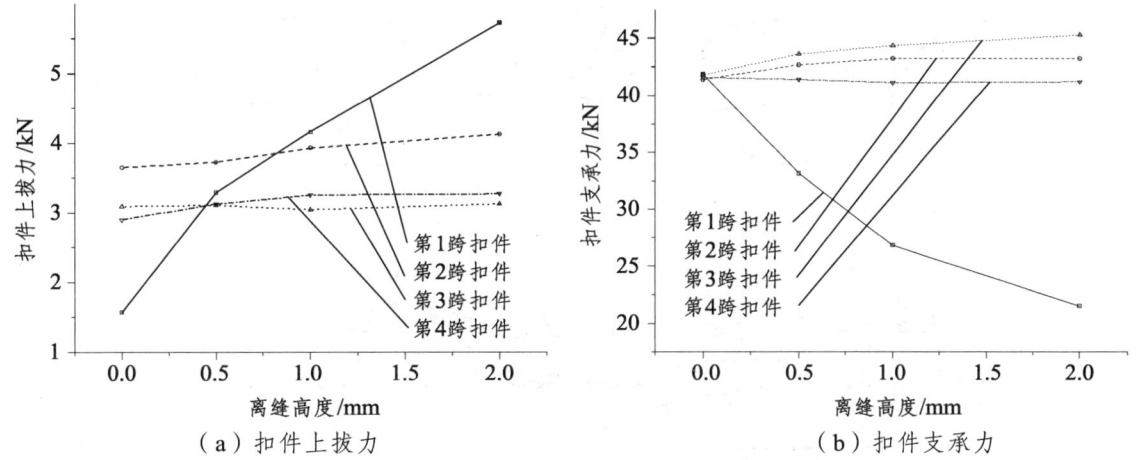

(a)扣件上拔力　　　　　　　　(b)扣件支承力

图 6-25　不同离缝高度下 SS3 通过时扣件力变化趋势

从图 6-25 中可知,CA 砂浆无离缝状态下 SS3 通过时,第 1 跨扣件的上拔力明显小于其他扣件,当 CA 砂浆出现离缝后,第 1 跨扣件上拔力开始随 CA 砂浆离缝高度的增加显著增大;离缝导致第 1 跨扣件的支承力显著降低,而第 2、3 跨扣件仅随离缝高度的增大有微小的增大。说明离缝使得靠近离缝根部区域的扣件上拔力有所增大,而在板端的扣件上拔力却显著增大。

6.5 底座板脱空长度对路基上板式无砟轨道动力特性影响分析

这里利用模态叠加法，采用 SIMPACK 建立的列车-路基上 CRTS I 型板式无砟轨道垂向耦合动力学模型，分析 CRH380 以及 SS3 在中国高速高低不平顺激励下通过底座板脱空区域时对列车以及轨道结构的动态响应。

6.5.1 计算工况

在实际服役状态下，由于 CA 砂浆与轨道板以及底座板并没有良好的粘结作用，CA 砂浆不能完全协调底座板与轨道板的变形，脱空区域轨道结构的抗弯刚度较小，且 CA 砂浆与轨道板或底座板不能完全接触，因此可能导致在板处 CA 砂浆的应力和轨道板与底座板的纵向应力显著增大。而在动力学研究中，一般将砂浆认为是线性弹簧，CA 砂浆能协调轨道板和底座板的变形，使在脱空区域轨道结构的抗弯刚度增大，因此轨道板以及底座板纵向应力将偏小，且不能反映 CA 砂浆的真实受力状态，如图 6-26 所示。

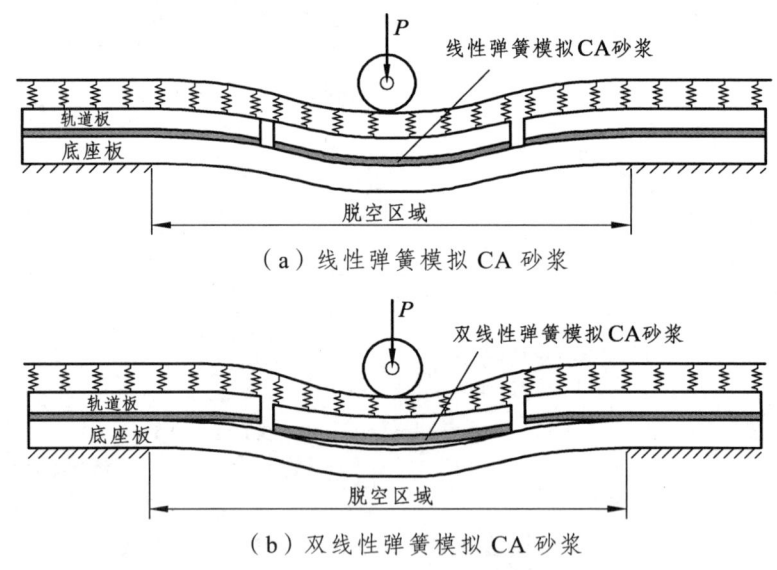

（a）线性弹簧模拟 CA 砂浆

（b）双线性弹簧模拟 CA 砂浆

图 6-26 底座板脱空力学模型图

本章计算时，认为 CA 砂浆只能承受压应力，采用非线性弹簧-阻尼单元模拟，其关系式为

$$f = \begin{cases} k_1 x & x \leqslant 0 \\ k_2 x & x > 0 \end{cases} \quad (6\text{-}4)$$

k_1 取 CA 砂浆弹簧刚度 k_2 的 1/100。

同样路基也认为只能承受压应力,采用非线性弹簧-阻尼单元模拟,其关系式同样符合公式(6-4)。这里选取底座板脱空长度 l 分别为 0 m、2.5 m、5.0 m 以及 7.5 m 作为分析工况,分别分析其在 CRH380 动车以及 SS3 机车作用下对轨道结构和车辆的影响。其脱空长度分别对应的脱空位置如图 6-27 所示。

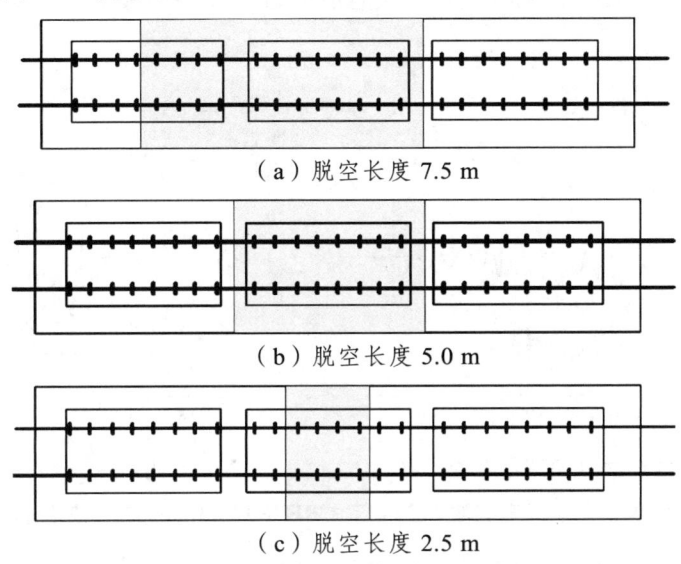

图 6-27 底座板脱空长度示意图

6.5.2 底座板脱空长度对轮轨动力特性的影响

利用 SIMPACK 模型计算得到的 CRH380 以及 SS3 在底座板不同脱空长度下的轮轨力时程曲线如图 6-28 所示。

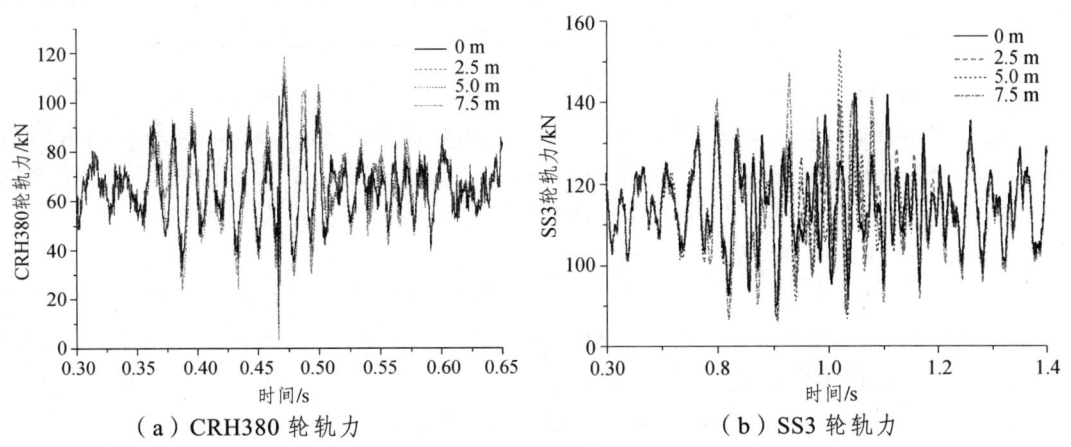

图 6-28 底座板不同脱空长度下 CRH380/SS3 通过时轮轨力时程曲线

定义轮轨力在离缝高度为 u 时的变化幅值 ΔF_l：

$$\Delta F_l = F_l - F_0 \qquad (6-5)$$

式中，F_l 为脱空长度为 l 时的轮轨力；F_0 为没有离缝时的轮轨力。

CRH380 以及 SS3 通过底座板脱空区域时的轮轨力在底座板不同脱空长度下的变化幅值 ΔF_l 如图 6-29 所示。

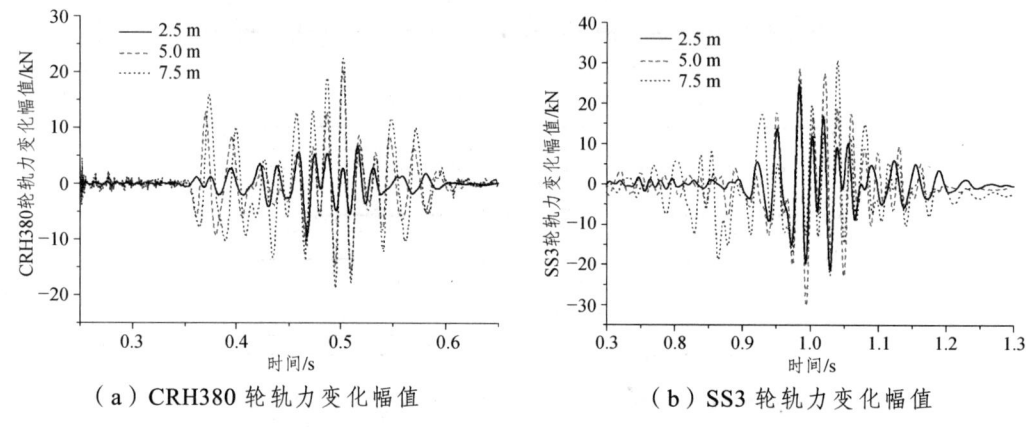

（a）CRH380 轮轨力变化幅值　　　　（b）SS3 轮轨力变化幅值

图 6-29　底座板不同脱空长度下 CRH380/SS3 的轮轨力变化幅值

利用 SIMPACK 模型计算得到的 CRH380 以及 SS3 通过底座板脱空区域时轮重减载系数如表 6-3 所示。

表 6-3　通过底座板脱空区域时轮重减载率

工况		0 m	2.5 m	5.0 m	7.5 m
CRH380	轮重减载率	0.72	0.84	0.90	0.96
SS3	轮重减载率	0.20	0.21	0.23	0.24

从图 6-29 以及表 6-3 中可知，当 CRH380 通过底座板脱空区域时，轮重减载率在该区段内显著增大。当底座板脱空长度为 5.0 m 时，轮重减载率已经达到动态轮重减载率的限值 0.9；当 SS3 通过底座板脱空区域时，轮轨力同样有较为明显的变化，由于行驶速度慢，轮重减载率增大幅度较小。因此，从控制高速列车动态轮重减载率的角度出发，底座板的脱空长度不宜大于 2.5 m。

轮轨力变化幅值 ΔF 与脱空长度 l 成正比。当脱空长度 l 大于 5.0 m 后，轮轨力的增长趋于稳定；当脱空长度为 2.5 m 时，对于 CRH380，$\Delta F_{2.5} = 9.4$ kN，是静轮重的 15%；对于 SS3，$\Delta F_{2.5} = 25.3$ kN，是静轮重的 22.5%。由此可以判断：底座板脱空对 SS3 轮轨力的影响更大。当脱空长度为 5.0 m 时，对于 CRH380，$\Delta F_{2.5} = 20.78$ kN，是静轮重的 32%；对于 SS3，$\Delta F_{2.5} = 30.1$ kN，是静轮重的 27%。由此可以判断：底座板脱空会显著增大轮轨之间的动力响应，脱空长度较小时，对 SS3 轮轨力的影响更大，但脱空超过一定长度时（大约为 l = 4.0 m）对 CRH380 的影响更显著。将 CRH380 以及 SS3 在底座板不同脱空长度下的轮轨力进行时频转换，并取 1/3 倍频的轮轨力有效值，如图 6-30 所示。

CRH380 动车的轮轨力的主频在 60 Hz 附近，底座板脱空并没有改变轮轨力的主频；在主频范围内，轮轨力有效值随脱空长度的增大有明显的增大，SS3 机车的轮轨力主频在 25 Hz 附近。当底座板脱空时，主频范围随脱空长度的变化略有移动。CRH380 轮轨力主频更高，且 CRH380 的轮轨力在高频范围内的组分比更多。但仅在 128 Hz 以下范围，底座板脱空对轮轨力的影响较为明显。

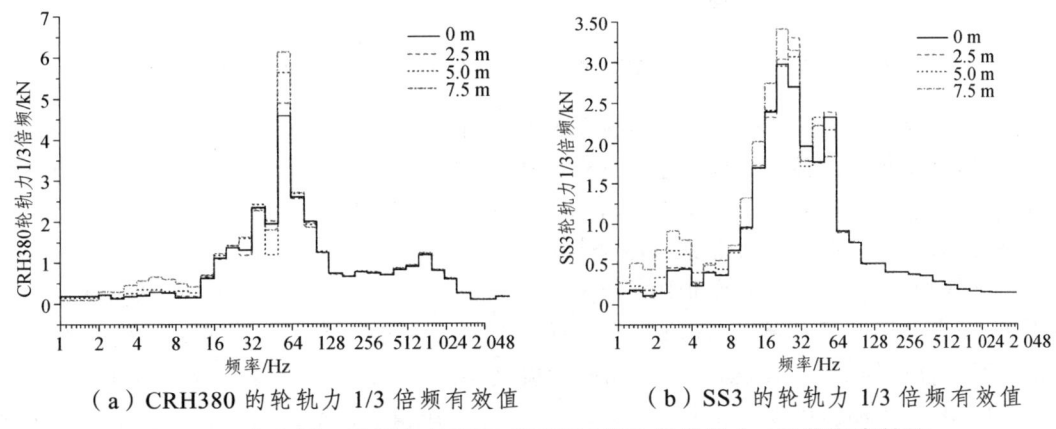

（a）CRH380 的轮轨力 1/3 倍频有效值　　（b）SS3 的轮轨力 1/3 倍频有效值

图 6-30　底座板不同脱空长度下 CRH380/SS3 的轮轨力 1/3 倍频有效值

6.5.3　底座板脱空对车体加速度的影响

CRH380 以及 SS3 通过底座板脱空区域时的车体加速度时程曲线如图 6-31 所示，加速度变化幅值随脱空长度的变化趋势如图 6-32 所示。

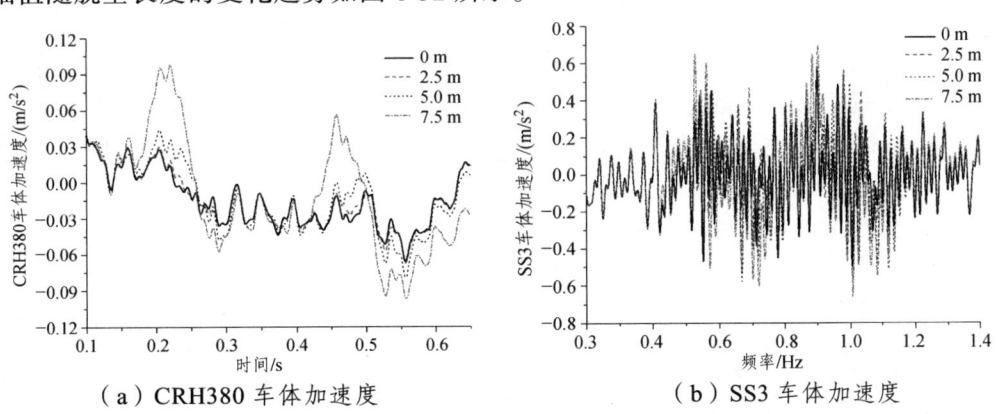

（a）CRH380 车体加速度　　（b）SS3 车体加速度

图 6-31　底座板不同脱空长度下 CRH380/SS3 车体加速度时程曲线

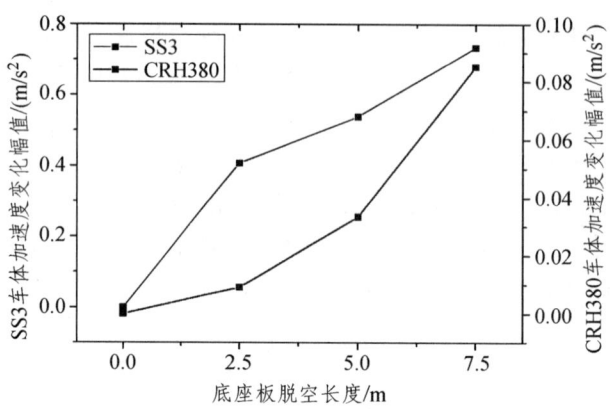

图 6-32 CRH380/SS3 车体加速度变化幅值随脱空长度的变化趋势

从图 6-32 中可知,底座板脱空较为显著地影响了 CRH380 以及 SS3 机车通过底座板脱空区域时的车体加速度,且底座板脱空对 SS3 车体加速度的影响更大,说明在由列车行驶荷载形成的中、短波不平顺条件下,SS3 的车体加速度对底座板脱空区域的增长更为敏感。由于高速列车对车体垂向加速度有非常严格的舒适度控制标准,底座板脱空对 CRH380 车体加速度产生的影响不容忽视。当底座板脱空长度小于 2.5 m 时,底座板脱空对 CRH380 车体加速度的影响很小,因此从控制 CRH380 车体垂向加速度角度出发,将底座板脱空长度控制在 2.5 m 以下是合理的。对车体加速度取加速度振级 1/3 倍频,得到的振级谱如图 6-33 所示。

CRH380 车体加速度在整个频域范围内,随底座板脱空长度的增长,车体加速度振级明显增大。对于 SS3 机车,车体加速度振级在 64 Hz 以下频域内有明显的变化。在 8~64 Hz 范围内,SS3 车体的振级明显大于 CRH380 车体的振级,这也印证对于车体加速度,SS3 比 CRH380 对中、短波不平顺更为敏感。

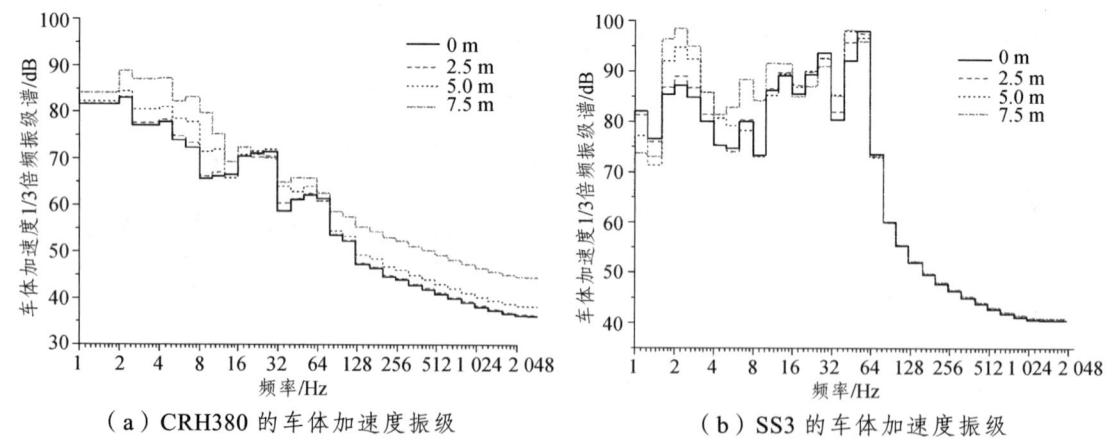

(a) CRH380 的车体加速度振级　　(b) SS3 的车体加速度振级

图 6-33　底座板不同脱空长度下车体加速度振级谱

6.5.4 底座板脱空长度对钢轨的影响

1. 底座板脱空长度对钢轨位移的影响

CRH380动车以及SS3机车通过底座板脱空区域时，钢轨的垂向位移时程图如图6-34所示。钢轨垂向位移随底座板脱空长度的变化趋势如图6-35所示。

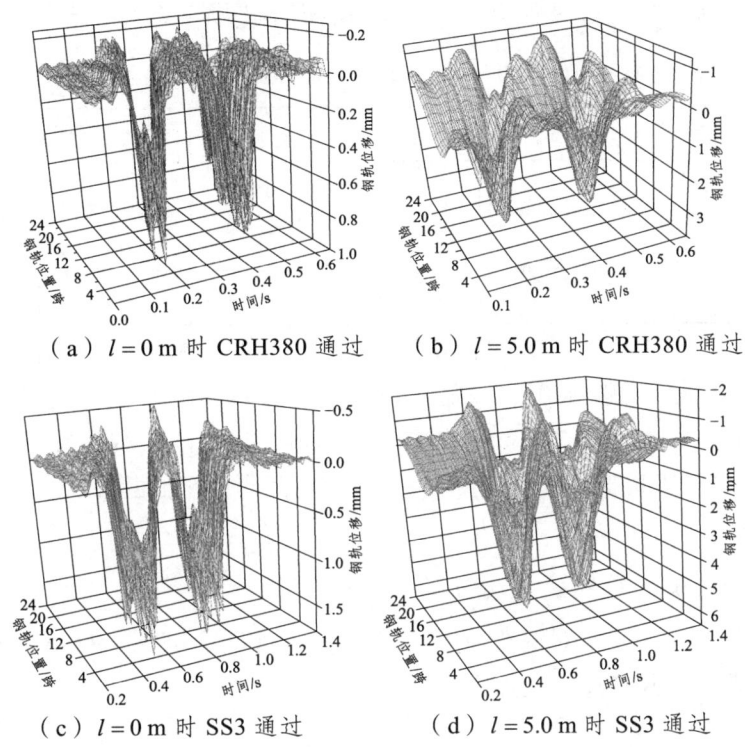

图6-34　底座板在不同脱空长度下CRH380/SS3通过时钢轨位移图

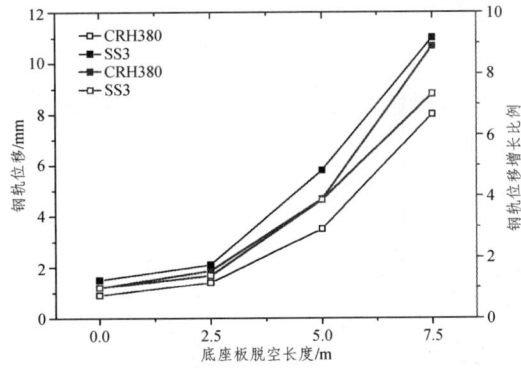

图6-35　底座板不同脱空长度下CRH380/SS3通过时钢轨位移及增长比例

从图 6-35 中可知,钢轨垂向位移随着脱空范围的增大而急剧增大,且 SS3 比 CRH380 通过时钢轨位移增长幅值大,但 CRH380 比 SS3 通过时钢轨位移增长比例更大,说明轴重和速度均显著影响钢轨的垂向位移。

我国 200～250 km/h 线路轨道动态质量容许偏差管理值如表 6-4 所示。在轨道不平顺动态管理中,各种不平顺实行分级管理,目前我国轨道不平顺动态管理值分 5 个层次。

表 6-4　200～250 km/h 线路轨道动态质量容许偏差管理值

项目		经常保养	舒适度	临时补修	限速（160 km/h）
偏差等级		Ⅰ级	Ⅱ级	Ⅲ级	Ⅳ级
高低/mm	波长 1.5～42 m	5	8	11	14
轨向/mm		5	7	8	10

当脱空长度小于 2.5 m 时,钢轨垂向位移随着不均匀范围的增大而缓慢增大,当底座板脱空长度大于 2.5 m 时,钢轨动态位移显著增大。当底座板脱空长度超过 5.0 m,CRH380 通过时,钢轨垂向位移已经达到 3.5 mm,接近经常保养轨道的高低不平顺 Ⅰ 级经常保养标准。因此从钢轨垂向位移随底座板脱空长度的变化规律以及线路轨道动态质量容许偏差角度出发,底座板脱空长度宜控制在 2.5 m 内。

2. 底座板脱空长度对钢轨加速度的影响

这里主要分析底座板脱空对钢轨加速度的影响,计算得到的 CRH380 以及 SS3 机车通过底座板脱空区域时钢轨加速度曲线如图 6-36 所示。

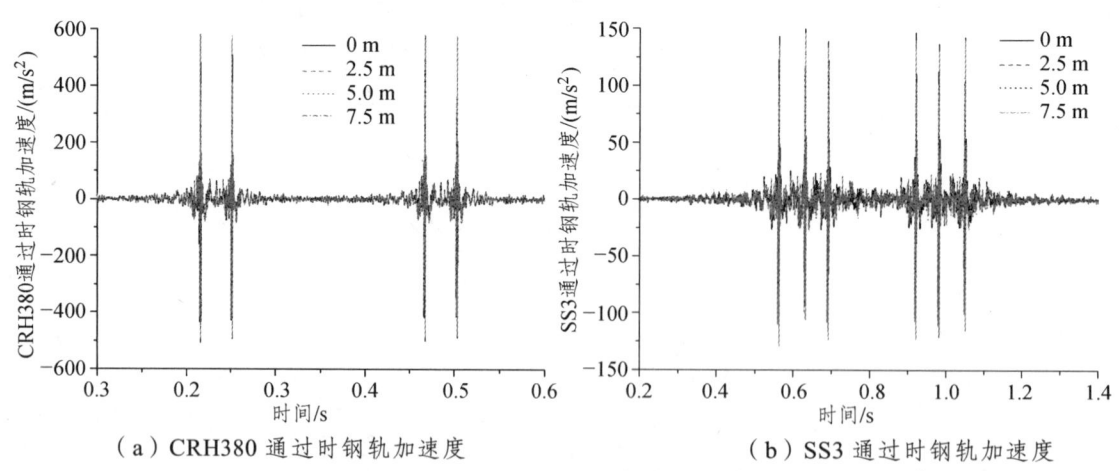

(a) CRH380 通过时钢轨加速度　　　　(b) SS3 通过时钢轨加速度

图 6-36　底座板在不同脱空长度下 CRH380/SS3 通过时钢轨加速度时程曲线

底座板脱空对钢轨加速度的影响并不显著，CRH380 通过时钢轨加速度远大于 SS3 通过时的钢轨加速度，钢轨振动加速度随着速度的提高呈增加的趋势。当 CRH380 以及 SS3 通过时，底座板在不同脱空长度下的钢轨加速度进行时频转换，并取 1/3 倍频的加速度振级，如图 6-37 所示。

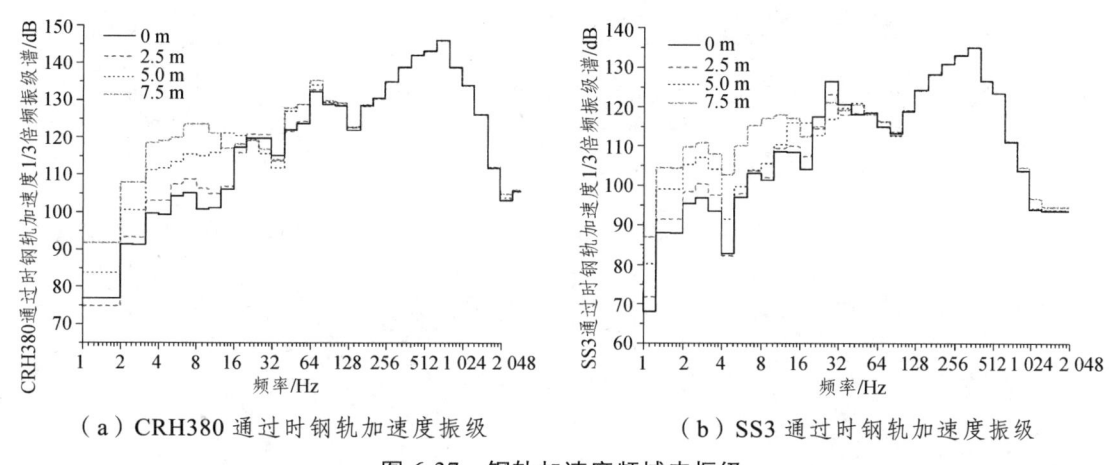

（a）CRH380 通过时钢轨加速度振级　　　　（b）SS3 通过时钢轨加速度振级

图 6-37　钢轨加速度频域内振级

CRH380 通过时，钢轨加速度的主频在 700 Hz 附近，而 SS3 通过时，钢轨加速度的主频在 350 Hz 附近。底座板脱空并未明显影响钢轨加速度在主频范围内的振级。对于 CRH380，底座板脱空较为显著地影响了钢轨 128 Hz 以下范围钢轨加速度的振级，CRH380 通过时钢轨加速度的次主频 64 Hz 对应的为轨道板的加速度主频，对钢轨加速度振级影响最为显著的 1~18 Hz 也正好是轨道板加速度振级变化最为显著的区域。SS3 通过时，底座板脱空较为显著地影响了钢轨 64 Hz 以下范围钢轨加速度的振级。由 SS3 通过时钢轨加速度的次主频 32 Hz 对应的也正好为轨道板的加速度主频，而对钢轨加速度振级影响最为显著的 1~18 Hz 也正好是轨道板加速度振级变化最为显著的区域。

6.5.5　底座板脱空长度对轨道板动力特性的影响

1. 底座板脱空长度对轨道板位移的影响

CRH380 动车以及 SS3 机车通过底座板脱空区域时，轨道板的垂向位移时程图如图 6-38 所示。轨道板垂向位移随底座板脱空长度的变化趋势如图 6-39 所示。

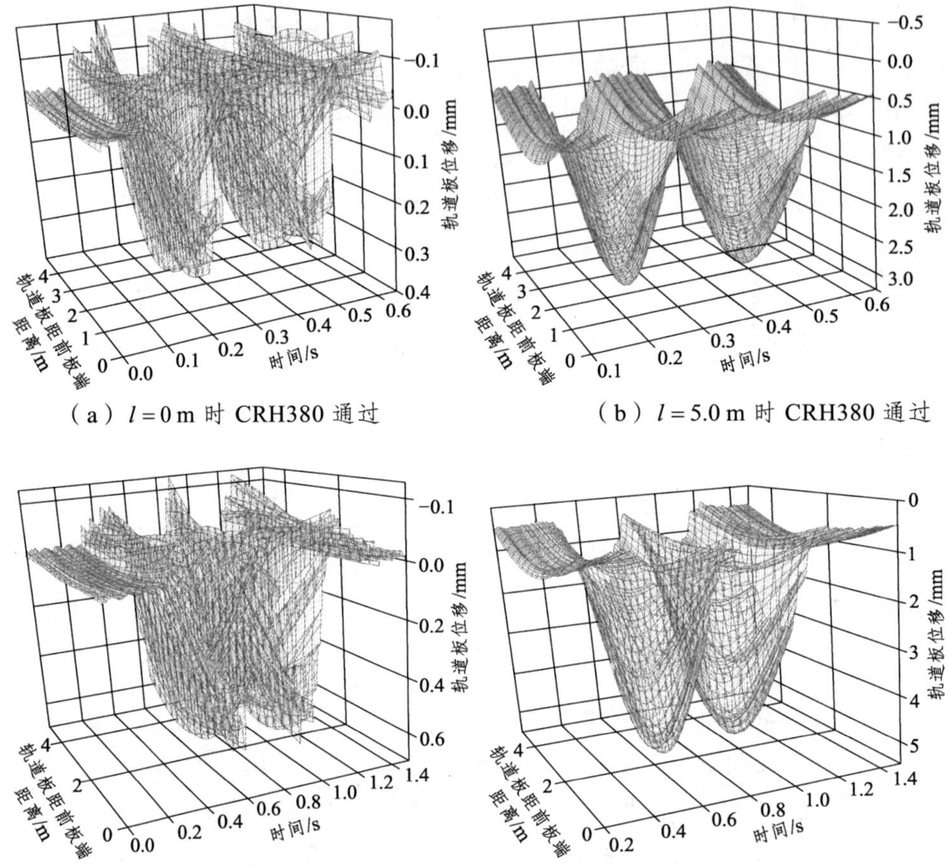

（a）$l=0$ m 时 CRH380 通过

（b）$l=5.0$ m 时 CRH380 通过

（c）$l=0$ m 时 SS3 通过

（d）$l=5.0$ m 时 SS3 通过

图 6-38 底座板在不同脱空长度下 CRH380/SS3 通过时轨道板位移时程图

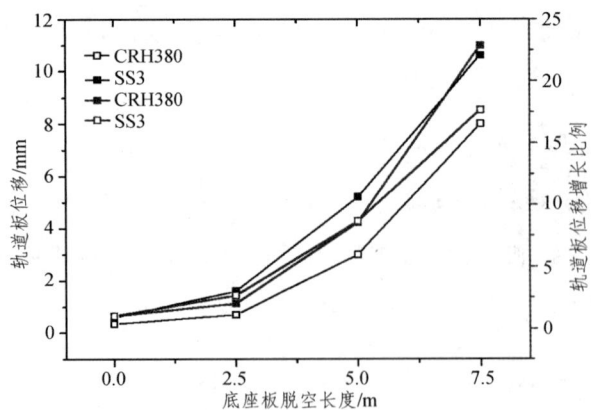

图 6-39 底座板在不同脱空长度下 CRH380/SS3 通过时轨道板位移最大值

从图 6-39 中可以表明，各车型随底座板脱空长度的增大，轨道板垂向位移明显增大，当底座板脱空长度小于 2.5 m 时，钢轨垂向位移随着底座板脱空长度的增大而缓慢增大，当底座板脱空长度大于 2.5 m 时，钢轨垂向位移随着不均匀范围的增大而急剧增大。当底座板脱空长度在 5.0 m 以内时，SS3 较 CRH380 通过时轨道板位移的增大幅值以及增长比例均更大。说明当底座板脱空长度在一定范围内时，轴重对轨道板垂向位移的影响较速度更为显著。

2. 底座板脱空长度对轨道板纵向拉应力的影响

CRH380 以及 SS3 通过时轨道板的最大纵向拉应力，如图 6-40 所示。

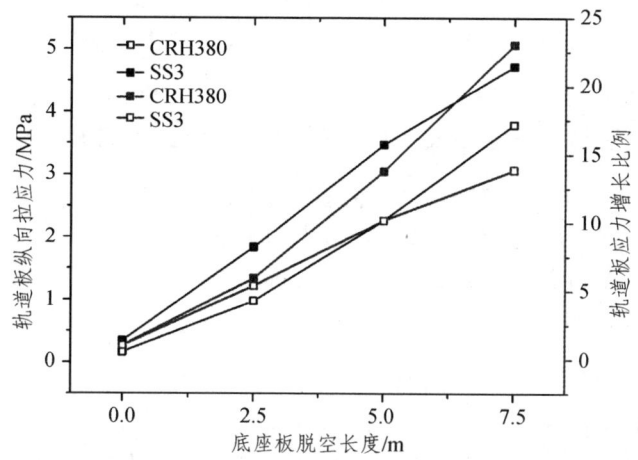

图 6-40　底座板不同脱空长度下 CRH380/SS3 通过时轨道板应力及增长比例

从图中可知，底座板脱空长度显著影响轨道板的纵向拉应力。底座板脱空长度为 2.5 m，CRH380 动车通过时，轨道板底面最大纵向拉应力为 0.92 MPa，是底座板未脱空状态下轨道板纵向拉应力的 5.9 倍。当 SS3 机车通过时，轨道板底面最大纵向拉应力为 1.74 MPa，是底座板未脱空状态下轨道板纵向拉应力的 5.37 倍。说明速度以及轴重均显著影响轨道板的纵向拉应力。此时轨道板底面的拉应力已接近 C60 混凝土的轴心抗拉强度标准值 2.85 MPa，由于轨道板有大约 2 MPa 的预压应力，轨道板虽然不会开裂而影响承载能力，但是会显著影响轨道板的疲劳寿命。

3. 底座板脱空长度对轨道板加速度的影响

底座板脱空引起的轨道板垂向支承刚度不均匀将导致轨道板垂向加速度的变化，下面主要分析底座板脱空对轨道板加速度的影响。CRH380 以及 SS3 通过底座板脱空区域时的轨道板加速度时程曲线如图 6-41 所示。

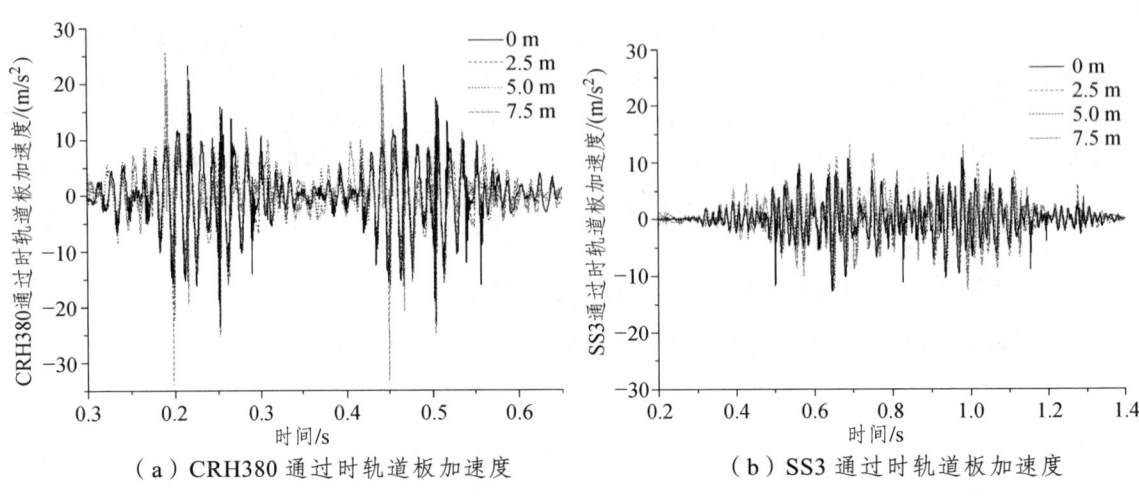

（a）CRH380通过时轨道板加速度　　　（b）SS3通过时轨道板加速度

图 6-41　底座板在不同脱空长度下 CRH380/SS3 通过时轨道板加速度时程曲线

从图中可知，CRH380 通过时轨道板加速度更大，符合遂渝线综合试验的结论，即轨道整体的振动加速度随着速度的提高呈增加的趋势。同时，脱空对轨道板加速度有显著的影响。将 CRH380 以及 SS3 通过时，底座板在不同脱空长度下的轨道板加速度进行时频转换，并取 1/3 倍频的加速度振级，如图 6-42 所示。

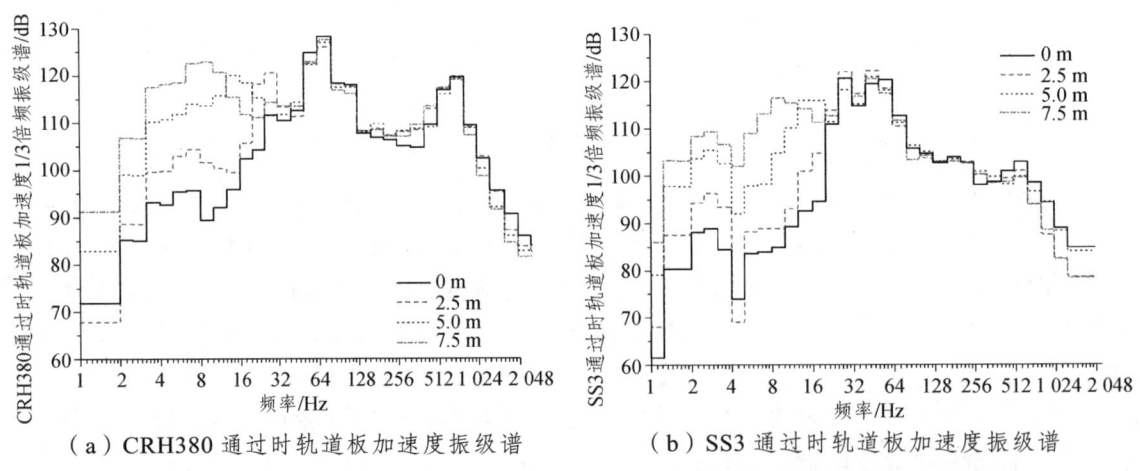

（a）CRH380通过时轨道板加速度振级谱　　　（b）SS3通过时轨道板加速度振级谱

图 6-42　底座板在不同脱空长度下 CRH380/SS3 通过时轨道板在频域内振级谱

CRH380 通过时，轨道板振动的主频在 70 Hz 附近，在主频内轨道板加速度振级并没有明显的变化规律。但在 2～32 Hz 范围，轨道板加速度振级随底座板脱空长度的增大而显著增大。SS3 通过时，轨道板振动的主频在 20～62 Hz 范围，主频范围较 CRH380 更广，且在 20～40 Hz 范围，SS3 通过时轨道板加速度振级明显大于 CRH380 通过时的轨道板加速度振级。在 1～20 Hz 范围，底座板加速度振级随底座板脱空长度的增大而显著增大。在

512~1 024 Hz 范围，CRH380 通过时轨道板加速度的振级明显大于 SS3 通过时轨道板加速度的振级。说明速度越高，传递至轨道板的加速度高频成分也更多，符合遂渝线的综合试验的振动传递规律。

6.5.6 底座板脱空长度对底座板动力特性的影响

1. 底座板脱空长度对底座板位移的影响

CRH380 动车以及 SS3 机车通过底座板脱空区域时，底座板的垂向位移时程图如图 6-43 所示。底座板垂向位移随底座板脱空长度的变化趋势如图 6-44 所示。

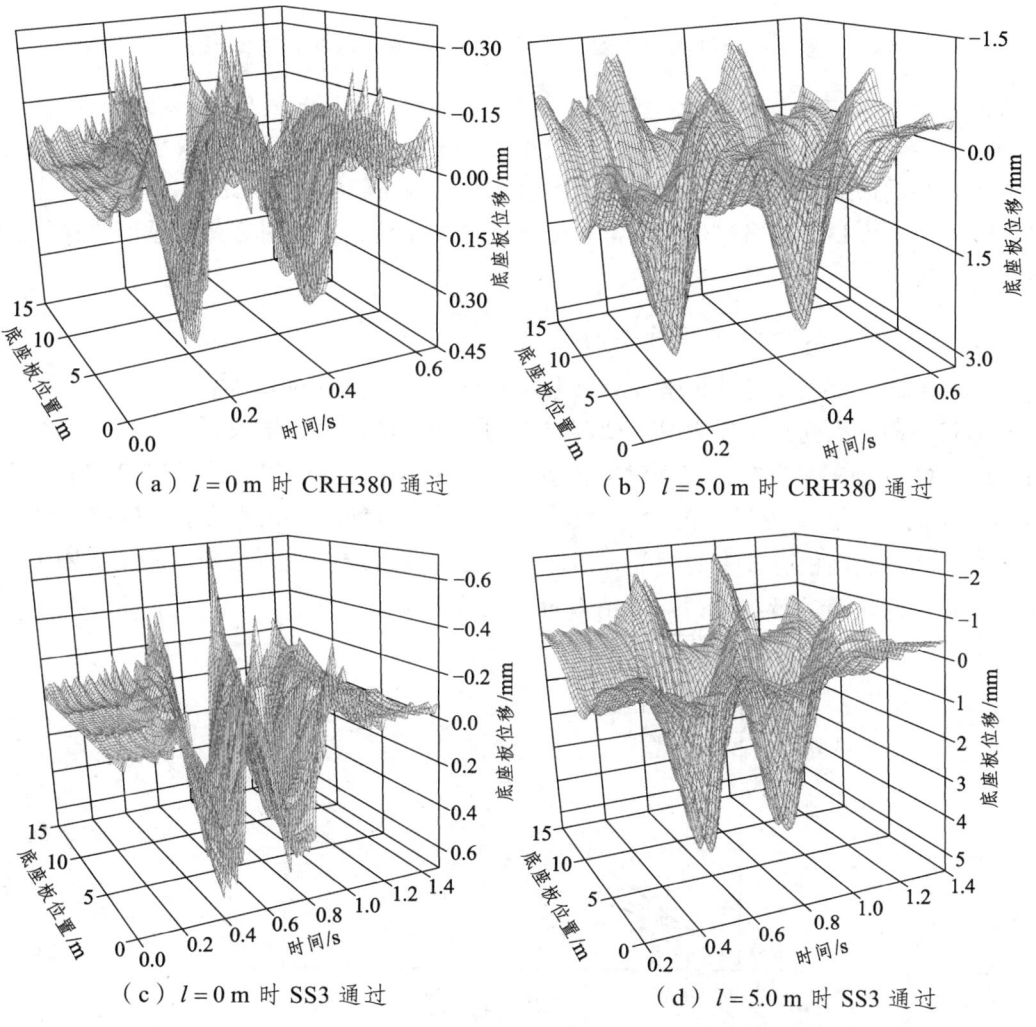

（a）$l=0$ m 时 CRH380 通过　　（b）$l=5.0$ m 时 CRH380 通过

（c）$l=0$ m 时 SS3 通过　　（d）$l=5.0$ m 时 SS3 通过

图 6-43　底座板在不同脱空长度下 CRH380/SS3 通过时底座板位移

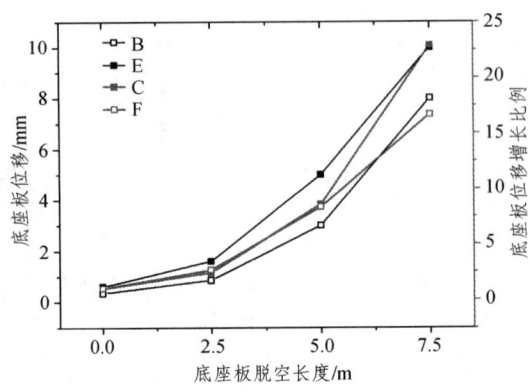

图 6-44 底座板在不同脱空长度下 CRH380/SS3 通过时底座板位移及增长比例

从图 6-44 中可知,当底座板脱空长度小于 2.5 m 时,底座板垂向位移随着底座板脱空长度的增大而缓慢增大,当底座板脱空长度大于 2.5 m 时,底座板垂向位移随着底座板脱空长度的增大而急剧增大。当底座板脱空长度在 5.0 m 以内时,SS3 和 CRH380 通过时底座板位移的增长比例基本相同。当底座板脱空长度超过 5.0 m 后,速度对底座板垂向位移的影响较轴重更为显著。

2. 底座板脱空长度对底座板纵向拉应力的影响

CRH380 以及 SS3 通过时底座板的最大纵向拉应力,如图 6-45 所示。

底座板底面的纵向拉压应力最大值随着不均匀范围的增大而增大,当底座板脱空长度为 2.5 m,CRH380 动车经过时,底面纵向拉应力为 1.62 MPa,是正常情况的 3.2 倍;SS3 机车通过时,底面纵向拉应力增大至 2.54 MPa,已经超过 C40 混凝土的轴心抗拉强度标准值 2.39 MPa。虽然底座板有较多的配筋,但底座板已出现裂纹,轨道结构的刚度急剧下降,变形大幅增加,对轨道的承载能力与使用寿命有显著影响。

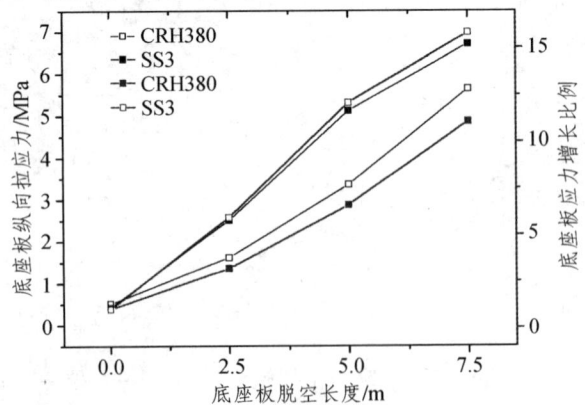

图 6-45 底座板最大位移及纵向拉应力及增长比例

对比图 6-40 以及图 6-45 可知，轨道板的纵向拉应力小于底座板的纵向拉应力，又由于轨道板中预应力的存在将抵消约 2 MPa 的拉应力，使得底座板底面成为整个轨道结构的最危险部位。中南大学徐庆元、李斌在假定路基不均匀沉降曲线为余弦曲线的前提下，从保证底座板不发生疲劳破坏角度出发，建议 CRTS I 型板式无砟轨道路基不均匀沉降限值为 7 mm/20 m；张志远在假定底座板完全脱空的前提下，从保证底座板不发生疲劳破坏角度出发建议底座板脱空长度不宜大于 0.8 m。由于不均匀沉降曲线波形很难用现有的仪器进行检测，因此用脱空来模拟路基不均匀对工程控制来说是有利的，但现场路基翻浆冒泥区域内的路基沉降并不会完全形成较小区域内底座板的完全脱空，因此，假定底座板脱空得出的底座板纵向拉应力是偏于保守的，故控制底座板的脱空长度在 2.5 m 以下是较为合理的。

3. 底座板脱空长度对底座板加速度的影响

本章基于模态叠加法，利用 SIMPACK 建立的模型计算得到底座板加速度时程曲线如图 6-46 所示。

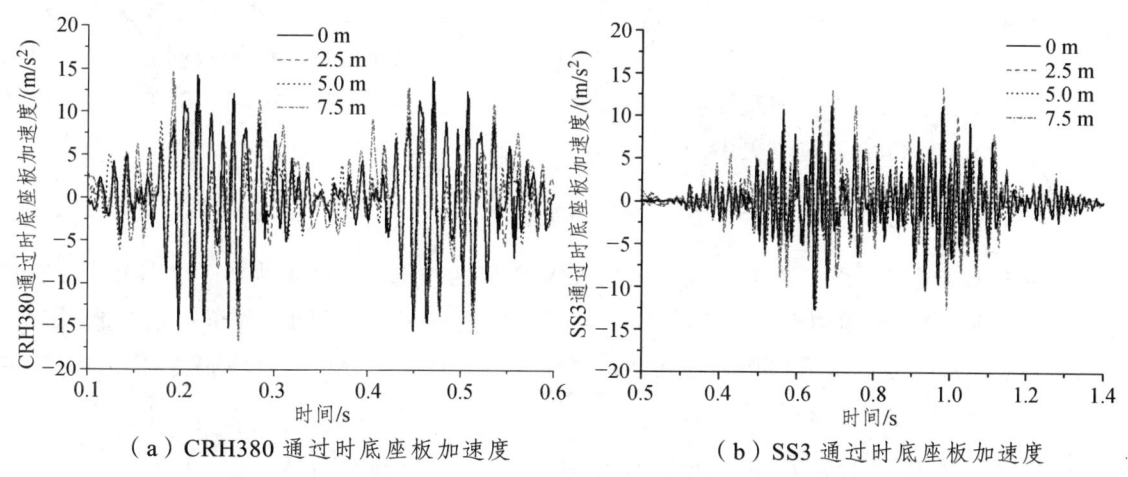

（a）CRH380 通过时底座板加速度　　（b）SS3 通过时底座板加速度

图 6-46　底座板在不同脱空长度下 CRH380/SS3 通过时底座板加速度时程曲线

CRH380 通过时底座板加速度更大，符合遂渝线综合试验结论：轨道振动加速度随着速度的提高呈增加的趋势。同时，脱空对底座板加速度有较明显的影响。将 CRH380 以及 SS3 通过时，将不同脱空长度下的底座板加速度进行时频转换，并取 1/3 倍频的加速度振级，如图 6-47 所示。

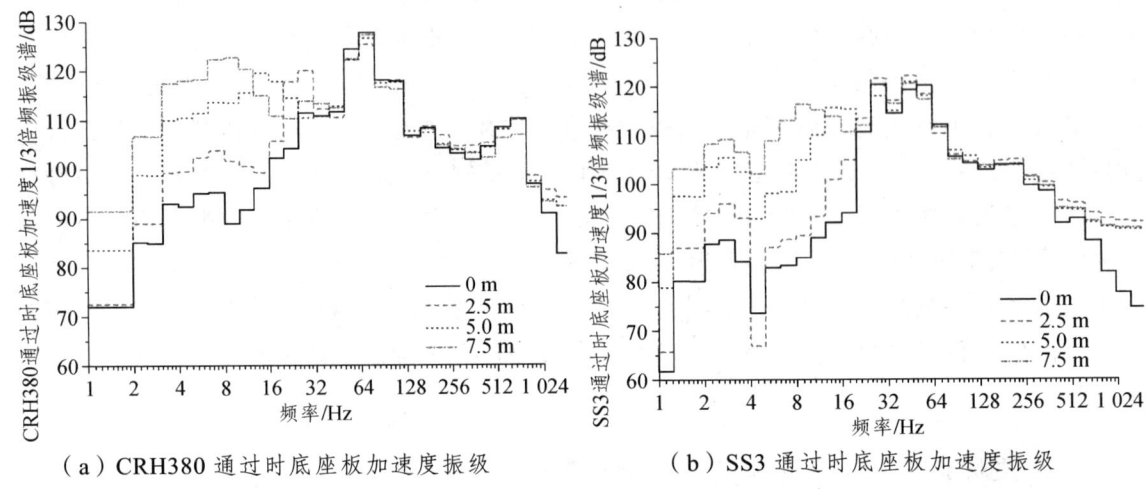

(a) CRH380 通过时底座板加速度振级

(b) SS3 通过时底座板加速度振级

图 6-47 底座板在不同脱空长度下 CRH380/SS3 通过时底座板加速度频域内振级谱

从图中可知，CRH380 通过时，在 2~32 Hz 范围，底座板加速度振级随底座板脱空长度的增大而显著增大。SS3 通过时，在 1~20 Hz 范围，底座板加速度振级随底座板脱空长度的增大而显著增大。在 512~1 024 Hz 范围，CRH380 通过时底座板加速度振级明显更大，说明速度越高，传递至底座板的加速度高频成分也更多。而在 24~50 Hz 范围，SS3 通过时振动的组分显然较 CRH380 通过时更多。

6.5.7 底座板脱空长度对 CA 砂浆动应力的影响

徐浩的博士论文认为，准静态加载时的 CA 砂浆的损伤应力阈值为 0.132 MPa，由于货车速度低、轴重大，而遂渝客运专线从 2007 年开行货运列车，而且国内列车超载严重，因此，很容易超过 CA 砂浆的应力损伤，故在客货共线运行条件下，分析底座板脱空对 CA 砂浆的应力的影响具有现实意义。

1. CRH380 通过时底座板脱空长度对砂浆应力的影响

当 CRH380 经过底座板脱空区域，底座板在不同脱空长度下 CA 砂浆沿纵向不同位置的应力时程云图如图 6-48 所示。

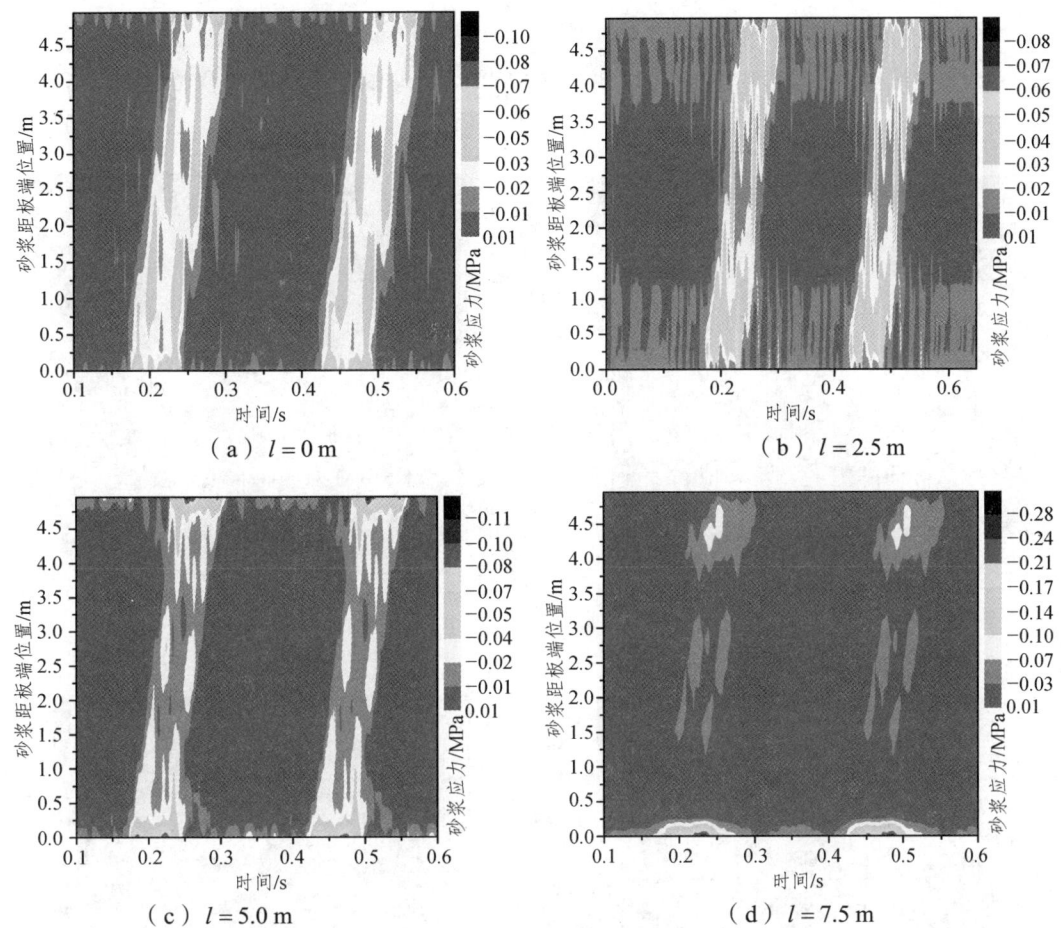

图 6-48 底座板在不同脱空长度下 CRH380 通过时砂浆动应力云图

当底座板没有脱空时，CRH380 通过时 CA 砂浆应力最大值出现在板端，为 0.1 MPa；而对于其他部位，CA 砂浆的动压力在 CRH380 作用下的最大值为 0.03～0.04 MPa，该值与遂渝线综合试验报告关于板式轨道 CA 砂浆动压力在动车组作用下最大值 25.6～38.5 kPa 基本接近；当底座板脱空 2.5 m 时，板端 CA 砂浆应力减小，但距离板端 0.25 m 至 1.25 m 区间的应力却显著增大，由 0.03 MPa 增大到 0.08 MPa；当底座板脱空长度为 5.0 m 和 7.5 m 时，砂浆应力分别增大为 0.11 MPa 以及 0.28 MPa；应力最大值均出现在板端位置，板中位置应力并没显著变化，但在距离板端 0.25～1.25 m 内砂浆应力明显变小，说明列车通过该区域砂浆并未与轨道板或底座板完全接触。

2. SS3 通过时不同底座板脱空长度对砂浆应力的影响

当 SS3 经过底座板脱空区域，底座板在不同脱空长度下 CA 砂浆沿纵向不同位置的应力时程云图如图 6-49 所示。

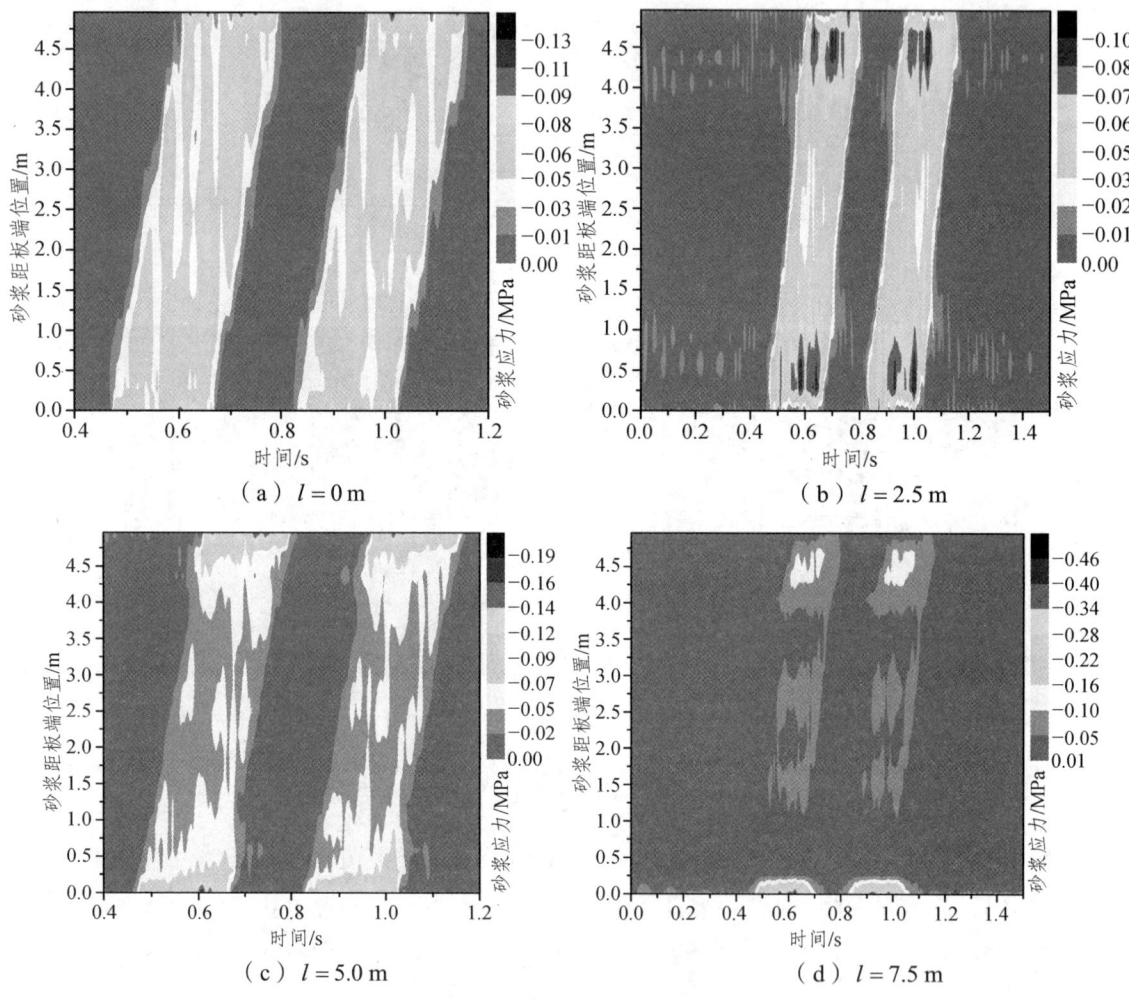

图 6-49　SS3 通过时砂浆动应力云图

当底座板没有脱空时，SS3 通过时 CA 砂浆应力最大值出现在板端，应力最大值 0.13 MPa；而对于其他部位，CA 砂浆的动压力在 SS3 作用下的最大值为 0.08～0.09 MPa，该值与遂渝线无砟轨道试验段综合试验报告关于板式轨道 CA 砂浆动压力在动车组作用下最大值 77.4～85.5 kPa 基本接近。当底座板脱空 2.5 m 时，板端 CA 砂浆应力减小，但距离板端 0.25 m 至 1.25 m 区间的应力却显著增大，由 0.05 MPa 增大到 0.10 MPa；当底座板脱空长度为 5.0 m 以及 7.5 m 时，板端砂浆应力分别增大为 0.19 MPa 及 0.46 MPa，板中位置应力并没显著变化，但在距离板端 0.25～1.25 m 内砂浆应力明显变小。

6.5.8 底座板脱空长度对扣件动态力的影响

扣件是承受列车荷载的主要结构之一，并且将力传递至轨下构件，其受力状态严重影响行车安全性和舒适性。本小节主要分析底座板脱空长度对扣件力的影响。

1. CRH380 通过时底座板脱空长度对扣件力的影响

CRH380 通过底座板脱空区域时，扣件力的时程曲线如图 6-50 所示，通过提取每跨扣件的最大上拔力以及支承力，得到底座板在不同脱空长度下 CRH380 通过时扣件力变化趋势，如图 6-51。

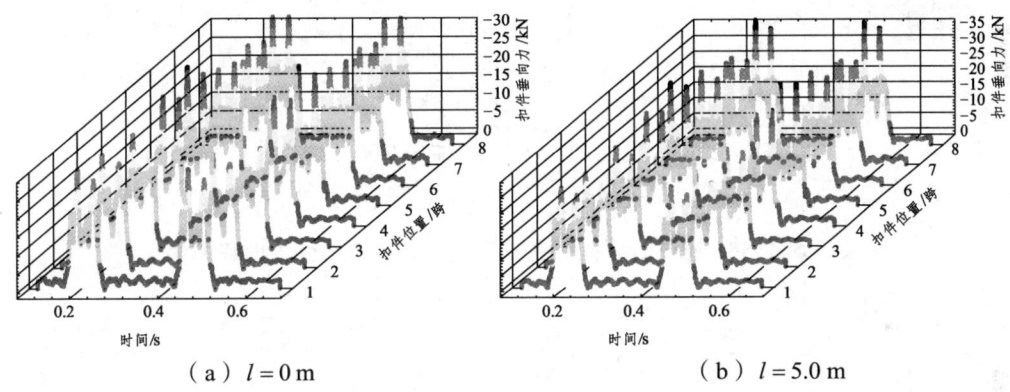

（a）$l = 0$ m　　　　　　　　　（b）$l = 5.0$ m

图 6-50　CRH380 通过时底座板在不同脱空长度下扣件力时程曲线

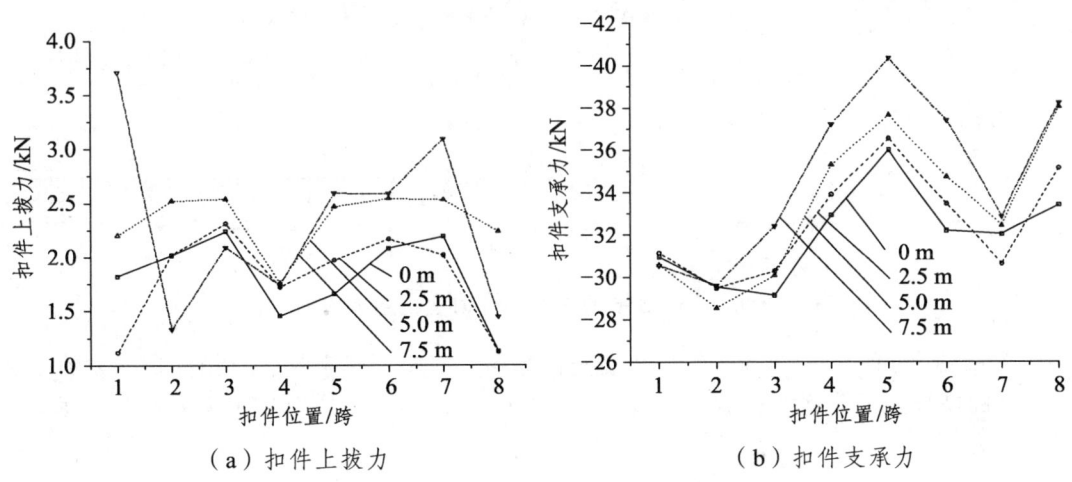

（a）扣件上拔力　　　　　　　　　（b）扣件支承力

图 6-51　CRH380 通过时扣件力变化趋势图

从图 6-51 中可知，CRH380 通过底座板脱空区域时，扣件的上拔力和扣件支承力最大值显著变化，底座板脱空范围越大，扣件的最大上拔力和最大支承力的增长幅度也越大。

2. SS3 通过时底座板脱空长度对扣件力的影响

SS3 通过底座板脱空区域时，扣件力的时程曲线如图 6-52 所示，通过提取每跨扣件的最大上拔力以及支承力，得到底座板在不同脱空长度下 SS3 通过时扣件力变化趋势，如图 6-53。

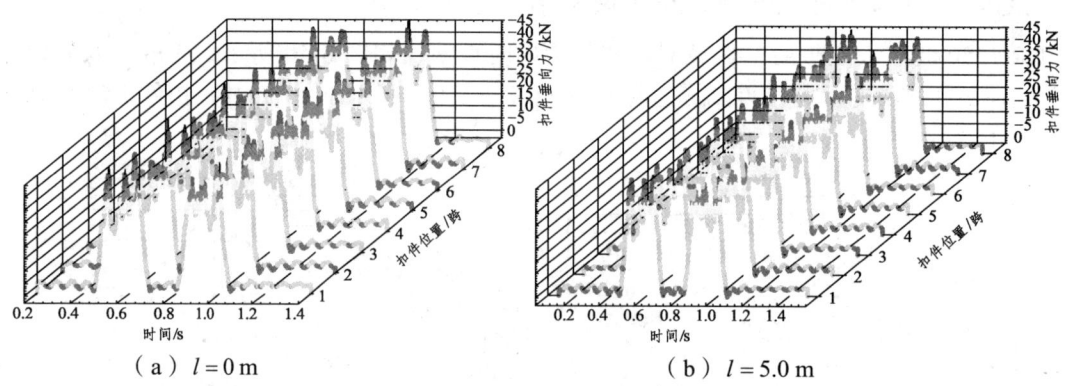

图 6-52 SS3 通过时底座板在不同脱空长度下扣件力时程曲线

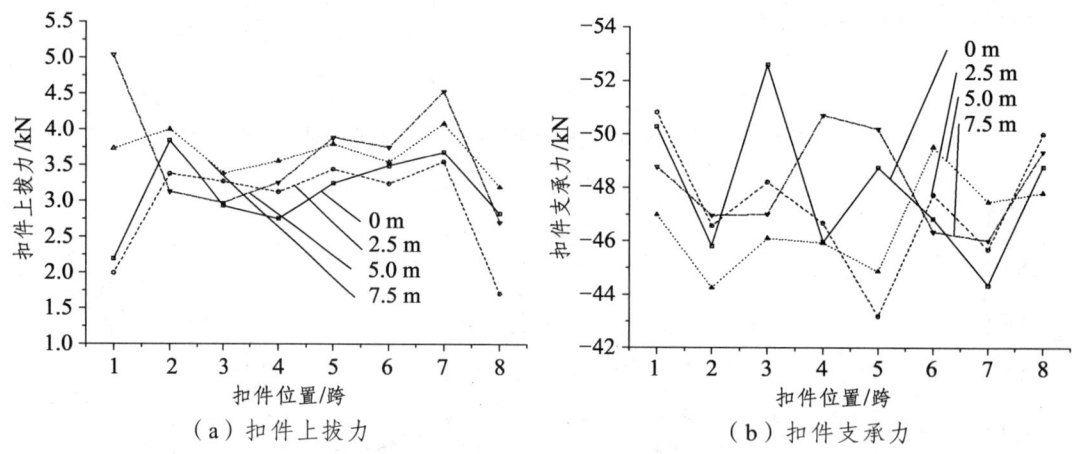

图 6-53 SS3 通过时扣件力变化趋势图

从图 6-53 中可知，SS3 通过底座板脱空区域时，底座板脱空长度对扣件支承力的影响并没有明显的规律，但当底座板脱空长度超过 5.0 m 时，扣件上拔力随底座板脱空长度增大有明显的增大。

6.6 轨道板脱空服役状态下客货共线无砟轨道的动力特性

这里主要分析 CRH2 以及 C80 分别在不同不平顺激励下通过轨道板脱空区域时，轮轨垂向力、扣件力、钢轨垂向加速度、钢轨位移、轨道板位移以及砂浆应力等动力特性，并结合无砟轨道现场动力测试试验，通过对比客货共线荷载作用特性理论结果与测试结果，验证理论计算模型的准确性。

6.6.1 列车荷载作用下砂浆易损伤区域的确立

借助有限元软件 ABAQUS 建立 CRTS I 型单元板式无砟轨道结构实体静力模型，分别研究列车荷载作用于板端以及板中位置时砂浆受力状态，并确定其受力敏感区域的范围大小。在静力学计算中，采用 CRH2 常用轮载 150 kN，按单轴双轮加载，计算结果如图 6-54 所示。

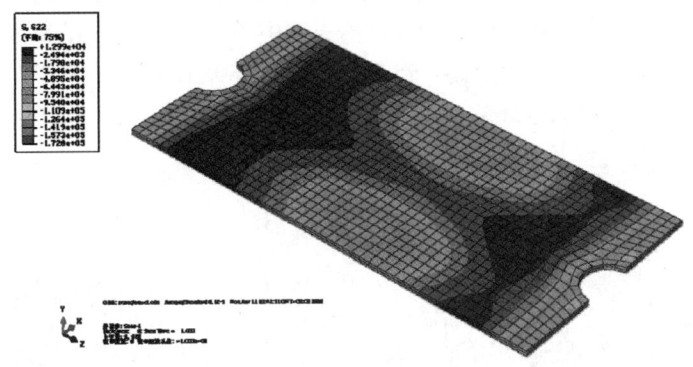

（a）荷载板中位置时应力

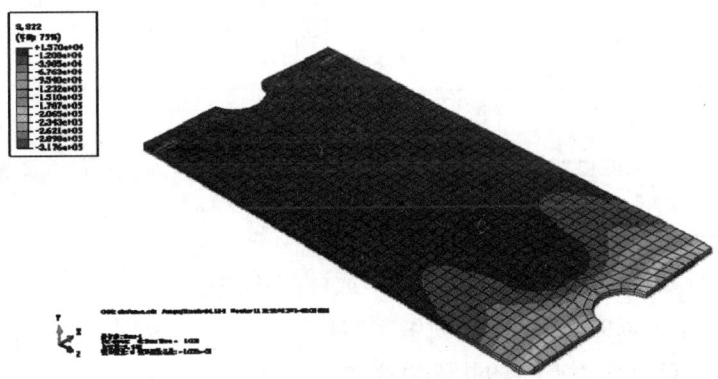

（b）荷载板端位置时应力

图 6-54 应力云图

结果表明，两种荷载作用位置下引起的 CA 砂浆层应力云图分布范围在纵向上介于 1~2 个扣件间距，为 0.625~1.25 m。故在动力计算中假定砂浆沿板宽和板厚方向完全破坏，纵向脱空长度为 1.25 m，共分三种工况对比分析客、货车作用时荷载作用特性，工况一：板端脱空；工况二：板中脱空；工况三：正常状态。

6.6.2 德国干扰谱激励下客货共线无砟轨道结构动力响应

轨道不平顺谱选取德国高、低干扰谱，详见本书 3.4.3 节，对比分析 CRH2、C80 作用时轮轨垂向力、扣件力、钢轨垂向加速度、钢轨位移、轨道板位移以及砂浆应力等结构特性。

1. 德国干扰谱激励下的轮轨动态特性

板下砂浆不同脱空位置处，CRH2、C80 分别以 250 km/h、120 km/h 通过时轮轨垂向力的计算结果如图 6-55、图 6-56 所示。

结果表明，正常状态下 CRH2、C80 行驶引起的轮轨垂向力最大值分别为 86.6 kN、135.2 kN，C80 作用时其量值为 CRH2 的 1.6 倍；板中砂浆破坏时其结果变化不大；板端砂浆破坏时，客车对应轮轨垂向力最大值为 95.2 kN，而 C80 由于其轴重相对过大、速度较小，轮轨力变化不明显，最大值为 136.4 kN。

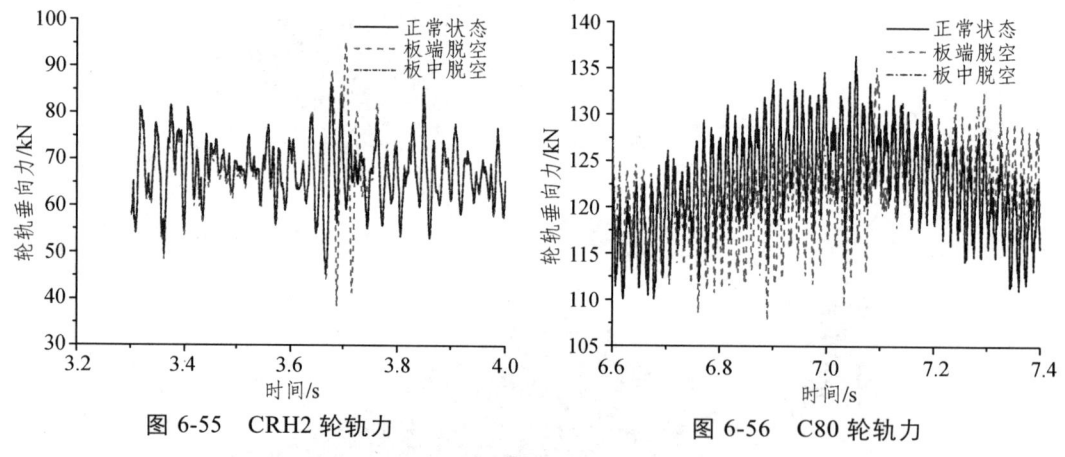

图 6-55 CRH2 轮轨力 　　　　　图 6-56 C80 轮轨力

2. 德国干扰谱激励下的扣件动力特性

CRH2、C80 分别以 250 km/h、120 km/h 通过时扣件垂向力理论计算结果如图 6-57、图 6-58 所示。正常状态下 CRH2、C80 行驶引起的扣件力最大值分别为 30.8 kN、56.0 kN；板中砂浆破坏时 CRH2、C80 作用产生的扣件力变化不明显；板端砂浆破坏时，CRH2 作用下扣件力最大值增加至 42.8 kN，而 C80 对应扣件力同比正常状态下增幅不明显，其值为 56.2 kN，约为 CRH2 的 1.3 倍。结果表明 C80 车辆由于轴重相对较大，引起的扣件力明显大于 CRH2 相应量值。

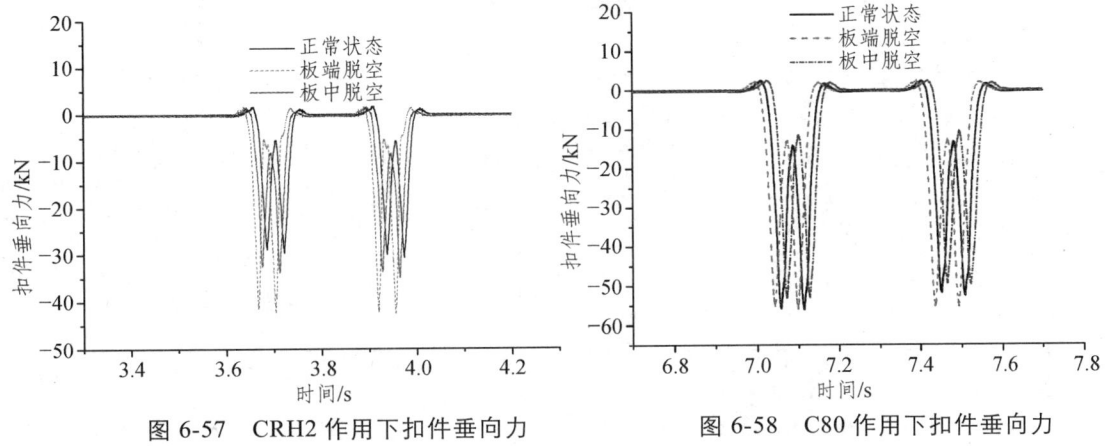

图 6-57　CRH2 作用下扣件垂向力　　　　图 6-58　C80 作用下扣件垂向力

3. 德国干扰谱激励下钢轨加速度特性

德国干扰谱激励下，板下砂浆不同脱空位置处，CRH2、C80 分别以 250 km/h、120 km/h 通过时钢轨垂向加速度，如图 6-59、图 6-60 所示。

结果表明，砂浆脱空对钢轨垂向振动加速度值的影响显著，其中，板端脱空对钢轨垂向加速度影响较大。对比分析得到，当货车通过时，相应的最大钢轨垂向加速度值均大于 CRH2 的相应数值。其中，当 CA 砂浆层处于板端脱空状态时，C80 引起的最大钢轨垂向振动加速度值达到 CRH2 相应量值的 2.3 倍。

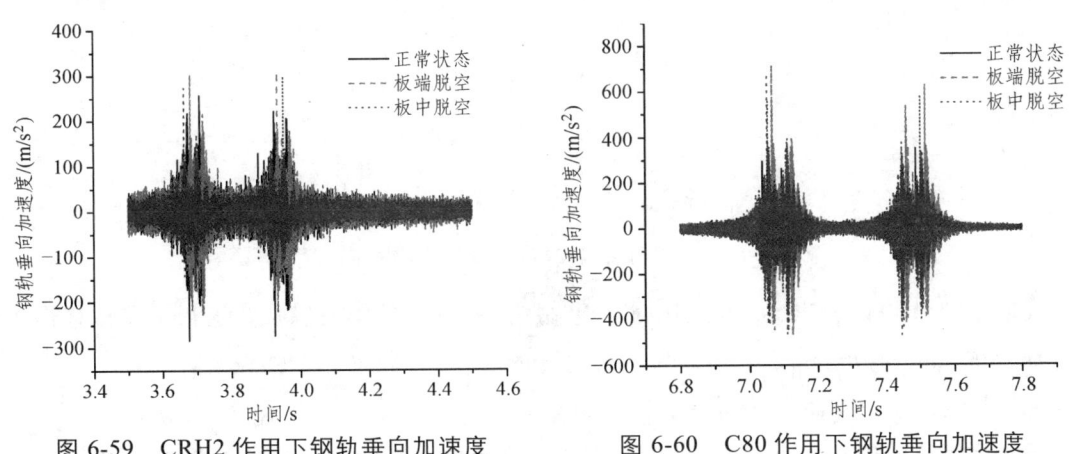

图 6-59　CRH2 作用下钢轨垂向加速度　　　图 6-60　C80 作用下钢轨垂向加速度

4. 德国干扰谱激励下钢轨以及轨道板的位移特性

德国干扰谱激励下,板下砂浆不同脱空位置处,CRH2、C80分别以250 km/h、120 km/h通过时钢轨以及轨道板垂向位移的计算结果如图6-61、图6-62所示。

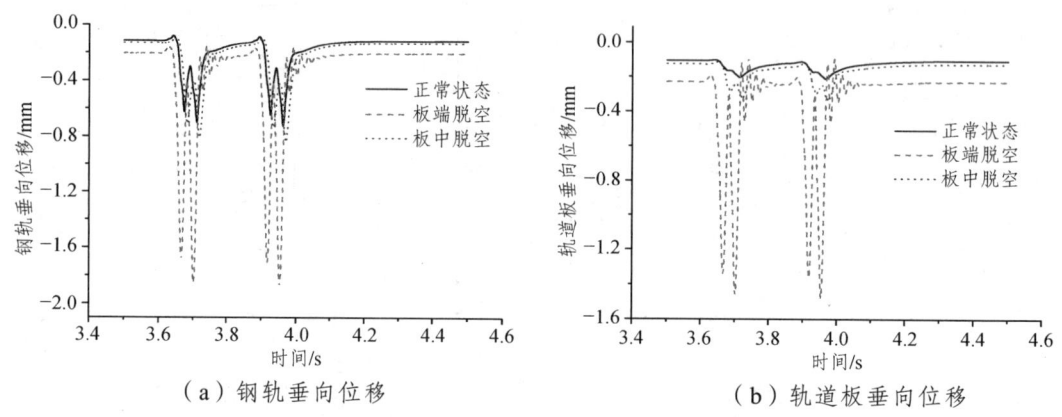

（a）钢轨垂向位移　　　　　　　　（b）轨道板垂向位移

图6-61　CRH2作用下钢轨以及轨道板垂向位移

从图6-61中可以看出,与正常情况相比,板中脱空条件下的钢轨以及轨道板垂向位移最大值增加幅度不大;而板端脱空条件下的钢轨以及轨道板垂向位移最大值分别约为正常情况的2.5倍、6倍。由此可见,板端脱空较板中脱空对钢轨以及轨道板垂向位移值影响更为剧烈。

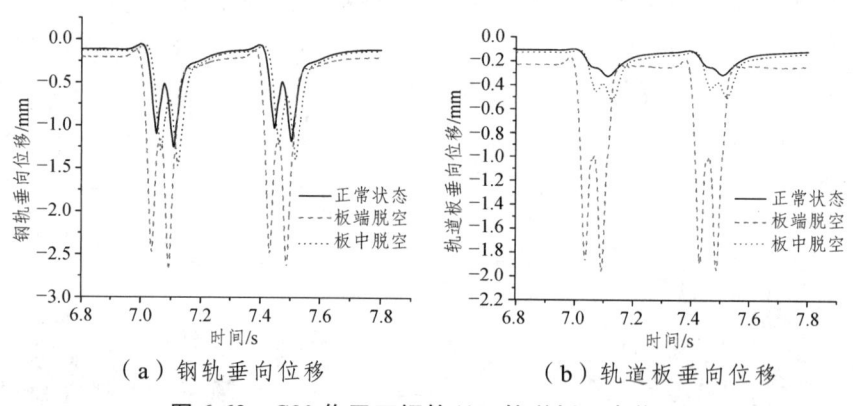

（a）钢轨垂向位移　　　　　　　　（b）轨道板垂向位移

图6-62　C80作用下钢轨以及轨道板垂向位移

从图6-62中可以看出,C80通过时,板端脱空条件下的钢轨以及轨道板垂向位移最大值分别为2.66 mm、1.96 mm,分别约为正常情况的2.5倍、6倍,增幅较大;而板中脱空条件下相应量值较板端脱空而言增幅较小。

对比分析CRH2与C80作用下计算结果,C80作用时,相应的钢轨以及轨道板最大垂向位移值均大于 CRH2 相应数值。分析其原因是 C80 相比 CRH2 轴重显著增加，进而轮轨力和扣件垂向力随之提升，轨道板所受荷载也随之增大，因此钢轨以及轨道板垂向位移值相对增大。

5. 德国干扰谱激励下 CA 砂浆动力特性

德国干扰谱激励下，板下砂浆不同脱空位置处，CRH2、C80 分别以 250 km/h、120 km/h 通过时砂浆应力理论计算结果，如图 6-63 所示。

板中脱空时，脱空部位临近砂浆位置最大应力值明显增加，CRH2 与 C80 作用下产生的最大应力值分别为 0.183 MPa、0.288 MPa。板端脱空时，CRH2 与 C80 作用下砂浆最大值分别达到 0.602 MPa、0.862 MPa，其增幅较板中脱空时更为明显。C80 车辆作用下砂浆应力明显大于 CRH2 车辆，CA 砂浆板端脱空对砂浆应力影响最为明显。

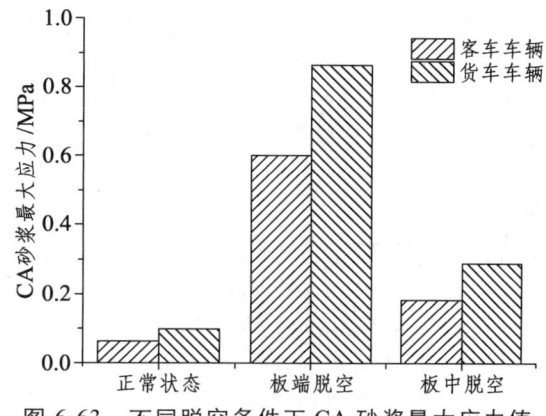

图 6-63 不同脱空条件下 CA 砂浆最大应力值

6.6.3 国内轨道不平顺激励下客货共线无砟轨道结构动力特性

这里以中国高速铁路无砟轨道不平顺谱（以下简称中国高速谱）以及赣龙线枫树排隧道现场不平顺（以下简称现场谱）作为荷载激励，其中中国高速谱详见本书 3.4.3 节，现场谱选取 2015 年 10 月赣龙线枫树排隧道现场调研得到的区段无砟轨道高低不平顺，无明确的功率谱密度函数以及轨道不平顺谱幂函数公式，如图 6-64 所示。前面仿真结果表明轨道板板端脱空对结构服役状态更为不利，故这里仅分析轨道板板端脱空对客货共线 CRTS I 型板式无砟轨道结构动力特性的影响。

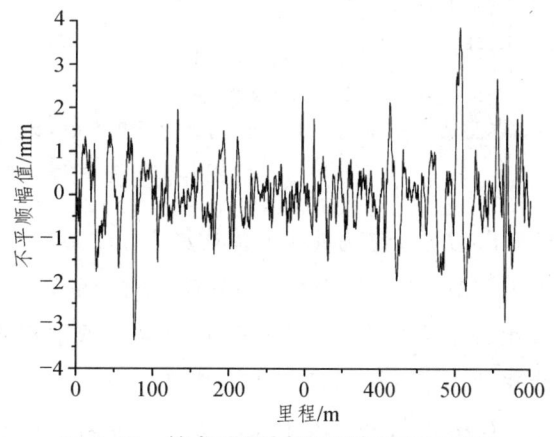

图 6-64 赣龙线枫树排隧道现场不平顺

1. 国内轨道不平顺激励下的轮轨动态特性

中国高速谱以及现场谱情况下，CRH2、C80 分别以 250 km/h、120 km/h 通过时轮轨力的计算结果如图 6-65 所示。

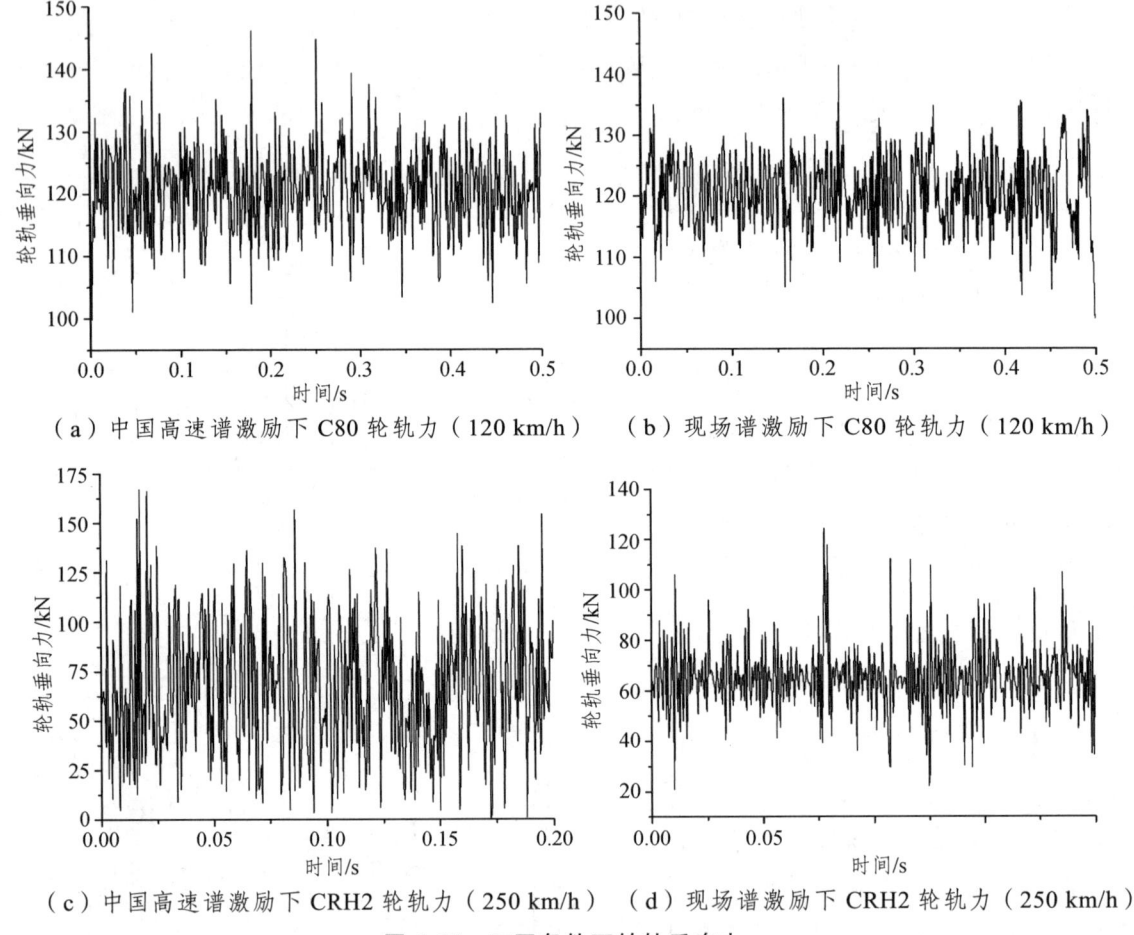

（a）中国高速谱激励下 C80 轮轨力（120 km/h）　（b）现场谱激励下 C80 轮轨力（120 km/h）

（c）中国高速谱激励下 CRH2 轮轨力（250 km/h）　（d）现场谱激励下 CRH2 轮轨力（250 km/h）

图 6-65　不同条件下轮轨垂向力

C80 作用时，轮轨垂向力值均集中于 105～135 kN，CRH2 作用时，现场谱对应的轮轨力值集中于 30～100 kN，而中国高速谱对应的轮轨力值离散分布于 20～130 kN。结果表明，C80 作用时中国高速谱与现场谱计算结果差别不明显，CRH2 作用时中国高速谱计算所得相应数值浮动大于现场谱计算所得结果相应量值，C80 车辆由于其轴重相对过大、速度较小，进而惯性较大，运动状态不易改变，较 CRH2 而言，C80 荷载作用时轮轨受力状态受不平顺影响较小。

2. 国内轨道不平顺激励下钢轨加速度特性

中国高速谱以及现场谱情况下，CRH2、C80 分别以 250 km/h、120 km/h 通过时钢轨垂向加速度，如图 6-66、图 6-67 所示。

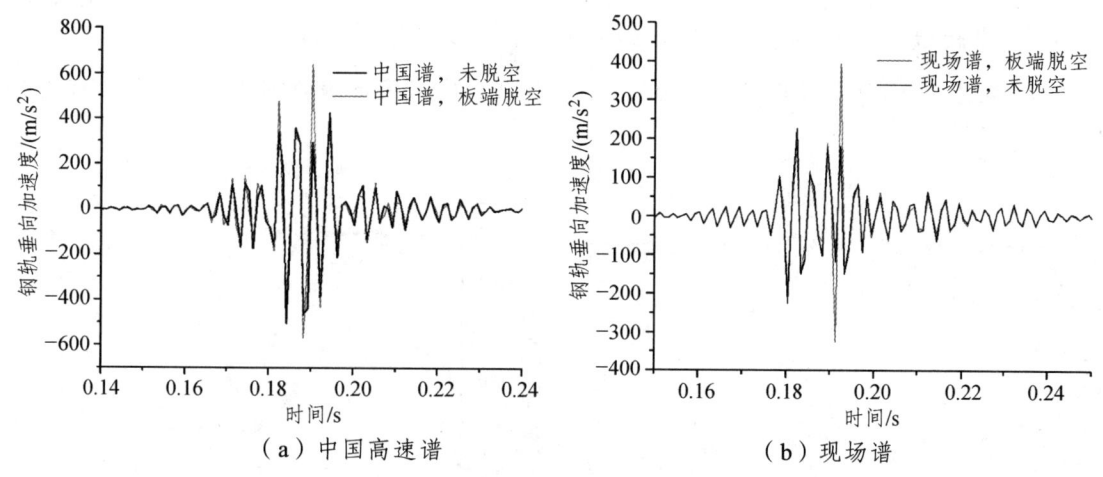

图 6-66　CRH2 作用下钢轨垂向加速度

从图 6-66 中可知，CRH2 作用下，轨道不平顺为中国高速谱时，正常情况以及板端脱空时钢轨垂向加速度最大值为 504.2 m/s^2、639.7 m/s^2。轨道不平顺为现场谱时，相应量值分别为 227.3 m/s^2、395.9 m/s^2，均小于中国高速谱相应量值。

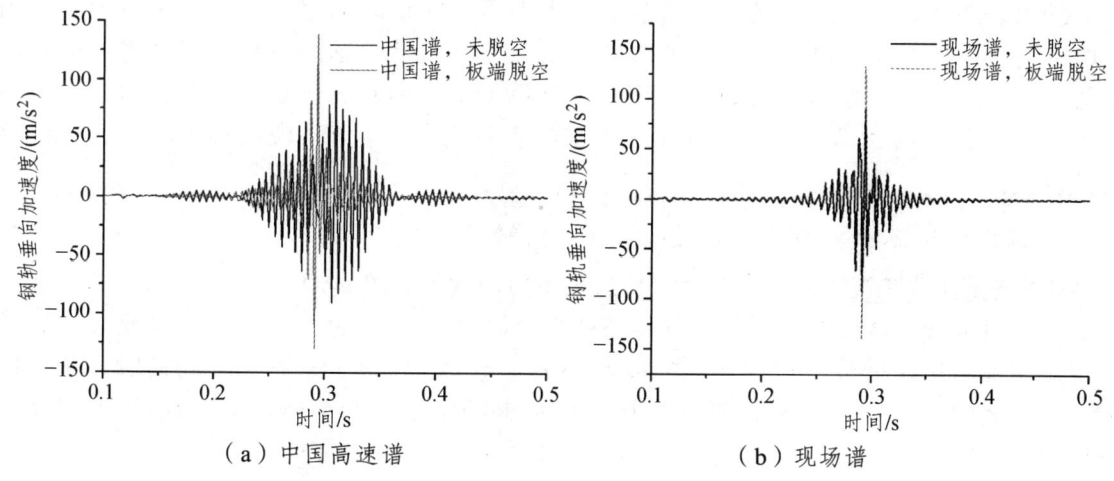

图 6-67　C80 作用下钢轨垂向加速度

从图 6-67 中可以看出，C80 作用下，轨道不平顺为中国高速谱时，正常情况以及板端脱空时钢轨垂向加速度最大值为 91.1 m/s^2、138.6 m/s^2。轨道不平顺为现场谱时，正常情况下钢轨垂向加速度最大值为 91.2 m/s^2，接近于中国高速谱相应量值，板端脱空时钢轨垂向加速度增加至 133.8 m/s^2，略小于中国高速谱相应量值。结果表明，由于 C80 车辆速度较小，作用时钢轨垂向加速度值小于 CRH2 作用时相应量值。

3. 国内轨道不平顺激励下钢轨位移特性

计算得到不同工况下 CRH2 以 250 km/h、C80 以 250 km/h 通过时钢轨垂向位移如图 6-68、图 6-69 所示。

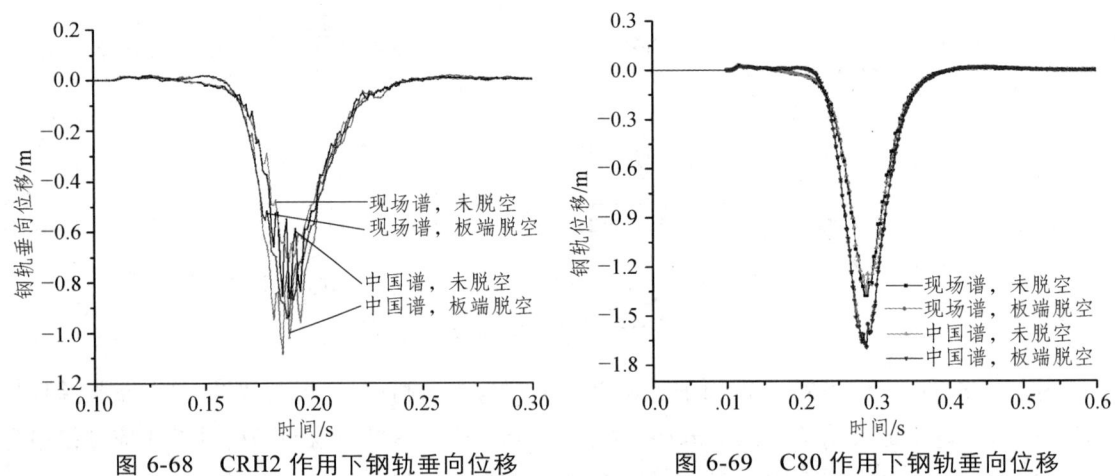

图 6-68　CRH2 作用下钢轨垂向位移　　　　图 6-69　C80 作用下钢轨垂向位移

结果表明，CRH2 通过时，轨道不平顺为中国高速谱时的钢轨垂向位移略大于现场谱时的位移。C80 通过时，轨道不平顺为中国高速谱时钢轨垂向位移接近于现场谱相应量值。结果表明，车速越大，钢轨位移对于轨道不平顺的状态越敏感。但相同的不平顺条件下 C80 作用时钢轨垂向位移均大于 CRH2 作用时相应量值，说明轴重对轨道板位移的影响更大。

4. 国内轨道不平顺激励下轨道板加速度特性

计算得到不同工况下 CRH2 作用时轨道板垂向加速度如图 6-70 所示。

从图中可知，CRH2 作用下，轨道不平顺为中国高速谱时，正常情况以及板端脱空时轨道板垂向加速度最大值为 241.2 m/s^2、302.8 m/s^2。轨道不平顺为现场谱时，正常情况以及板端脱空时轨道板垂向加速度最大值为 84.1 m/s^2、115.3 m/s^2，均小于中国高速谱相应量值。

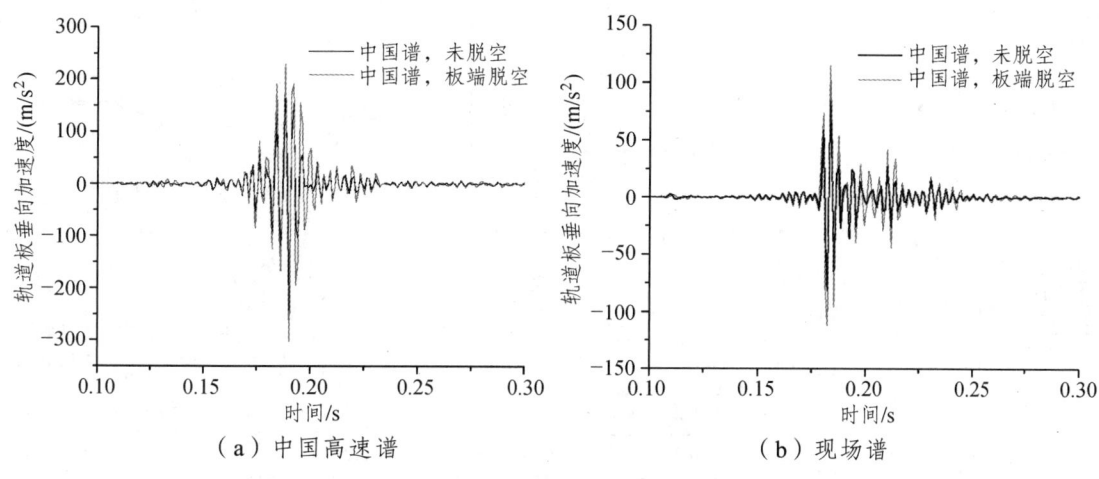

图 6-70　CRH2 作用下轨道板垂向加速度

不同工况下 C80 作用时轨道板垂向加速度如图 6-71 所示，结果表明，轨道不平顺为中国高速谱时，正常情况以及板端脱空时轨道板垂向加速度最大值为 15.6 m/s²、26.3 m/s²。轨道不平顺为现场谱时，正常情况以及板端脱空时轨道板垂向加速度最大值为 17.0 m/s²、25.0 m/s²，与中国高速谱相应量值较为接近。C80 车辆由于其轴重相对过大、速度较小，进而惯性较大，运动状态不易改变，导致同等不平顺条件下 C80 作用引起的轨道板垂向加速度小于 CRH2 相应量值。

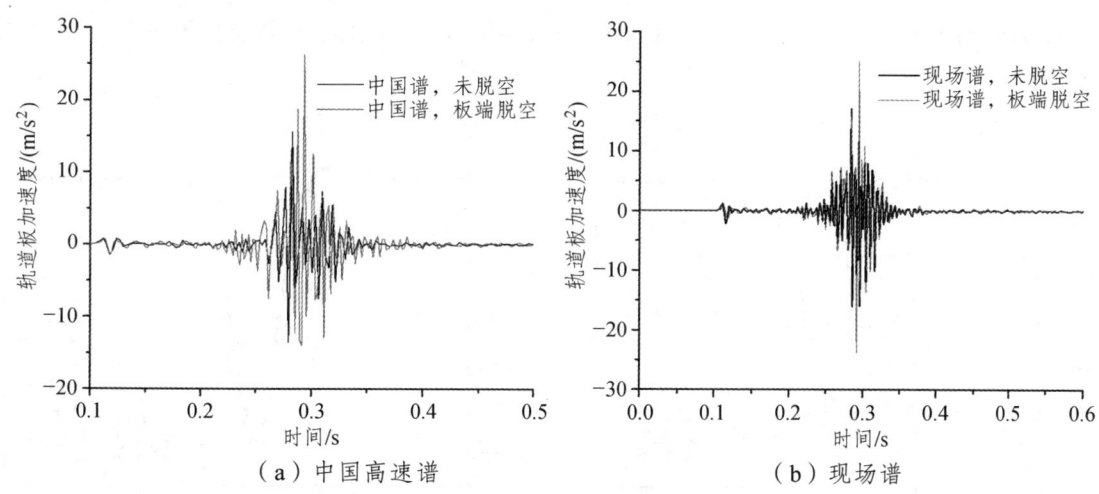

图 6-71　C80 作用下轨道板垂向加速度

5. 国内轨道不平顺激励下轨道板位移特性

计算得到不同工况下 CRH2 以及 C80 通过时轨道板垂向位移分别如图 6-72 以及图 6-73

所示。

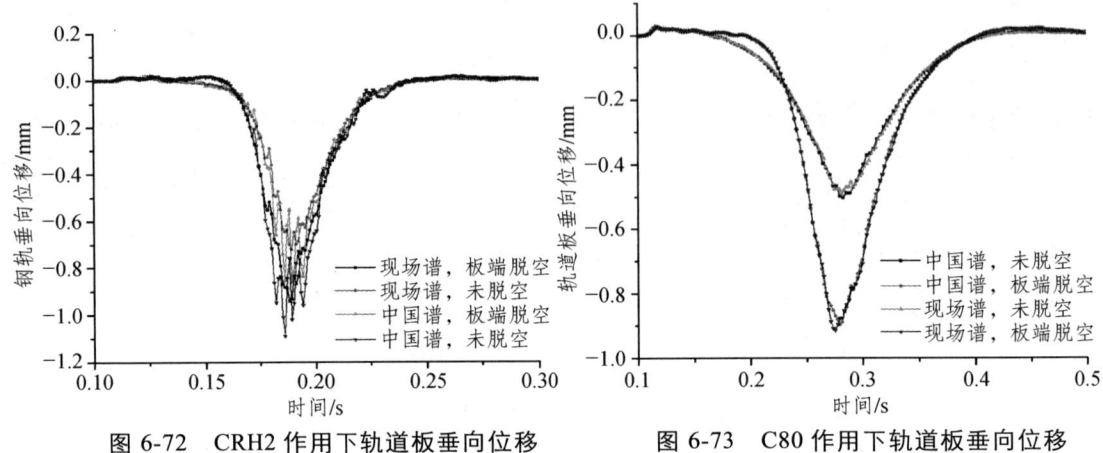

图 6-72 CRH2 作用下轨道板垂向位移　　图 6-73 C80 作用下轨道板垂向位移

结果表明，CRH2 通过时，轨道不平顺为中国高速谱时轨道板垂向位移略大于现场谱相应量值。C80 作用下，轨道不平顺为中国高速谱时轨道板垂向位移值与现场谱相应量值相近。结果表明，车速越大，钢轨位移对于轨道不平顺的状态越敏感。但相同的不平顺条件下 C80 作用时轨道板垂向位移均大于 CRH2 作用时相应量值，说明轴重对轨道板位移的影响更大。

6. 国内轨道不平顺激励下扣件动力特性

计算得到国内轨道不平顺激励下 CRH2 以及 SS3 通过时扣件力分别如图 6-74、图 6-75 所示。

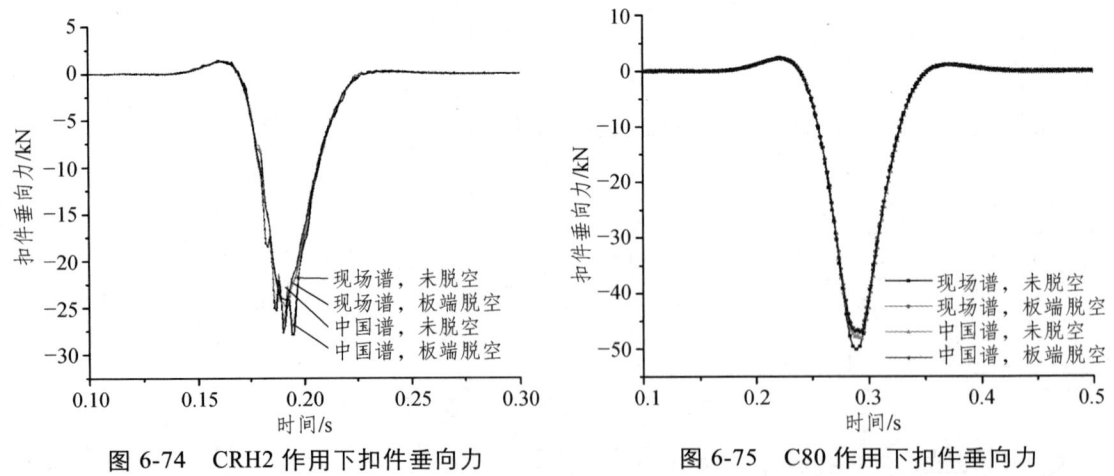

图 6-74 CRH2 作用下扣件垂向力　　图 6-75 C80 作用下扣件垂向力

结果表明，CRH2 通过时，轨道不平顺为中国高速谱时扣件垂向力最大值略大于现场谱相应量值。板端脱空较正常情况下扣件力有所减小，分析其原因，轨道板下砂浆脱空时，轨下约束减弱，由钢轨传至轨下的力分担至脱空区域两侧扣件，故脱空位置处扣件力有所减小。C80 作用下，轨道不平顺为中国高速谱时扣件力最大值与中国高速谱相应量值相近。相同不平顺激励下，C80 作用时扣件力值均大于 CRH2 作用时相应量值。但速度越高，轨道不平顺对扣件力的影响也越大。

7. 国内轨道不平顺激励下砂浆动力特性

计算得到国内轨道不平顺激励下 CRH2 以及 C80 通过时 CA 砂浆应力分别如图 6-76、图 6-77 所示。

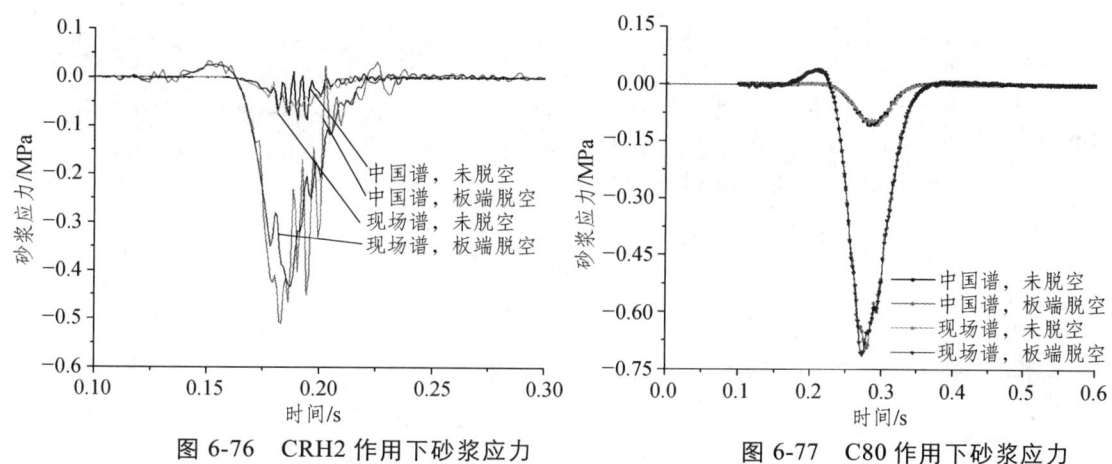

图 6-76　CRH2 作用下砂浆应力　　　　图 6-77　C80 作用下砂浆应力

结果表明，CRH2 通过时，轨道不平顺为中国高速谱时砂浆应力最大值小于现场谱相应量值。C80 作用下，CA 砂浆应力中国高速谱以及现场谱计算结果较为吻合，当轨道板板端未脱空时，中国高速谱与现场谱计算得到 CA 砂浆应力均为 0.11 MPa，轨道板板端脱空时，中国高速谱与现场谱计算得到 CA 砂浆应力分别为 0.69 MPa 与 0.71 MPa，较正常状态下增加了 6.3 倍与 6.5 倍。在相同不平顺激励下，C80 作用时 CA 砂浆应力值均大于 CRH2 作用时相应量值。但速度越高，轨道不平顺对 CA 砂浆的影响也越大。

6.6.4　客货共线无砟轨道荷载作用特性

这里就德国干扰谱、中国高速谱以及现场谱情况下客货共线无砟轨道荷载作用特性，与现场测试所得结果进行对比分析，以验证理论模型的准确性。

1. 客货共线条件下板式无砟轨道现场试验

本团队于 2016 年 6 月～7 月对遂渝线以及渝怀线客货共线无砟轨道进行现场测试，获取了实际运营时客、货车作用于无砟轨道上的动荷载以及扣件力，详见本书"2 客货共线无砟轨道现场动力测试及结果分析"。

（1）钢轨垂向力实测值。

现场测试中，记录得到客车 SS7C0036 作用时钢轨垂向力如图 6-78 所示，其量值基本处于 70~90 kN。货车 HXD11492 作用时钢轨垂向力如图 6-79 所示，峰值集中于 110~140 kN。对比客车以及货车作用下现场测试结果，货车车辆由于轴重相对较大，引起的钢轨垂向力明显大于客车相应量值。

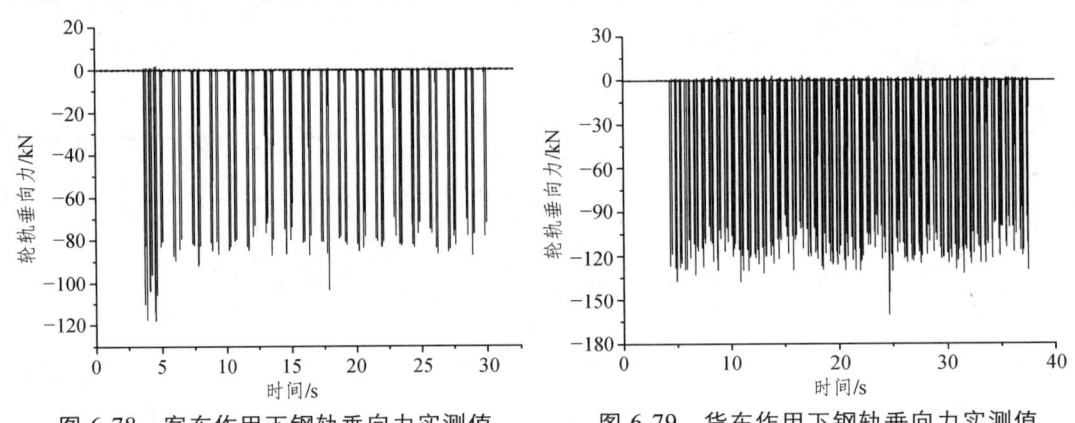

图 6-78 客车作用下钢轨垂向力实测值　　图 6-79 货车作用下钢轨垂向力实测值

（2）扣件垂向力实测值。

客车作用时扣件力实测值如图 6-80 所示，峰值集中于 20~30 kN，最大值达到 30.3 kN。货车作用时扣件垂向力如图 6-81 所示，峰值集中分布于 50~60 kN。货车车辆引起的轮轨垂向力明显大于客车相应量值。

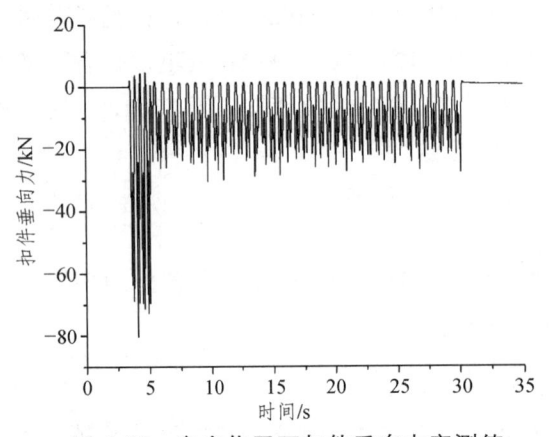 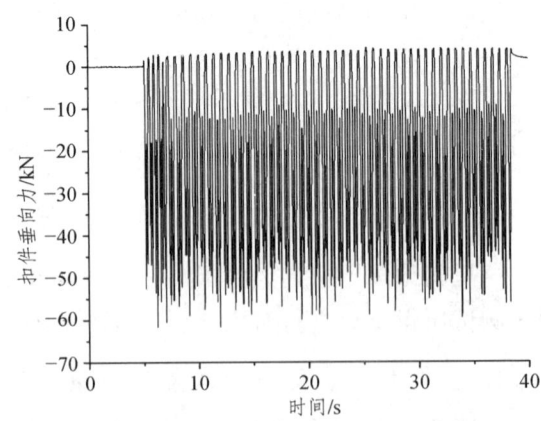

图 6-80 客车作用下扣件垂向力实测值　　图 6-81 货车作用下扣件垂向力实测值

2. 客货共线荷载作用特性理论与实测结果对比分析

各工况条件下客货共线荷载作用特性理论与实测结果对比如表6-5所示。

表6-5 客货共线荷载作用特性理论与实测结果对比   kN

工况		德国谱	中国高速谱	现场谱	实测值
轮轨力	客车荷载	40~90	20~130	30~100	70~90
	货车荷载	110~135	105~135	105~135	110~140
扣件力	客车荷载	30.8	27.9	24.8	20~30
	货车荷载	56.0	50.1	48.1	50~60

（1）轮轨力。

理论计算得到德国谱对应正常情况下客、货车行驶引起的轮轨垂向力最大值分别为86.6 kN、135.2 kN，而货车作用时，中国高速谱以及现场谱轮轨垂向力值均集中于105~135 kN，客车作用时，现场谱对应的轮轨力值集中于30~100 kN，于60 kN上下波动，幅值变化较为稳定，而中国高速谱对应的轮轨力值离散分布于20~130 kN，数值波动不稳定。实测得到客车、货车作用时轮轨力范围为70~90 kN、110~140 kN，故轮轨垂向力理论计算与实测数据相吻合。

（2）扣件力。

理论计算得到德国谱、中国高速谱、以及现场谱对应正常情况下客车行驶引起的扣件力最大值为30.8 kN、27.9 kN以及24.8 kN，接近于实测值30.3 kN；德国谱、中国高速谱、以及现场谱对应货车作用时扣件力最大理论值为56.0 kN、50.1 kN以及48.1 kN，该数值与实测扣件力峰值波动范围50~60 kN较为吻合，故扣件垂向力理论计算结果符合实测数据。理论模型计算所得结论能在一定程度上反映出实际轨道结构荷载作用规律。

6.6.5 客货共线无砟轨道结构动力响应对比分析

基于以上理论计算结果，当轨道不平顺为德国谱时，客车作用下轮轨力集中于40~90 kN，货车作用时轮轨力量值普遍介于110~135 kN。货车作用时，中国高速谱以及现场谱对应的轮轨垂向力值均集中于105~135 kN，客车作用时，现场谱对应的轮轨力值集中于30~100 kN，而中国高速谱对应的轮轨力值离散分布于20~130 kN。结果表明，货车作用时各轨道不平顺条件下计算结果差别不明显，客车作用时所得结果相应量值离散性较大，较货车而言，客车荷载作用受轨道不平顺影响较大。

德国谱、中国高速谱以及现场谱计算所得客货共线无砟轨道结构动力响应对比结果如表6-6所示。

表 6-6 不同不平顺激励下客货共线无砟轨道结构动力响应

工况			钢轨加速度 /(m/s²)	钢轨位移 /mm	轨道板位移 /mm	扣件力/kN	砂浆应力 /MPa
德国谱	客车荷载	正常状态	256	1.73	0.21	30.8	0.06
		板端脱空	308	1.87	0.49	42.8	0.60
	货车荷载	正常状态	349	1.25	0.33	56.0	0.10
		板端脱空	710	2.66	1.96	56.2	0.86
中国高速谱	客车荷载	正常状态	504	0.86	0.38	27.9	0.09
		板端脱空	640	1.09	0.64	27.0	0.51
	货车荷载	正常状态	91	1.38	0.50	50.1	0.11
		板端脱空	139	1.69	0.90	46.9	0.69
现场谱	客车荷载	正常状态	227	0.72	0.29	24.8	0.08
		板端脱空	396	0.94	0.53	24.2	0.43
	货车荷载	正常状态	91	1.36	0.49	48.1	0.11
		板端脱空	134	1.69	0.91	46.9	0.71

表中结果表明：货车轴重的增加势必造成荷载增大，计算得到货车作用时各轨道结构动力响应普遍大于客车作用时相应量值；轨道板板端脱空时，板下约束减小，结构刚度突变，列车通过时各轨道结构动力响应普遍大于正常状态相应量值；中国高速谱以及现场谱情况下各结构动力响应量值理论计算结果相近，普遍小于德国谱相应量值。

6.7 客货共线含损伤板式无砟结构疲劳寿命预测

这里以混凝土弯拉 S-N 曲线为材料计算参数，基于 P-M 疲劳累积伤损准则，选取不同状态下扣件力最大值，导入 ANSYS WORKBENCH 软件 Fatigue 模块，以正弦曲线作为荷载循环曲线，预测客、货车作用下轨道板疲劳寿命。

6.7.1 轨道板疲劳寿命预测计算理论与计算模型

1. P-M 疲劳累积伤损理论

疲劳累积损伤理论众多，从线性到非线性，这些理论不断发展进步，能很好说明疲劳伤损规律，目前工程应用中，考虑经济性和方便实用性，大多数情况下采用的是 P-M 损伤理论，详见本书 5.5.1 节。

2. 基于 S-N 曲线的疲劳分析方法

对于钢筋混凝土这种复合材料而言，工程计算一般采用 S-N 曲线的方法来进行疲劳寿命的分析。赵光仪等针对高强混凝土设计实施了劈拉、轴拉、弯拉疲劳对比试验，得出 S-N 曲线方程为

$$S_{max} = A - B\lg N \tag{6-1}$$

其中，劈拉 $A = 0.965$，$B = 0.054$；轴拉 $A = 0.970$，$B = 0.050$；弯拉 $A = 0.942$，$B = 0.045$。

3. 轨道板疲劳寿命预测模型

在 ANSYS WORKBENCH 中建立疲劳计算实体模型如图 6-82 所示。扣件力直接施加于轨道板。其中，轨道板、CA 砂浆和底座板均采用实体单元模拟，各层之间接触采用绑定约束。底座板以下为路基结构，简化为接地弹簧。此外，参考实际轨下垫板尺寸大小，在轨道板上建立 500 mm×200 mm×10 mm 的垫板模型，以消除轨道板上应力集中的影响。

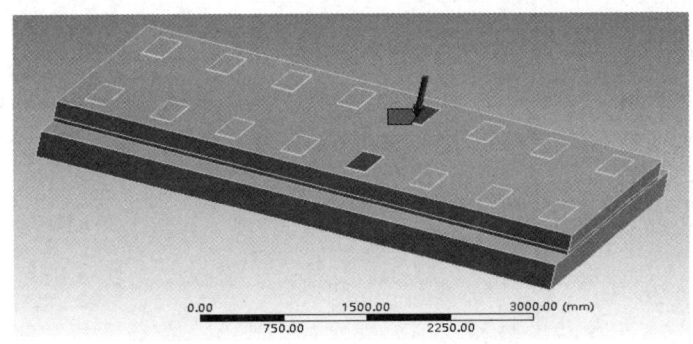

图 6-82　轨道结构疲劳分析实体模型

6.7.2　客货共线轨道板疲劳寿命预测

由前面计算结果可知，砂浆板端破坏对结构影响较大，故选取砂浆板端破坏与正常情况下的轨道板进行疲劳寿命对比分析。根据现场调研资料，测试段日平均通行车辆约 40 列，其中客车 22 列，货车 18 列。基于此数据，工况一假设经过车辆均为客车车辆，即每天运行 40 列 16 编组 CRH2 型动车组，则每天列车荷载循环（40×16×4）次；工况二假设每天运行的车辆为 40 列 50 编组 C80 型货车，即每天列车荷载循环（40×50×4）次；工况三则假定客、货车交替作用。

1. 德国谱不平顺激励下轨道板疲劳次数

计算得到德国谱对应正常状态下客车作用时轨道板疲劳次数为 1.58×10^9，如图 6-83（a）所示；货车作用时轨道板疲劳次数为 2.21×10^8，如图 6-83（b）所示。根据 P-M 疲劳累积伤

损准则，计算得到客、货车交替作用时，轨道板每天损伤为 $\frac{22\times16\times4}{1.58\times10^9}+\frac{18\times50\times4}{2.21\times10^8}=1.72\times10^{-5}$，则客车荷载作用为 $\frac{1}{1.72\times10^{-5}}\times22\times4=5.11\times10^6$ 次和货车荷载作用为 $\frac{1}{1.72\times10^{-5}}\times18\times4=4.19\times10^6$ 次时，轨道板发生疲劳破坏。在客货车交替作用下，轨道板承受的客车荷载次数和货车荷载次数均较客车荷载和货车荷载单独作用时明显降低。

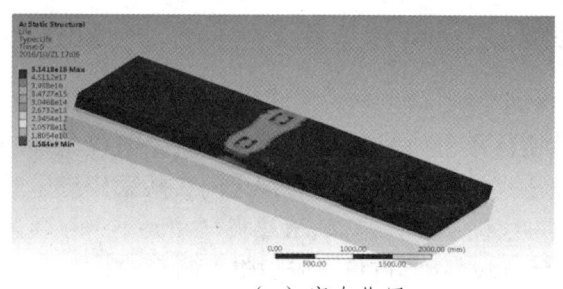

（a）客车作用　　　　　　　　　（b）货车作用

图 6-83　正常状态下轨道板疲劳次数

当板端 CA 砂浆破坏时，客车作用下轨道板疲劳次数为 8.54×10^7，如图 6-84（a）所示。货车作用下轨道板疲劳次数为 2.78×10^7，如图 6-84（b）所示。客、货车交替作用时，轨道板每天损伤为 $\frac{22\times16\times4}{1.73\times10^8}+\frac{18\times50\times4}{3.06\times10^7}=1.26\times10^{-4}$，则客车荷载作用为 $\frac{1}{1.26\times10^{-4}}\times22\times4=6.98\times10^5$ 次和货车荷载作用为 $\frac{1}{1.26\times10^{-4}}\times18\times4=5.71\times10^5$ 次时，轨道板发生疲劳破坏。在客货车交替作用下，轨道板承受的客车荷载次数和货车荷载次数均较客车荷载和货车荷载单独作用时明显降低。

（a）客车作用　　　　　　　　　（b）货车作用

图 6-84　砂浆板端破坏时轨道板疲劳次数

结果表明，砂浆板端破坏时，轨道板疲劳寿命明显减小，不满足轨道结构长期使用要求。因货车轴重过大，一次荷载循环产生的轨道板伤损值较大，从荷载作用大小的角度考虑，客货共线铁路中货车的行驶是降低轨道板使用寿命的主要因素。

2. 中国谱不平顺激励下轨道板疲劳次数

当不平顺采用中国谱时，在轨道结构没有损伤的前提下，计算得到恒定振幅客车循环荷载作用时轨道板疲劳次数为 $1.86×10^9$，如图 6-85（a）所示；货车作用时轨道板疲劳寿命次数为 $6.33×10^8$，如图 6-85（b）所示。客、货车交替作用时，客车荷载作用为 $1.37×10^7$ 次和货车荷载作用为 $1.12×10^7$ 次时，轨道板发生疲劳破坏。

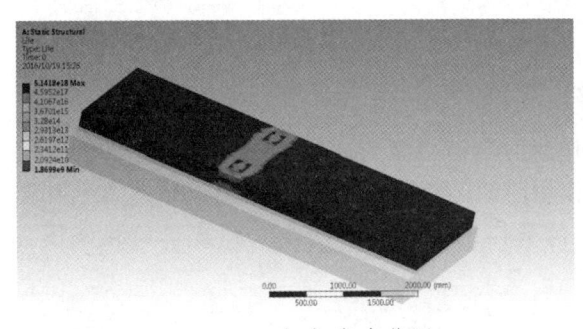

（a）客车作用　　　　　　　　　　　（b）货车作用

图 6-85　中国谱激励下砂浆无损伤时轨道板疲劳次数

轨道板板端脱空状态下，当不平顺采用中国谱时，客车作用时轨道板疲劳次数为 $1.73×10^8$，如图 6-86（a）所示；除开应力集中的不利影响，货车作用时轨道板疲劳寿命次数为 $3.06×10^7$，如图 6-86（b）所示。客、货车交替作用时，客车荷载作用为 $6.98×10^5$ 次和货车荷载作用为 $5.71×10^5$ 次时，轨道板发生疲劳破坏。

（a）客车作用　　　　　　　　　　　（b）货车作用

图 6-86　中国谱激励下板端脱空时轨道板疲劳寿命

3. 现场谱不平顺激励下轨道板疲劳寿命预测

正常状态下，现场谱对应客车作用时轨道板疲劳次数为 $2.41×10^9$，如图 6-87（a）所示；货车作用时轨道板疲劳寿命次数为 $7.45×10^8$，如图 6-87（b）所示。客、货车交替作用时，

客车荷载作用为 1.62×10^7 次和货车荷载作用为 1.33×10^7 次时,轨道板发生疲劳破坏。

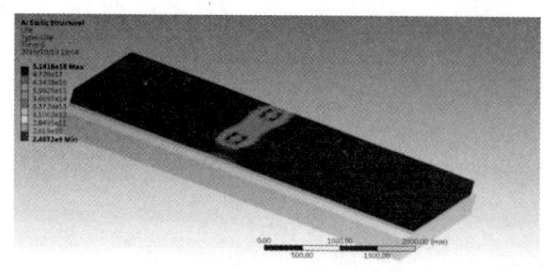 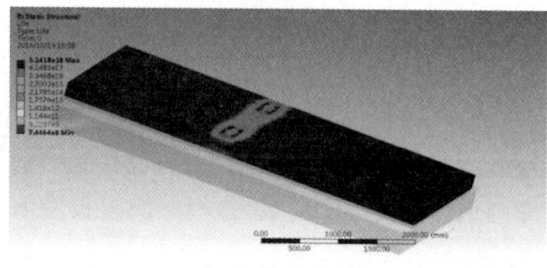

(a)客车作用　　　　　　　　　　(b)货车作用

图 6-87　现场谱激励下砂浆无损伤时轨道板疲劳寿命

轨道板板端脱空状态下,现场谱对应客车作用时轨道板疲劳次数为 1.99×10^8,如图 6-88(a)所示;不考虑应力集中的不利影响,货车作用时轨道板疲劳寿命次数为 3.06×10^7,如图 6-88(b)所示。客、货车交替作用时,客车荷载作用为 7.04×10^5 次和货车荷载作用为 5.76×10^5 次时,轨道板发生疲劳破坏。

(a)客车作用　　　　　　　　　　(b)货车作用

图 6-88　现场谱激励下板端脱空时轨道板疲劳寿命

4. 不同不平顺下客货共线轨道板疲劳寿命对比分析

基于以上计算结果,得到德国谱、中国谱以及现场谱情况下轨道板疲劳寿命预测值如表 6-7 所示。

表 6-7　不同不平顺激励下客货共线轨道板疲劳次数

工况		德国谱		中国谱		现场谱	
		正常状态	板端脱空	正常状态	板端脱空	正常状态	板端脱空
客车作用		1.58×10^9	8.54×10^7	1.86×10^9	1.73×10^8	2.41×10^9	1.99×10^8
货车作用		2.21×10^8	2.78×10^7	6.33×10^8	3.06×10^7	7.45×10^8	3.06×10^7
客货交替	客车	5.11×10^6	6.98×10^5	1.37×10^7	6.98×10^5	1.62×10^7	7.04×10^5
	货车	4.19×10^6	5.71×10^5	1.12×10^7	5.71×10^5	1.33×10^7	5.76×10^5

结果表明：客车作用时轨道板疲劳寿命远远大于货车作用时相应量值；轨道板板端脱空时，其疲劳寿命远远小于正常状态下轨道板疲劳寿命；客、货车交替作用时，轨道板疲劳寿命值处于客车以及货车单独作用时轨道板寿命值之间，但远远小于客车单独作用时寿命值；列车荷载作用下，中国谱以及现场谱计算所得轨道板疲劳寿命较为接近，均大于德国谱相应量值。

6.8 本章小结

本章利用模态叠加法，采用 SIMPACK、ANSYS/LSDYNA 建立的列车-路基上 CRTS I 型板式无砟轨道垂向耦合动力学模型。分析客货车作用时，不同不平顺激励下砂浆离缝、轨道板脱空、底座板脱空对列车以及轨道结构的动态响应影响规律，并结合无砟轨道现场动力测试试验，通过对比客货共线荷载作用特性理论结果与测试结果，验证理论计算模型的准确性；根据动力分析结果，对轨道板的疲劳寿命进行研究。

（1）砂浆离缝的出现，将增大轮轨之间的相互作用，随着离缝高度的增大，轮轨力变化幅值也越大，离缝高度对 SS3 通过时的轮轨力影响大于对 CRH380 通过时轮轨力的影响。

（2）速度和轴重均显著影响离缝状态下的钢轨垂向位移；CRH380 通过时的加速度远大于 SS3 通过时的加速度，且 CRH380 通过时高频内的加速度组分也明显多于 SS3 通过时高频加速度组分，但离缝高度对钢轨加速度的影响并不明显。由此可见车速对钢轨加速度的影响明显大于轴重对钢轨加速度的影响。

（3）轨道板垂向位移随离缝高度的增大而增大；CRH380 以及 SS3 通过时，轨道板加速度基本相同，但是 CRH380 通过时，轨道板高频范围内的加速度组分大于 SS3，而 SS3 在低频内的组分较 CRH380 更大，且离缝对 SS3 通过时轨道板振动在低范围内振级的提升较 CRH380 更为显著。

（4）砂浆离缝导致砂浆应力向离缝根部集中，使砂浆应力在离缝根部附近显著增大，轴重对 CA 砂浆的影响大于速度对 CA 砂浆的影响。故货运对砂浆的损伤影响最大，而造成砂浆损伤的主要因素就是砂浆与轨道板在轨道板四周的离缝。

（5）砂浆离缝将显著增大第 1 跨扣件的上拔力，且扣件上拔力随离缝高度增加而增大，第 2 跨及第 3 跨扣件压力有较为明显的增加但不显著。所以砂浆离缝区扣件上拔力的显著提升将降低扣件的疲劳寿命和增加弹条断裂的概率。

（6）轮轨力最大值以及脱轨系数随着底座板脱空长度的增大而显著增大；速度越大，底座板脱空对轮轨力的影响也越显著；底座板脱空主要影响了低频范围内的轮轨力有效值，从控制轮重减载率的角度出发，底座板脱空的长度应该控制在 2.5 m 以内。

（7）CRH380 以及 SS3 的车体加速度对底座板脱空在列车行驶荷载下形成的动态不平顺都较为敏感，但动态不平顺对 SS3 的影响更为显著。但从控制 CRH380 车体垂向加速度角度出发，将底座板脱空长度控制在 2.5 m 以内是合理的。

（8）底座板脱空长度越大钢轨的动态位移越大，且在相同脱空长度下，速度与轴重均对钢轨动态位移有显著的影响；速度对钢轨加速度的影响较轴重显著，底座板脱空长度对钢轨加速度的影响并不显著；底座板脱空长度主要影响钢轨振动低频范围内组分，且底座板脱空长度越大，低频范围内钢轨加速度振级越高。

（9）底座板脱空长度越大钢轨的动态位移越大，当底座板脱空长度较小时，轴重对轨道板位移的影响更显著；底座板脱空长度主要影响轨道板振动低频范围内组分，且底座板脱空长度越大，低频范围内的轨道板加速度振级越高；CRH380通过时轨道板振动在高频内的组分较SS3更多，CRH380通过时轨道板振动对短波的敏感性较SS3通过时更强；底座板脱空后，轨道板的纵向拉应力显著增大，底座板脱空将显著降低轨道板的寿命。

（10）底座板脱空长度越大底座板的动态位移越大，当底座板脱空长度较小时，轴重对底座板位移的影响更显著；在频域内，底座板和轨道板的振动特性较为相似，CRH380通过时底座板振动对短波的敏感性比SS3更强；底座板脱空长度主要影响底座板振动低频范围内组分，底座板脱空长度越大，低频范围内的底座板加速度振级越高；底座板脱空后，底座板的纵向拉应力显著增大且大于轨道板的纵向拉应力，底座板纵向拉应力是控制底座板脱空长度的主要因素，控制底座板的脱空长度在 2.5 m 以下是较为合理的。

（11）底座板脱空同样造成 CA 砂浆垂向压应力的显著增大，当底座板脱空长度为 7.5 m 时，CRH380 以及 SS3 通过时，板端 CA 砂浆应力分别增大至 0.28 MPa 以及 0.46 MPa。轴重对 CA 砂浆的影响大于速度对 CA 砂浆的影响。故货运对砂浆的损伤影响最大。

（12）底座板脱空导致扣件上拔力增大，且扣件上拔力随脱空增加而增大，速度越高，脱空对扣件上拔力的影响也更大。底座板脱空区域扣件上拔力的显著提升将降低扣件的疲劳寿命和增加弹条断裂的概率。

（13）C80 作用时各轨道不平顺条件下计算结果差别不明显，CRH2 作用时所得结果相应量值离散性较大，较 C80 而言，CRH2 荷载作用受轨道不平顺影响较大；C80 作用时各轨道结构动力响应普遍大于 CRH2 作用时相应量值；较轨道正常状态而言，轨道板板端脱空对轨道结构的影响远大于板中脱空的影响。

（14）较客车而言，货车由于其轴重较大，荷载作用时产生的累积损伤较大，轨道板疲劳寿命较小；轨道板板端脱空时，板下约束减弱，受列车荷载作用时产生较大的弯拉应力，每次荷载作用时产生的损伤累积较大，疲劳寿命减小。

（15）客、货车交替作用时，轨道板疲劳寿命值处于客车以及货车单独作用时轨道板寿命值之间，但远远小于客车单独作用时寿命值，从荷载作用大小的角度考虑，客货共线铁路中货车的行驶是降低轨道板使用寿命的主要因素。

（16）中国高速谱以及现场谱情况下轨道动力响应理论计算结果相近，普遍小于德国谱相应量值，中国谱以及现场谱计算所得轨道板疲劳寿命也较为接近，但均大于德国谱相应量值。

7 板式无砟轨道锚穴部位损伤分布研究

轨道结构长期承受列车动荷载的作用,不可避免的产生裂纹损伤,尤其对于客货共线铁路线路,其裂纹损伤更为严重。究其原因,一方面与线路的运营模式有关,另一方面也与轨道板的设计及施工养护有关。板端砂浆离缝扩展示意图如图 7-1(a)所示,板端离缝一旦形成,轨道板在列车动荷载作用下,轨道板与 CA 砂浆层之间会形成一定的"拍打效应",而这种效应会进一步导致离缝长度扩展,当离缝扩展至锚穴位置时,在列车荷载作用下极有可能导致锚穴上边缘裂纹产生并扩展,如图 7-1(b)所示。除此之外,之所以多数轨道板裂纹的扩展始端位于轨道板纵横向锚穴位置处,与轨道板在工厂预制过程有极大的关系。如图 7-2 所示,由于轨道板在锚穴部位设有预留孔,使得轨道板在该处厚度变小,尤其是纵向锚穴部位,由于纵向预应力筋的双层布置,使得该处纵向锚穴上表面距离轨道板表面仅有 25 mm,很容易在施工过程中造成此处轨道板表面浮浆严重,导致抗拉强度不足,再加上后张法施工,更容易导致锚穴周边存在初始损伤,较轨道板其他部位更容易开裂。

因此,对于客货共线运营模式下的 CRTS I 型板式无砟轨道,研究轨道板裂纹的产生与扩展必须考虑以下两方面的问题:首先是轨道板在工厂预制过程中,在纵横向锚穴等相对薄弱部位初始裂纹或者初始损伤的产生问题,其次是轨道结构在长期运营过程中,在砂浆离缝较为普遍且又扩展至锚穴等薄弱部位时轨道板损伤的分布状况。

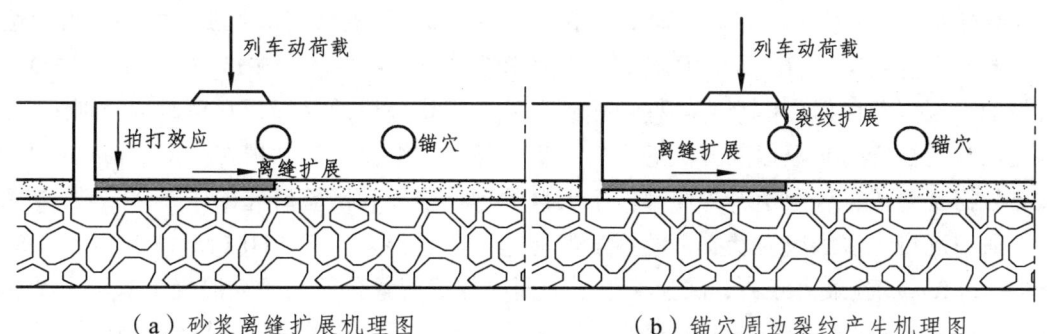

(a)砂浆离缝扩展机理图　　(b)锚穴周边裂纹产生机理图

图 7-1 砂浆离缝致锚穴周边裂纹产生机理图

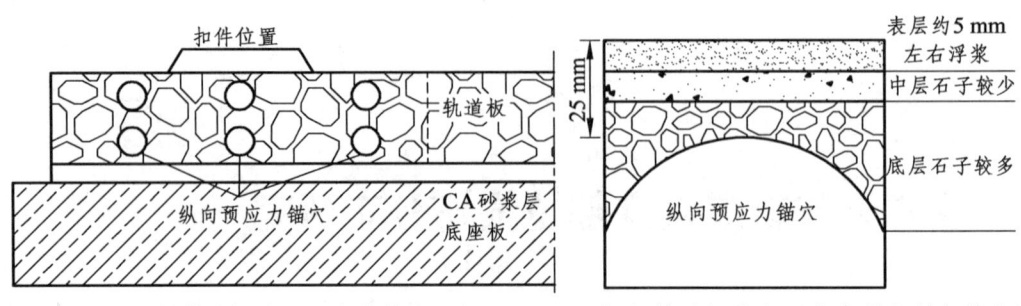

(a)轨道板纵向预应力锚穴正视图　　(b)轨道板纵向预应力锚穴局部放大图

图 7-2　轨道板纵向预应力锚穴施工损伤机理图

本章从损伤的角度出发，基于混凝土塑性损伤模型，建立轨道板纵横向锚穴细部结构分析模型，研究后张法预应力施加过程中轨道板锚穴周边混凝土的初始损伤状况；同时，研究砂浆离缝状态下，轨道板后期运营过程中，在列车荷载作用下的损伤分布状况。研究对于改进 CRTS Ⅰ型板式无砟轨道的设计以及对轨道结构的运营维护有一定的参考价值。

7.1　研究现状

有关于轨道板混凝土断裂问题的求解，主要有两种途径，分别为基于经典断裂力学模型与基于损伤力学模型。断裂力学模型主要是在线弹性断裂力学的基础上或者弹塑性断裂力学的基础上来研究断裂问题；损伤力学模型的核心是损伤力学，当单元达到失效的条件后其刚度发生折减，并可能导致单元失效，最后形成损伤断裂带。它们都可以用来解决混凝土的断裂问题，本章主要基于损伤力学模型。

1. 损伤模型

从 1980 年开始，各国学者开始逐渐将损伤力学理论应用到混凝土结构断裂问题的研究中，而且随着计算机技术和有限元理论的不断发展，用计算机来模拟混凝土的基本力学性能，并与试验探究相互印证，已成为混凝土基本力学性能研究的主流。在这一方面，ABAQUS 软件自带的混凝土塑性损伤模型能较好地达到混凝土损伤理论的目标，它是通过分别定义混凝土的受压与受拉行为来模拟混凝土的损伤历程。但是，混凝土塑性损伤模型的使用需要大量的试验数据及参数，各国学者为此都做了大量的理论推导和试验研究工作。

在研究混凝土多维应力状态下的力学性能的试验有很多，其中 HELMU T K 等在 1969 年进行的 Kupfer 试验最为经典，试验采用了平面内加载板式试件来研究混凝土双轴力学性能。Jain 等进行了混凝土单向简支板的弯曲破坏试验，研究了混凝土构件的抗弯性能。Bresler 等进行了混凝土简支梁的剪切破坏试验，进一步研究了混凝土构件的抗剪性能试验。Hibbit 等在编写 ABAQUS 用户使用指南 "Abaqus Verification Manual"中，详细介绍了混凝土塑性损伤模型各计算参数及其计算方法，并给出了模型的适用范围。

王金昌等在编写 ABAQUS 软件应用的相关书籍中详细介绍了混凝土塑性损伤模型，并给出了比较实用的混凝土本构关系以及损伤因子的计算方法。

过镇海等在总结了大量混凝土二轴、三轴试验的基础上，通过真三轴拉压试验给出了精确度较高的混凝土多轴强度理论值，并附有多轴应力状态下混凝土强度值的近似计算公式，供设计与施工参考。

Lee J 等提出了基于连续损伤力学，结合混凝土断裂、损伤及刚度硬化的混凝土受循环荷载作用下的塑性损伤模型，并通过数值计算进行了验证。

Lubliner J 等提出了一种基于塑性理论的混凝土非线性分析模型，能够较简便地反映出混凝土裂纹的产生及数量，并通过多个数值实例进行了验证。

彭小婕等给出了混凝土塑性损伤模型参数的设定方法和取值要求，并分析讨论了膨胀角、黏性系数等一些重要参数的定义和计算方法。

刘巍等基于混凝土结构设计规范提供的混凝土本构关系，通过引入损伤因子，对混凝土塑性损伤模型中所涉及的材料参数标定和验证进行了研究，为钢筋混凝土结构精细化的非线性分析提供了参考。

张劲等通过对各等级混凝土本构关系参数的模拟结果与规范曲线的对比，验证了混凝土塑性损伤模型参数的正确性，并进一步用混凝土剪力墙试验的模拟分析，验证了该本构关系参数的可靠性。

聂建国等对混凝土弥散开裂模型和塑性损伤模型进行了详细介绍，包括单轴应力-应变关系、裂缝模型、屈服准则、流动准则和滞回准则等，并指出分析不同实际结构构件时不同混凝土材料本构模型的适用情况。

上述文献对于混凝土塑性损伤模型的建立以及原理进行了详细介绍，并且通过混凝土小梁或平板等简单的混凝土结构对混凝土塑性损伤模型进行了验证，证明了模型在模拟混凝土塑性变形方面的可靠性，并且给出了塑性损伤模型的软件实现方法。本章正是根据这些模型参数和计算方法，得出了 CRTS I 型板式无砟轨道所用混凝土的塑性损伤模型曲线。

2. 断裂与损伤在无砟轨道领域的应用

在无砟轨道领域，应用损伤以及断裂力学理论对混凝土裂纹的研究很多。

林红松通过建立含裂纹的无砟轨道空间有限元模型，分别计算分析了列车荷载、温度梯度下含裂纹物质轨道的力学行为，同时对含裂纹的无砟轨道模型进行了动力分析。

车晓娟通过建立混凝土板与钢筋的三维实体模型，着重分析了轨道板在不同温度应力下轨道板配筋率和钢筋直径与裂纹宽度的关系，并对比了单层配筋与双层配筋轨道板应力和变形分布情况。

黄慧超等通过建立含道床板贯通裂纹的双块式无砟轨道梁体模型，分析得到了最不利荷载作用下轨道板所采用修补材料的力学性能。

张建伟等介绍了严寒地区客运专线 CRTS I 型板式无砟轨道生成过程中裂纹的产生位置及产生形式，并针对东北严寒地区的气候环境特征，提出了工艺改进措施和设计优化建议。

张莹涛利用扩展有限元法提取了多种工况下裂纹的应力强度因子，对影响裂纹开裂的各个因素进行了分析并进行了失稳扩展判断，分析了道床板裂纹扩展的基本规律。

李思云基于内聚力模型理论，建立了 CRTS II 型板式无砟轨道假缝开裂平面模型，并研究了在持续降温情况下轨道板假缝开裂的规律及其对轨道结构力学性能的影响。

方树薇在调查研究北京 1 号和 2 号地铁线的基础上，基于混凝土线弹性断裂力学理论，通过建立道床板有限元模型，研究分析了道床板裂纹的易发位置，并应用扩展有限元方法对裂纹长度及应力强度因子进行了计算分析。

吴欢通过建立含裂纹的连续板式无砟轨道空间有限元实体模型，研究分析了轨道结构在列车荷载作用下裂纹张开量及纵向钢筋受力，并研究了列车荷载及温度应力共同作用下道床板裂纹的张开量及道床板内部纵向钢筋的应力状况。

黄河山通过建立桥上 CRTS II 型板式无砟轨道静力学实体模型，分析了轨道板在整体降温及温度梯度作用下假缝开裂的规律，并以裂纹尖端应力强度因子为指标，分析轨道板裂纹扩展的可能性。

虽然上述文献对于混凝土损伤问题有较为明确的阐述，但大多针对混凝土或钢筋混凝土简易模型进行研究，与实际的轨道结构相差较大。即使有少数研究针对无砟轨道损伤问题，可是其研究对象多为双块式无砟轨道，鲜有对 CRTS I 型板式无砟轨道锚穴部位裂纹损伤的研究。本章则主要针对 CRTS I 型板式无砟轨道，结合遂渝线、渝怀线及赣龙线现场调研所得的损伤现状，从损伤力学的角度出发，应用混凝土塑性损伤模型，研究轨道板在工厂预制生产及后期运营过程中锚穴周边混凝土损伤的分布特征，最后从断裂力学的角度出发，根据扩展有限元原理，对列车荷载及砂浆离缝状态下轨道板锚穴周边裂纹的扩展路径进行研究。

7.2 主要研究内容及技术路线

为更好地对裂纹损伤的产生机理进行研究，这里基于损伤力学理论，应用混凝土塑性损伤模型，建立了带有纵横向预应力锚穴的轨道板损伤分布模型，研究了轨道板在预制生产过程中锚穴周边混凝土的损伤状况，并进一步研究了轨道板在客货共线运营条件下，列车荷载及砂浆离缝形态对轨道板锚穴部位损伤分布的影响，主要研究内容如下：

（1）对混凝土塑性损伤模型进行了介绍，并详细叙述了混凝土塑性损伤模型在有限元软件中的实现方法；对轨道板预制过程中预应力施工流程进行了简述，建立了分析轨道板预制过程中预应力的施加对轨道板锚穴周边混凝土损伤分布状况影响的仿真模型。

（2）在前文所建轨道板纵横向预应力锚穴细部结构模型的基础上，应用混凝土塑性损伤模型，对轨道板锚穴周边混凝土的损伤状况进行分析，研究了轨道板分别在纵横向预应力作用下锚穴周边混凝土的损伤程度及损伤分布特点，同时为轨道板的设计提出合理化的建议。

（3）主要基于混凝土塑性损伤模型，结合遂渝线和渝怀线现场动力测试结果，对最不利客、货车荷载作用下，砂浆离缝扩展至不同锚穴位置时轨道板的损伤分布状况进行研究，并提出控制离缝长度及高度的合理化建议值。

（4）基于断裂力学理论，应用扩展有限元原理，建立轨道板锚穴周边裂纹扩展的有限元模型，研究分析了裂纹在客货共线运营模式下，列车荷载及砂浆离缝状态对其扩展路径及扩展长度的影响，对轨道结构的长期维护有重要意义。

主要技术路线如图 7-3 所示。

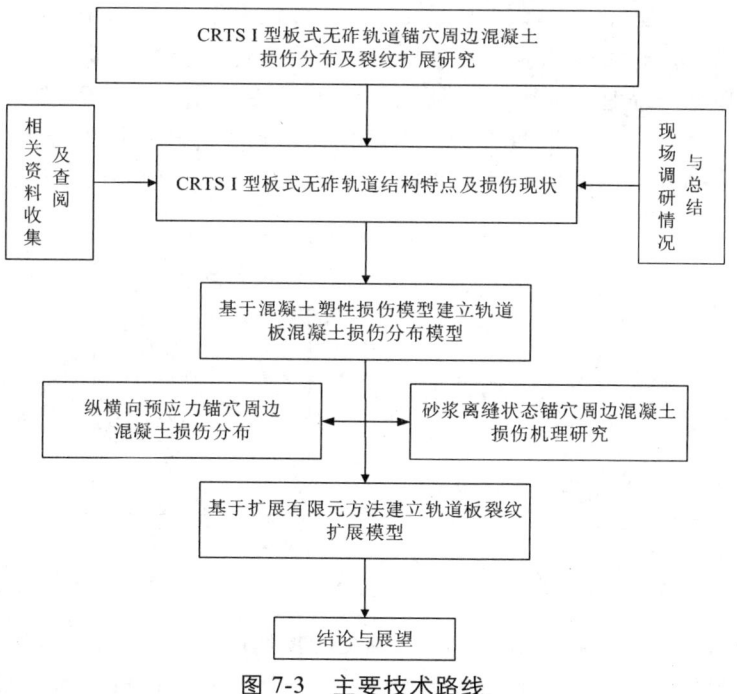

图 7-3　主要技术路线

7.3 CRTS I 型板式无砟轨道锚穴部位损伤分布模型

这里主要从损伤力学研究混凝土断裂问题的角度出发，对混凝土塑性损伤模型进行介绍，并详细叙述了混凝土塑性损伤模型在有限元软件中的实现方法，结合前文所述，对轨道板预制过程中预应力施工流程进行了简述，建立了分析轨道板预制生产过程中预应力的施加对轨道板锚穴周边混凝土损伤分布状况影响的仿真模型。

7.3.1 混凝土塑性损伤模型

混凝土塑性损伤模型在模拟混凝土损伤方面具有较强的优势，其功能主要包括模拟混凝土及其他准脆性材料；可用于钢筋混凝土结构分析及素混凝土结构分析；可结合使用黏塑性正规本构方程来提高软化区域的收敛性等。下面主要从混凝土塑性损伤模型的力学行为、流动法则、滞回准则以及屈服准则四个方面简要介绍。

1. 混凝土塑性损伤模型的力学行为

混凝土塑性损伤模型假定混凝土材料的破坏是由于拉伸开裂和压缩破碎而导致，屈服或破坏面的演化由拉伸等效塑性应变量 $\tilde{\varepsilon}_t^{pl}$ 和压缩等效塑性应变量 $\tilde{\varepsilon}_c^{pl}$ 控制。

混凝土塑性损伤模型的力学行为包括拉伸行为与压缩行为。单轴拉伸时，如图 7-4 所示，应力-应变曲线在达到破坏应力 σ_{t0} 前为直线阶段，弹性模型不变。当应力达到破坏应力时，材料开始产生微裂纹。超过破坏应力后，材料宏观力学性能会由于微裂纹群的出现软化，曲线产生下降段。单轴压缩时，如图 7-5 所示，应力-应变曲线在达到屈服应力 σ_{c0} 之前同样为直线，当应力超过屈服应力后混凝土会产生硬化，直到受力超过极限应力 σ_{cu} 后材料才会进入软化段。混凝土塑性损伤模型便是用这种方法来描述混凝土的变形特征。

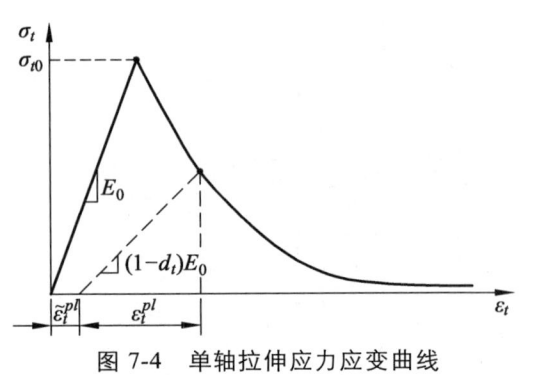
图 7-4 单轴拉伸应力应变曲线

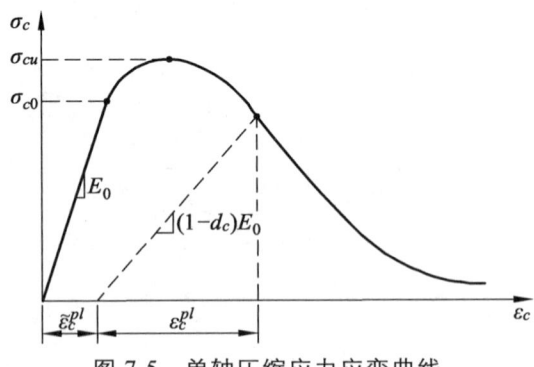
图 7-5 单轴压缩应力应变曲线

当材料的初始弹性模量为 E_0，材料弹性刚度的损伤用损伤变量 d_t 和 d_c 表示，则单轴拉伸和压缩作用下材料的应力应变关系可表示为公式（7-1），其有效拉伸和压缩应力可表示为公式(7-2)。

$$\sigma_t = (1-d_t)E_0(\varepsilon_t - \tilde{\varepsilon}_t^{pl}) \qquad \sigma_c = (1-d_c)E_0(\varepsilon_c - \tilde{\varepsilon}_c^{pl}) \qquad (7-1)$$

有效拉伸和压缩应力为

$$\tilde{\sigma}_t = \frac{\sigma_t}{(1-d_t)} = E_0(\varepsilon_t - \tilde{\varepsilon}_t^{pl}) \qquad \tilde{\sigma}_c = \frac{\sigma_c}{(1-d_c)} = E_0(\varepsilon_c - \tilde{\varepsilon}_c^{pl}) \qquad (7-2)$$

2. 混凝土塑性损伤模型的流动法则

材料在初始弹性阶段时，其应力-应变关系符合胡克定律，具有一一对应的关系。但当材料进入塑性阶段以后，则只能建立应力增量与应变增量之间的关系，称为流动法则。ABAQUS中混凝土塑性损伤模型采用的流动法则的数学表达式为Drucker-Prager双曲面函数形式：

$$G = \sqrt{(\varepsilon\sigma_{t0}\tan\psi)^2 + \tilde{q}^2} - \bar{p}\tan\psi \qquad (7-3)$$

式中，σ_{t0}为单轴抗拉强度，ε是势函数偏心率，ψ为膨胀角。

3. 混凝土塑性损伤模型的滞回准则

混凝土塑性损伤模型的核心为假定混凝土是由于压碎或者拉裂破坏，因此混凝土进入塑性阶段后的损伤便分为受拉和受压损伤。其中，拉伸损伤变量d_t可表示为开裂应变或开裂位移的函数，而压缩损伤变量d_c则可表示为非弹性应变的函数，模型便是通过引入损伤因子来模拟刚度随损伤增大而降低的特性。

刚度恢复系数又可分为受拉ω_t和受压ω_c刚度恢复系数。当$\omega_c=1$时，混凝土由受拉转入受压时刚度可完全恢复，否则不能恢复；当$\omega_t=1$时，混凝土由受压转入受拉时刚度可完全恢复，否则不能恢复，如图7-6所示。

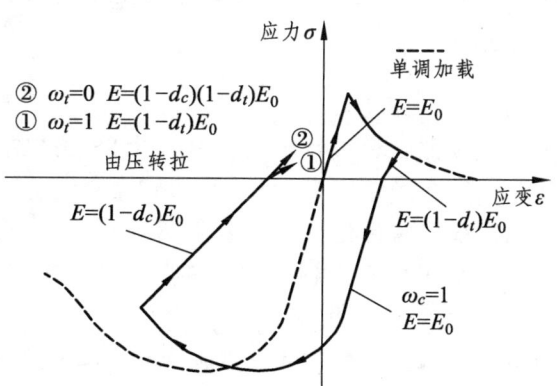

图7-6 混凝土塑性损伤模型的滞回准则

混凝土损伤因子 d 的定义是混凝土卸载时的弹性模量相对于初始切线弹性模量的折减,可表示为公式(7-4)。

$$E = (1-d)E_0 \tag{7-4}$$

式中,E 为卸载时弹性模量;E_0 为初始弹性模量;$d = 0$ 表示无损伤,$d = 1$ 表示完全损伤。

4. 混凝土塑性损伤模型的屈服准则

混凝土塑性损伤模型的屈服面函数表示为

$$F = \frac{1}{1-a}[\sqrt{3J_2} + \alpha I_1 + \beta\langle\sigma_{\max}\rangle - \gamma\langle-\sigma_{\max}\rangle] - \sigma_{c0} \tag{7-5}$$

式中,I_1、J_2 分别为应力张量第一不变量和偏应力张量第二不变量,其余各参数的计算公式为

$$\alpha = \frac{\sigma_{b0}/\sigma_{c0} - 1}{2\sigma_{b0}/\sigma_{c0} - 1} \quad \beta = \frac{\sigma_{c0}}{\sigma_{to}}(1-\alpha) - (1+\alpha) \quad \gamma = \frac{3(1-K_c)}{2K_c - 1} \tag{7-6}$$

其中,σ_{b0} 为混凝土双轴抗压强度;σ_{c0} 为混凝土单轴抗压强度;σ_{to} 为混凝土单轴抗拉强度。对于正常配筋的混凝土,建议 $K_c = 0.67$。

7.3.2 混凝土塑性损伤模型在软件中的实现

前文已经详细介绍了混凝土塑性损伤模型,模型通过分别定义混凝土的抗压和抗拉行为来描述混凝土的变形特征。因此,准确的定义混凝土塑性损伤模型的本构关系及损伤因子便成为问题研究的关键。ABAQUS 帮助文件 "Abaqus/CAE User's Guide" 提供了详细的定义混凝土塑性损伤模型的原则及方法,以下将以我国混凝土规范中给出的混凝土本构关系,推导其拉伸及压缩损伤因子定义曲线。

1. 混凝土本构关系

根据 TB/T 10082—2005《铁路轨道设计规范》中第 8.2.8 条规定,轨道板的设计强度等级不能低于 C60。考虑到我国早期修建的 CRTS I 型板式无砟轨道,如皖赣线溶口隧道(现已拆除)、秦沈客运专线、赣龙线枫树排隧道以及遂渝线无砟轨道综合试验段等铁路线路,其轨道板混凝土的设计强度为 C50 或 C55,因此,这里推导了 C50 和 C60 两种等级混凝土的拉压损伤曲线。

根据 GB/T 50010—2010《混凝土结构设计规范》附录 C.2.3,混凝土单轴受拉应力-应变关系曲线公式为

$$\sigma = (1-d_t)E_c\varepsilon \qquad (7\text{-}7)$$

其中，

$$d_t = \begin{cases} 1-\rho_t(1.2-0.2x^5) & x \leqslant 1 \\ 1-\dfrac{\rho_t}{\alpha_t(x-1)^{1.7}+x} & x > 1 \end{cases} \qquad x=\dfrac{\varepsilon}{\varepsilon_{t,r}} \qquad \rho_t=\dfrac{f_{t,r}}{E_c\varepsilon_{t,r}} \qquad (7\text{-}8)$$

式中，α_t 为单轴受拉本构关系曲线下降段参数；$f_{t,r}$ 为单轴抗拉强度代表值；$\varepsilon_{t,r}$ 为混凝土峰值拉应变。

混凝土单轴受压的应力-应变曲线公式为

$$\sigma = (1-d_c)E_c\varepsilon \qquad (7\text{-}9)$$

其中，

$$d_c = \begin{cases} 1-\dfrac{\rho_c n}{n-1+x^n} & x \leqslant 1 \\ 1-\dfrac{\rho_c}{\alpha_c(x-1)^2+x} & x > 1 \end{cases} \qquad x=\dfrac{\varepsilon}{\varepsilon_{c,r}} \qquad n=\dfrac{E_c\varepsilon_{c,r}}{E_c\varepsilon_{c,r}-f_{c,r}} \qquad \rho_c=\dfrac{f_{c,r}}{E_c\varepsilon_{c,r}} \qquad (7\text{-}10)$$

式中，α_c 为单轴受压本构关系曲线下降段参数；$f_{c,r}$ 为单轴抗压强度代表值；$\varepsilon_{c,r}$ 为混凝土峰值压应变。

根据上述公式（7-7）~（7-10），计算得到了 C50 和 C60 混凝土的应力-应变关系曲线，如图 7-7 所示。

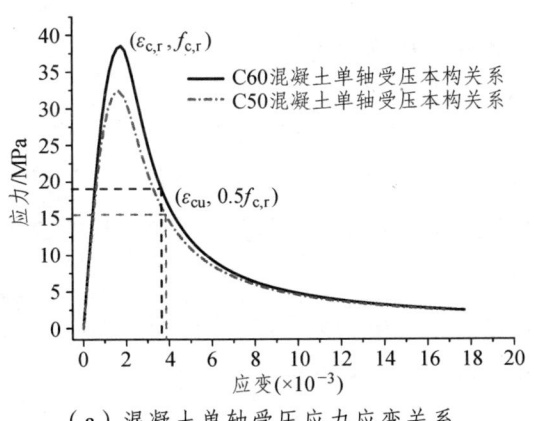
（a）混凝土单轴受压应力应变关系

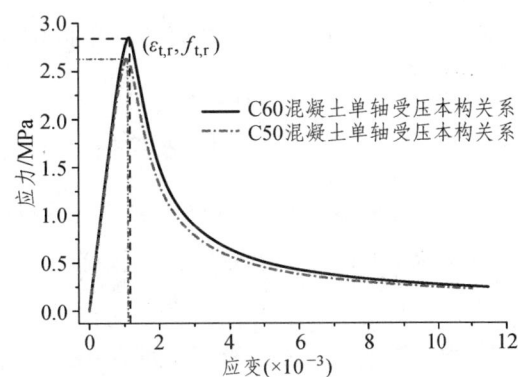
（b）混凝土单轴受拉应力应变关系

图 7-7 混凝土单轴受压、受拉应力-应变关系曲线

2. 混凝土拉伸、压缩损伤因子

定义混凝土塑性损伤模型所需的参数包括膨胀角（Dilation Angle）、流动势偏移量（Eccentricity）、fb0/fc0（双轴受压与单轴受压强度之比）、K_c 值（不变量应力比）和黏滞系数（Viscosity Parameter），其取值均可参考 "Abaqus/CAE User's Guide"，模型的核心仍然是对混凝土受拉、受压力学关系和拉伸、压缩损伤的定义。

受压力学行为需定义屈服应力与非弹性应变的关系，受拉力学行为需定义屈服应力与受拉开裂应变的关系。其中，屈服应力为非弹性应变为 0 时对应的应力，非弹性应变/受拉开裂应变可通过公式（7-11）计算得到。

$$\varepsilon_c^{in} = \varepsilon_c - \varepsilon_{0c}^{el} \qquad \varepsilon_{0c}^{el} = \sigma_c / E_0 \tag{7-11}$$

对于受压损伤因子，可根据公式（7-12）进行计算。

$$\varepsilon_c^{pl} = \varepsilon_c^{in} - \frac{d_c}{(1-d_c)} \frac{\sigma_c}{E_0} \tag{7-12}$$

假设非弹性应变 ε_c^{in} 中塑性应变 ε_c^{pl} 所占的比例为 β_c，即可将公式（7-12）转换为损伤因子 d_c 的计算。

$$d_c = \frac{(1-\beta_c)\varepsilon_c^{in} E_0}{\sigma_c + (1-\beta_c)\varepsilon_c^{in} E_0} \tag{7-13}$$

式中，β_c 一般取为 0.35~0.7。

对于受拉损伤因子，同样有与受压损伤因子相同的计算方法。

$$d_t = \frac{(1-\beta_t)\varepsilon_t^{in} E_0}{\sigma_t + (1-\beta_t)\varepsilon_t^{in} E_0} \tag{7-14}$$

式中，β_t 一般取值为 0.5~0.95。β_c 与 β_t 的具体取值可参考文献，在实际计算过程中 β_c 取为 0.6，β_t 取为 0.9 时，模型收敛性能较好。

根据上述公式（7-11）~（7-14），计算混凝土塑性损伤模型所需输入的非弹性应变/开裂应变与屈服应力和损伤因子之间的关系，并将其绘制如图 7-8 和图 7-9 所示。

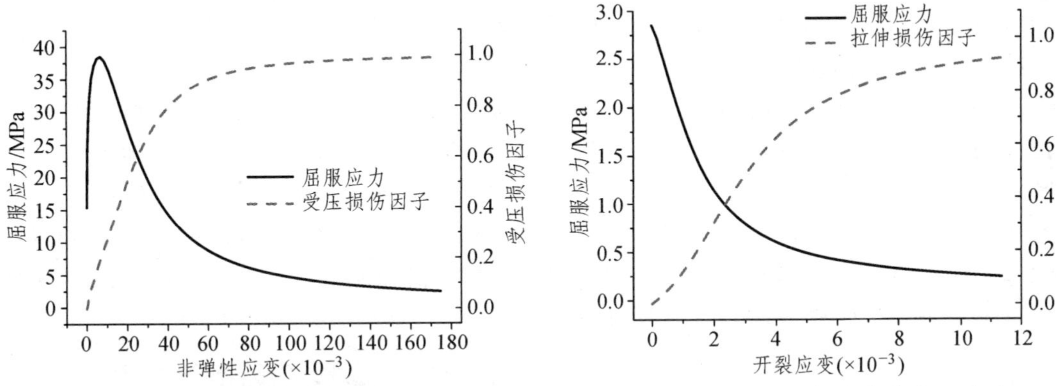

(a) C60 混凝土压缩定义曲线

(b) C60 混凝土拉伸定义曲线

图 7-8　C60 混凝土 CDP 模型定义曲线

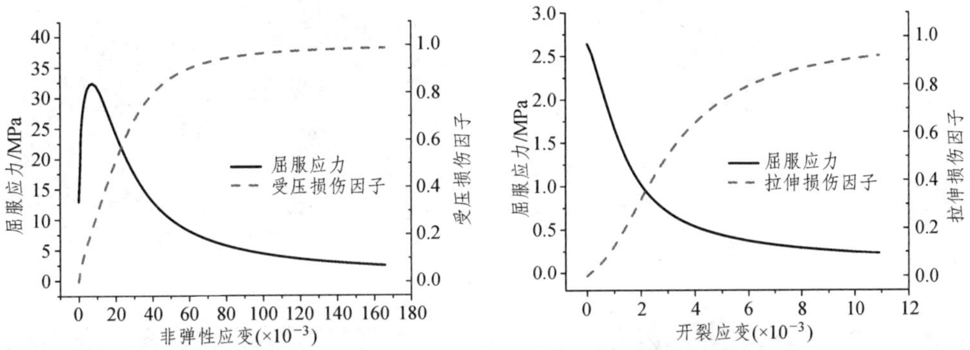

(a) C50 混凝土压缩定义曲线

(b) C50 混凝土拉伸定义曲线

图 7-9　C50 混凝土 CDP 模型定义曲线

7.3.3　轨道板锚穴周边混凝土损伤分布模型

由前文可知，轨道板锚穴周边混凝土裂纹损伤分布相对集中，究其原因，一方面为轨道板在工厂预制生产过程中产生的初始损伤，另一方面为在列车长期荷载作用下产生的叠加损伤。这里详细介绍了轨道板纵横向锚穴结构特点以及轨道板预应力的施加方式，基于混凝土塑性损伤模型建立了轨道板损伤分布模型，研究了轨道板在工厂预制生产过程中后张法预应力作用下产生的初始损伤，并结合轨道结构长期运营过程中砂浆离缝的叠加影响，对计算分析工况进行了阐述。

1. 轨道板预应力的张拉施工过程

为准确地模拟轨道板预制生产过程中锚穴周边混凝土的损伤状况，必须了解其后张法预应力的施加过程，经查阅文献可知，目前 CRTS I 型板式无砟轨道所用的预应力体系为无粘结的预应力钢棒和锚固螺母，这种体系相较于以前的无粘结预应力钢绞线施工周期更短，张拉控制精度更高，制作成本更低，主要分为以下 5 个步骤：

① 清理锚穴，主要是为了保证锚穴内部无明显尘土及污物，如图 7-10（a）所示；② 安装张拉杆和千斤顶，张拉杆从轨道板固定端穿入，从张拉端穿出，并与千斤顶对准，如图 7-10（b）所示；③ 张拉预应力钢棒，初始张拉力为 $10\%\sigma_{cn}$，并记录伸长值，然后进一步进油张拉，待达到张拉控制应力时保持荷载 2 min，并记录伸长值，如图 7-10（c）所示；④ 旋紧锚固螺母，退出千斤顶，如图 7-10（d）所示；⑤ 灌注封锚混凝土填压，以保护预应力钢棒不会因暴露于空气中而锈蚀，造成预应力损失。

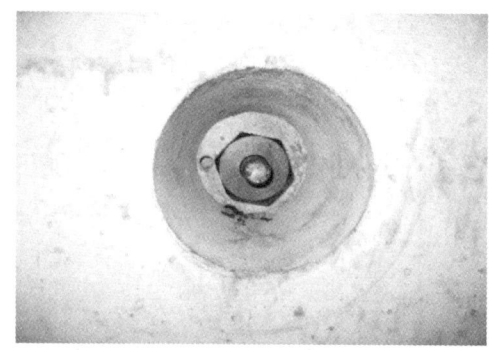

（a）清理锚穴

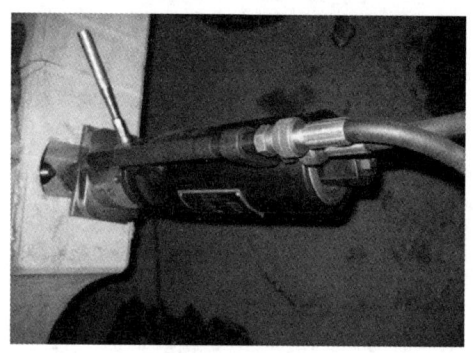

（b）安装千斤顶

（c）张拉预应力钢棒

（d）千斤顶回油退出

图 7-10　CRTS Ⅰ 型板式无砟轨道轨道板预应力张拉过程

2. 预应力钢筋与普通钢筋的布置

由于锚穴部位受力的复杂性，在模型中考虑了轨道板的钢筋及预应力钢筋的设置，如图 7-11 和图 7-12 所示。从图 7-11 中可以看出，轨道板的预应力体系包括横向和纵向预应力钢棒；横向预应力钢棒为单层布置，位于轨道板中轴线处，共 16 根；纵向预应力钢棒为双层布置，对称布置于轨道板中轴线两侧，中心距 80 mm，每层 6 根，共 12 根。普通钢筋布置于轨道板上下两层，其平面俯视图如 7-12 所示，混凝土保护层厚度取为 40 mm。

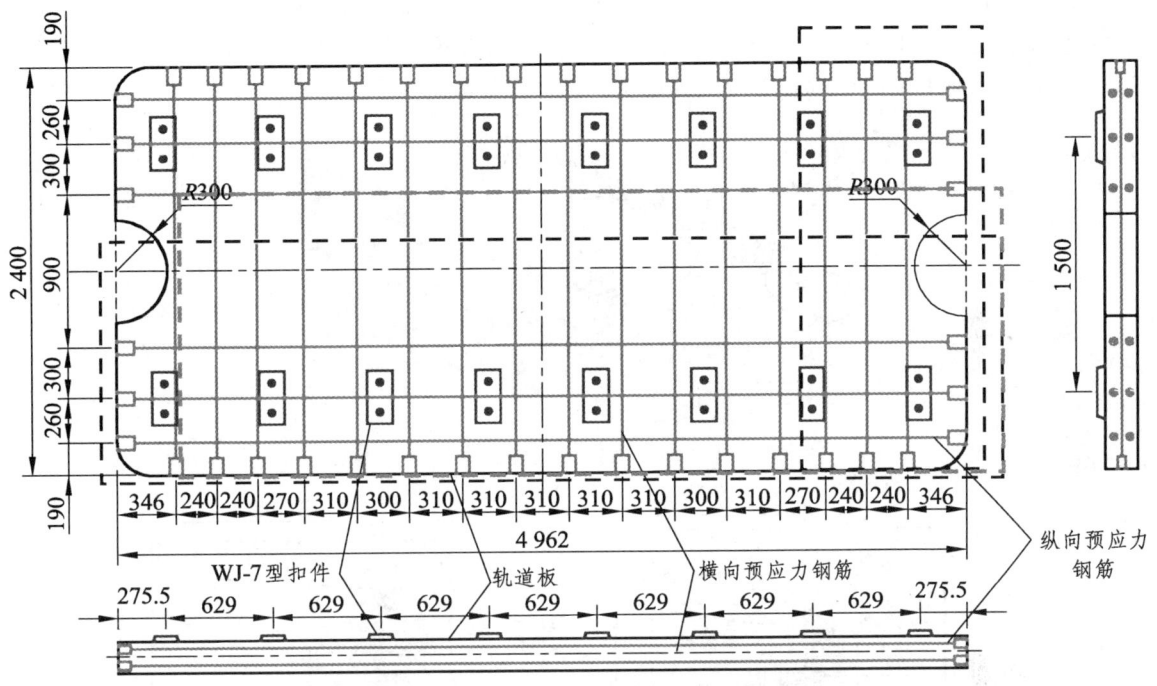

图 7-11 CRTS I 型板式无砟轨道预应力筋布置图

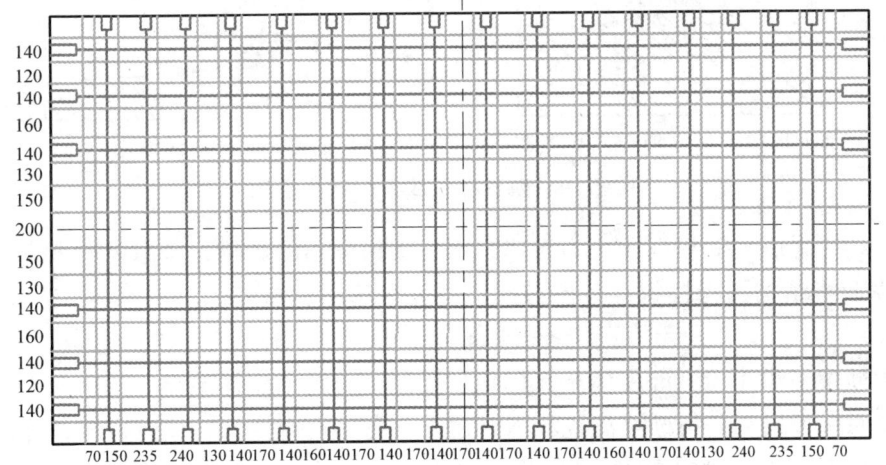

图 7-12 CRTS I 型板式无砟轨道普通钢筋布置图

3. 轨道板锚穴周边混凝土损伤分布模型

CRTS I 型板式无砟轨道锚穴分为纵向预应力锚穴和横向预应力锚穴，如图 7-13 所示，其中黑色圈表示为纵向锚穴，红色圈表示为横向锚穴。虽然两者在功能上一致，但是在具体布置和构造上略有不同，如图 7-14 所示，轨道板横向锚穴深度为 60 mm，板厚为 190 mm，锚穴边缘距轨道板上下表面距离为 55 mm；纵向锚穴深度和总体宽度均为 140 mm，则锚穴边缘距轨道板上下表面距离仅为 25 mm。

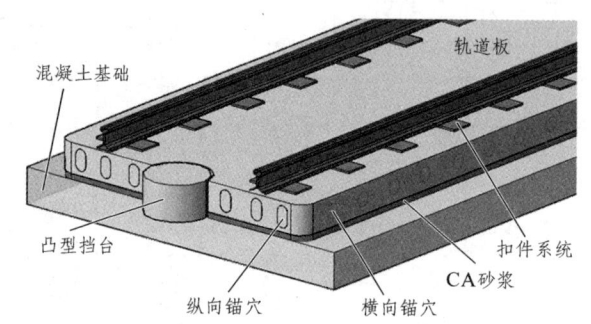

图 7-13　CRTS I 型板式无砟轨道锚穴示意图

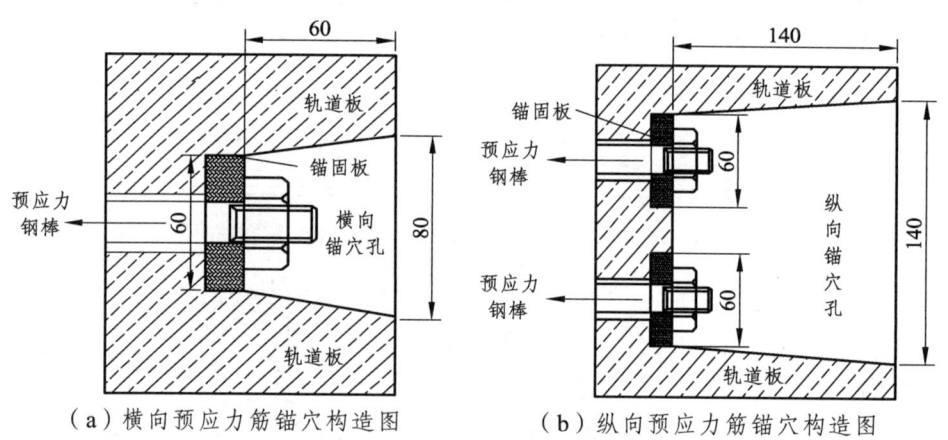

（a）横向预应力筋锚穴构造图　　（b）纵向预应力筋锚穴构造图

图 7-14　轨道板预应力锚穴构造图

本章分别考虑纵向和横向预应力对锚穴部位损伤分布的影响，考虑纵向预应力时取轨道板沿线路纵向半结构进行模拟，考虑横向预应力时选取轨道端部 3 个锚穴长度轨道板进行模拟。

模型中轨道板采用 C3D8 实体单元模拟，锚固垫板采用刚体单元，忽略预应力的损失；CA 砂浆和底座板仅在分析砂浆离缝状态时建立；忽略凸台结构，仅以边界条件来模拟凸台的作用；纵横向预应力锚穴考虑为圆柱体，以剖切成孔命令切割而成；普通钢筋与预应力钢棒均采用 T3D2 桁架单元模拟；采用降温法施加预应力，并通过将预应力钢棒两端节点与轨道板锚固垫板的绑定约束来模拟无粘结预应力作用；普通钢筋应用 Embed 命令来实现钢筋与轨道板的粘结，忽略普通钢筋与轨道板混凝土之间的滑移作用；约束轨道板的竖向位移和端部凸台位置的纵横向位移。所建模型如图 7-15 所示，模型应用的轨道结构及部件参数如表 7-1 所示。

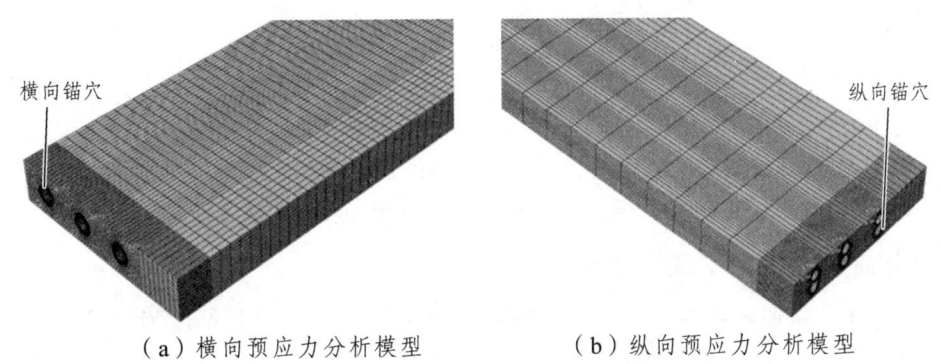

(a) 横向预应力分析模型　　　　(b) 纵向预应力分析模型

图 7-15　纵横向预应力分析模型

表 7-1　CRTS I 型板式无砟轨道模型主要参数

部件	参数	单位	数值	部件	参数	单位	数值
轨道板	弹性模量	MPa	C50: 34 500 C60: 36 000	普通钢筋	弹性模量	MPa	200 000
	泊松比	—	0.2		泊松比	—	0.3
CA 砂浆	弹性模量	MPa	300		直径	mm	8/10
	泊松比	—	0.34	预应力钢筋	弹性模量	MPa	200 000
底座板	弹性模量	MPa	C40: 32 500		泊松比	—	0.3
	泊松比	—	0.2		直径	mm	13

7.4　预应力作用下锚穴周边混凝土损伤分布研究

这里在前文所建轨道板纵横向预应力锚穴细部结构模型的基础上，应用混凝土塑性损伤模型，对轨道板锚穴周边混凝土的损伤状况进行分析，研究了轨道板分别在纵横向预应力作用下锚穴周边混凝土的损伤程度及损伤分布特点，同时为轨道板的设计提出合理化的建议。

7.4.1 横向预应力作用下锚穴周边混凝土损伤分布研究

经查阅文献可知，CRTS I 型板式无砟轨道板横向预应力钢棒设计张拉力为 127 kN，纵向预应力钢棒设计张拉力为 122 kN。模型主要通过降温法模拟预应力，根据温度应力计算公式，一根长为 l，两端固定的预应力钢棒，当温度降低 Δt 时，其产生的温度应力为公式（7-15），温度力为公式（7-16），结合前文设计张拉力，可得横向预应力钢棒需降温 480 ℃，纵向预应力钢棒需降温 460 ℃。

$$\sigma_t = E \cdot \alpha \cdot \Delta t \qquad (7\text{-}15)$$

$$P_t = \sigma_t \cdot A = E \cdot \alpha \cdot \Delta t \cdot A \qquad (7\text{-}16)$$

式中，E 为预应力钢棒弹性模量，取 2.0×10^5 MPa；α 为预应力钢棒温度膨胀系数，取 1.0×10^{-5} ℃$^{-1}$；A 为预应力钢棒截面积，取直径为 $\phi 13$ mm，则 A 为 1.327×10^{-4} m^2。

1. 横向预应力作用下轨道板压应力分析

从前文可知，轨道板横向预应力锚穴深度为 60 mm，锚固垫板厚度为 20 mm，即横向预应力从距板边 60 mm 处开始作用于轨道板上。将轨道板沿厚度方向剖切，可得其 S33 压应力等轴测视图，如图 7-16（a）所示；通过提取距板端第 1 锚穴和第 2 锚穴位置处的 S33 应力值，绘制其沿模型横向路径的分布图，如图 7-16（b）所示。

从图 7-16（a）中可以看出，S33 压应力在锚固板与轨道板接触部位最大，这主要是由于接触区域存在应力集中现象所致，然后应力通过锚固板后逐渐向轨道板内部扇形扩散，并最终在整个截面内形成预压应力。从图 7-16（b）中可以看出，根据拉正压负的原则，两锚穴位置沿轨道板横向路径 S33 压应力分布较为一致，说明横向锚穴相互之间影响较小；S33 压应力值从 23 MPa 衰减到 2 MPa 的距离均为 210 mm 左右，考虑到轨道板长边与扣件之间的垂直间距为 450 mm，说明横向预应力在到达钢轨支承点前已经处于稳定状态。

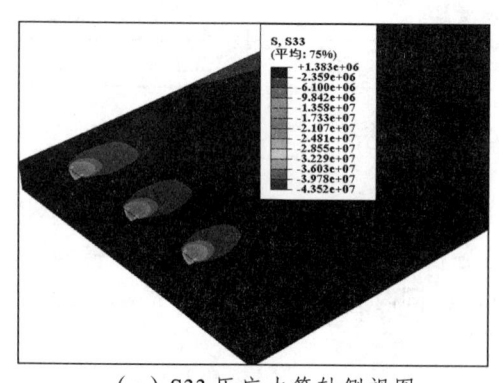

（a）S33 压应力等轴侧视图

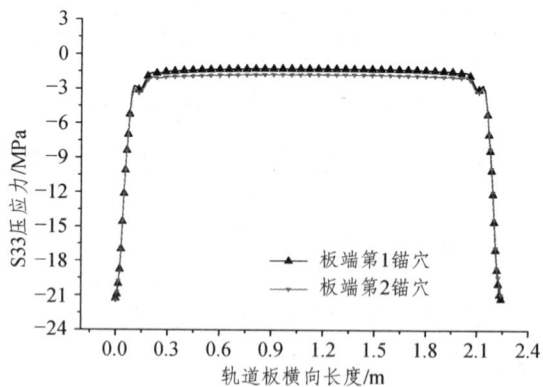

（b）S33 压应力沿轨道板横向分布图

图 7-16　横向预应力作用下 S33 压应力分布

2. 轨道板锚穴周边混凝土主应力分析

根据第一强度理论,材料的破坏主要是由于最大拉应力超过材料本身的承受极限引起的,无论材料处于何种应力状态,只要其最大拉应力达到其拉伸断裂时的最大拉应力值,则材料破坏,其中最大拉应力值为其第一主应力的数值大小。在材料力学中,主应力分别以 σ_1、σ_2、σ_3 表示,它们分别对应于 ABAQUS 软件中的 Max. Principal、Mid. Principal 和 Min. Principal。绘制的主应力 σ_1 和 σ_3 云图,如图 7-17 所示。

从图 7-17(a)中可以看出,最大主拉应力分布于锚穴内部锚固板两侧,最大主拉应力值为 1.928 MPa,然后向轨道板上下表面发散,在轨道板表面仍然具有 0.8 MPa 左右拉应力。考虑到 C60 混凝土的轴心抗拉强度标准值为 2.85 MPa,则此处最大主拉应力已达到抗拉强度标准值的 65%,有可能在预应力作用下产生受拉初始损伤。从图 7-17(b)中可以看出,最小主应力分布于锚固板与轨道板接触位置,此处对应的最大压应力值为 45.39 MPa,考虑到 C60 混凝土的轴心抗压强度标准值 38.5 MPa,立方体抗压强度标准值为 60 MPa,可见锚固板背后混凝土所承受的压力已达到了混凝土立方体抗压强度的 75%,同样有可能在锚固板后产生压溃裂纹损伤。

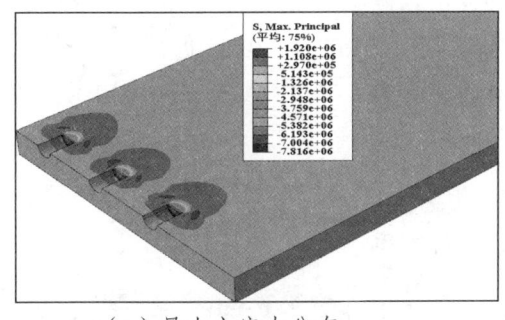 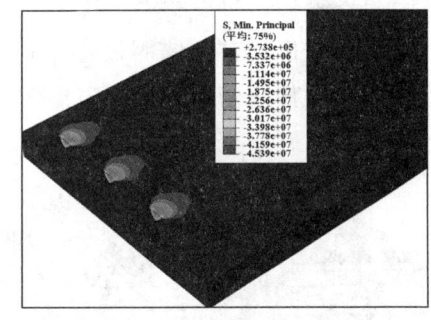

(a)最大主应力分布　　　　　　　　(b)最小主应力分布

图 7-17　最大、最小主应力分布图

3. 混凝土拉伸压缩损伤因子分析

混凝土塑性损伤模型的核心是对混凝土拉伸及压缩损伤因子的分析,这里主要以混凝土塑性损伤的拉伸及压缩损伤因子为指标,对轨道板在横向预应力作用下锚穴周边混凝土的初始裂纹损伤进行研究。

轨道板锚穴周边混凝土压缩损伤等轴测视图如同 7-18(a)所示,可以看出,压缩损伤最大值位于锚固板背后,损伤沿轨道板深度方向共延伸 20 mm 左右,整体损伤程度较轻;压缩损伤最为严重截面的正视图如图 7-18(b)所示,可以看出,损伤呈环形分布于锚穴两侧,并逐渐向轨道板内部发散,其最大压缩损伤值仅为 0.386。因此,压缩损伤对轨道板混凝土的整体性能影响较为有限,可不予考虑。

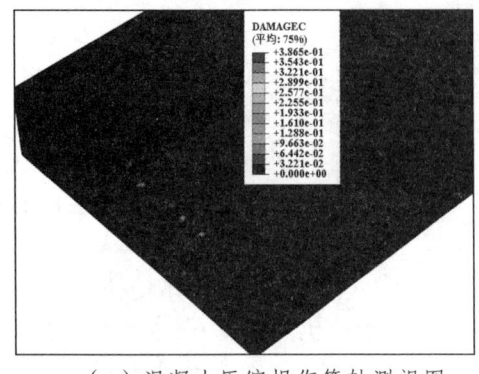 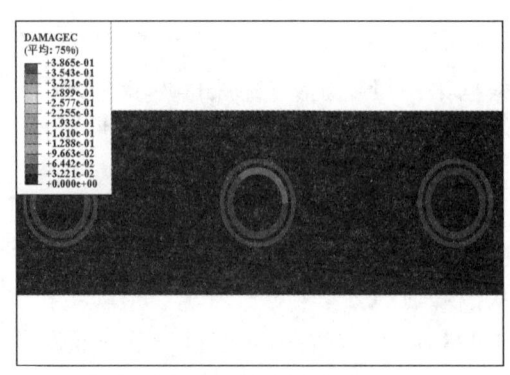

（a）混凝土压缩损伤等轴测视图　　　　（b）混凝土压缩损伤正视图

图 7-18　封锚混凝土压缩损伤分布图

考虑到混凝土是典型的抗压不抗拉的建筑工程材料，因此拉伸损伤才是轨道板损伤的主要因素。轨道板锚穴周边混凝土拉伸损伤等轴测视图如图 7-19（a）所示，可以看出，拉伸相较于压缩损伤范围更大，损伤沿轨道板深度延伸 35 mm 左右；如图 7-19（b）所示为拉伸损伤最为严重的截面，可以看出，拉伸损伤同样沿锚固板呈环形放射状向外发散，并不断衰减，损伤最为严重区域位于锚固板边缘，最大拉伸损伤值可达 0.9，但损伤并未延伸至轨道板表面。因此，拉伸损伤相较于压缩损伤更为严重，且较容易在锚固板边缘由于预应力的施加产生拉伸微裂纹，需重点考虑。

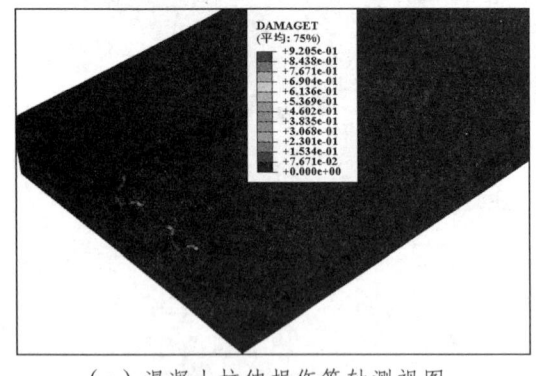 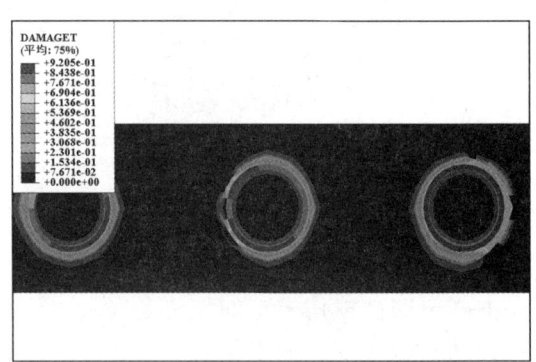

（a）混凝土拉伸损伤等轴测视图　　　　（b）混凝土拉伸损伤正视图

图 7-19　封锚混凝土拉伸损伤分布图

为进一步研究横向预应力作用下锚穴部位拉伸损伤在轨道板内部的分布情况，沿模型纵向剖切若干截面，其距板边的距离为 a，取 a 值分别为 72 mm、80 mm、88 mm、96 mm、104 mm 和 112 mm，如图 7-20 中纵向剖切线所示。

7 板式无砟轨道锚穴部位损伤分布研究

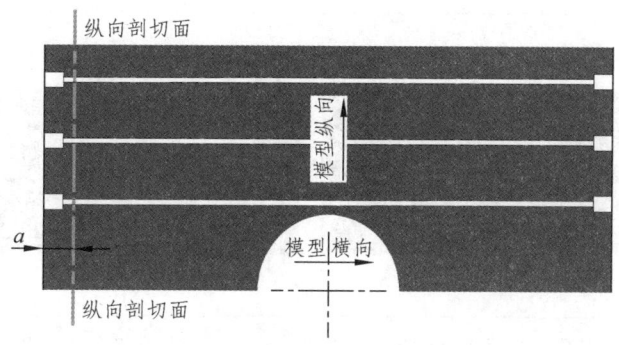

图 7-20　轨道板横向预应力分析示意图

横向预应力作用下锚穴部位拉伸损伤各纵向剖切面如图 7-21 所示。当 $a = 72$ mm 时，如图 7-21（a）所示，由于横向锚穴深度为 80 mm，此剖切面上并未出现拉伸损伤；当 $a = 80$ mm 时，如图 7-21（b）所示，拉伸损伤开始出现，并且沿锚固板边缘轨道板拉伸损伤因子已达到 0.9，材料已基本接近失效；当 $a = 88$ mm 和 96 mm 时，如图 7-21（c）、（d）所示，拉伸损伤以环形放射状向轨道板内部扩展，扩展范围约为 20 mm 左右，最严重部位拉伸损伤因子仍然达到了 0.9；当 a 大于 96 mm 时，如图 7-21（e）、（f）所示，轨道板拉伸损伤开始衰减，并最终消失。

（a）当 $a = 72$ mm 时纵向剖切面　　　　（b）当 $a = 80$ mm 时纵向剖切面

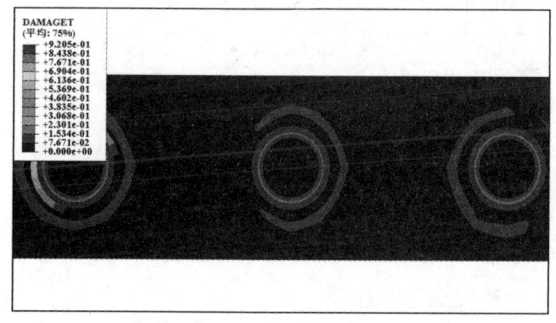
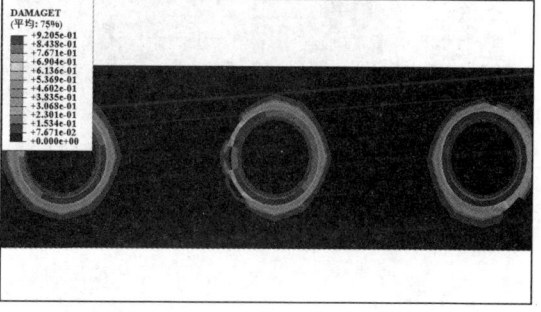

（c）当 $a = 88$ mm 时纵向剖切面　　　　（d）当 $a = 96$ mm 时纵向剖切面

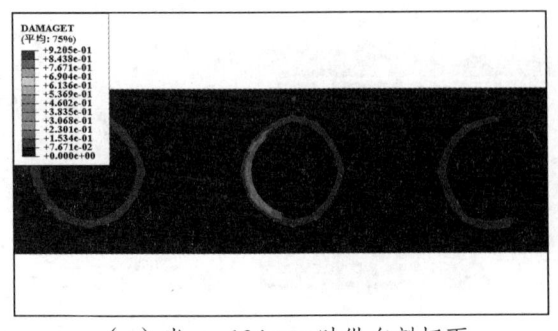
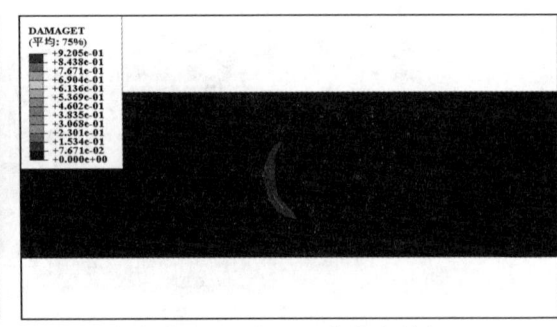

(e)当 a =104 mm 时纵向剖切面　　　　　（f）当 a =112 mm 时纵向剖切面

图 7-21　锚穴周边混凝土拉伸损伤分布图

由此可知，横向预应力作用下锚穴部位的拉伸损伤出现在横向锚穴深度 80 mm 前后，锚固板边缘损伤程度可达 0.9；在锚穴深度大于 96 mm 时，锚穴部位的损伤程度和损伤范围逐渐减小并消失，拉伸损伤最大影响深度为 30 mm 左右。

4. 混凝土塑性应变及刚度损失

混凝土材料的损伤程度也可以用其塑性应变的大小来描述，在 ABAQUS 软件中，与塑性应变相关的输出量有 PE、LE、PEMAG，各参数的具体含义为：PE 表示塑性应变；LE 表示对数应变，即真应变；PEMAG 为塑性应变量，描述的是变形过程中某一时刻的塑性应变，与加载历史无关；SDEG 表示总刚度的损伤，反映材料的失效程度。

这里依次选择锚穴周边 4 个单元，如图 7-22（a）所示，分别提取其塑性应变 PE 和塑性应变量 PEMAG，并绘制其塑性应变时程图。从图 7-22（b）中可以看出，1、2、3 号单元塑性应变依次增大，且其屈服程度也依次减小，直到 4 号单元时其塑性应变才逐渐消失。

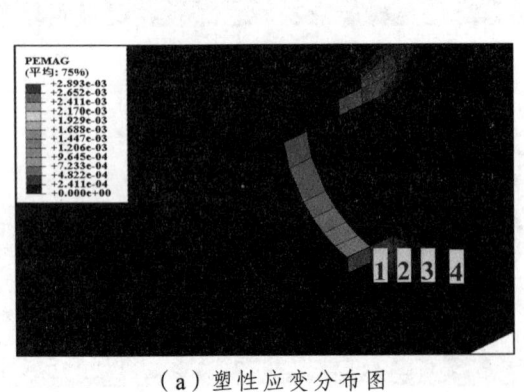
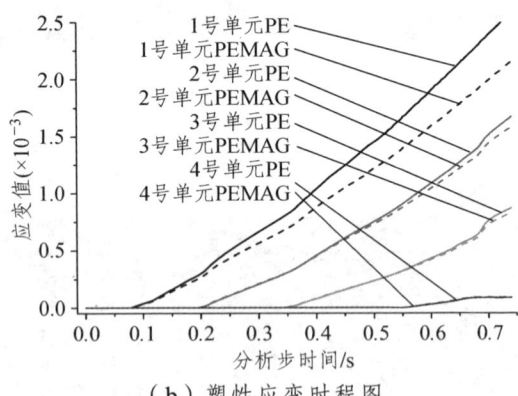

（a）塑性应变分布图　　　　　　　　　　（b）塑性应变时程图

图 7-22　锚穴周边混凝土塑性应变分布图

同样依次选择锚穴周边 4 个单元，如图 7-23（a）所示，分别提取其总刚损伤，并绘制总体刚度损伤时程图。从图 7-23（b）中可以看出，1、2、3 号单元依次发生损伤，且损伤速率基本一致，最终损伤结果也近似相同，直到 4 号单元时其总体刚度损伤才逐渐消失。

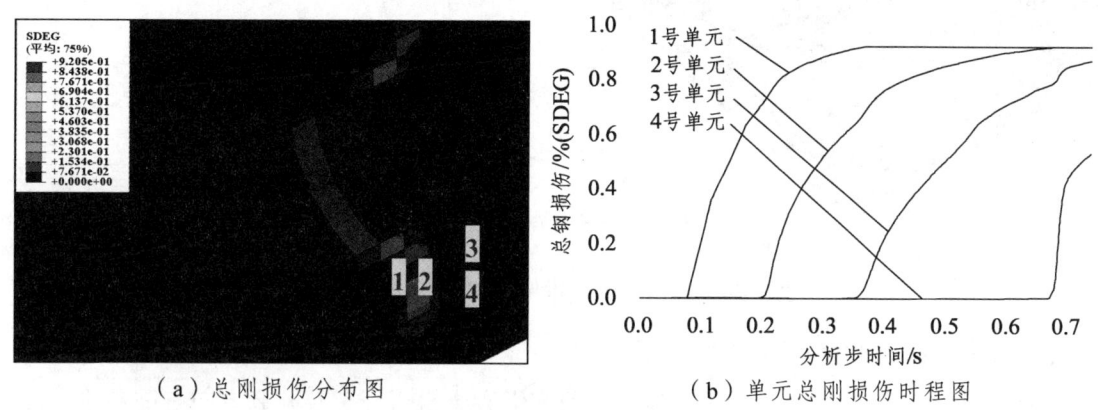

（a）总刚损伤分布图　　　　　　　（b）单元总刚损伤时程图

图 7-23　锚穴部位混凝土总刚损伤

7.4.2　纵向预应力作用下锚穴周边混凝土损伤分布研究

纵向预应力锚穴与横向预应力锚穴的区别主要在于其为上下的双层布置，锚穴孔更大且离轨道板表面更近。这里同样应用混凝土塑性损伤模型，研究在纵向预应力作用下锚穴周边混凝土的损伤分布状况。

1. 纵向预应力作用下轨道板压应力分析

从前文可知，轨道板纵向预应力筋锚穴深度为 140 mm，锚固垫板厚度为 20 mm，即纵向预应力从距板端 140 mm 处开始作用于轨道板上。将轨道板沿厚度方向剖切，可得其 S11 压应力等轴测视图，如图 7-24（a）所示。通过提取距板边第 1 锚穴和第 2 锚穴位置处的 S11 应力值，绘制其沿模型纵向路径的分布图，如图 7-24（b）所示。

从图 7-24（a）中可以看出，S11 压应力在锚固板与轨道板接触部位最大，这主要是由于接触区域存在应力集中现象，然后应力通过锚固板后逐渐向轨道板内部扇形扩散，并最终在整个截面内形成预压应力。从图 7-24（b）中可以看出，两锚穴位置沿轨道板纵向路径 S11 压应力分布基本一致，说明纵向锚穴相互之间影响较小；S11 压应力值从 19 MPa 衰减到 3 MPa 的距离均在为 250 mm 左右，考虑到轨道板扣件间距为 630 mm，则板端距第一扣件的距离为 280 mm，除去纵向锚穴深度 160 mm 后远小于 250 mm，说明纵向预应力在到达最近钢轨支承点之前并未处于稳定的传力状态。

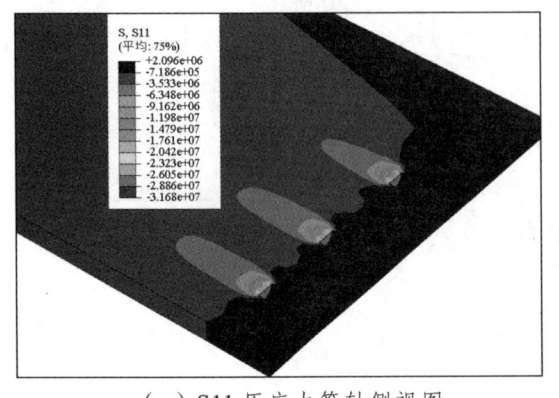
（a）S11压应力等轴侧视图

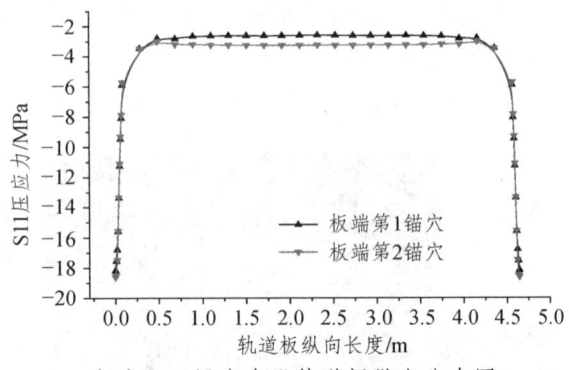
（b）S11压应力沿轨道板纵向分布图

图 7-24　横向预应力作用下 S11 压应力分布

2. 轨道板锚穴周边混凝土主应力分析

从前文可知，混凝土材料所受主应力对研究混凝土是否开裂及开裂方向有重要的意义。这里主要以最大主拉应力 σ_1 和最小主应力 σ_3 为指标，研究分析了纵向预应力作用下，轨道板锚穴周边混凝土的应力分布特点，并以此初步判断裂纹的产生及扩展情况。

σ_1 和 σ_3 在纵向预应力作用下分布云图如图 7-25 所示。从图 7-25（a）中可以看出，最大主拉应力分布于锚穴内部锚固板两侧，最大主拉应力值可达 2.474 MPa，然后向轨道板上下表面发散，并且在轨道板表面仍然有 2.4 MPa 左右拉应力。考虑到 C60 混凝土的轴心抗拉强度标准值为 2.85 MPa，则此处最大主拉应力已达到抗拉强度标准值的 87%，极有可能在预应力作用下产生受拉初始损伤。从图 7-25（b）中可以看出，最小主应力分布于锚固板与轨道板接触位置，此处对应的最大压应力值为 37.63 MPa，考虑到 C60 混凝土的轴心抗压强度标准值为 38.5 MPa，可见锚固板背后混凝土所受压应力已基本达到了混凝土轴心抗压强度标准值，同样有可能在锚固板后产生压溃裂纹损伤。

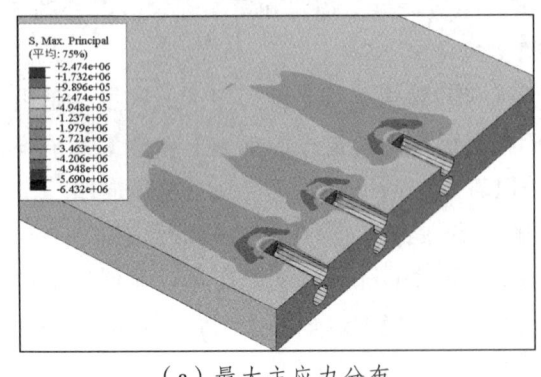
（a）最大主应力分布

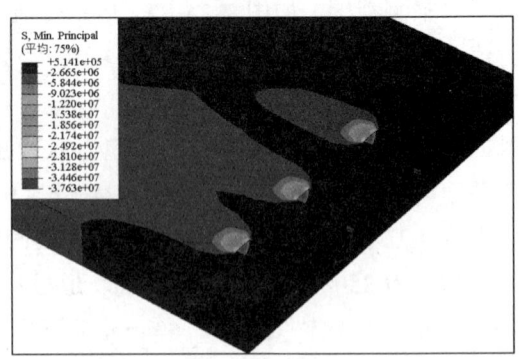
（b）最小主应力分布

图 7-25　轨道板最大、最小主应力分布

3. 混凝土拉伸压缩损伤因子分析

CRTS I 型板式无砟轨道纵向预应力筋为双层布置，导致锚穴孔边缘与轨道板表面距离过小，较容易在此处产生裂纹的初始损伤。这里主要以混凝土塑性损伤的拉伸及压缩损伤因子为指标，对轨道板在纵向预应力作用下锚穴周边混凝土的初始裂纹损伤进行研究。

如图 7-26（a）所示为轨道板锚穴周边混凝土压缩损伤等轴测视图，可以看出，压缩损伤最大值位于锚固板背后，损伤沿轨道板深度方向共延伸 30 mm 左右，整体损伤程度较轻；如图 7-26（b）所示为压缩损伤最为严重截面的正视图，可以看出，损伤呈环形分布于锚穴两侧，并逐渐向轨道板内部发散，其最大压缩损伤值仅为 0.323。因此，压缩损伤对轨道板混凝土的整体性能影响较为有限，可不予考虑。

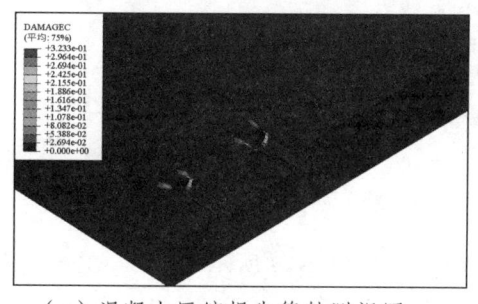 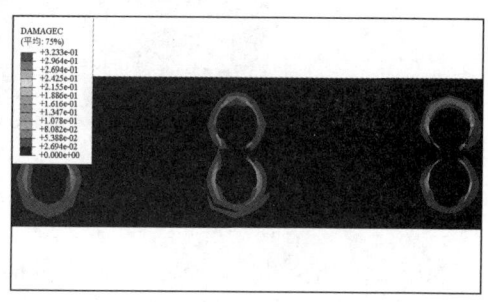

（a）混凝土压缩损失等轴测视图　　　　（b）混凝土压缩损伤正视图

图 7-26　混凝土压缩损伤分布图

考虑到混凝土是典型的抗压不抗拉的建筑工程材料，如图 7-27（a）所示为轨道板锚穴周边混凝土拉伸损伤等轴测视图，可以看出，拉伸损伤相较于压缩损伤范围更大，且其延伸范围已经达到了轨道板表面；如图 7-27（b）所示为拉伸损伤最为严重的截面，可以看出，拉伸损伤同样沿锚固板呈放射状向外发散，并不断衰减，损伤最为严重区域位于锚固板边缘，最大拉伸损伤值可达 0.9，损伤范围几乎覆盖轨道板上下表面，损伤极为严重。因此，纵向预应力作用下，锚穴周边混凝土拉伸损伤程度高且范围大，极有可能在预应力施加阶段便产生初始裂纹损伤，需着重考虑。

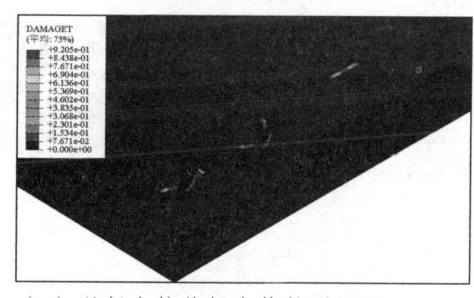 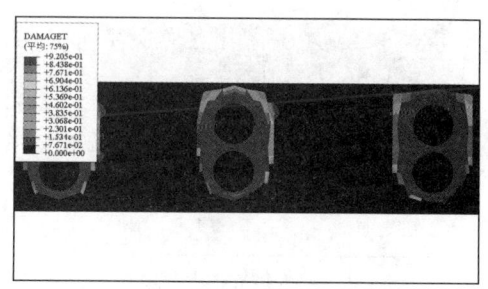

（a）混凝土拉伸损失等轴测视图　　　　（b）混凝土拉伸损伤正视图

图 7-27　轨道板拉伸损伤分布图

为进一步研究纵向预应力作用下锚穴部位拉伸损伤在轨道板内部的分布情况，沿模型横向剖切若干截面，其距板边的距离为 b，取 b 值分别为 150 mm、160 mm、165 mm、170 mm、175 mm、180 mm，如图 7-28 中横向剖切线所示。

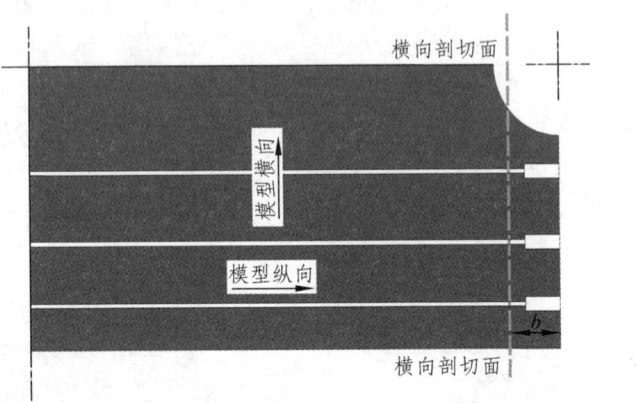

图 7-28 轨道板纵向预应力分析示意图

纵向预应力作用下锚穴部位拉伸损伤各横向剖切面如图 7-29 所示，当 b=150 mm 时，如图 7-29（a）所示，由于纵向锚穴深度为 160 mm，此剖切面上并未出现拉伸损伤；当 b=160 mm 时，如图 7-29（b）所示，拉伸损伤开始出现，并且沿锚固板边缘拉伸损伤程度已经达到了 0.9，损伤范围呈放射状向轨道板表面扩展；当 b=165 mm 时，如图 7-29（c）所示，拉伸损伤沿锚穴边缘扩展到轨道板上下表面，并在轨道板表面仍然具有 0.73 左右的拉伸损伤因子；当 b=170 mm 和 175 mm 时，如图 7-29（d）、（e）所示，拉伸损伤随着向轨道板内部及上下表面的延伸而逐渐衰减，损伤程度逐渐变小；当 b 大于 180 mm 时，如图 7-29（f）所示，轨道板拉伸损伤已逐渐消失。

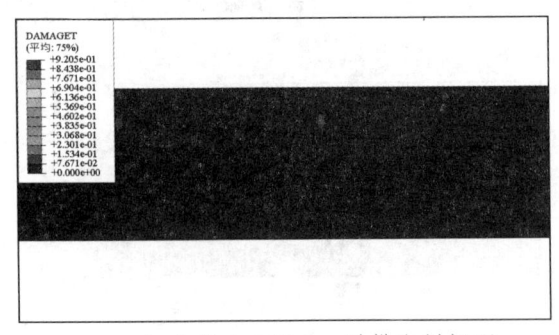

（a）当 b=150 mm 时横向剖切面

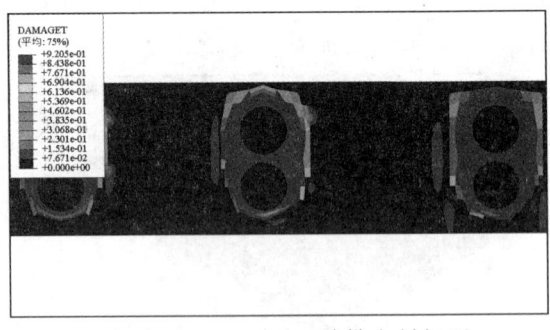

（b）当 b=160 mm 时横向剖切面

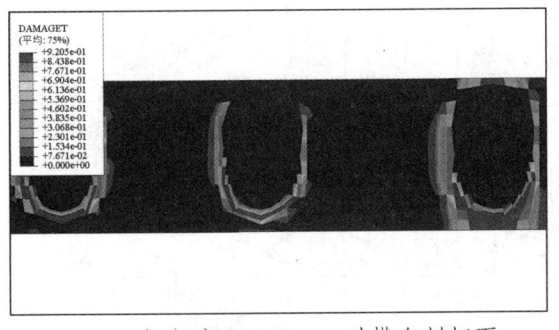

（c）当 b=165 mm 时横向剖切面　　　　（d）当 b=170 mm 时横向剖切面

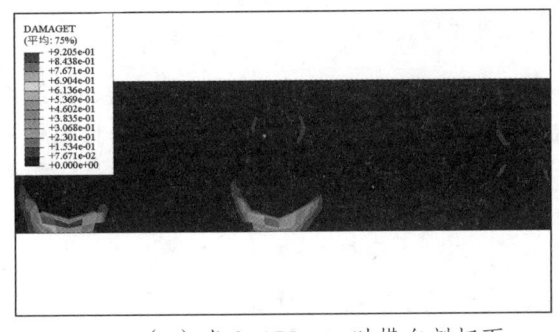
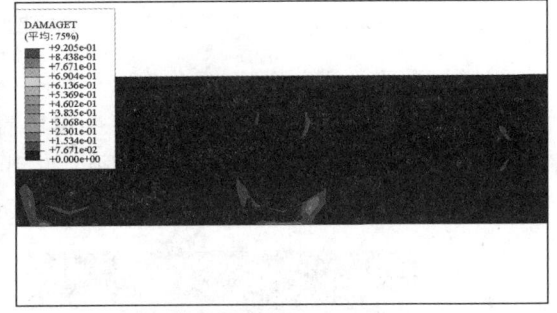

（e）当 b=175 mm 时横向剖切面　　　　（f）当 b=180 mm 时横向剖切面

图 7-29　轨道板各横向剖切面拉伸损伤分布图

由此可知，纵向预应力作用下锚穴部位拉伸损伤出现在纵向锚穴深度 160 mm 前后，锚固板边缘损伤程度已达 0.9，损伤范围几乎达到轨道板上下表面，较容易在纵向锚穴边缘及轨道板表面区域内形成初始裂纹损伤。在锚穴深度大于 170 mm 时，锚穴部位的损伤程度和损伤范围逐渐减小直到消失，拉伸损伤最大影响深度为 30 mm。

4. 混凝土塑性应变及刚度损失

混凝土材料的损伤程度也可以用塑性应变来描述，这里主要以塑性应变和单元的总体刚度损伤来描述轨道板锚穴周边混凝土的损伤状况，依次选择纵向锚穴周边 3 个单元，如图 7-30（a）所示，并分别提取其真应变 LE 和塑性应变量 PEMAG，绘制其应变时程图。从图 7-30（b）中可以看出，塑性应变 PE 和真 LE 几乎平行，两者之间的差值正是材料的弹性应变，在材料弹性形变过程中，塑性应变 PE 和塑性应变量 PEMAG 为 0；随后损伤沿锚固板边缘向轨道板深度和表面两个方向扩展，1、2、3 号单元依次屈服，且屈服程度依次减小。

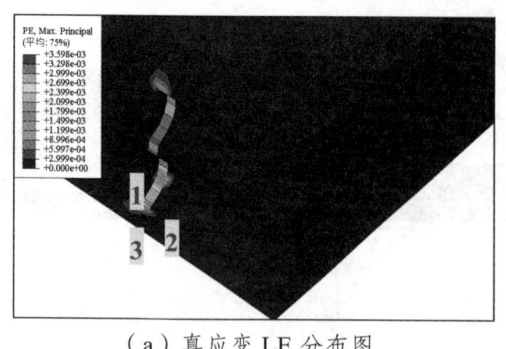 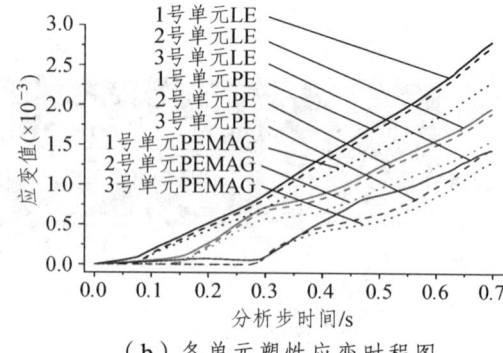

(a) 真应变 LE 分布图　　　　　(b) 各单元塑性应变时程图

图 7-30　锚穴周边混凝土塑性应变分布

同样依次选择锚穴周边 4 个单元，如图 7-31（a）所示，分别提取其总刚损伤，并绘制总体刚度损伤时程图。从图 7-31（b）中可以看出，1、2、3 号单元依次发生损伤，且损伤速率基本一致，最终损伤结果也近似相同，直到 4 号单元时其总体刚度损伤才逐渐消失，损伤最终会扩展到轨道板上下表面，然后向轨道板内部逐渐衰减并消失。

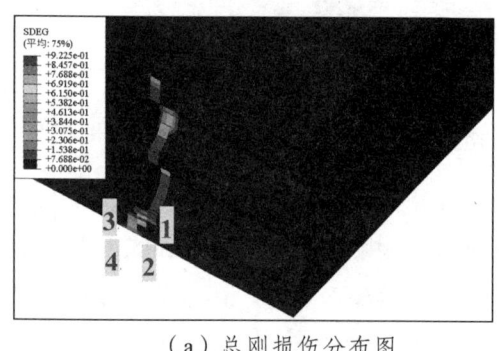 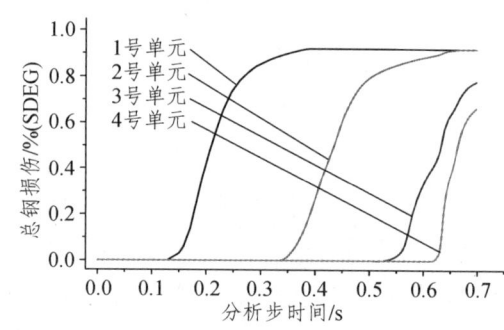

(a) 总刚损伤分布图　　　　　(b) 单元总刚损伤时程图

图 7-31　锚穴周边混凝土总刚损伤

7.5　砂浆离缝状态下轨道板锚穴周边混凝土损伤机理研究

CRTS I 型板式无砟轨道作为一种典型的上限位型单元板式无砟轨道，在温度荷载尤其是冻融循环荷载作用下，较容易产生板的四角离缝。离缝发展初期一般不到 1 mm，但在列车荷载，尤其是货车荷载作用下，其砂浆材料性能容易发生劣化并继续扩展，当离缝扩展至一定长度后，甚至会与轨道板形成"拍打"的不利状态，而一旦层间离缝扩展至锚穴等轨道板薄弱位置，极有可能导致轨道板损伤的进一步加剧。这里主要基于混凝土塑性损伤模型，结合遂渝线和渝怀线现场动力测试结果，对最不利客、货车荷载作用下，砂浆离缝扩展至不同锚穴位置时轨道板的损伤机理进行研究。

7.5.1 CA 砂浆离缝状态下轨道板损伤分布模型

这里主要介绍了客货共线条件下，砂浆离缝状态时轨道板损伤分布模型的建立，结合遂渝线与渝怀线现场动力测试结果，对客、货车钢轨支点压力荷载的作用特点及选取进行了详细阐述，并对计算所需工况进行了表述。

1. 砂浆离缝状态下轨道板损伤模型假设

在实际调研过程中，砂浆离缝状况非常严重，有些离缝长度可达 2 m，高度可达 1 cm，且多分布于板端位置，如前面图 1-56 所示。因此，根据现场调研及查阅相关文献，对本章建立的轨道板损伤分布模型做出如下假设：

① 轨道板与 CA 砂浆离缝设于板端，且假设为横向贯通离缝，离缝状态以离缝长度 d 和离缝高度 h 表示；

② 轨道板与砂浆层、砂浆层与底座板之间均采用绑定约束，仅在离缝区域设置接触，普通钢筋用 Embed 命令与轨道板建立联系；

③ 荷载采用实测的钢轨支点压力荷载，且忽略相邻转向架的叠加影响，荷载仅作用于板端第一扣件支承处；

④ 忽略锚穴、凸台等细部结构，凸台以边界条件表示，纵横向预应力直接施加于轨道板表面锚穴相应位置处。

最终所建模型示意图如图 7-32 所示。

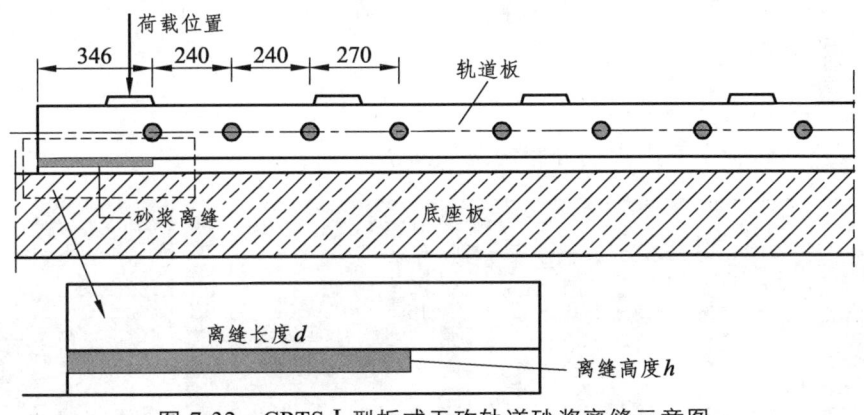

图 7-32　CRTS I 型板式无砟轨道砂浆离缝示意图

2. 钢轨支点压力荷载选择

本章计算所用荷载为遂渝线蔡家车站及渝怀线鱼嘴二号隧道内实测得到的钢轨支点压力荷载。测试采用新型 Tekscan 薄膜压力传感器直接对作用于轨道板上的钢轨支点压力进行测试，具体测试原理、测试方法及流程详见"2　客货共线无砟轨道现场测试及结果分析"，这里仅对现场动力测试客、货荷载的选取进行叙述。选取实测得到的客、货车钢轨支点压力时程曲线中转向架荷载最大的一段，如图 7-33 所示，客、货车钢轨支点压力最大值分别为 71.71 kN 和 101.58 kN，采用准静态加载方式来模拟列车荷载的单点时程特性。

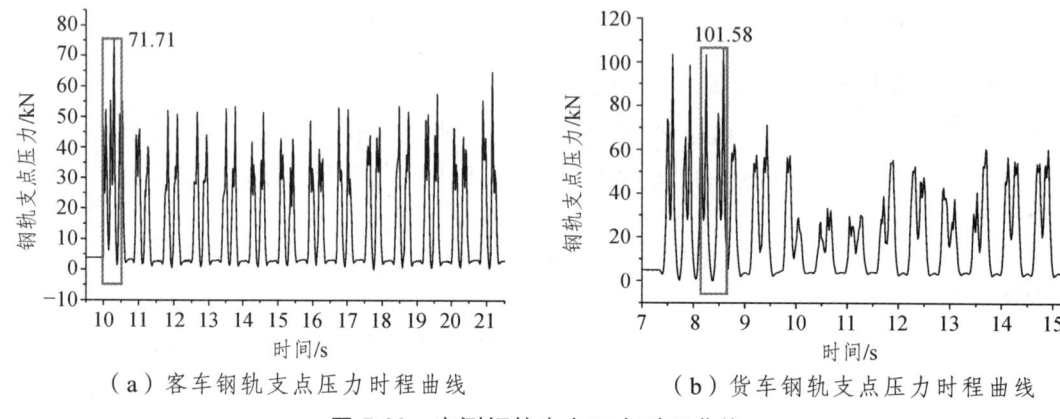

图 7-33 实测钢轨支点压力时程曲线

7.5.2 离缝状态下轨道板动力特性及损伤分布

以轨道板竖向位移以及混凝土拉伸损伤因子为主要指标，计算分析得到离缝分别扩展至第 1、第 2、第 3 锚穴位置且离缝高度分别为 0.5 mm、0.8 mm、1.0 mm、1.3 mm 及 1.5 mm 时 I 型板在客、货车荷载作用下轨道板端部竖向动态位移、锚穴周边轨道板上表面混凝土的损伤机理及分布状况。

1. 轨道板上表面损伤因子

不同工况下轨道板上表面损伤分布情况如图 7-34 所示。

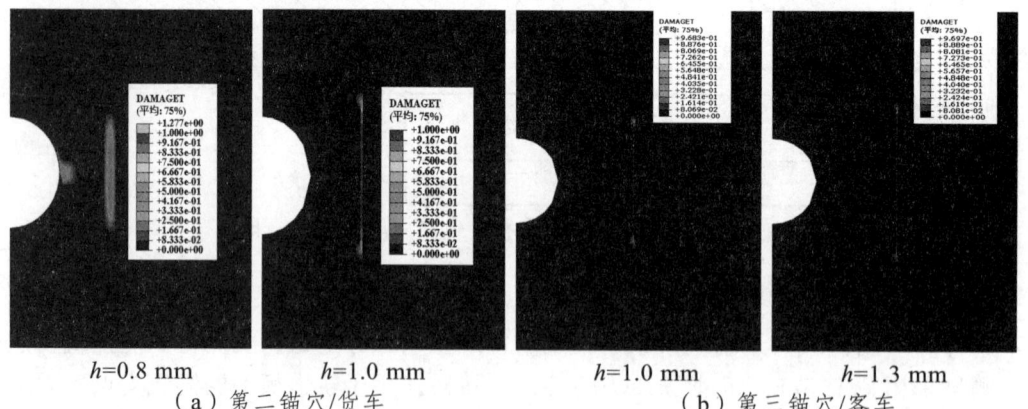

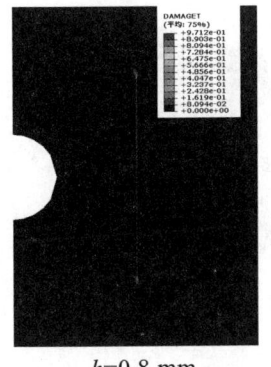 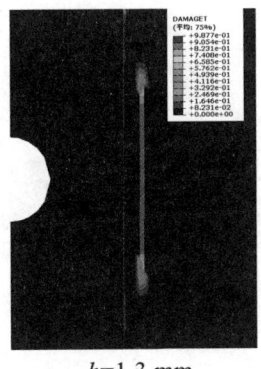 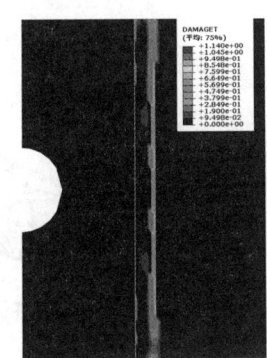

h=0.8 mm　　　　　　h=1.3 mm　　　　　　h=1.5 mm
（c）第三锚穴/货车

图 7-34　轨道板损伤分布

从图 7-34（a）中可以看出，当离缝扩展至第 2 锚穴时，货车荷载作用下，当离缝高度为 0.8 mm 时，轨道板不再处于弹性受力阶段，开始出现损伤，其中最大损伤因子为 0.25，当离缝高度为 1.0 mm 时，损伤因子迅速增大至 1，离缝根部位置处轨道板上表面部分区域已达到完全损伤；从图 7-34（b）中可以看出，当离缝扩展至第 3 锚穴时，客车荷载作用下，当离缝高度为 1.0 mm 时，轨道板上表面部分区域达到完全损伤；从图 7-34（c）中可以看出，当离缝扩展至第 3 锚穴时，货车荷载作用下，当离缝高度为 0.8 mm 时，轨道板上表面离缝根部相应位置处大部分区域已达到完全损伤，且随着离缝高度的增加，损伤带迅速扩展且在离缝高度为 1.3 mm 时开始形成二次损伤带，且二次损伤带中也有部分区域完全损伤。

为了更好地分析轨道板上表面的损伤机理，取不同离缝状态下客、货车通过时轨道板上表面最大损伤因子，计算得到损伤因子影响因素的插值曲面图，如图 7-35 所示。

客车荷载下，从图 7-35（a）中可知，当离缝扩展至第 1 锚穴时，轨道板上表面损伤因子始终为 0，离缝高度变化不会导致轨道板产生损伤；随着离缝长度不断扩展，损伤产生（$d_t>0$）的临界离缝高度逐渐变小，当离缝扩展到第 2 锚穴后，损伤产生的临界离缝高度随离缝扩展长度的变化趋于平缓，此时损伤产生的临界离缝高度约为 0.8 mm；当离缝高度大于损伤产生的临界离缝高度后，损伤因子随离缝高度的增大而显著增长，且离缝扩展长度越大，损伤因子随离缝高度的变化越剧烈；随着离缝长度不断扩展，混凝土材料损伤完全（$d_t=1$）的临界离缝高度也随离缝长度的扩展而逐渐变小，其中当离缝扩展至第 1 至第 2 锚穴中间时，损伤完全的临界离缝高度约为 1.2 mm，当离缝扩展至第 3 锚穴时，损伤完全的临界离缝高度约为 1.0 mm。

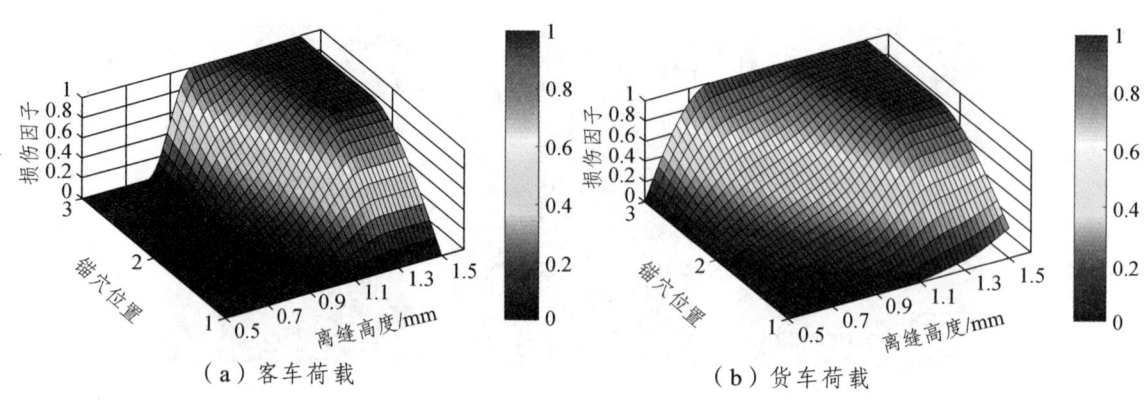

图 7-35 轨道板损伤因子影响因素

货车荷载下，从图 7-35（b）中可知，当离缝扩展至第 1 锚穴时，损伤产生（$d_t>0$）的临界离缝高度为 1.0 mm；随着离缝长度不断扩展，损伤产生（$d_t>0$）的临界离缝高度逐渐变小，当离缝扩展到第 2 锚穴后，损伤产生的临界离缝高度随离缝扩展长度的变化趋于平缓，此时损伤产生的临界离缝高度约为 0.6 mm；当离缝高度大于损伤产生的临界离缝高度后，损伤因子随离缝高度的增大而显著增长，且离缝扩展长度越大，损伤因子随离缝高度的变化越剧烈；随着离缝长度不断扩展，混凝土材料损伤完全（$d_t=1$）的临界离缝高度也随离缝长度的扩展而逐渐变小，其中当离缝扩展至第 1 锚穴时，轨道板区域内不会出现完全损伤（$d_t=1$），当离缝扩展至第 1 至第 2 锚穴中间时，损伤完全的临界离缝高度约为 1.2 mm，当离缝扩展至第 3 锚穴时，损伤完全的临界离缝高度约为 0.8 mm。

2. 轨道板端部竖向位移

不同工况下，其中当离缝扩展至第 3 锚穴，离缝高度为 0.5 mm、0.8 mm、1.0 mm、1.3 mm 时，客货车荷载下轨道板板端竖向位移时程曲线如图 7-36 所示。

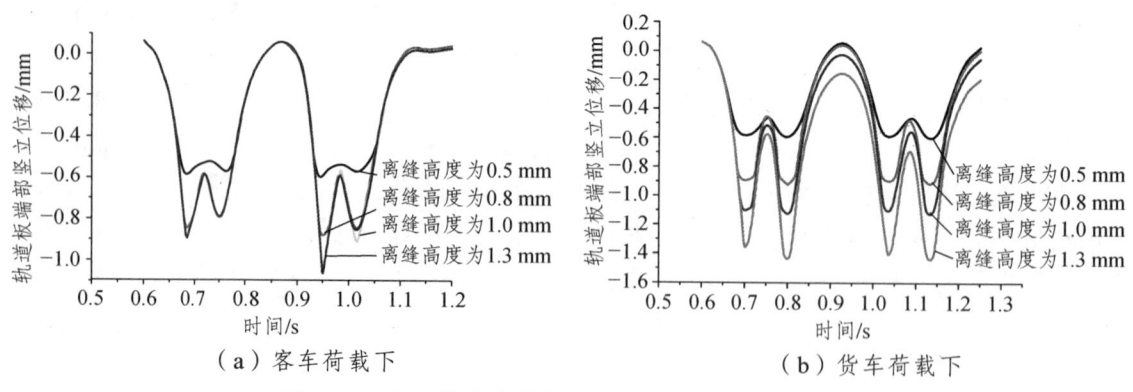

图 7-36 客、货车荷载作用下轨道板端部竖向位移

从图 7-36（a）中可以看出，客车荷载下，当离缝扩展至第 3 锚穴，离缝高度为 0.5 mm、0.8 mm、1.0 mm 时，轨道板竖向位移比离缝高度略大，说明离缝处 CA 砂浆层对轨道板产生支承作用；当离缝高度大于 1.0 mm 后，轨道板竖向位移基本稳定，最大竖向位移为 1.06 mm，说明离缝处 CA 砂浆完全失去支承。从图 7-36（b）中可以看出，货车荷载下，当离缝扩展至第 3 锚穴时，轨道板竖向位移均略大于离缝高度，说明离缝处 CA 砂浆层对轨道板产生支承作用。

为了更好地分析离缝状态对轨道板端位移的影响，取不同离缝状态下客、货车通过时轨道板板端的垂向动态位移最大值，得到板端位移影响因素的插值曲面图以及板端位移变化率插值曲面图，如图 7-37、图 7-38 所示。

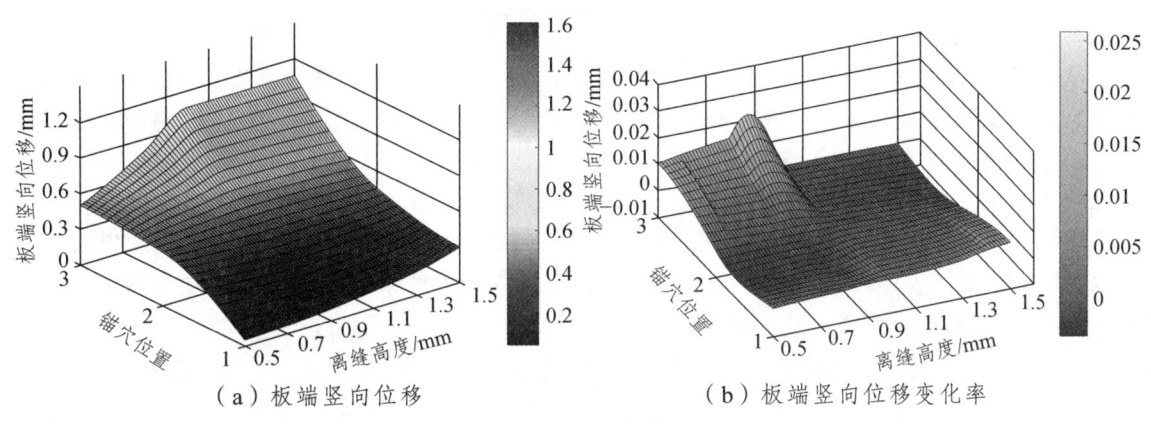

（a）板端竖向位移　　　　　　　　　（b）板端竖向位移变化率

图 7-37　客车荷载下

从图 7-37 中可知，客车荷载下，当离缝扩展至第 1 锚穴时，随离缝高度增大，轨道板端竖向位移随离缝高度变化的增长率略有增大，离缝高度对轨道板端竖向位移的影响较小。随着离缝不断向第 3 锚穴扩展，离缝高度对轨道板端竖向位移的影响不断增大，其中当离缝扩展至第 3 锚穴，离缝高度在 0.8～1.0 mm 时，轨道板端竖向位移随离缝高度的增长率达到最大值，通过对比损伤因子影响图可知，该离缝高度区间正好为轨道板损伤产生临界离缝高度及损伤完全临界离缝高度。该现象能解释轨道板损伤后，轨道结构整体抗弯刚度迅速降低导致板端垂向位移迅速增大的规律，当离缝高度大于 1.0 mm 后，虽然轨道板部分区域已完全破坏，但由于离缝高度大于轨道板端垂向位移，CA 砂浆形成脱空，轨道板端竖向位移不再随离缝高度的增长而增大。

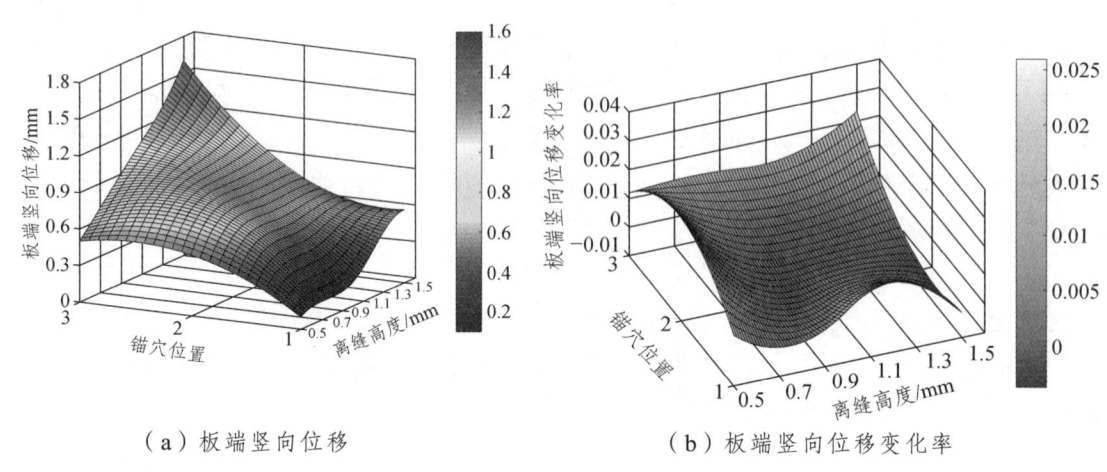

(a)板端竖向位移　　　　　　　　(b)板端竖向位移变化率

图 7-38　货车荷载下

从图 7-38 中可知，货车荷载下，当离缝扩展至第 1 锚穴时，离缝高度小于 1.0 mm 时，离缝高度对板端竖向位移的影响较小，当离缝高度为 1.0～1.3 mm 时，轨道板端竖向位移随离缝高度变化的增长率略有增大，而该离缝高度区间内，混凝土轨道板出现了损伤，损伤发展导致了板端竖向位移的迅速增大。随着离缝不断向第 3 锚穴扩展，离缝高度对轨道板端竖向位移的影响不断增大，当离缝扩展至第 2 锚穴，离缝高度在 0.5～1.0 mm 时，轨道板端竖向位移随离缝高度的增长率较大，通过对比损伤因子影响图可知，该离缝高度区间正好为轨道板损伤产生临界离缝高度及损伤完全临界离缝高度，此后，由于离缝高度大于板端竖向位移，CA 砂浆形成脱空，轨道板端竖向位移不再随离缝高度的增长而增大。当离缝扩展至第 3 锚穴，离缝高度在 0.5～1.0 mm 时，轨道板端竖向位移随离缝高度的增长率较第 2 锚穴位置时有很大的提升，这是由于随离缝长度的扩展，损伤产生的临界离缝高度更小，离缝高度大于 1.3 mm 后，由于二次损伤带的产生，板端竖向位移随离缝高度变化的增长率再次增大。

7.6　CRTS Ⅰ 型板式无砟轨道锚穴周边混凝土裂纹扩展分析

由 7.4 节可知，CRTS Ⅰ 型板式无砟轨道板在生产预制过程中，尤其在后张法预应力施加过程中，锚穴周边混凝土在复杂应力状态下较容易产生初始裂纹损伤，而这些初始损伤在轨道板结构运营初期可能不会发展，但若处于砂浆离缝等特殊的受力状态下，极有可能导致锚穴位置处初始损伤向轨道板内部扩展。这里基于扩展有限元原理，结合前文计算结论，应用扩展有限元模块，对锚穴周边混凝土初始裂纹的扩展特性进行研究。

7.6.1　锚穴周边混凝土裂纹扩展模型

这里主要介绍了扩展有限元模块在模拟裂纹扩展问题的基本原理，详述了轨道板砂浆离缝状态下锚穴周边裂纹扩展有限元模型的建立以及裂纹扩展准则和断裂能等参数的选取，并对计算所需工况进行了阐述。

1. 扩展有限元基本原理

扩展有限元方法最早是由美国西北大学 T Belytschko 教授所在的研究组所提出，主要基于单元分解定理，通过在常规有限元位移场中引入能描述裂纹两侧位移间断特性的富集函数来描述裂纹，从而使裂纹独立于计算网格，研究避免了随着裂纹扩展而不断进行网格重新划分的过程。

单位分解法的基本思想就是任一函数都可以用其域内一组局部函数表示，主要分为两个步骤，第一步骤通过逼近局部函数来将单元细分成子域，第二步骤则通过整合第一步形成的细分子域，形成全局逼近函数。

扩展有限元便是采用了公式（7-17）的单位分解法来实现。

$$\mu^h(x) = \Sigma_{I=1}^{n_1} \varphi_I^K(x)\mu_I + \Sigma_{I=1}^{n_2} \varphi_I^0 \cdot \Sigma_i b_{iI} \cdot q(x) \quad (7\text{-}17)$$

2. 裂纹扩展准则及断裂能参数的选取

应用 ABAQUS 中的扩展有限元模块来进行裂纹扩展分析时，所应用的断裂准则主要包括损伤起始准则和损伤演化准则。这里采用的裂纹起始开裂准则为最大主应力（MAXPS）准则，其可表示为

$$f = \left\{ \frac{(\sigma_{\max})}{\sigma_{\max}^0} \right\} \quad (7\text{-}18)$$

式中，$\sigma_{\max}^0$ 代表最大允许主应力。

计算选取 C60 混凝土，其最大允许主应力为 2.85 MPa，当最大主应力值达到这一限值时，裂纹开裂并开始扩展。对于损伤演化准则，其主要描述当裂纹扩展满足初始损伤准则后期黏性刚度软化率的特性，其最重要的指标就是断裂能的选择，模型采用的断裂能为应用模态独立混合模式得到。

关于断裂能的取值，不同的学者取值差异较大。Ooi E T 等在应用多边形单元研究准脆性材料裂纹扩展建模方法中，给出的断裂能数据为 131 N/m；Ameen 等提出了一种应用位移间断单元和边界元混合方法来模拟混凝土开裂的方法，文中给出的断裂能为 174 N/m；Bordas 等利用无渐进富集的扩展有限元方法研究非线性材料中三维裂纹的产生、扩展及交叉，混凝土的断裂能取值为 174 N/m；Saleh A L 等在应用边界有限元分析裂纹扩展中，给出了混凝土断裂能取值为 100 N/m；ABAQUS 给出的混凝土裂纹扩展的算例中，断裂能的取值为 55 N/m；栾曙光在研究混凝土断裂能随龄期、强度的变化规律中指出，

高强度混凝土的断裂能随龄期、强度的增长趋于一定值 103～142 N/m；邵若莉在混凝土断裂能和双 K 断裂参数的试验研究中测试了试件混凝土抗压强度为 44.34 MPa 时，三点弯曲梁试验中混凝土断裂能的平均值为 153.09 N/m；赵艳华在混凝土断裂过程中的能量分析研究中测试了混凝土抗压强度为 47.96 MPa 时，在混凝土楔入劈拉试验中测试得到混凝土断裂能的平均参考取值为 121 N/m。

综上所述，在混凝土断裂能的取值上各国专家学者差异较大，对于 CRTS I 型板式无砟轨道板混凝土，一般采用的 C60 混凝土，属于高强度混凝土，虽然早期也曾使用过 C50 混凝土，但考虑到轨道板锚穴部位并非直接预制，而是张拉完成后又填充的封锚混凝土，且施工过程中很容易由于锚穴部位轨道板结构较薄而导致此处混凝土施工质量不佳。因此，综合考虑各种混凝土断裂能的取值，选取 80 N/m 作为本书锚穴周边混凝土裂纹扩展的断裂能取值。

3. 锚穴周边混凝土裂纹扩展工况设置

根据 7.4 节计算结论，考虑到离缝长度扩展至轨道板第 1 锚穴位置时，轨道板未出现损伤。因此，计算工况仅考虑离缝长度扩展至第 2 锚穴及第 3 锚穴两个工况，如图 7-39 所示。

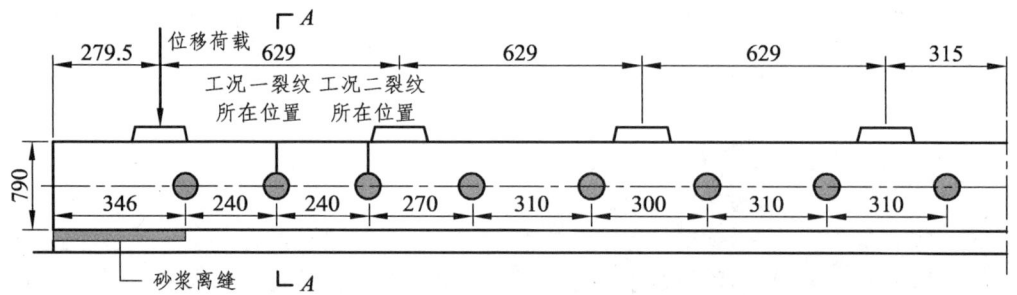

图 7-39　锚穴周边混凝土裂纹扩展模型示意图

考虑到横向锚穴上边缘距离轨道板表面距离为 60 mm，横向锚穴深度为 60 mm，设置两种裂纹尺寸（见图 7-40）：第一种为 60 mm×30 mm 尺寸裂纹，裂纹始于锚穴上边缘并向轨道板上表面延伸 30 mm，深入轨道板深度为锚穴深度，用以研究锚穴部位初始裂纹并未扩展至轨道板表面时，裂纹在砂浆离缝状态及列车荷载作用下的扩展情况；另一种为 60 mm×60 mm 尺寸裂纹，裂纹始于锚穴上边缘直到轨道板表面，深入轨道板深度为锚穴深度，用以研究锚穴部位裂纹已经扩展到轨道板表面，在砂浆离缝和列车荷载作用下其扩展情况。

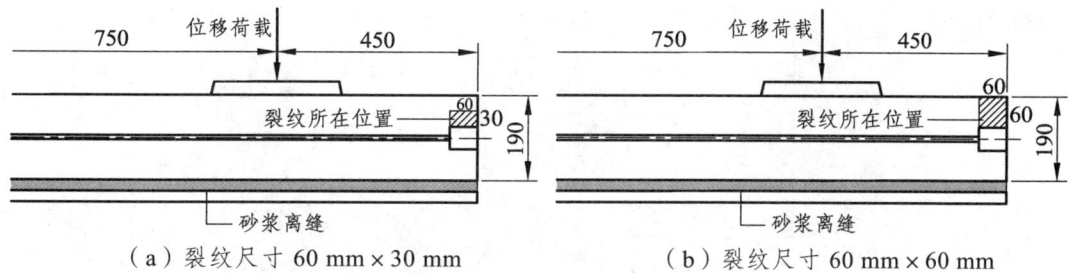

图 7-40 锚穴周边混凝土裂纹扩展示意图

7.6.2 离缝长度扩展至第 2 锚穴位置时裂纹扩展分析

1. 锚穴周边 60 mm × 60 mm 裂纹扩展分析

在 ABAQUS 扩展有限元的输出模块中,主要有三个参数能观察到裂纹的扩展,分别是 PHILSM、PSILSM 和 STATUSXFEM,其中前面两个输出量描述的为裂纹的状态,STATUSXFEM 则主要用于描述扩展有限单元的状态。这里主要选取 PHILSM 和 STATUSXFEM 两个输出量来描述锚穴周边混凝土裂纹的扩展状态。

根据本章 7.5 节计算的当离缝深度扩展至第 2 锚穴位置时,不同离缝高度以及不同列车荷载作用下轨道板扣件所在位置的位移,拟施加的位移荷载为 0.3 mm、0.4 mm、0.6 mm 以及 0.8 mm。其中 0.3 mm 位移荷载模拟的是客车荷载作用下裂纹的扩展情况;而 0.4 mm、0.6 mm 和 0.8 mm 分别模拟的是离缝高度分别为 0.5 mm、0.8 mm 和 1.0 mm 时货车荷载的作用,当初始裂纹为 60 mm × 60 mm 时,其裂纹的扩展状态分别如图 7-41 和图 7-42 所示。

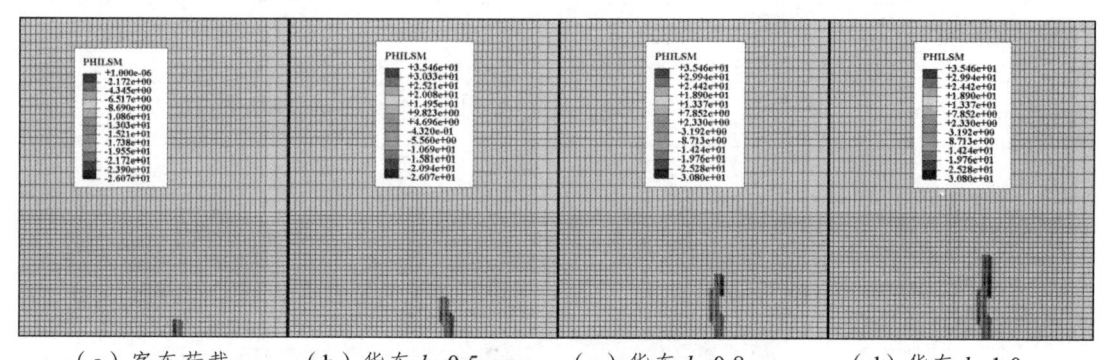

图 7-41 不同离缝状态下裂纹扩展参数 PHILSM

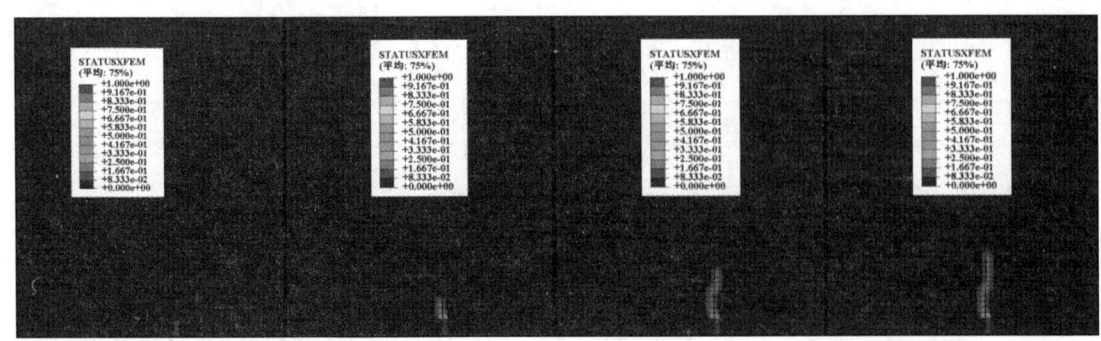

（a）客车荷载　　（b）货车 h=0.5 mm　　（c）货车 h=0.8 mm　　（d）货车 h=1.0 mm

图 7-42　不同离缝状态下裂纹扩展状态 STATUSXFEM

从图中可以看出，参数 PHILSM 和 STATUSXFEM 均可以有效地反映出锚穴周边裂纹的扩展状态与扩展路径，模拟结果较为吻合。从客车荷载作用下裂纹的扩展来看，当离缝深度扩展至第 2 锚穴位置时，初设裂纹基本没有扩展，仍然为 60 mm；从货车荷载作用下裂纹的扩展来看，当离缝高度为 0.5 mm 时，裂纹已开始扩展，但其扩展长度仅为 84 mm，随着离缝高度进一步扩大，裂纹扩展长度分别达到了 138 mm 和 250 mm。轨道板长边距离钢轨中心的距离为 450 mm，考虑到 WJ-7 扣件铁垫板两锚固螺栓间距为 382 mm，则 250 mm 裂纹的扩展长度已经基本达到了扣件铁垫板边缘。

2. 锚穴周边 60 mm×30 mm 裂纹扩展分析

当裂纹尺寸为 60 mm×30 mm 时，同样采用 7.5 节所述的荷载，则锚穴周边混凝土裂纹的扩展路径如图 7-43 和图 7-44 所示。从图中可以看出，仅客车荷载作用下，裂纹扩展参数仍处于初始状态，锚穴内部裂纹基本没有扩展；当货车荷载作用时，锚穴内部裂纹在离缝高度为 0.5 mm 时开始扩展，但初始扩展长度较小，仅为 15 mm，并未达到轨道板表面；随着离缝高度的增加，裂纹开始扩展至轨道板表面并逐渐向轨道板内部扩展，最终扩展至轨道板表面的长度为 230 mm 左右，略小于 60 mm×60 mm 裂纹扩展长度。

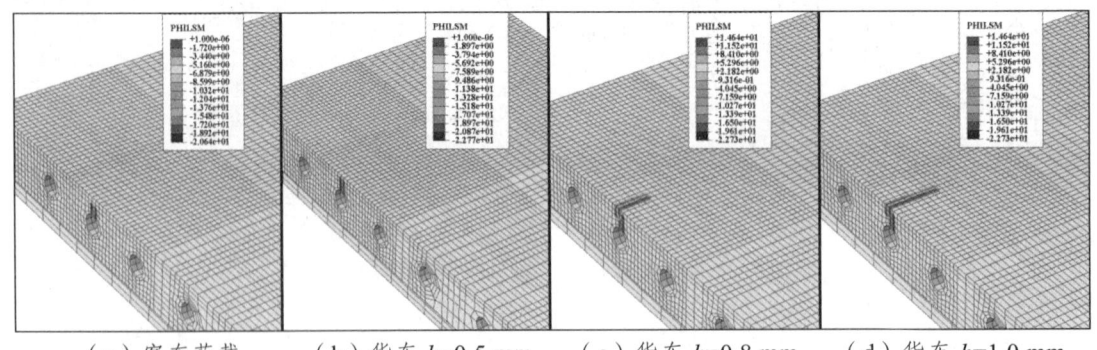

（a）客车荷载　　（b）货车 h=0.5 mm　　（c）货车 h=0.8 mm　　（d）货车 h=1.0 mm

图 7-43　不同离缝状态下裂纹扩展参数 PHILSM

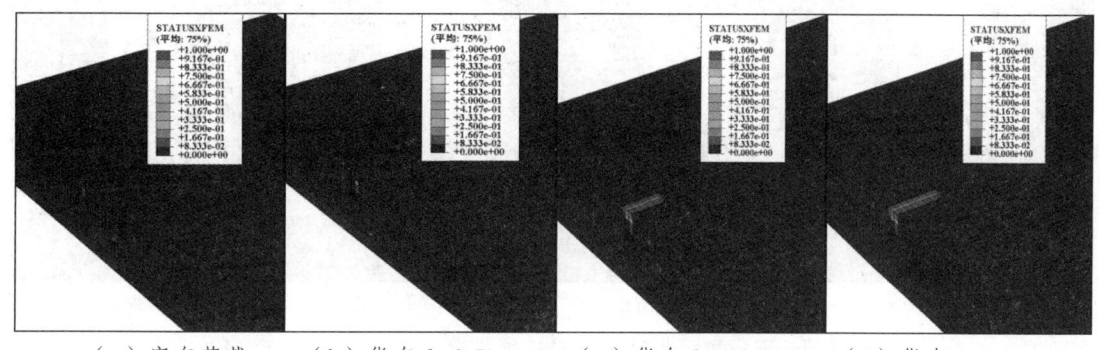

（a）客车荷载　　（b）货车 h=0.5 mm　　（c）货车 h=0.8 mm　　（d）货车 h=1.0 mm

图 7-44　不同离缝状态下裂纹扩展状态 STATUSXFEM

7.6.3　离缝长度扩展至第 3 锚穴位置时裂纹扩展分析

1. 锚穴周边 60 mm×60 mm 裂纹扩展分析

当离缝深度扩展至轨道板第 3 锚穴位置时，根据 7.5 节计算的不同离缝高度时轨道板扣件所在位置的位移，拟施加的位移荷载为 0.5 mm、0.8 mm、1.1 mm 以及 1.4 mm。其中 0.5 mm 和 0.8 mm 位移荷载模拟的是客车荷载作用下离缝高度分别为 1.0 mm 和 1.3 mm 时的情况；而 0.8 mm、1.1 mm 和 1.4 mm 分别模拟的是货车荷载作用下离缝高度分别为 1.0 mm、1.3 mm 和 1.5 mm 时的情况，当初始裂纹为 60 mm×60 mm 时，其裂纹的扩展状态分别如图 7-45 和图 7-46 所示。

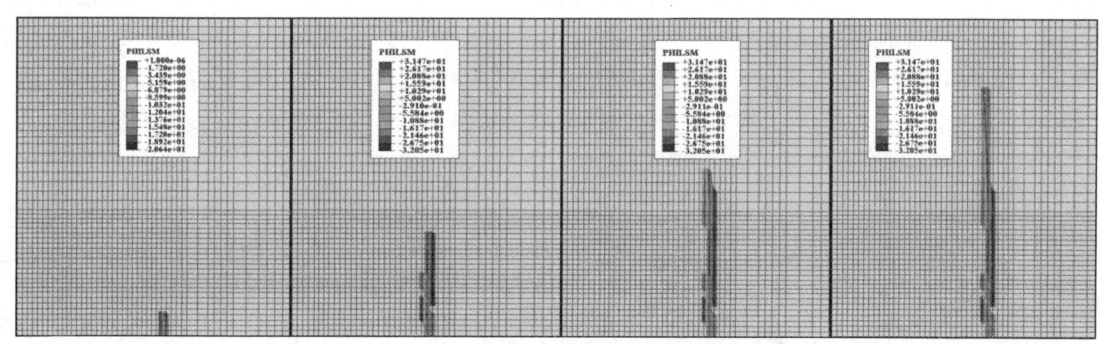

（a）客车 h=1.0 mm　（b）客车、货车 h=1.3 mm　（c）货车 h=1.3 mm　（d）货车 h=1.5 mm

图 7-45　不同离缝状态下裂纹扩展参数 PHILSM

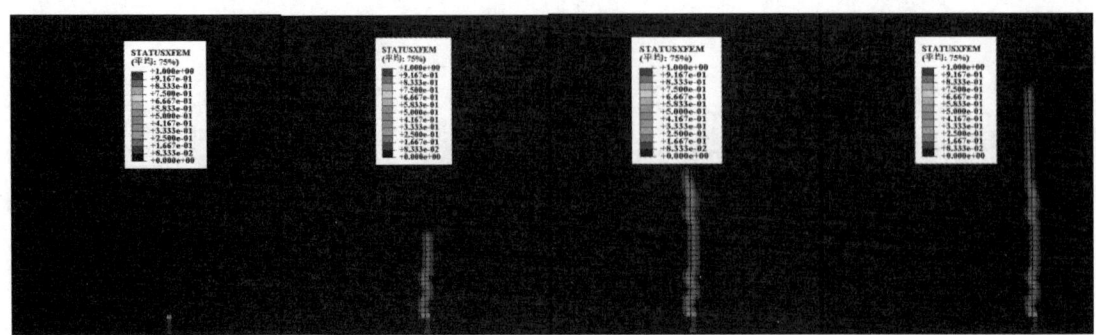

（a）客车 h=1.0 mm（b）客车 h=1.3 mm、货车 h=1.0 mm（c）货车 h=1.3 mm（d）货车 h=1.5 mm

图 7-46　不同离缝状态下裂纹扩展扩展状态 STATUSXFEM

从图中可以看出，客车荷载作用下，当离缝高度为 1.0 mm 时，裂纹扩展很小，仅有不到 20 mm，但当离缝高度达到 1.3 mm 时，裂纹扩展长度达到 386 mm，可见离缝高度对裂纹的扩展影响非常大，此状态与货车荷载作用下离缝高度为 1.0 mm 时基本一致。当货车荷载作用下离缝高度进一步扩大时，裂纹的扩展长度将进一步增大，并在离缝高度为 1.5 mm 时达到 932 mm。考虑到轨道板为半结构对称模型，若两侧均存在此裂纹，则有可能形成轨道板横向贯通裂纹。

2. 锚穴周边 60 mm×30 mm 裂纹扩展分析

当裂纹尺寸为 60 mm×30 mm 时，同样采用 7.5 节所述的荷载，则锚穴周边混凝土裂纹的扩展路径如图 7-47 和图 7-48 所示。从图中可以看出，裂纹的扩展与 60 mm×60 mm 裂纹扩展状态基本一致，仅在具体扩展长度上有些许差别；客车荷载作用下，裂纹扩展始于锚穴上边缘并会在离缝高度达到 1.3 mm 时扩展至轨道板表面，其长度可达 270 mm；在货车荷载作用下，裂纹扩展非常明显，在最不利的离缝高度时，裂纹扩展宽度可达 689 mm，略小于 60 mm×60 mm 裂纹，但也已经扩展至钢轨以下。

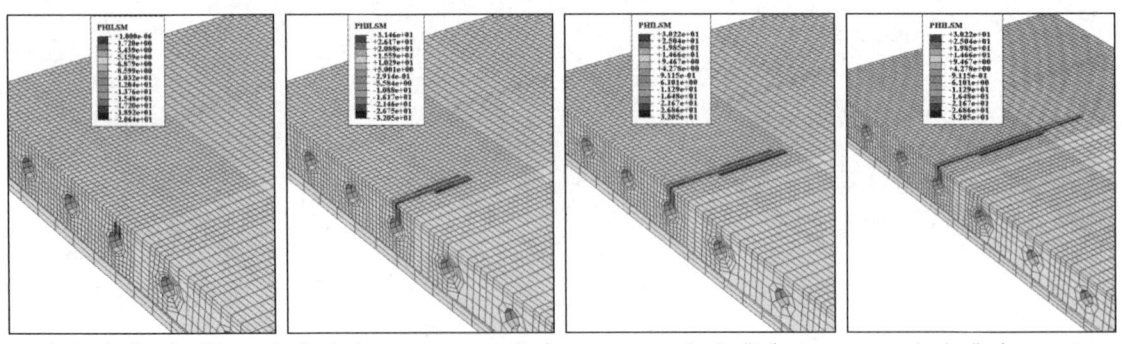

（a）客车 h=1.0 mm（b）客车 h=1.3 mm、货车 h=1.0 mm（c）货车 h=1.3 mm（d）货车 h=1.5 mm

图 7-47　不同离缝状态下裂纹扩展参数 PHILSM

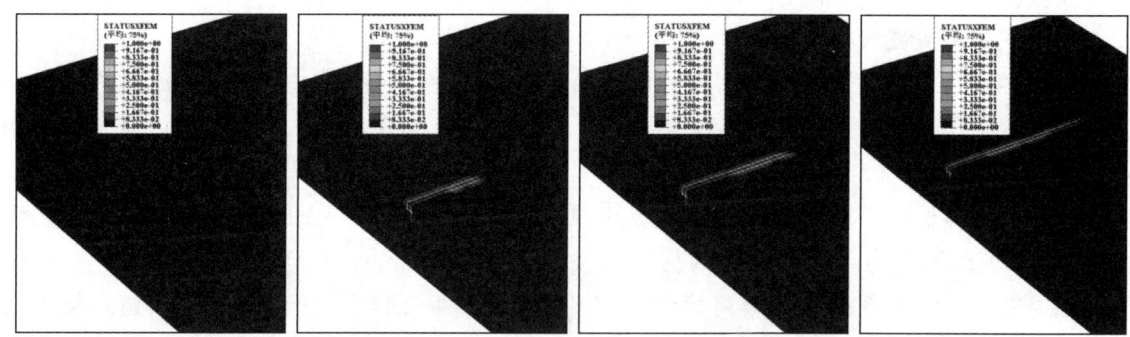

（a）客车 h=1.0 mm （b）客车 h=1.3 mm、货车 h=1.0 mm （c）货车 h=1.3 mm （d）货车 h=1.5 mm

图 7-48　不同离缝状态下裂纹扩展状态 STATUSXFEM

7.7　本章小结

本章主要针对我国 CRTS Ⅰ 型板式无砟轨道锚穴周边裂纹的产生及扩展问题，首先从损伤力学的角度，应用混凝土塑性损伤模型研究了轨道板在生产和预制过程中预应力施加时导致的轨道板锚穴周边混凝土的初始损伤，并进一步研究了在轨道板服役期间，在砂浆离缝状态下轨道板锚穴周边混凝土的损伤分布机理，最后从断裂力学的角度，应用扩展有限元方法对锚穴周边混凝土裂纹的扩展问题进行研究，主要得出以下结论：

（1）在纵横向预应力作用下，从轨道板内压应力分布特征来看，横向预应力作用下轨道板内压应力稳定长度约为 210 mm，纵向预应力作用下轨道板内压应力稳定长度约为 250 mm，最终都能够在轨道板内形成 3 MPa 左右压应力，但纵向预应力并不能在到达最近钢轨支撑点前传力稳定。

（2）在纵横向预应力的作用下，从轨道板锚穴周边混凝土所受主应力来看，其最小主应力均未超过混凝土的立方体抗压强度，其最大主应力相对差别较大；横向预应力锚穴周边混凝土最大主拉应力为 1.928 MPa，轨道板表面拉应力较小，不超过 1 MPa；纵向预应力锚穴周边混凝土最大主应力为 2.47 MPa，且已经扩散到轨道板表面，使轨道板表面仍然具有 2.4 MPa 左右拉应力，较容易在锚穴边缘甚至轨道板表面形成初始微裂纹。

（3）在纵横向预应力作用下，从锚穴周边混凝土的损伤状态来看，无论是纵向还是横向预应力，其受压损伤因子均不超过 0.5，且影响范围较小，可忽略不计；横向预应力锚穴周边混凝土拉伸损伤严重程度较大，前后损伤范围在 32 mm 左右，并未扩展到轨道板表面，仅在锚穴边缘附近损伤较大；纵向预应力锚穴周边混凝土由于双层布置导致轨道板刚度降低，其拉伸损伤严重程度远大于横向预应力，前后损伤范围在 40 mm 左右，且已经扩展到轨道板表面，并在轨道板表面仍然具有 0.73 左右的拉伸损伤因子，较容易在纵向锚穴边缘甚至轨道板表面形成初始微裂纹。

（4）客货共线条件下，随着离缝长度不断扩展，混凝土损伤产生（$d_t>0$）的临界离缝高度以及完全损伤（$d_t=1$）的临界离缝高度逐渐变小；相同离缝高度下，离缝扩展越长，损伤发展速率越快。

（5）当离缝长度扩展至第 2 锚穴后，混凝土损伤产生（$d_t>0$）的临界离缝高度基本达到稳定，客车荷载下损伤产生（$d_t>0$）的临界离缝高度约为 0.8 mm，货车荷载下损伤产生（$d_t>0$）的临界离缝高度约为 0.5 mm；当离缝长度扩展至第 1 与第 2 锚穴之间时，一定离缝高度下轨道板局部区域将出现完全损伤（$d_t=1$），当离缝扩展至第 3 锚穴时，客车荷载下完全损伤的临界离缝高度约为 1.0 mm，货车荷载下完全损伤的临界离缝高度约为 0.8 mm。

（6）客、货车荷载下，随着离缝长度不断扩展，离缝高度对轨道板端竖向位移的影响不断增大，当离缝高度大于损伤产生的临界离缝高度后，由于轨道板损伤发展，轨道结构整体抗弯刚度迅速降低导致板端垂向位移迅速增大。对于客车荷载，当离缝长度扩展至第 2 锚穴后且离缝高度大于 1.0 mm 后，CA 砂浆形成脱空，轨道板损伤和轨道板端竖向位移不再随离缝高度的增长而增大；对于货车荷载，当离缝长度较大时，离缝高度大于 1.3 mm 后，由于二次损伤带的产生，板端竖向位移随离缝高度变化的增长率再次增大。

（7）从扩展有限元的角度来看，当离缝深度扩展至轨道板第 2 锚穴位置时，在客车荷载作用下，裂纹基本不会扩展；在货车荷载作用下，无论裂纹尺寸为 60 mm×30 mm 还是 60 mm×60 mm，裂纹扩展均较为严重，最严重时已基本扩展到轨道板扣件铁垫板边缘。

（8）当离缝深度扩展至轨道板第 3 锚穴位置时，在客车荷载作用下，当离缝高度大于 1.0 mm 时裂纹才会发生扩展，并且扩展长度不大，达不到扣件铁垫板边缘；在货车荷载作用下，裂纹扩展非常严重，在最不利砂浆离缝状态下，裂纹扩展深度甚至达到了 932 mm，几乎达到了轨道板横向宽度的一半，损伤极为严重。

参考文献

[1] 李文婷. 疲劳荷载与环境因素耦合作用下混凝土损伤劣化研究进展[J]. 硅酸盐学报,2009,37（12）:2142-2149.

[2] 刘学毅,赵坪锐,杨荣山,王平. 客运专线无砟轨道设计理论与方法[M]. 成都: 西南交通大学出版社, 2010.

[3] SCHNEIDER U, CHEN S W. Behavior of high-performance concreteunder ammonium nitrate solution and sustained load[J]. ACI Mater J, 1999, 96(1): 47-51.

[4] XI Y P, ABABNEH A. The coupling effects of environmental and mechanical loadings on durability of concrete [C]// Proceedings of the International Conference ICACS 2003. 2003: 354-365.

[5] MITSURU S. Chloride permeability of concrete under static and repeated compressive loading [J]. Cem Concr Res, 1995, 25(4):803-808.

[6] XIANG T Y, ZHAO R D. Reliability evaluation of chloride diffusion infatigue damaged concrete [J]. Eng Struct, 2007, 29: 1539-1547.

[7] KUHL D, BANGERT F, MESCHKE G. Coupled chemo-mechanical deterioration of cementitious materials[J]. Part I : Mod Int J SolidStruct, 2004, 41: 15-40.

[8] 王海超. 钢筋混凝土构件腐蚀疲劳试验研究与理论分析[D]. 大连:大连理工大学, 2004.

[9] AHN W, REDDT D V. Static testing for the durability of marine concrete under fatigue loading [J]. Cem Conc Res, 2001, 31(3): 343-349.

[10] MADHKHAN M. Mechanical properties of precast reinforced concrete slab tracks on non-ballasted foundations[J]. Scientia Iranica, 2012, 19(1), 20-26.

[11] 李永强. 混凝土弯曲疲劳累积损伤性能研究[J]. 中国铁道科学, 1998，2:52-58.

[12] 石小平. 水泥混凝土的弯曲疲劳特性[J]. 土木工程学报, 1990, 3:11-22.

[13] 翟松峰. 荷载与冻融共同作用下混凝土结构可靠度分析及剩余寿命预测[D]. 北京:北京交通大学, 2008.

[14] 商怀帅,宋玉普,覃丽坤. 普通混凝土冻融循环后性能的试验研究[J]. 混凝土与水泥制品, 2005, 2: 9-11.

[15] 王涛. 高速铁路板式无砟轨道 CA 砂浆的研究与应用[D]. 武汉：武汉理工大学, 2008.

[16] 胡曙光,王涛,王发洲,等. CA 砂浆抗冻性能的影响因素研究[J]. 武汉理工大学学

报, 2008.

[17] 毛锦达. 板式无碴轨道 CA 砂浆抗冻与抗疲劳性能研究[D]. 浙江: 浙江工业大学, 2012.

[18] 曾晓辉. 水泥乳化沥青砂浆材料特性与充填层施工质量控制研究[D]. 长沙: 中南大学, 2010.

[19] 姬永生. 钢筋混凝土的全寿命过程及预计[M]. 北京: 中国铁道出版社, 2011.

[20] COLLEPARDI, M MARCIALIS, R TURRIZIANI. The kinetics of chloride ions into the concrete[J]. Il Cemento, 1970(67):157-164.

[21] ANWAR KHITAB, MUHAMMAD TAUSIF ARSHAD, SYED AMIRALI, et al. Modeling of chloride ingres in concrete using Fick's Laws: review and historical perspective[J]. Science International(Lahore), 2014, 26(4):1519-1521

[22] MARTYS, N S, FERRARIS, et al. Capillary transport in mortars and concrete[J]. Cement and Concrete Research, 1997, 27(5):747-760

[23] 王梁英. 荷载对混凝土氯离子扩散性能和钢筋初锈时间的影响[D]. 杭州: 浙江工业大学, 2011.

[24] GAO L, HSU TCC. Fatigue of concrete under uniaxial compression cyclic loading[J]. ACI Materials Journal, 1988, 95(5): 55-81.

[25] LEE M K, BARR BI G. An overview of the fatigue behavior of plain and fiber reinforced concrete[J]. Cement & Concrete Composites, 2004(26): 299-305.

[26] 蒋金洋. 超高程泵送 HPFRCC 的服役性能研究[D]. 南京: 东南大学材料科学与工程学院, 2008.

[27] 洪锦祥. 含气量与冻融损伤对混凝土疲劳性能的影响[D]. 南京: 东南大学交通学院, 2007.

[28] 张滨生, 吴科如. 水泥混凝土疲劳破坏的损伤力学分析[J]. 同济大学学报, 1989, 17(1):59-69.

[29] JU YANG and XIE HEPING. Application of damage definition based on hypothesis of strain equivalence [J]. Journal of Coal Science & Engineering, 2000, 6(2):9-14.

[30] WEI JUN, WU XINGHAO, ZHAO XIAOLONG. A damage model of concrete under freeze-thaw cycles [J]. Journal of Wuhan University of Technology Master. Sci. Ed. 2003,18（93）:40-42.

[31] RAVINDRA GETTU, ANTONIO AGUADO, MARCEL O F OLIVEIRA. Damage in high-strength concrete due to monotonic and cyclic compression—a study based on splitting tensile strength [J]. ACI Materials Journal, 1966, 93(6):519-523.

[32] 朱劲松. 混凝土双轴疲劳试验与破坏预测理论研究[D]. 大连: 大连理工大学, 2003, 9.

[33] 张玉敏. 混凝土抗压强度和弹性模量与其超声声速之间关系的试验研究[J]. 混凝土, 2002, 12: 40-42.

[34] 张双, 李阳兵, 罗林. 重庆酸雨研究进展[J]. 北方环境, 2011, 05:69-71.

[35] THORJORN, SVEIN SOLBERG, ESPEN LYDERSN, et al. Acid rain in China[J]. Environmental Science & Technology, 2006, 40(2): 418-425.

[36] 唐晓萍, 白莹莹, 何泽能. 重庆市酸雨时空分布及主要影响系统初探[C]. //创新驱动发展提高气象灾害防御能力—S10 大气物理学与大气环境. 中国气象学会, 2013.

[37] 何泽能, 谭炳全, 高阳华, 唐晓萍. 重庆市酸雨分布特征[J]. 气象科技, 2008, 36(6): 706-711.

[38] 翟勤. 重庆主城区降水化学特征及环境政策影响研究[D]. 重庆: 重庆大学, 2012.

[39] 曾晓辉, 杨凯, 王平, 等. 模拟酸雨对板式无砟轨道 CA 砂浆的侵蚀破坏机理[J]. 建筑材料学报, 2016, 19(3): 472-478.

[40] 田冬梅, 元强, 朱蓉, 等. 水对水泥乳化沥青砂浆静态力学性能的影响[J]. 硅酸盐学报, 2012, 40(11): 1544-1552.

[41] JULIANA PUELLOA, NATALIA AFANASJEVA, MARIO ALVAREZ. Thermal properties and chemical composition of bituminous materials exposed to accelerated ageing[J].Road Materials and Pavement Design, 2013, 14(2): 278-288.

[42] MICHELLE G MOTH, LENI FM LEITE, CHEILA G MOTH.Thermal characterization of asphalt mixtures by TG/DTG, DtA and FTIR [J]. Journal of Thermal Analysis and Calorimetry, 2008, 1(93): 105-109.

[43] SUN D Q. A Study on xinjiang asphaltite as an asphalt modifier. Part I: composition, structure, and thermal behavior[J]. Petroleum Science and Technology, 2012,(30): 307-315.

[44] JUN LIU, KEZHEN YAN, LINGYUN YOU, et al. Laboratory performance of warm mix asphalt binder containing polyphosphoric acid[J]. Construction and Building Materials, 2016, (106): 218-227.

[45] 文中章. C70 铁路货车疲劳载荷谱研究[D]. 成都: 西南交通大学, 2008.

[46] GONG JING-SONG, FU WEI-BIAO, ZHONG BEI-JING. A study on the pyrolysis of asphalt[J]. Fuel, 2003, 82: 49-52；

[47] 盖晓野. CRTS I 型板式轨道动力系数研究[D]. 成都: 西南交通大学, 2009.

[48] 梁晨, 蒋金洲, 徐玉坡. 重载铁路 25 t 轴重列车轨道荷载谱的绘制[J]. 铁道建筑, 2013, 472(6): 126-129.

[49] 胡所亭, 牛斌, 柯在田, 等. 我国客货共线铁路列车荷载图式深化研究[J]. 铁道标准设计, 2015, 59(12): 35-39, 56.

[50] 赵坪锐, 章元爱, 刘学毅, 等. 无砟轨道弹性地基梁板模型[J]. 中国铁道科学, 2009, 30(3): 1-3.

[51] 赵坪锐. 板式无砟轨道动力学性能分析与参数研究[D]. 成都: 西南交通大学, 2003.

[52] 向俊, 赫丹, 曾庆元. 水泥沥青砂浆劣化对板式轨道动力学性能的影响[J]. 中南大学学报（自然科学版）, 2009, 40(3): 791-795.

[53] 徐浩. CRTS I 型板式轨道 CA 砂浆动态力学性能试验及理论研究[D]. 成都: 西南交通大学, 2014.

[54] 肖诗云, 张剑. 不同应变率下混凝土受压损伤试验研究[J]. 土木工程学报, 2010, 43(3):40-45.

[55] 相颖慧, 罗强, 魏永幸. 遂渝铁路无砟轨道涵洞附近CA砂浆层动应力测试分析[J]. 铁道工程学报, 2008(6): 43-47.

[56] 蔡世昱, 周建, 杨荣山. 某线框架板式轨道 CA 砂浆伤损动力试验研究[J]. 铁路标准设计, 2013, 2: 22-25.

[57] 杨荣山, 刘克飞, 任娟娟, 刘丹, 刘学毅. 砂浆伤损对轮轨系统动力特性的影响研究[J]. 铁道学报, 2014, 7: 79-84.

[58] ZHU SHENGYANG, FU QIANG, CAI CHENGBIAO, SPANOS, POL D. Damage evolution and dynamic response of cement asphalt mortar layer of slab track under vehicle dynamic load[J]. Science China–Technological Sciences, 2014, 57:1883-1894.

[59] 刘哲. 温度荷载对CRTS I 型板式无砟轨道 CA 砂浆填充层影响规律研究[D]. 成都: 西南交通大学, 2016.

[60] 赵国堂. 高速铁路无砟轨道结构[M]. 北京: 中国铁道出版社, 2006.

[61] 石现峰. 高速铁路无砟轨道结构的设计理论研究[D]. 北京: 铁道科学研究院, 2007.

[62] 韩义涛, 姚力. 基础沉降对土路基上板式轨道动力性能影响分析[J]. 铁道工程学报, 2007(10): 28-31.

[63] 周萌, 宫全美, 王炳龙, 周顺华. 路基不均匀沉降值对板式轨道动力响应的影响[J]. 铁道标准设计, 2010（10）: 1-4.

[64] 蔡成标, 徐鹏. 高速铁路无砟轨道关键设计参数动力学研究[J]. 西南交通大学学报, 2010, 45(4): 493-497.

[65] 徐庆元, 李斌, 周智辉. CRTS I 型板式无砟轨道线路路基不均匀沉降限值研究[J]. 中国铁道科学, 2012, 33(2): 3-5.

[66] 李晓芹. 重载铁路线路圆曲线几何参数对通过性能的影响及参数分析[D]. 北京: 北京交通大学, 2014.

[67] 宋瑞兰. 转 K6 型转向架侧架疲劳可靠性研究[D]. 北京: 北京交通大学, 2014.

[68] 翟婉明. 车辆-轨道耦合动力学[M]. 3 版. 北京: 科学出版社, 2007.

[69] 任娟娟, 严晓波. 无砟轨道路基结构性能均匀性控制标准的数值仿真分析[J]. 西南交通大学学报, 2014, 49(6): 961-966.

[70] 张志远. 路基上单元板式轨道底座板底脱空对轨道受力的影响分析[J]. 路基工程学报, 2013, 163: 64-67.

[71] 周建. 列车对双块式无砟轨道竖向动力特性的影响分析[D]. 成都: 西南交通大学, 2014.

[72] 刘克飞. 框架型板式轨道水泥乳化沥青砂浆伤损及维修标准研究[D]. 成都: 西南交通大学, 2013.

[73] LEI X, ROSE J G.Track vibration analysis for railways with mixed passenger and freight traffic[J]. Rail and Rapid Transit, 2008(5): 413-421.

[74] BAOSHAN HUANG, XIANG SHU, DAVID CLARKE. Department of new damping materials for tracked and their behavior under mixed traffic[R]. National University Rail(NURail) Center, 2015(6).

[75] ZHU SHENGYANG, CAI CHENGBIAO. Fatigue life prediction of CRTS I ballastless slab track[J]. ICTE 2011—Proceedings of the 3rd International Conference on Transportation Engineering, 2011: 1714-1719.

[76] 王青, 卫军, 董荣珍, 徐港. CRTS II 型板式无砟轨道结构的疲劳力学性能分析[J]. 铁道工程学报, 2014, 5: 41-47.

[77] 何燕平. CRTS III 型板式无砟轨道疲劳特性研究[D]. 成都：西南交通大学, 2011.

[78] 黄娟. 基于损伤理论的高速铁路隧道振动响应分析及疲劳寿命研究[D]. 长沙: 中南大学, 2009.

[79] 欧洲 CEB-FIP 规范草案[S]. 1990.

[80] JIN KEUM KIM, YUN-YONG KIM. Experimental of the fatigue behavior of the high strength concrete[J]. Cement and Concrete Research, 1996, 26(10): 1513-1523.

[81] 全腾. 预应力混凝土梁桥疲劳损伤研究[D]. 南京:东南大学, 2012.

[82] 赵光仪, 吴佩刚, 詹巍巍. 高强混凝土的疲劳性能[J]. 土木工程学报, 1993, 26(6): 13-19.

[83] 刘学毅, 王平. 车辆-轨道-路基系统动力学[M]. 成都: 西南交通大学出版社, 2010.

[84] 胡凯. 重型轨道失效机理及无损检测方法研究[D]. 青岛: 青岛科技大学, 2014.

[85] 谢友均, 曾晓辉, 邓德华, 黄文景, 等. CRTS I 型板式无砟轨道水泥乳化沥青砂浆搅拌动力学[J]. 建筑材料学报, 2011, 14(2): 191-195.

[86] 刘庆贺. CRTS I 型板水泥乳化沥青砂浆充填层质量控制研究[D]. 长沙: 中南大学,

2010.

[87] 王发洲, 张运华. 温度和压力对水泥乳化沥青砂浆水侵蚀的影响[J]. 第八届全国混凝土耐久性学术交流会议文集, 2012.

[88] 罗宇飞, 李豫伟. CA 砂浆耐久性研究进展[J]. 大众科技, 2010, 10: 82-83.

[89] 李书明, 谢永江, 郑新国, 刘竞. CRTS Ⅱ型水泥乳化沥青砂浆收缩性能的主要影响因素研究[J]. 铁道建筑, 2011, 3: 126-128.

[90] 朱晓斌, 姚婷, 刘加平, 等. CRTS Ⅱ型无砟轨道 CA 砂浆开裂风险有限元计算[J]. 武汉理工大学学报, 2011, 11: 76-81.

[91] 王发洲, 刘志超. 高速铁路板式无碴轨道用 CA 砂浆的疲劳特性[J]. 武汉理工大学学报, 2008, 11: 79-81.

[92] 田冬梅, 邓德华, 黄波, 廖乃凤. 水泥乳化沥青砂浆毛细吸水性研究[J]. 中国铁道科学, 2010, 6: 32-37.

[93] 王传燕. 水对多孔性 CA 砂浆受力状态影响的数值模拟分析[D]. 长沙: 中南大学, 2013.

[94] 胡曙光, 王涛, 王发洲, 等. CA 砂浆抗冻性能的影响因素研究[J]. 武汉理工大学学报, 2008, 8: 30-33.

[95] 张运华. CRTS Ⅱ型水泥乳化沥青砂浆的制备及其应用技术研究[D]. 武汉: 武汉理工大学, 2010.

[96] 欧阳剑. CRTS Ⅱ 型 CA 砂浆使用性能及其影响因素研究[D]. 哈尔滨: 哈尔滨工业大学, 2011.

[97] 徐健, 陈志华, 王凯, 杨洋. 板式无碴轨道垫层 CA 砂浆研究与进展[J]. 华东交通大学学报, 2009, 4: 58-62.

[98] 田冬梅. 板式轨道水泥乳化沥青砂浆充填层劣化与失效机理研究[D]. 长沙: 中南大学, 2013.

[99] 俞秋佳. 受损结构混凝土的耐久性能研究[D]. 杭州: 浙江大学, 2013.

[100] 蔡四维, 蔡敏. 混凝土的损伤断裂[M]. 北京: 人民交通出版社, 1999.

[101] 姜磊. 硫酸盐侵蚀环境下混凝土劣化规律研究[D]. 西安: 西安建筑科技大学, 2014.

[102] 内维尔 A M. 混凝土的性能[M]. 李国洋, 等译. 北京: 中国建筑工业出版社, 1982.

[103] POWERS T C. Freezing effects in concrete[C]. Durability of Conret. ACI, 1975.

[104] 李金玉, 曹建国, 徐文雨, 等. 混凝土冻融破坏机理的研究[J]. 水利学报, 1999, 1: 42-50.

[105] 赵磊. 高速铁路无砟轨道空间精细化分析方法及其应用研究[D]. 北京: 北京交通大学, 2015.

[106] 韩强. CFRP-混凝土界面粘结滑移机理研究[D]. 广州：华南理工大学, 2010.

[107] 邓兴, 王东科. 钢筋混凝土桥梁检测与损伤评价[J]. 石家庄铁道学院学报, 2004, S1: 85-88.

[108] 夏晓梅, 瞿阳, 肖卓. 混凝土构件裂纹损伤的分析与评价[J]. 合肥工业大学学报, 2004, 8: 941-944.

[109] SAITO M, ISHIMORI H. Chloride permeability of concrete under static and repeated compressive loading[J]. Cement Concrete Research, 1995, 25(4): 803-808.

[110] ZHANG W, BA H, CHEN S. Effect of fly ash and repeated loading on diffusion coefficient in chloride migration test[J]. Construction and Building Materials, 2011, 25(5): 2269-2274.

[111] NAKHI A E, XI Y, WILLAN K, et al. The effect of fatigue loading on chloride penetration in non-saturated concrete[C]. European Congress on Computational Methods in Applied Sciences and Engineering, Barcelona, 2000: 1-8.

[112] 王彩辉, 孙伟, 蒋金洋, 等. 动载-环境耦合作用下氯离子在混凝土中的扩散性能研究[J]. 工业建筑, 2010, 40(11): 1-5.

[113] 彩辉, 孙伟, 蒋金洋, 等. 疲劳荷载下氯离子在矿渣砂浆中的传输行为研究[J]. 中国科学：技术科学, 2012, 42(5): 584-589.

[114] WANG CAIHUI, SUN WEI, JIANG JINYANG. Transport model of chloride ion in motar under coupling effect of flexural fatigue loading and chloride salt[J]. Journal of the Chinese Ceramic Society, 2013, 41(2): 180-186.

[115] JAFFER S J, HANSSON C M. Chloride-induced corrosion products of steel in cracked-concrete subjected to different loading conditions[J]. Cenment Concrete Research, 2009, 39(2): 116-125.

[116] 陈栓发. 高性能混凝土应力腐蚀与腐蚀疲劳特性研究[D]. 南京：东南大学, 2005.

[117] 蒋金洋, 孙伟, 王晶, 王彩辉. 弯曲疲劳载荷作用下结构混凝土抗氯离子扩散性能[J]. 东南大学学报（自然科学版）, 2010, 40(2): 362-366.

[118] 段一鸣. 盐雾与疲劳耦合下预应力箱梁氯离子扩散特性研究[D]. 哈尔滨：哈尔滨工业大学, 2015.